Kommunikationsinhalt und Grundgesetz

Europäische Hochschulschriften

Publications Universitaires Européennes
European University Studies

Reihe II
Rechtswissenschaft

Série II Series II
Droit
Law

Bd./Vol. 4062

PETER LANG
Frankfurt am Main · Berlin · Bern · Bruxelles · New York · Oxford · Wien

Gerhard Reinwald

Kommunikationsinhalt und Grundgesetz

Die verfassungsrechtliche Ordnung für die Beobachtung, Bewertung und Regulierung von Inhalten elektronischer Kommunikation

PETER LANG
Europäischer Verlag der Wissenschaften

Bibliografische Information Der Deutschen Bibliothek
Die Deutsche Bibliothek verzeichnet diese Publikation in der Deutschen Nationalbibliografie; detaillierte bibliografische Daten sind im Internet über <http://dnb.ddb.de> abrufbar.

Zugl.: München, Univ. der Bundeswehr, Diss., 2004

ISSN 0531-7312
ISBN 3-631-53238-5

www.peterlang.de

Vorwort

Die vorliegende Arbeit befasst sich aus der verfassungsrechtlichen Perspektive mit der Zulässigkeit staatlicher Kontrolle von Kommunikationsinhalten, wenn diese mittels moderner Kommunikationsmittel vom Sender zum Empfänger gelangen, sowie der Kompetenz zum Erlass entsprechender Gesetze. Die Arbeit ist im April 2003 abgeschlossen worden und hat der Fakultät für Sozialwissenschaften der Universität der Bundeswehr München als Dissertation vorgelegen.

Herrn Prof. Dr. Rupert Stettner danke ich herzlich für die Betreuung der Arbeit sowie für seine Anregungen und Freiräume, die er mir bei der Anfertigung der Arbeit gelassen hat. Herrn Prof. Dr. Armin Steinkamm danke ich für die Übernahme und Erstellung des Zweitgutachtens.

Gewidmet ist diese Arbeit meiner Frau Angela Brandt sowie meine Kindern Moritz, Luis, Niklas und Severin.

Der Bayerischen Landeszentrale für neue Medien danke ich für einen Druckkostenzuschuss.

Inhaltsverzeichnis

„Man kann nicht nicht kommunizieren“
(Paul Watzlawik)[1]

Teil 1: Einleitung

Kommunikation[2] ist seit jeher ein menschliches Grundbedürfnis. Ihr Einfluss auf die Persönlichkeitsentwicklung in allen Bereichen der Lebensführung (Verhaltensweisen, Wertvorstellungen, Lebensstil) ist durch kommunikationswissenschaftliche Befunde belegt[3]. An die Öffentlichkeit gerichtete Kommunikation wird weiterhin als Voraussetzung für ein funktionierendes demokratisches Gemeinwesen anerkannt[4]. Die grundlegende Bedeutung der Kommunikation für Mensch und Gesellschaft hat sich in den letzten Dekaden nicht gewandelt, wohl aber die Möglichkeiten der Kommunikation. Maßgeblich hierfür war und ist die Entwicklung neuer technischer Kommunikationsübertragungsmittel, die den Inhalt der Kommunikation vom Sender zum Empfänger transportieren[5]. Stichwort: Multimedia[6]. Während bis vor 10 Jahren leitungsgebundener Rundfunk nur in Breitbandverteilnetzen den Nutzer erreichte und Telefon- und Faxdienste sowie in jüngerer Zeit Übertragungen von Internet-Diensten nur in Telefonnetzen (den sog. Telekommunikationsnetzen) technisch möglich waren, setzen sich nunmehr neue Technologien durch, die die Rundfunkübertragung im Telefonnetz bzw. Telefon- und Internetdienste in einem ausgebauten, digitalisierten Breitbandnetz ermöglichen. In diesem Zusammenhang wird von der Konvergenz der Übertragungstechnik gesprochen[7]. Ebenso nehmen die Möglichkeiten zu, multimedial mobil über Funknetze zu kommunizieren[8]. Sowohl bei der leitungsgebundenen

---

[1] Nach *Bartsch/Marquart*, Grundwissen Kommunikation, S. 17.

[2] Näher zum Begriff siehe Teil 2.

[3] *Schulz/Held/Kops*, ZUM 2001, S. 624; *Schorb*, in: BLM (Hrsg.), Symposion Medienrecht 2001, S. 20; *Kloepfer*, Informationsrecht, § 3 Rn. 8; *Trute*, VVDStRL 57 (1998), S. 249; vgl. zur Bedeutung der Kommunikation *Kübler*, in: Badura/Scholz, FS Lerche, S. 650; *ders.*, AfP 2002, S. 279.

[4] *Grzeszick*, AöR 123 (1998), S. 180.

[5] Zur Entwicklung der Telekommunikation *Bartsch/Marquart*, Grundwissen Kommunikation, S. 60 – 67.

[6] Der Begriff „Multimedia“ wurde 1995 von der Gesellschaft für deutsche Sprache zum Wort des Jahres gekürt.

[7] BT-Drs. 14/8649, S. 3 f.; *Gersdorf*, Rundfunkbegriff, S. 17 ff.; Zur Konvergenzentwicklung *Rossen-Stadtfeld*, ZUM 2000, S. 36 ff; *Paulweber*, AfP 1999, S. 440; *Kloepfer*, Informationsrecht, § 1 Rn. 14. Zum Konvergenzbegriff *Gounalakis*, K&R 1999, S. 541.

[8] Das erste digitale Mobilfunknetz der Deutschen Telekom AG wurde in Deutschland am 1.7.1992 in Betrieb genommen.

als auch bei der mobilen Kommunikation erhöhen sich durch die Digitalisierung und Komprimierung die übertragbaren Datenmengen, die durch die Kommunikationsnetze geleitet werden können.

Im Zuge dieser Veränderungen der Rahmenbedingungen für Kommunikation wandelt sich unsere Gesellschaft von der Industrie- zur Informationsgesellschaft[9]. In der Informationsgesellschaft ist nicht mehr die körperliche Arbeit und deren Ergebnisse, d. h. Materie, entscheidend, sondern die Erzeugung von Informationen und deren Austausch[10]. Dieser Wandel bedingt eine Nutzungserweiterung der Kommunikationsmöglichkeiten innerhalb einer Gesellschaft und für die Gesellschaft zur Kommunikation nach außen, wie sie oben angedeutet wurde. Denn Grundvoraussetzung für eine Informationsgesellschaft ist die Möglichkeit, schnell und günstig an Wissen[11] und Information zu gelangen[12] und diese selbst wieder zu vermitteln: Kommunikation. Die Information als Kernelement der Kommunikation wird neben Arbeit, Kapital und Boden als vierter volkswirtschaftlicher Produktionsfaktor angesehen[13]. In der Wirtschaft der Informationsgesellschaft entscheidet sowohl für Unternehmen als auch für jeden Einzelnen der Zugang zu Informationen, Daten und Wissen über den ökonomischen Erfolg[14]. Es verwundert daher nicht, dass die Zahl der Arbeitsplätze, die sich mit Dienstleistungen im Bereich der elektronisch unterstützten Kommuni-

---

[9] Der Terminus Informationsgesellschaft ist entwickelt worden, um diese begrifflich von der Arbeitsgesellschaft zu trennen. Diese konstituiert sich noch durch die Arbeit seiner Mitglieder. BT-Drs. 14/8649 vom 21.03.2002. Bundesministerium für Wirtschaft, Info 2000, Deutschlands Weg in die Informationsgesellschaft, BT-Drs. 13/4000 vom 7.3.1996. Vgl. *Hamm* (Hrsg.) Kommunikationsgesellschaft der Zukunft, Gütersloh 1997; *Donsbach*, Mediennutzung in der Informationsgesellschaft, in: Mahle, Kultur der Informationsgesellschaft, S. 25 ff.; Bundesverband deutscher Banken (Hrsg.), Banken 2000 – Herausforderung Informationsgesellschaft, S. 9 f.; *Funke*, in: Prinz/Peters, FS Engelschall, S. 143 f.; *Tettenborn*, K&R 2000, S. 158; *Bangemann*, K&R Heft 1, Editoral; *Schoch*, VVDStRL Bd. 57 (1998), S. 160, 213; *Trute*, VVDStRL Bd. 57 (1998), S. 218, 266; *Depenheuer*, AfP 1997, S. 669 m. w. N; *Grzeszick*, AöR 123 (1998), S. 174; *Holznagel*, ZUM 1996, S. 16; *Kloepfer*, Informationsrecht, § 1 Rn. 1; *Hermes*, in: Dreier, GG, Art. 10 Rn. 18; *Paulweber*, AfP 1999, S. 439; Neue Zürcher Zeitung vom 24.12.2001, S. 6: „Der Traum von der Informationsgesellschaft“. Vgl. Richtlinie 2000/31/EG über bestimmte rechtliche Aspekte der Dienste der Informationsgesellschaft, insbesondere des elektronischen Geschäftsverkehrs, im Binnenland, vom 8.6.2000 (Abl.EG Nr. L 178, S. 1).

[10] vgl. *Schorb*, in: BLM (Hrsg.), Symposion Medienrecht 2001, S. 19 f.; Bundesverband deutscher Banken (Hrsg.), Banken 2000 – Herausforderung Informationsgesellschaft, S. 9.

[11] Vgl. den Ausspruch „Wissen ist Macht“ von *Francis Bacon* im Jahre 1597.

[12] *Stettner*, in: Merten/Schmidt/Stettner, FS Knöpfle, S. 351.

[13] *Sommer*, Perspektiven der Telekommunikation, in: Hamm, Kommunikationsgesellschaft der Zukunft, S. 39 f.; ähnlich *Rüttgers*, Den Wandel gestalten, in: Hamm, (a. a. O.), S. 23; *Ludsteck*, Innovation als Standortfaktor immer wichtiger, in: SZ vom 18.06.2002.

[14] Bundesverband deutscher Banken (Hrsg.), Banken 2000 – Herausforderung Informationsgesellschaft, S. 33.

kation befassen, stetig zunimmt[15]. Beispielhaft seien hier die so genannten Call Center angeführt. Das Anforderungsprofil der dort arbeitenden Menschen ist einfach: Sie vermitteln ihr Wissen mit Hilfe der technischen Möglichkeiten dem Anrufer per Telefon oder dem Anfrager per E-Mail. Dabei gibt es Call Center für die unterschiedlichsten Wirtschaftsbereiche. Auch in klassischen Dienstleistungsbereichen wie dem Bank-, Kredit- und Versicherungsgewerbe vollzieht sich ein Wandel hin zu einer Änderung von Verhaltensweisen[16]. Die so genannten Online-Broker-Banken, bei denen der Kunde im Idealfall per Internet seine Orders aufgibt, bringen die Informationen für eine Geldanlage ebenfalls via Internet ins Haus[17]. Gleiches gilt für die Kreditvergabe und das Versicherungswesen. Hier werden Konditionenvergleiche durch das Internet ermöglicht. Die Beratung am Bankschalter oder der Maklerbesuch entfällt und damit auch der Arbeitsplatz. Geschaffen werden Arbeitsplätze, an denen für die reibungslose (Tele-) Kommunikation zwischen Dienstleister und Kunde gesorgt wird, sei es, indem die Informationen in die entsprechende Homepage gestellt werden, sei es, dass die Kundenorder per Telefon, Fax oder via Internet angenommen wird. Diese wenigen Beispiele deuten die Umwälzungen, die die neuen Kommunikationsmöglichkeiten im Wirtschaftsverkehr mit sich bringen, an. Damit erweist sich eine funktionierende elektronische Kommunikation (-stechnik) in heutiger Zeit als eine Grundsäule jeder entwickelten Volkswirtschaft[18]. *Stammler* spricht in diesem Zusammenhang vom „Nervensystem unserer Gesellschaft insgesamt“[19]. Nicht auszudenken, wenn die dafür benötigte Technik nur für einen Tag nicht zur Verfügung stünde. Die Ängste um das Computer-Versagen beim Jahreswechsel 1999/2000 machten die Abhängigkeit von diesem „Nervensystem“ eindrucksvoll deutlich[20]. Man muss sich nur vergegenwärtigen, was es für den

---

[15] *Donsbach*, in: Mahle, Kultur der Informationsgesellschaft, S.25 f.; *Hamm/Hart*, Kommunikationsordnung 2010, S. 17

[16] Die Zahl der Online-Konten hat sich von 1997 bis Ende 2001 von 3,5 Mio. auf 19,7 Mio. Konten fast verfünffacht (Quelle: Bundesverband deutscher Banken); Bundesverband deutscher Banken (Hrsg.), E-Commerce als Bankdienstleitung, S. 20 ff.; Bundesverband deutscher Banken (Hrsg.), Banken 2000 – Herausforderung Informationsgesellschaft, S. 31 ff.

[17] Vgl. *Bartsch/Marquart*, S. 156.
Z.B. www.comdirect.de/informer/news; www.dresdner-brokerage.de

[18] *Schoch*, VVDStRL Bd. 57 (1998), S. 179.

[19] *Stammler*, ZUM 1995, S. 114; ähnlich *Trute*, VVDStRL Bd. 57 (1998), S. 224.

[20] Vgl. Süddeutsche Zeitung vom 17./18.07.1999: „Die Nacht, in der die Welt aus dem Takt geraten wird“; *Wohlgemuth*, MMR 1999, S. 59 ff.; die Bedeutung der Telekommunikation ist auch § 1 des Gesetzes zur Sicherstellung des Postwesens und der Telekommunikation (Post- und Telekommunikationssicherstellungsgesetz – PTSG) vom 14 September 1994 (BGBl. I S. 2325, 2378), zuletzt geändert durch Gesetz vom 17. Dezember 1997 (BGBl. I S. 3108, 3117) zu entnehmen; siehe auch § 87 Telekommunikationsgesetz (TKG).
Eine weitere Gefahr droht den weltweiten Datennetzen durch koordinierte Datenattacken, die die Leistungsfähigkeit der Hauptrechner („Root Server“) übersteigen, vgl. *Dworschak*, Angriff der Geisterarmee, in: Der Spiegel vom 28.10.2002, S. 96.

Einzelnen bedeutet, wenn einmal der eigene Festnetzanschluss versagt und damit sowohl die Sprachtelefonie als auch der häusliche Zugang zu E-Mail und Internet für einen begrenzten Zeitraum nicht möglich sind.

Das zuletzt genannte Beispiel zeigt, dass im Zeitalter des digitalen Datenaustausches diese Technik für die Kommunikation jedes einzelnen Bürgers immer wichtiger wird[21]. Jeder Einzelne kann bereits heute in vielfältiger Form Informationen aussenden und empfangen. So hat die Nutzung des Internet in den letzten Jahren stetig mit enormen Wachstumsraten zugenommen (AOL 35 Millionen Nutzer weltweit; T-Online: 10,7 Mio. Nutzer europaweit[22]). Bereits Kinder und Jugendliche nutzen das Internet umfangreich[23] und das Telefonieren mit Mobilfunktelefonen hat mittlerweile bis in die unteren Klassenstufen der Grundschule Einzug gehalten, wobei die Nutzung der Handys für die Versendung von SMS[24] immer mehr in den Vordergrund rückt[25]. Neuerdings werden auch interaktive Spiele über die Mobilfunknetze angeboten, bei denen mehrere Teilnehmer verschiedene Rollen übernehmen können[26]. Diese Entwicklungen sind umso bemerkenswerter, als ein für die Sprachkommunikation entwickeltes System (Mobilfunk) nunmehr genutzt wird, um *geschriebene* Informationen zu transportieren, die beim Empfänger *gelesen* werden. Vielleicht geht andererseits die Entwicklung beim Internet bald dahin, dass die Net-Telefonie[27] den Gebrauch von E-Mails überflügelt. Das Annehmen und Nutzen dieser Neuerungen durch die Gesellschaft – insbesondere im mobilen Bereich – haben zur Folge, dass die Weiterentwicklung der digitalen Technik durch die Einführung des UMTS-

---

[21] SZ vom 20.06.2002: „Mehr Haushalte nutzen Computer und Handy.".

[22] Deutsche Telekom AG (Hrsg.), Forum T-Aktie „direkt", Ausgabe 2/2002.

[23] Vgl. die Untersuchung von *Breunig*, Onlineangebote für Kinder, in: Media Perspektiven 2002, S. 389 ff.; FAZ vom 23.09.2002: „Internet-Nutzung der Kinder hat sich seit 2000 verdoppelt."

[24] Short Message Service: Mit SMS haben die Mobilfunknutzer die Möglichkeit, Daten anstelle von Sprache über die Mobilfunknetze zu übermitteln. Über die Tastatur des Mobiltelefons lassen sich damit Text-Kurznachrichten mit bis zu 160 Zeichen versenden. Deutschland nimmt eine Vorreiterrolle bei dieser Kommunikationstechnik ein: 1994 wurde die erste SMS über das D1-Netz verschickt, im Januar 1999 waren es bereits 60 Millionen und im September 1999 hat sich diese Zahl auf rund 520 Millionen mehr als verachtfacht (Quelle: Deutsche Telekom AG (Hrsg.), Forum T-Aktie „direkt", Ausgabe 4/2000); nach Schätzungen wurden zur Jahresmitte 2001 rund 20 Milliarden Textbotschaften pro Monat weltweit verschickt. Vgl. auch *Bisenius/Siegert*, S. 27; Süddeutsche Zeitung vom 10.10.2002: „Handy-Nachrichten verdrängen das Internet."

[25] Interessant ist, dass die neue Kommunikationstechnik auch körperliche Abläufe beeinflussen. So wird nicht mehr wie auf der Computertastatur mit dem Zeigefinger, sondern beim Mobiltelefon mit dem Daumen die Nachricht eingetippt.

[26] Z. B. „Herr der Ringe" von T-Mobile während der erste Teil des gleichnamigen Films zum Jahresende 2001 in die Kinos kam.

[27] Vgl. *Göckel*, Telefonieren im Internet: Das regulatorische Umfeld, in: K&R 1998, S. 250.

Mobilfunkstandards[28] mit der Möglichkeit der Übertragung von Bildern, Internetseiten und Bewegtbildern unser Kommunikationsverhalten voraussichtlich weiter verändern wird. Als nächste „Killer-Application" auf diesem Gebiet werden – bereits vor Einführung des UMTS-Standards – Handys mit eingebauter Digitalkamera und Bildschirm angesehen, mit denen die aufgenommenen Bilder wie eine SMS[29] an einen anderen Mobilfunkteilnehmer, der über eine entsprechendes Endgerät verfügt, gesendet werden können[30]. Weitere Veränderungen und ein bislang zukünftiger Höhepunkt im Kommunikationsverhalten der Menschen könnten eintreten, wenn die seit langem vorhergesagte Konvergenz der Geräte Wirklichkeit wird und man mit einem einzigen Gerät den gesamten bisher möglichen Informations- und Datenaustausch – möglichst noch mobil – bewerkstelligen kann[31]. Die derzeitige Entwicklung wird rückblickend als „digitale Steinzeit" bezeichnet werden können[32]. *Ehrenberg* beschreibt das Zukunftsszenario prägnant in wenigen Worten: „Der Mensch des 21. Jahrhundert ist flexibel, kabellos, vernetzt, mobil und bekommt so viele Geräte in einem wie nur irgend möglich."[33]

Der Staat muss diese Entwicklung einerseits fördernd begleiten und hat nicht zuletzt durch die Schaffung eines rechtlichen Rahmens[34] – und bestünde dieser

---

[28] Universal Mobile Telecommunication Standart: Nach dem Übergang von der ersten analogen Mobilfunkgeneration zu den digitalen Systemen der D- und E-Netze stellt UMTS die wichtigste und weitest reichende Neuentwicklung im Mobilfunk dar. Damit wird der schnelle Internetzugang via Mobilfunk ebenso möglich wie multimediale Anwendungen: Bilder, Graphiken und sogar ganze Videoclips können dann mit Geschwindigkeiten von bis zu 2 Megabit pro Sekunde über das Handy hin- und hergeschickt werden – das ist bis zu 200-mal schneller als bei GSM oder WAP (Wireless Application Protocol: Übertragung von speziell aufbereitete Internet-Seiten) (Quelle: Deutsche Telekom AG, Forum T-Aktie „direkt", Ausg. 4/2000).

[29] Man spricht zukünftig von MMS: Mulimedia Messaging Service. Hierunter fallen auch sog. multimediale Grußkarten.

[30] „Beim nächsten Urlaub können Sie den Fotoapparat zu Hause lassen: das Nokia 7650 mit integrierter Digitalkamera machts möglich." (Werbung auf der home-page der Telekom-Tochter T-Mobile).

[31] BT-Drs. 14/8649, S. 3 f.

[32] Unumkehrbare Digitalisierung, Studie zur Zukunft mobiler Dienste, in: Blickpunkt Film, Heft 35, 2001; ähnlich Bundesverband deutscher Banken (Hrsg.), Banken 2000 – Herausforderung Informationsgesellschaft, S. 9. Vgl. auch die eindrucksvolle Beschreibung zur Veränderung im Kommunikationsbereich bei *Kniebe*, Das große Saugen – Die digitale Offensive: Wie eine illegale Tausch-Gemeinschaft von Internetsurfern das Fernsehen revolutioniert – oder es abschafft, in: SZ vom 23.08.2002, S. 15.

[33] *Ehrenberg*, Mehr Internet im kleinen Finger, in: Der Tagesspiegel vom 18.03.2001, S. 30.

[34] Vgl. BT-Drs. 13/4000, S. 27; BT-Drs. 14/8648. *Pieper* (ZUM 1995, S. 557) fordert eine Kommunikationsordnung, die den Zuschauer als Nutzer und Verbraucher in den Vordergrund hebt und für diesen den notwendigen Medien- und Ordnungsrahmen bereitstellt.

lediglich in der Zusicherung von völliger Freiheit in diesem Bereich[35] – für die Planungssicherheit zu sorgen, welche nötig ist, die für die gesamte Volkswirtschaft erforderliche Infrastruktur zu errichten[36] und Inhalte von Kommunikationsvorgängen zu kreieren[37]. Die dargestellten erweiterten Möglichkeiten und Freiheiten der Kommunikation durch die neuen Übertragungstechniken werden andererseits, insbesondere nach den terroristischen Anschlägen auf das World Trade Center in New York und das Pentagon in Washington vom 11.09.2001, von staatlicher Seite auch als Bedrohung für die freiheitliche Demokratie angesehen. Es entstehen Tendenzen, diese Freiheit wenn nicht einzuschränken, so doch zu überwachen. Der deutsche Gesetzgeber hat im Dezember 2001 hierauf überraschend schnell reagiert und mit der Verabschiedung des Gesetzes zur Bekämpfung des internationalen Terrorismus den Nachrichtendiensten neue Aufgaben zugewiesen[38].

Die Geschehnisse des 11. September 2001 zeigten das Bedürfnis der Menschen weltweit an Information über derartige „Extremereignisse"[39]. An ihnen kann deutlich gemacht werden, welche (insbesondere elektronischen) Kommunikati-

---

[35] Aus verfassungsrechtlichen Gründen erscheint jedoch eine völlige Regelungsabstinenz des Staates ausgeschlossen. Dies folgt bereits aus dem Ausgestaltungsauftrag für die Rundfunkfreiheit, dazu unten. Vgl. zum Regelungsverzicht *Schulz/Jürgens*, S. 162; vgl. auch *Gounalakis*, ZUM 2003, S. 183; *Kloepfer*, Informationsrecht, § 4 Rn. 7 und § 3 Rn. 60 ff. zum Aspekt der Informationssicherheit.

[36] *Bullinger*, ZUM 1996, 749 (756); *ders.*, JZ 1996, S. 385 f; *Depenheuer*, AfP 1997, S. 674.

[37] vgl. hierzu *Burda*, Entwicklung der Medieninhalte, in: Hamm, Kommunikationsgesellschaft der Zukunft, S. 43 ff.; *Klöck*, CR 1999, S. 457.

[38] Vgl. Gesetz zur Bekämpfung des internationalen Terrorismus (Terrorismusbekämpfungsgesetz) vom 9. Januar 2002 (BGBl. I S. 361); *Baldus*, ZRP 2002, S. 400 ff.; *Tinnefeld*, MMR 2002, S. 493 f; *Bäumler*, K&R 2001, Heft 11 S. I. Zum Umfang der Überwachung der Telekommunikation nach § 100 a StPO vgl. anschaulich *Prantl*, Im Paradies der Lauscher, in: SZ vom 12.03.2003; Bericht in NJW 2001, Heft 49, S. L: Nach einer Mitteilung des Bundesjustizministeriums auf eine Anfrage eines Bundestagsabgeordneten sind im Jahr 2000 in den Ländern und im Geschäftsbereich des Generalbundesanwaltes in insgesamt 3 353 Verfahren Maßnahmen der Überwachung gegen 7 512 Betroffene angeordnet worden. Von den Unternehmen, die nach § 88 Abs. 5 Telekommunikationsgesetzes zur Auskunft verpflichtet sind, wurde mitgeteilt, dass insgesamt 15 741 richterliche beziehungsweise staatsanwaltliche Einzelanordnungen vorgelegt worden sind (Anm. 1973 wurden insgesamt 104 Telefonüberwachungen angeordnet!). Vgl. bereits *Mayer*, NJW 1996, S. 1786, der als einen Grund für Überwachungen das Bombenattentat von Oklahoma City im Jahre 1995 anführt. Damals sei der Bauplan der Bombe im Internet zirkuliert. Nach *Kloepfer* (Informationsrecht, § 3 Rn. 22) wurden bereits zur Bekämpfung der sog. organisierten Kriminalität Grundrechtsverkürzungen bei Art. 10 GG vorgenommen. Vgl. Verbrechensbekämpfungsgesetz vom 28.10.1994 (BGBl. I S. 3186), dazu *Riegel*, ZRP 1995, S. 176 ff.; *Arndt*, NJW 1995, S. 169 ff.; *ders.*, NJW 2000, S. 47 ff.

[39] Diesen Begriff verwenden *Emmer/Kuhlmann/Vowe/Wolling*, Media Perspektiven 2002, S. 166.

onsmittel genutzt werden, um Nachrichten zu verbreiten bzw. sich zu informieren[40]. Weiter zeigen solche Ereignisse wie rasch eine Informationsdurchdringung in der Gesellschaft durch die elektronischen Kommunikationsmittel erreicht wird[41]. Eine weitere – wenn auch nicht neue – Diskussion über Inhalte elektronischer Kommunikation, im Besonderen über Gewaltdarstellungen in den Medien, wurde durch den Amoklauf von Erfurt entfacht, bei dem Ende April 2002 ein 19-jähriger Schüler insgesamt 16 Menschen erschoss und sich dann selbst das Leben nahm[42]. Dabei wird zum einen der Frage nachgegangen, ob solche Handlungen vor allem jugendlicher Täter (auch) durch den Konsum entsprechender Medieninhalte gefördert oder ausgelöst worden sein könnten[43]. Diese Erörterung findet meist auf einer (sozial-) wissenschaftlichen Ebene statt. Darüber hinaus werden diese Gewaltausbrüche Einzelner auf der politischen Ebene zum Anlass genommen zu eruieren, wie die Möglichkeit der Verbreitung von gewaltbezogenen Darstellungen unterbunden oder zumindest erschwert werden kann[44]. Im Hinblick auf die Beschränkung von Medieninhalten wird auch die aktuelle Auseinandersetzung zur Verbreitung von Pornographie im Internet und im Rundfunk geführt[45], die ebenso unser Nachbarland Frankreich erfasst hat[46].

---

[40] Vgl. zum 3. Golfkrieg, der durch die Bombardierung Bagdads am 20.03.2003 begann Handelsblatt (S. 9) vom 21.03.2003:"Die Stunde des Frühstückfernsehens und des Internets".

[41] Vgl. die Untersuchung von *Emmer/Kuhlmann/Vowe/Wolling*, Media Perspektiven 2002, S. 166 ff.

[42] Davor lagen ähnliche Bluttaten in Meißen und Bad Brannenburg/Obb. Vergleichbare Fälle gibt es insbesondere auch in den Vereinigten Staaten. Dort töteten zwei Jugendliche am 09.11.1999 zwölf Mitschüler und einen Lehrer an der Columbia Highschool Littleton. Vgl. auch *Liesching*, S. 1; *Christa Stewens,* „Warum erst jetzt?", zur Novelle des Jugendschutzes, in: Bayernkurier vom 16.05.2002, S. 1;

[43] Vgl. *Riehl-Heyse*, Die Ursache der Wirkung – Ein Psychologen-Kongress zum Thema Gewalt in den Medien, in: SZ vom 29.07.2002, S. 36. *Schorb*, in: BLM (Hrsg.), Symposion Medienrecht, S. 21: „Zu den Lehrangeboten, die für die Kinder am attraktivsten sind, weil sie nämlich die größte Dichte an Information bieten, und zugleich höchst aufmerksamkeitsheischend gestaltet sind, gehören die Medien. Die Medieninhalte, und zwar insbesondere die Inhalte des audiovisuellen Mediums Fernsehen, sind die attraktivsten Informationen für Kinder. (...) Damit besteht die Möglichkeit, dass Kinder Gutes und Schlechtes, Richtiges und Falsches lernen und zwar aus den Medien. Und festzuhalten ist des Weiteren, dass die Kinder das Gelernte in ihren Wissensschatz, in ihr Handeln und in ihr Fühlen übernehmen. Das aus den Medien Ge- und Erlernte wird also nicht nur aufgenommen, sondern es wird auch aufbewahrt und es ist eine der Grundlagen die Handeln und Verhalten anleiten."

[44] Vgl. zur Diskussion, die durch den Amoklauf in Erfurt ausgelöst wurde: SZ vom 15.6.2002: „Hohe Strafen für Vertrieb indizierter Filme"; SZ vom 22.6.2002: „Knapp zwei Monate nach dem Massaker in Erfurt, Bundesrat billigt schärferes Waffenrecht. Außerdem strengere Gesetze zum Schutz der Jugend vor Gewaltvideos und Computerspielen beschlossen."

[45] Vgl. *Albrecht/Hotter*, Pornographieverbot im Rundfunk; *Neuerer/Raible/Schulze*, Sex und Gewalt in den Medien für die Quote, in: Frankfurter Rundschau vom 07.08.2002, S. 10. Vgl. auch *BVerwG*, Urteil vom 20.02.2002 (Az. 6 C 13/01, abgedr. in: AfP 2002, S. 257 ff.). Hier

Bevor im Hauptteil der Abhandlung auf die im Grundgesetz angelegte Struktur zum Schutz von Kommunikationsinhalten vor staatlichem Handeln eingegangen wird, erscheinen allgemeine Gedanken darüber, welches Interesse ein Staat, unabhängig davon, ob seine Organe demokratisch legitimiert oder aber totalitär aufgebaut sind, an Kommunikationsinhalten seiner ihm unterworfenen Bürger haben kann, angezeigt. Denn gäbe es ein solches allgemeines Interesse an den Kommunikationsinhalten von Seiten des Staates nicht und wären Zugriffe des Staates auf den Kommunikationsinhalt daher nicht zu erwarten, würden sich umfangreiche, verfassungsrechtlich abgesicherte Schutzmechanismen für die Freiheit der Kommunikation erübrigen.

In den genannten aktuellen Beispielen tritt die Zielrichtung staatlichen Handelns in Bezug auf Kommunikations*inhalte* bereits hervor: Kenntnisnahme des Inhalts durch Überwachung einerseits und Regulierung des Kommunikationsinhalts von Massenmedien andererseits. Ohne vertiefte empirische Forschung kann – unter Heranziehung der aus den genannten aktuellen Ereignissen gezogenen Schlüsse – dem Staat zum einen das Interesse unterstellt werden, alles zu erfahren, was die Bürger an Tatsachen und Meinungen austauschen, um daraus Rückschlüsse für die gegenwärtige Stabilität des Staatsgebildes bzw. den Machterhalt im Staat zu gewinnen[47]. Des Weiteren kann angenommen werden, dass der Staat Kenntnis vom Kommunikationsinhalt erhalten möchte, um die Bevölkerung, Bevölkerungsgruppen oder Individuen vor ihnen drohenden Gefahren zu schützen, die aufgrund der Kommunikationsinhalte erkennbar werden. Neben dem Interesse am Inhalt der tatsächlich stattgefundenen Kommunikation ist dem Staat ein Interesse daran zu unterstellen, Kommunikation, die dem Staat, Bevölkerungsgruppen oder Individuen aufgrund ihres Inhalts schaden könnte, schon im Vorfeld des tatsächlichen Kommunikationsvorganges zu unterbinden, oder aber, weil dies nicht realisierbar ist, zumindest mit Sanktionen zu belegen, die so gravierend sind, dass die Kommunikationspartner „freiwillig" auf den Austausch dieser Inhalte verzichten. Der Schwerpunkt staatlichen Handelns liegt – auch bei der elektronischen Kommunikation – erkennbar in der Beobachtung der Kommunikation zwischen einzelnen Individuen und der Regulierung der Kommunikationsinhalte, die sich an eine breite Masse richten. Dem soll auch diese Untersuchung Rechnung tragen. Versuche von insbesondere totalitären Staaten, das

---

ging es um die Frage, ob die Vorsperre im Programm Premiere den Anforderungen durch den Jugendschutz genügt.

[46] *Rühle*, Wo sind sie nur, die schönen alten Hintern, in: SZ vom 01.08.2002, S. 11; Angst vor und um die Heranwachsenden – Frankreich debattiert über Gewalt und Pornographie, in: Neue Zürcher Zeitung vom 10.08.2002, S. 55; 900 harte Pornos pro Monat – Ein Mord nach dem Vorbild des Horrorfilm „Scream" hat in Frankreich den Jugendschutz alarmiert, in: die tageszeitung vom 24.07.2002, S. 18.

[47] Vgl. bereits BVerfGE 85, 386 (396).

Meinungsspektrum der Bevölkerung etwa durch Propaganda, Indoktrination und dem Verbot sich aus (ausländischen) Informationsquellen zu unterrichten[48] bereits im Vorfeld der Kommunikation zu verengen, um damit den Kommunikationsinhalt zu begrenzen, setzen nicht am Kommunikations*vorgang* an und sollen daher in der weiteren Untersuchung außer Betracht bleiben. Ebenso bildet es keinen Schwerpunkt der Arbeit, wenn die Kommunikationsinhalte nur deshalb in den Blick des Staates geraten, weil sie einen notwendigen Teil eines rechtsgeschäftlichen oder sonstigen Vorgangs darstellen und bestimmte Anforderungen an den Inhalt gestellt werden, um letztlich diesen (Haupt-) Vorgang rechtssicher und möglichst gerecht zu gestalten.

Aus den dargelegten und hier maßgeblichen allgemeinen Motiven für das Interesse am Kommunikationsinhalt lässt sich entnehmen, dass der Staat aus Eigenschutzinteressen und aus Drittschutzinteressen tätig werden möchte. Eigenschutzinteressen stehen im Mittelpunkt, wenn die Handlung in Bezug auf den Kommunikationsinhalt die eigene gegenwärtige Struktur des Staates erhalten soll. Drittschutzinteressen liegen vor, wenn der Staat mit seinen Handlungen den Schutz der Bürger vor den mit der Kommunikation verbundenen Gefahren oder vor Gefahren, die aufgrund des Kommunikationsinhalts erkennbar werden, erreichen möchte. Sowohl das Eigenschutzinteresse des Staates als auch das Drittschutzinteresse können dabei nicht von vorneherein als „gut“ oder „schlecht“ bewertet werden, denn staatliche Fürsorge und Neugier sind in Bezug auf Kommunikationsinhalte nicht schlechthin verwerflich, wenn sie letztlich dem Schutz des Gemeinwesens und damit indirekt auch wieder dem Schutz der Kommunikation (-sfreiheit) dienen[49]. Gefahren für die Freiheit der Kommunikation sind dabei in keinem Fall außer Acht zu lassen[50].

Diese einfachen Überlegungen zu den Motiven des Staates im Zusammenhang mit Kommunikationsinhalten zeigen, dass sich verfassungsrechtliche Schutzmaßnahmen nicht nur rechtfertigen lassen, sondern dass diese in einem Rechtsstaat zum Schutz der Kommunikation vor staatlichem Zugriff und Einfluss gefordert werden müssen. Andererseits ist zuzugestehen, dass die Motive des Staates für Handlungen im Hinblick auf Kommunikationsinhalte nicht nur negativ besetzt sind. Es wird daher entscheidend darauf ankommen, wie die Verfassung eines Staates die Abwägung der Interessen von Staat und Bürger hinsichtlich der Freiheit der Kommunikation einerseits und den Einflussmöglichkeiten des Staates andererseits durch verbürgte Grundrechte vornimmt. Für die Bundesrepublik

[48] In der ehemaligen DDR war es u. a. untersagt, „West-Rundfunk“ zu empfangen. In Iran und Irak sind z. B. „Satelliten-Schüsseln“ verboten.
[49] Vgl. *Löwer*, in: v.Münch/Kunig, GG, Art. 10 Rn. 3.
[50] *Hirsch*, „Abschied vom Grundgesetz“, SZ vom 2.11.2001.

Deutschland sind die hierzu maßgeblichen Aussagen dem Grundrechtsteil des Grundgesetzes zu entnehmen.

Das Grundgesetz hat einen wie eingangs beschriebenen Gesellschaftswandel[51] durch die Einführung neuer Technologien während der Zeit seiner Geltung noch nicht mitgemacht. Die geltende „vorinformationelle Rechtsstruktur"[52] muss gleichwohl auf die neue Lebenswirklichkeit angewendet werden, bis sie evtl. angepasst wird. Dem gesellschaftlichen Wandel liegt – wie dargestellt – die enorme technische Entwicklung in den letzten Jahren im IT-Bereich zugrunde. Die Digitalisierung der Daten machte es möglich, dass ein Vielfaches an Kommunikationsinhalten durch die technischen Einrichtungen (Leitungsnetze; Mobilfunknetze) gelangen kann. Da der technische Fortschritt allerdings nicht von heute auf morgen über die Gesellschaft hereinbrach, konnte sich das Bundesverfassungsgericht mit technischen Veränderungen – insbesondere im rundfunktechnischen Bereich – auseinandersetzen. Zuletzt mit Urteil vom 5.2.1991[53] hat das Gericht erneut bestätigt, dass es von einem dynamischen Rundfunkbegriff ausgehe, dessen Gehalt sich bei tatsächlichen Veränderungen wandeln könne. Inmitten standen damals „rundfunkähnliche Kommunikationsdienste". Mit dieser Rechtssprechung deutet das Gericht an, dass auch weitere Veränderungen von der Verfassung geleistet werden können und müssen[54].

Die Verfassung der Bundesrepublik Deutschland enthält keinen eigenen Abschnitt, der sich mit der Kommunikation der Bürger – sei es im privaten oder beruflich-wirtschaftlichen Bereich – befasst. Daher ist anhand der sich in den Grundrechten widerspiegelnden Aussagen zur Kommunikation deren Bedeutung im Rahmen des Grundgesetzes herauszustellen (Teil 4 I.), aus den Grundrechten der Rahmen zu entwickeln, innerhalb dessen der Staat die Kommunikation mittels elektronischer Übermittlungstechnik zulässt bzw. zulassen muss (Teil 4 III.) und zu hinterfragen, wer im Bundesstaat – Bund oder Länder – für den Erlass von Rechtsvorschriften für den Bereich der Inhalte dieser Kommunikation zuständig ist (Teile 5 bis 7). Weitere Fragestellungen, z. B. ob der Staat selbst aufgrund der technischen und rechtlichen[55] Veränderungen Informationen bereitstellen oder zumindest für den Zugang des Nutzers zu Informationsquellen sorgen muss („Grundversorgungsauftrag") und wieweit hierauf ein Anspruch des

---

[51] *Kloepfer*, Informationsrecht, § 1 Rn. 17.
[52] Der Begriff stammt von *Grzeszick*, AöR 123 (1998), S. 176.
[53] BVerfGE 83, 283.
[54] Zur Diskussion um die Offenheit des Art. 5 Abs. 1 Satz 2 GG hinsichtlich technischer Entwicklungen insbesondere mit Hinweisen zur Entstehungsgeschichte der Norm: *Gersdorf*, Rundfunkbegriff, S. 88; *Grzeszick*, AöR 123 (1998), S. 175; *Tettinger*, Neue Medien und Verfassungsrecht, S. 18.
[55] Vgl. insbesondere die Privatisierung des Telekomsektors, Art. 87f GG.

Einzelnen aufgrund der Informationsfreiheit erwächst, müssen ebenso außen vor bleiben wie die Frage nach den Schutzpflichten des Staates für die Kommunikationsfreiheit[56].

Um die bestehenden gesetzlichen Einschränkungen sichtbar zu machen, werden nach einer terminologischen Klärung (Teil 2) einzelne einfachgesetzliche Normen vorgestellt (Teil 3).

[56] Vgl. hierzu *Schoch*, VVDStRL Bd 57 (1998), S. 200 ff; *Stettner*, in: Merten/Schmidt/Stettner, FS Knöpfle, S. 357 f. und S. 363 ff.; *Mayer*, NJW 1996, S. 1788. Zum Grundversorgungsauftrag im Bereich des Internet vgl. *Mecklenburg*, ZUM 1997, S. 530 und S. 540; *Partsch*, Informationsfreiheitsgesetz – bessere Recherchemittel für die Presse, in: AfP 2002, S. 198 ff.

Teil 2: Terminologische Klärung

I. „Elektronische Kommunikation“

Für den zentralen Begriff der Untersuchung – Kommunikation – fehlt eine gesetzliche Definition[57]. Weder die „jungen“ Gesetze, die sich mit neuen Informations- und Kommunikationsdiensten befassen (Informations- und Kommunikationsdienste-Gesetz, Mediendienste-Staatsvertrag, dazu Teil 3 I 8 und II 2, oder die neuen Gesetze zum Schutz der Jugend – Jugendschutzgesetz und Jugendmedienschutz-Staatsvertrag) noch die bisherigen, einzelne Kommunikationswege oder –medien betreffende Gesetze (z. B. Rundfunkstaatsvertrag, dazu Teil 3 II. 1.) befassen sich eingehend mit dem Begriff Kommunikation. Lediglich für den technischen Bereich enthält das Telekommunikationsgesetz des Bundes (TKG, dazu Teil 3 I 5) eine Begriffsbestimmung, die den Begriff der Kommunikation einbezieht. § 3 Nr. 16 TKG umschreibt „Tele“-Kommunikation als „den technische(n) Vorgang des Aussendens, Übermittelns und Empfangens von Nachrichten jeglicher Art in der Form von Zeichen, Sprache, Bildern oder Tönen mittels Telekommunikationsanlagen.“ Dieser Begriff der Telekommunikation wird auch im Teledienstegesetz (vgl. Teil 3 I 4) zugrunde gelegt.

Kommunikation (lat. = Unterredung, Mitteilung) ist nach allgemeinem Verständnis die Übermittlung von Informationen, d. h. von Text (Zahlen, Buchstaben etc.), Bildern (Graphiken, Farben, etc.), Tönen (Laute, Sprache, Musik) und/oder sonstigen, nicht audiovisuellen Sinneseindrücken von einem Sender (Kommunikator) zu einem Empfänger (Rezipient)[58]. Kommunikation hat demnach nur wenige Grundvoraussetzungen: Es muss einen Sender geben, einen Empfänger und die Übermittlung von Informationen. Diese wenigen Voraussetzungen sagen jedoch nichts über die Vielfältigkeit, in der Kommunikation im täglichen Leben zu Tage tritt. So können auf Seiten der Empfänger eine Vielzahl von Personen oder nur eine einzige Person stehen. Auch auf der Senderseite ist eine Mehrzahl von Personen nicht ausgeschlossen (z.B. bei einer Demonstration). Der Austausch von Informationen kann einseitig oder wechselseitig erfolgen, ohne oder unter Benutzung eines Übertragungsmediums.

Die Vielfalt der kommunikativen Erscheinungsformen wird zur näheren Betrachtung üblicherweise eingeteilt in Individualkommunikation[59], die geprägt ist

---

[57] *Gramlich*, ZUM 1998, S. 365.

[58] Brockhaus, Lexikon Bd. 12, 20 Aufl. 1997; Meyers Taschenlexikon, 2. Aufl. 1987; *Kühner, A./Sturm, T.*, Das Medienlexikon, Landsberg/Lech 2000; *Kloepfer*, Informationsrecht, § 1 Rn. 60.

[59] Dazu *Kloepfer*, Informationsrecht, § 1 Rn. 62.

vom wechselseitigen Austausch von Informationen zwischen zwei (oder zumindest wenigen) Personen (Beispiel: Telefongespräch), d. h. die Äußerung an einen bestimmten Adressatenkreis, und in die Massenkommunikation[60], bei der einem Sendenden eine unbegrenzte Anzahl an Empfängern gegenübersteht (beliebiger Adressatenkreis) und der Informationsfluss gleichsam wie auf einer „Einbahnstraße"[61] vom Sendenden zu den Empfängern gelangt, da ein Rollentausch sowohl beim Sendenden als auch bei den Empfängern nicht möglich ist (Beispiel: herkömmliches Fernsehprogramm).

Mit dem Aufkommen neuer Kommunikationstechniken wird die bislang vorherrschende Unterscheidung in die Kommunikationsformen Individualkommunikation und Massenkommunikation allerdings schwieriger auf den Kommunikationsprozess anwendbar[62]. Zum einen taucht die Möglichkeit eines Rollenwechsels auf (z. B. Fernsehen mit Rückkanal), zum anderen ist nicht mehr klar erkennbar, welcher Kommunikationsinhalt an die Allgemeinheit gerichtet ist und welcher sich nur an einen abgegrenzten Empfängerkreis richtet. Es werden daher zunehmend neue Begriffe zur Beschreibung der Kommunikationsformen verwendet. So wird von „überindividueller Kommunikation", „Kommunikation mit Öffentlichkeitsbezug" etc. gesprochen. Im Folgenden wird die Einteilung in Individualkommunikation und Massenkommunikation weitgehend beibehalten, da sie als Hilfsmittel akzeptiert werden muss, um die verfassungsrechtlichen Grundstrukturen verständlich machen zu können, ohne die Diskussion hier zusätzlich zu erschweren. Allerdings wird an mehreren Stellen der Untersuchung auf die aufgetretenen Abgrenzungsschwierigkeiten zwischen den Kommunikationsformen hinzuweisen sein. Dies gilt sowohl im Bereich der Grundrechte für die Abgrenzung von deren Schutzbereichen, als auch im Bereich der Kompetenznormen. Dort wird ausführlicher auf die Begriffe der Massenkommunikation und der Individualkommunikation eingegangen. Im Vorgriff auf die weitere Diskussion kann gesagt werden, dass die Abgrenzungsprobleme zum Teil darauf beruhen, dass die Kommunikationsvorgänge von unterschiedlichen Seiten aus betrachtet werden. Bei einer einheitlichen Sichtweise scheint manches Problem leichter lösbar.

Für die Kommunikation in einer modernen Gesellschaft wird wie eingangs angedeutet überwiegend ein Medium benutzt, das die Information übertragen kann, ohne dass sich Sender und Empfänger direkt sehen oder hören können (Unabhängigkeit von Raum und Zeit). Bei der „elektronischen Kommunikation" wird dabei Technik genutzt, die die Informationen leitungsgebunden oder leitungsfrei mittels elektromagnetischer Schwingungen oder Lichtwellen, die ihrer-

---

[60] *Kloepfer*, Informationsrecht, § 1 Rn. 62. Hierzu ausführlicher unten Teil 5 V 2 b.

[61] *Janik*, AfP 2000, S. 7; *Pieper/Wiechmann*, ZUM 1995, S. 89.

[62] Hierzu unten Teil 5 V 2 c.

seits wieder elektronisch gesteuert werden, zu einem menschlichen Empfänger bringt. Man könnte hierfür den bereits oben angesprochenen Begriff der Telekommunikation in einem weiten Sinne verwenden, so wie er sich aus den Begriffsbestimmungen in § 3 Nrn. 16 und 17 Telekommunikationsgesetz ergäbe. Zusammen gelesen wird Telekommunikation hier definiert als (Nr. 16) der technische Vorgang des Aussendens, Übermittelns und Empfangens von Nachrichten jeglicher Art in der Form von Zeichen, Sprache, Bildern oder Tönen mittels (Nr. 17) technischer Einrichtungen oder Systemen, die als Nachrichten identifizierbare elektromagnetische oder optische Signale senden, übertragen, vermitteln, empfangen, steuern oder kontrollieren. Allerdings wird der Begriff der Telekommunikation durch das materielle Recht auf die Individualkommunikation begrenzt. So beschreibt § 4 Nr. 15 Telekommunikations-Überwachungsverordnung (TKÜV)[63] den Begriff der zu „überwachenden Telekommunikation" unter Bezugnahme auf die zu „überwachende Rufnummer", was eindeutig auf einen Fernmeldeanschluss und damit auf Individualkommunikation hindeutet[64]. Der in der vorliegenden Untersuchung verwendete Begriff der „elektronischen Kommunikation" soll weiter als der eingeschränkt verstandene Begriff der „Telekommunikation" und somit umfassend als „Kommunikation unter zu Hilfenahme elektromagnetischer oder Lichtwellenübertragungstechniken" verstanden werden. Dieser ergäbe sich aus einer Gesamtschau der Definitionen aus § 2 Rundfunkstaatsvertrag (RStV), § 2 Mediendienste-Staatsvertrag (MDStV), § 2 Teledienstegesetz (TDG) und des nicht mehr geltenden § 1 Btx-Staatsvertrag bei Zugrundelegung der Definitionen der Begriffe „Telekommunikation" und „Telekommunikationsanlagen" in § 3 Nr. 16 und 17 Telekommunikationsgesetz (TKG)[65]. Teledienstegesetz und Mediendienste-Staatsvertrag wollen dabei alle elektronischen Kommunikationsmedien behandeln, die nicht den Tatbestand des Rundfunks erfüllen[66]. Zukünftig soll im Bereich des Jugendschutzes für Tele- und Mediendienste der Begriff „Telemedien" Verwendung finden[67], Rundfunk und Telemedien werden weiter unter den Begriff „elektronische Informations- und Kommunikationsmedien" zusammengefasst[68]. Darüber hinaus war zeitweise angedacht, Rundfunk und die Teledienste in einem Medienstaatsvertrag zusam-

---

63 Siehe hierzu Teil 3 I 7.

64 Eine Überwachungsmaßnahme ist nach § 4 Nr. 13 TKÜV eine Maßnahme zur Überwachung der Telekommunikation nach § 3 des Artikel 10-Gesetzes, den §§ 100a, 100b Strafprozessordung oder den §§ 39 bis 43 des Außenwirtschaftsgesetzes, mithin alles Vorschriften zur Überwachung der Individualkommunikation. Zu den einzelnen Vorschriften siehe unten Teil 3 I.

65 Auf die genannten Vorschriften wird in Teil 3 näher eingegangen.

66 *Pappi*, S. 132; *Hesse*, BayVBl. 1997, S. 136.

67 BT-Drs. 14/9013, S. 13 u. 24: „Für den Jugendschutz wird die im geltenden Recht vorhanden Unterscheidung zwischen Telediensten und Mediendiensten aufgegeben.". Vgl. unten Teil 3 I. 11. und II. 15.

68 § 2 Abs. 1 Jugendmedienschutz-Staatsvertrag.

menzufassen[69]. Hinzuzunehmen ist noch die technisch vermittelte Individualkommunikation wie etwa Telefongespräch oder Faxübermittlung, die so genannte Telekommunikation im engeren Sinne, da diese in den oben genannten Regelwerken nicht einbezogen ist[70]. Unter den Begriff der elektronischen Kommunikation werden in der vorliegenden Abhandlung somit die Kommunikationsformen Individualkommunikation und Massenkommunikation verstanden, soweit die Inhalte mittels Datensignalen vom Sender zum Empfänger gelangen. In technischer Sicht sollen sowohl die elektronische Kommunikation, die bislang über breitbandige Kabelnetze, Satelliten oder terrestrische Frequenzen zum Empfänger gelangt (v. a. Fernsehen), als auch die Kommunikation, die bislang über schmalbandige Telekommunikationsnetze (v. a. Telefonie, Fax, E-Mail, Internet) übertragen wird, einbezogen werden[71]. Eine Einschränkung des Begriffs der „elektronischen Massenkommunikation" auf den Rundfunk erscheint dabei aufgrund des technischen Fortschritts und der Definition in § 2 Mediendienste-Staatsvertrag nicht mehr aktuell.[72]

Auf der Suche nach Oberbegriffen für die neuen Kommunikationsmöglichkeiten mittels Datenübertragungstechnik stößt man auf Begriffe wie „elektronische Kommunikationsmedien"[73], „Multimedia-Dienste"[74], „digitale Telekommunikation"[75] oder „elektronische Informations- und Kommunikationsdienste"[76]. Diese Begriffe umschreiben aber nur das, was Rundfunkstaatsvertrag, Teledienstegesetz und Mediendienste-Staatsvertrag umfassen wollen. Da in der vorliegenden Untersuchung auch die ursprüngliche Individualkommunikation über das Telefon (stationär oder mobil) mit einbezogen werden soll, war (leider) ein neuer Begriff zu suchen, der hierfür offen ist und bei dem keine Verwechslungsgefahr mit den bisher verwendeten Begriffen besteht.

---

[69] Vgl. *Scholz*, Teilnehmerentgelt, S. 51; zur Nutzungsmöglichkeit von sog. Telekommunikationsdiensten vgl. *Gersdorf*, Rundfunkbegriff, S. 35 – 56.

[70] Das Teledienstgesetz regelt nur „Dienste". Die „echte" Individualkommunikation, bei der zwei Menschen am Ende von Übertragungseinheiten miteinander kommunizieren, stellt jedoch keinen Dienst i. S. d. genannten Regelungswerke dar. Allerdings werden etwa 0190er-Servicenummern (z. B. Telefonsex) als „Dienst" im Sinne des § 5 Teledienstgesetz angesehen, vgl. *BGH*, Urteil vom 22.11.2001, K&R 2002, S. 143.

[71] Vgl. *Gersdorf*, Rundfunkbegriff, S. 20 f.

[72] So noch *Stettner*, Rundfunkstruktur, S. 14. Allerdings ist an dieser Ansicht erkennbar, dass der Rundfunk als „Urvater" der elektronischen Massenkommunikation angesehen werden kann. Dies hat auch Auswirkungen auf die Einordnung von neuen elektronischen Massenkommunikationsmitteln in den verfassungsrechtlichen Kontext und auf die Auslegung der hiermit im Zusammenhang stehenden Normen.

[73] *Pappi*, S. 13.

[74] *Roßnagel*, in: ders., Recht der Multimediadienste, Einf. 1 Rn. 4; *Bullinger/Mestmäcker*, S. 15, 21.

[75] *Gersdorf*, Rundfunkbegriff, S. 52.

[76] Vgl. § 1 TDG; § 1 MDStV; vgl. dazu unter Teil 3.

II. Beobachtung, Bewertung und Regulierung von Kommunikationsinhalten

Greift man auf die eingangs angestellten allgemeinen Überlegungen zu den Motiven, die den Staat zum Handeln in Bezug auf Kommunikationsinhalte veranlassen, zurück und bezieht diese auf den demokratischen Verfassungsstaat Bundesrepublik Deutschland, so ergibt sich ein etwas feiner strukturiertes Bild: Die Beobachtung des Kommunikationsinhalts soll dem Staat ermöglichen, sich selbst in der bestehenden, demokratischen Struktur erhalten zu können (sog. Verfassungsschutz)[77] und darüber hinaus Straftaten von erheblicher Bedeutung vermeiden oder aufklären helfen. Dies betrifft in erster Linie die Kommunikation zwischen einzelnen Individuen, d. h. die Individualkommunikation, kann sich aber auch auf den Inhalt von Massenmedien richten (etwa öffentliche ausländerfeindliche Aufrufe). Zum anderen möchte der Staat von vorneherein gewisse Inhalte aus der Kommunikation, soweit diese für eine breite Öffentlichkeit von Bedeutung sein können, heraushalten. Beispielhaft seien hier unerwünschte Werbeinhalte, demokratiefeindliche Propaganda und jugendgefährdende Inhalte genannt. Dieser Bereich betrifft in erster Linie die sog. Massenkommunikation. Hierfür ist dem Staat an der Möglichkeit gelegen, konkrete Vorgaben für den Kommunikationsinhalt vorzuschreiben. In beiden Fällen möchte er den tatsächlich übertragenen Kommunikationsinhalt an den von ihm aufgestellten Regelungen messen und bewerten können, um danach zu entscheiden, ob und welche Konsequenzen die Übertragung des jeweiligen Inhalts hat.
Darüber hinaus wirkt der Staat auf Kommunikationsinhalte ein, um den Einzelnen vor einem durch die Massenmedien hervorgerufenen Informationsübergewicht zu schützen (z. B. Gegendarstellung, Widerruf, Impressumspflicht). Weiter werden kommunikative Inhalte im Rechtsverkehr vorgegeben, um dem Gebot der Rechtssicherheit und dem Schutz der Verbraucher zu genügen (z. B. Angaben- und Kennzeichnungspflichten, Schriftformerfordernis, Erfordernis der notariellen Beurkundung). Auf diese letzten Aspekte wird im Folgenden nicht oder nur am Rande eingegangen, da sie im Rahmen der elektronischen Kommunikation bislang eine untergeordnete Rolle spielen und hier nicht der Austausch der Informationen den alleinigen Zweck der Kommunikation darstellt.

1. Beobachtung

Als Beobachtung wird nach allgemeinem Verständnis die aufmerksame Wahrnehmung mit der Erwartung, dass sich am Wahrnehmungsobjekt Veränderungen ereignen werden, und mit der Absicht, diese aufzufassen und festzuhalten, ver-

[77] Dies gilt unabhängig von der Regierungsform: Demokratien möchten die demokratischen Grundwerte erhalten, Diktaturen möchten die Macht des Diktators sichern.

standen[78]. Der Begriff Beobachtung wird in gesetzlichen Bestimmungen nicht aufgegriffen und hat im Zusammenhang mit der elektronischen Kommunikation eine Affinität zur Massenkommunikation, vor allem zum Rundfunk. Eine der wesentlichen Tätigkeiten der Landesmedienanstalten, die den privat organisierten Rundfunk zulassen und überwachen, ist die Programmbeobachtung[79]. Im Bereich der Individualkommunikation werden in den einschlägigen Gesetzen statt des Begriffs Beobachtung die Begriffe „Überwachung und Aufzeichnung" verwendet[80]. Eine nähere Bestimmung, was unter dem Begriff der Überwachung zu verstehen ist, findet sich in den Gesetzen nicht. Letztlich geht es auch hier um die „Kenntnis(-nahme) vom Inhalt"[81].

Die übertragenen Informationen liegen bei der elektronischen Kommunikation nicht in schriftlicher, für den Einzelnen lesbarer Form, sondern verschlüsselt als elektromagnetische oder Lichtwellenimpulse vor. Lediglich unmittelbar beim Sendenden und beim Empfänger ist der Kommunikationsinhalt entweder zu hören (Telefon, Fernsehen, Mediendienst), oder am Bildschirm oder Display zu lesen (z.B. E-Mail, SMS, Internet-Seiten) bzw. über den Drucker sichtbar zu manchen[82].

Die Beobachtung der Kommunikationsinhalte kann auf der gesamten technischen Kommunikationsbahn durchgeführt werden. So können die elektromagnetischen oder Lichtwellenimpulse bei der Datenübertragung abgegriffen und sichtbar gemacht werden oder es erfolgt ein Zugriff auf die im Sendegerät oder Empfangsgerät gespeicherten oder sonst erkennbaren Daten. Unter den Begriff „Beobachten" fallen daher Tätigkeiten wie Mithören, Mitlesen und Registrieren. Letzteres in diesem Zusammenhang nur, wenn es den Inhalt betrifft und nicht lediglich die Tatsache, dass Kommunikation stattfindet und zwischen wem sie stattfindet.

2. Bewertung

Bewertung wird allgemein als Einschätzung nach Wert und Bedeutung verstanden[83]. Dabei wird ein Sachverhalt mit festgelegten Maßen, Regeln oder ähnlich gelagerten Sachverhalten verglichen. Bei der Kommunikation kann von einer

---

[78] Brockhaus, Band 3, 20. Auflage 1996.

[79] Vgl. *Stettner*, Die Stellung der Bayerischen Landeszentrale, S. 171.

[80] Vgl. § 39 Abs. 1 Außenwirtschaftsgesetz; § 1 Abs. 1; 2 Abs. 1 Satz 3 Artikel 10-Gesetz; § 100b Abs. 3 Satz 1 Strafprozessordnung. Zu den genannten Vorschriften siehe Teil 3 I.

[81] Vgl. § 85 Abs. 3 Satz 1 Telekommunikationsgesetz, s. unten Teil 3 I.

[82] *Gercke*, ZUM 2002, S. 284.

[83] Brockhaus, Band 3, 20 Auflage 1996.

Bewertung gesprochen werden, wenn der Inhalt mit zuvor aufgestellten Regeln verglichen wird. Der Zweck der Bewertung durch den Staat kann dabei ganz unterschiedliche Hintergründe haben. Zum einen kann eine „positive" Reaktion von Seiten des Staates erfolgen, wenn es um die Förderung eines besonders „wertvollen" Kommunikationsinhalts geht, wie etwa bei der Filmförderung oder der Filmbewertung zum Zwecke der Besteuerung[84]. Diese „positiven" Reaktionen sollen nicht weiter untersucht werden. Darüber hinaus ist eine – für den Kommunikator – „negative" Reaktion denkbar, wenn der Kommunikationsinhalt gegen aufgestellte Regeln verstößt und daher die Verbreitung sanktioniert wird. Dieser Aspekt soll mit der vorliegenden Arbeit ins Blickfeld gerückt werden.

Um einen Kommunikationsinhalt bewerten zu können, ist von diesem zuvor Kenntnis zu erlangen. Dies kann grundsätzlich zu zwei Zeitpunkten erfolgen: Die zu kommunizierende Information kann vor dem Übertragungsvorgang oder erst nach der Aussendung der Signale zur Kenntnis genommen werden. Im Bereich der Massenkommunikation spricht man bei einer (vorangehenden) Bewertung von Zensur[85], wenn damit die Genehmigung für die Verbreitung verbunden wird. Bei der Individualkommunikation ist eine vorhergehende Bewertung technisch schwer realisierbar. Es würde bedeuten, dass man jegliche Kommunikation des Bürgers überwachen müsste; der Bürger müsste jeden Kommunikationsvorgang anmelden und bewerten lassen. Solcher Aufwand ist selbst in schlimmsten Diktaturen nicht durchführbar. Daher ist es verständlich, wenn Staaten, in denen die Meinungsfreiheit eingeschränkt ist, die Nutzung des Internet beschränken (möchten), da über das Internet die Möglichkeiten des Einzelnen zur Kommunikation und Informationsbeschaffung sprunghaft ansteigen. Im Folgenden wird daher von einem Begriff ausgegangen, der eine nachträgliche Bewertung von Kommunikationsinhalten zum Gegenstand hat.

Hat man Kenntnis vom Inhalt erlangt, kann entschieden werden, ob es sich um „guten" oder „schlechten" Kommunikationsinhalt handelt, ob dieser Kommunikationsinhalt mit gesetzten Regeln in Widerspruch steht und damit *repressive* Maßnahmen erforderlich werden. Letztlich handelt es sich bei der Bewertung um den Vergleich des Kommunikationsinhalts mit den aufgestellten, meist kodifizierten Normen einer Gesellschaft. Es wird daher davon auszugehen sein, dass die Bewertung des Kommunikationsinhalts zulässig ist, wenn vorab der Erlass von inhaltsregulierenden Normen als verfassungsrechtlich zulässig erkannt wor-

[84] Vgl. die Filmbewertungsstelle Wiesbaden (FBW), die auf Beschluss der Kultusministerkonferenz vom 11.8.1951 zur Schaffung einheitlicher Voraussetzungen für die steuerliche Behandlung von Filmen und zur Förderung des guten Film errichtet wurde. (Siehe unter www.f-b-w.org).

[85] Dazu unten Teil 2 II 4.

den ist. Mit der Vereinbarkeit von Regulierungsnormen in Bezug auf das Grundgesetz wird auch die Bewertung des Kommunikationsinhalts aufgrund dieser Regulierungsnormen als verfassungsmäßig angesehen werden können. Bei der Bewertung von Kommunikationsinhalten wird man immer auch fragen müssen, ob diese von der zuständigen Stelle vorgenommen wird, da die Kompetenz für den Erlass von Regulierungsnormen und die Vollzugskompetenz nach dem Grundgesetz nicht immer übereinstimmen müssen.

Die Bewertung von Kommunikationsinhalten kann in einem weiteren Zusammenhang Bedeutung erlangen, wenn im Rahmen der Grundrechtsprüfung bestimmte „schlechte" Kommunikationsinhalte aus dem Schutzbereich herausgenommen werden[86], und der Grundrechtsschutz nur für „gute" Kommunikation eröffnet wird. Fraglich ist hierbei, ob ein solches Vorgehen verfassungsrechtlich zulässig sein kann, da der Grundrechtsschutz mit der Einordnung des Kommunikationsinhalts, d. h. mit seiner Bewertung stehen und fallen würde. Hierauf wird im Rahmen der Grundrechtsprüfung einzugehen sein[87].

3. Regulierung

Der Begriff des Regulierens wird vor allem im Wirtschaftsverwaltungsrecht gebraucht. Wirtschaftsregulierung stellt eine Verhaltensbeeinflussung von Unternehmen durch staatliche Vorschriften dar, um wirtschaftspolitisch erwünschte Marktergebnisse herbeizuführen. Im weitesten Sinn wird jede Art von wirtschaftpolitischem Lenkungseingriff als Regulierung bezeichnet. Im engeren Sinn sind direkte Gebote oder Verbote gemeint, die auf das einzelwirtschaftliche Handeln zielen. Staatliche Regulierung verfolgt immer das Ziel, das Verhalten der Akteure im regulierten Umfeld zu beeinflussen. Bekannt geworden ist im Zusammenhang mit der elektronischen Kommunikation die Regulierung des Telekommunikationssektors durch die Regulierungsbehörde für die Telekommunikation und Post (RegTP) nach der Privatisierung der beiden Dienste seit dem 1.1.1998[88].

Übertragen auf den Bereich der Kommunikation bedeutet regulieren, dass hinsichtlich des Kommunikationsinhalts[89] bereits bevor die Kommunikation stattfindet, Regeln aufgestellt werden, welche Informationen übertragen werden dürfen, evtl. wann dies geschehen kann und ob der Rezipientenkreis eingeschränkt werden muss. Im engeren Sinne sind unter Inhaltsregulierungen die konkreten

[86] Z. B. Leugnung historisch erwiesener Tatsachen (Stichwort: „Ausschwitz-Lüge").
[87] Vgl. Teil 5 III 1 a.
[88] vgl. § 2 Telekommunikationsgesetz.
[89] Hinsichtlich der technischen Komponenten der Telekommunikation enthält § 3 Nr. 13 TKG eine Definition des Begriffs.

Normen gemeint, die direkt Gebote und Verbote enthalten und so auf das Handeln des Einzelnen einwirken. Bezweckt wird mit der Regulierung ein Handeln, dass ohne die damit aufgestellten Normen nicht zu erreichen wäre. Beispielhaft können hier Jugendschutz- und Werbebestimmungen angeführt werden.

Von den Wirkungen der regulierenden Normen ausgehend muss man unterscheiden zwischen unmittelbaren und mittelbaren Regulierungsnormen. Erstere geben einen bestimmten Inhalt für die Kommunikation vor (z. B. Warnhinweise bei der Werbung für bestimmte Produkte) oder verbieten generell einen bestimmten Kommunikationsinhalt (z. B. Pornografieverbot im Rundfunk), zweitere verengen die Möglichkeiten der Kommunikationsinhalte, da ihre Übermittlung nur unter Beachtung allgemeiner Grundsätze (z. B. rundfunkrechtliche Programmgrundsätze) zulässig ist. Im Hinblick auf die Schranken der Meinungsfreiheiten i. S. d. Art. 5 Abs. 2 GG handelt es sich bei der unmittelbaren Regulierung um meinungsspezifische Begrenzungen. Die mittelbar regulierenden Normen müssen dagegen nicht deckungsgleich mit den meinungsneutralen Begrenzungen des Art. 5 Abs. 2 GG sein.

Nicht unter den Begriff der Regulierung soll gefasst werden, ob sich aus den Grundrechtsnormen ein Anspruch des Bürgers oder eine objektiv-rechtliche Verpflichtung des Staates ergibt, für die Zugangsfreiheit zu den Informationen zu sorgen, wie dies ansatzweise bei der Kurzberichterstattung im Fernsehen und bei den bedeutenden Sportereignissen in der EU-Fernsehrichtlinie geregelt ist.[90] Derartige Normen schaffen nur die Möglichkeit der Erweiterung des Kommunikationsinhalts, ohne Aussagen dazu zu treffen, inwieweit solche Inhalte verbreitet werden müssen oder wann dies zu geschehen habe.

4. Die Abgrenzung von der Zensur

Nach Art. 5 Abs. 1 Satz 3 GG findet eine Zensur nicht statt. Dies gilt nach allgemeiner Meinung als „Schranken-Schranke" für die Kommunikations- und Medienfreiheiten des Art. 5 Abs. 1 GG[91]. Die Verfassung setzt der Schrankenziehung eine absolute Grenze in Gestalt des Verbots, Kommunikationsinhalte zu zensieren. Es ist daher der Unterschied zwischen Zensur und Regulierung sowie Bewertung herauszuarbeiten, bzw. darzulegen, was unter den Begriff Zensur fällt und damit verfassungsrechtlich verboten ist, ohne dass die Zulässigkeit der

---

[90] Siehe hierzu *Trute*, VVDStRL Bd. 57 (1998), S. 242 f.; *Stettner*, in: Merten/Schmidt/Stettner, FS Knöpfle, S. 358 u. 367; *ders.*, Rechtsfragen einer Ausweitung der nationalen Liste frei empfangbarer Ereignisse (§ 5 a RStV), in: ZUM 2002, S. 627.

[91] *Ricker/Schiwy*, Rundfunkverfassungsrecht, B Rn. 1 sprechen von einer „Grundrechtsbestimmung".

Beobachtung, Bewertung und Regulierung anhand der Schranken des Art. 5 Abs. 2 GG näher zu untersuchen ist.

Das Grundgesetz hat beim Begriff der Zensur auf eine Legaldefinition verzichtet und die Klärung des Begriffs der Rechtsprechung und der Rechtswissenschaft überlassen. Unter Zensur im Sinne des Art. 5 Abs. 1 Satz 3 GG wird ein Verfahren verstanden, in dem geplante Veröffentlichungen, insbesondere in den publizistischen Massenmedien, (systematisch) vor der Herstellung oder Verbreitung einer staatlichen Behörde zur Genehmigung vorzulegen sind, d. h. dort auf ihren Inhalt geprüft und zur Veröffentlichung freigegeben oder (endgültig) nicht freigegeben (d.h. verboten) werden[92]. Art. 5 Abs. 1 Satz 3 GG schließt mit anderen Worten für den Bereich der Meinungsäußerungs- und –verbreitungsfreiheit sowie für den Bereich der Presse – und Rundfunkfreiheit die Rechtsfigur des Verbots mit Erlaubnisvorbehalt aus. Unzulässig sind demnach Rechtsvorschriften, den die Gebrauch der Freiheitsrechte des Art. 5 Abs. 1 GG erst ermöglichen, wenn Art und Inhalt der Ausübung vorher von einer staatlichen Stelle kontrolliert und genehmigt worden sind[93].

Unter Zensur wird mittlerweile nur noch die Vorzensur verstanden[94]. Verfassungsrechtlich zulässig ist damit die rechtliche Beurteilung und Ahndung von Äußerungen aller Art, wenn sie nachträglich und innerhalb des von Art. 5 Abs. 2 GG gezogenen Rahmens erfolgt[95]. Damit fallen alle repressiv wirkenden Bestimmungen, die sich auf den Inhalt von Kommunikation beziehen, nicht unter den Zensurbegriff, denn Wirkung zeigen diese Normen erst nach der Äußerung bzw. Verbreitung.

Alle Normen, die im Rahmen des Art. 5 Abs. 2 GG Schranken aufstellen und damit im Vorfeld der Kommunikation mittelbar Einfluss auf deren Inhalt nehmen, stellen keine Zensur dar, wenn der konkrete Inhalt nicht vor der Verbreitung einer staatlichen Stelle vorgelegt werden muss. Dem Zensurverbot wird ein formeller Zensurbegriff zu Grunde gelegt, wonach nicht alle beschränkenden Maßnahmen, sondern nur das Abhängigmachen der Veröffentlichung einer Meinungsäußerung von der Genehmigung einer staatlichen Stelle durch Einfüh-

---

[92] BVerfGE 33, 52 (72); *Herrmann*, Rundfunkrecht, § 5 Rn. 36.

[93] *Hopf*, ZUM 2000, S. 740.

[94] BVerfGE 33, 52 (71); 73, 118 (166); 83, 130 (155); *Herrmann*, Rundfunkrecht, § 5 Rn. 36; *Schulze-Fielitz*, in: Dreier, GG, Art. 5 I, II Rn. 139; *Bethge*, in: Sachs, GG, Art. 5 Rn. 131; *Gödel*, in: Löffler, Presserecht, BT Jschutz Rn. 3. Die Vorgängervorschrift in der Weimarer Reichsverfassung (§ 143 Abs. 2 Satz 1 WRV) lautete: „Die Preßfreiheit darf unter keinen Umständen und in keiner Weise durch vorbeugende Maßregeln, namentlich Censur (...) beschränkt (...) werden.“; zur historischen Entwicklung BVerfGE 33, 52 (73); *Hopf*, ZUM 2000, S. 740.

[95] BVerfGE 33, 52 (72); *Betghe*, in: Sachs, GG, Art. 5 Rn. 132.

rung eines Verbotes mit Erlaubnisvorbehalt untersagt wird. Der Sinn und Zweck des Zensurverbotes liegt in der Verhinderung einer umfassenden und systematisch durchgeführten Kommunikationskontrolle[96]. Selbst bloße Anzeige- oder Vorlegungspflichten an die Behörden stellen keine Zensurmaßnahmen dar, wenn von Ihnen die Zulässigkeit der Veröffentlichung oder Verbreitung nicht abhängig gemacht wird[97].

Für den Bereich des Rundfunks soll es weiter unschädlich sein, wenn Landesmediengesetze die für die Aufsicht über den privaten Rundfunk zuständigen Landesmedienanstalten ermächtigen, sich vor der Ausstrahlung Sendebeiträge vorlegen zu lassen[98]. Das Zensurverbot verbiete nicht jedwede vorherige Einwirkung auf die Entfaltung der Kommunikationsfreiheiten und auf die Programmgestaltung, da die Schranken-Schranke staatsgerichtet ist und nicht greifen könne, wenn Landesmedienanstalten als staatsfrei organisierte Einheiten grundrechtssichernde Tätigkeiten ausübten[99].

Die oben genannte (gesetzliche) Regulierung von Kommunikationsinhalten stellt damit keine Zensur dar und ist im Hinblick auf Art. 5 Abs. 1 Satz 3 GG unbedenklich. Ebenso gilt dies für die oben beschriebene Beobachtung von Kommunikationsinhalten, da die Beobachtung in der Regel ohne Kenntnis des Kommunizierenden erfolgt und eine Vorlage des Kommunikationsinhalts nicht gefordert wird. Eine Bewertung kann ebenfalls nicht unter das Zensurverbot fallen, wenn der Kommunikationsinhalt erst nachträglich an zulässigen Regulierungsnormen gemessen wird.

---

[96] *Hopf*, ZUM 2000, S. 742.
[97] BVerfGE 33, 52 (74).
[98] Vgl. etwa Art. 16 Abs. 1 Satz 2 Bayerisches Mediengesetz (BayMG).
[99] *Bethge*, in: Sachs, GG, Art. 5 Rn. 133; *ders.*, in: BLM (Hrsg.), Symposion Medienrecht 2001, S. 76.

Teil 3: Einfachrechtliche Regelungen

Gesetzliche Regelungen, die auf den Inhalt von Kommunikation Einfluss nehmen, sind in vielen Rechtsgebieten zu finden und vielfältig strukturiert. Wird etwa mit der Preisangabenverordnung[100] vorgegeben, welcher Effektivzinssatz dem Verbraucher mitzuteilen ist (vgl. § 6 PangVO), so besteht bereits eine Vorgabe für den Kommunikationsinhalt. Wird andererseits verboten, im geschäftlichen Umgang gewisse Aussagen zu machen (z. B. irreführende Werbung) so schreibt der Gesetzgeber hier ebenfalls Regelungen zum Kommunikationsinhalt fest. Selbst Kennzeichnungspflichten für die Inhaltsstoffe von Lebensmitteln können diesem Bereich zugeordnet werden. Diese Beispiele zeigen, dass es eine Vielfalt an Regelungen gibt, die in irgendeiner Weise Einfluss auf den Kommunikationsinhalt haben. Eine Darstellung aller Normen, denen eine solche Wirkung – auch abgegrenzt auf die elektronische Kommunikation – zugestanden werden muss, ist hier daher nicht leistbar.

Im Folgenden sollen einzelne gesetzliche Regelungen vorgestellt werden, die sich mit der Beobachtung und Regulierung von elektronischer Kommunikation befassen bzw. Normen darstellen, an denen der Kommunikationsinhalt gemessen, d. h. bewertet wird. Dieser Überblick soll zum einen die Vielfalt der bestehenden Regelungen aufzeigen und zum anderen die nachfolgende grundrechtliche Prüfung anschaulicher machen. Auszugehen ist auch hier von den aufgezeigten (Haupt-)Motiven für Zugriffe des Staates auf den Kommunikationsinhalt, die an den Beispielen „11. September" und „Amoklauf von Erfurt" erläutert wurden[101]. Im Hinblick auf die Kompetenzabgrenzung des Grundgesetzes für die Gesetzgebung[102] werden die Bundesregelungen und die Länderregelungen getrennt vorgestellt. Dabei werden lediglich Normen dargestellt, die den Staatsbürger im Normalstatus erfassen. Die Kommunikationsfreiheiten, insbesondere die Meinungsfreiheit, können darüber hinaus in den Sonderstatusverhältnissen der Beamten, Richter, Wehr- oder Ersatzdienstleistenden, Schüler, Studenten und Strafgefangenen durch Gesetz weiter eingeschränkt werden. Hierauf wird im Weiteren nicht gesondert eingegangen[103].

[100] Verordnung zur Regelung der Preisangaben i. d. F. der Bek. vom 28. Juli 2000 (BGBl. I S. 1244).

[101] Teil 1.

[102] Vgl. hierzu ausführlich Teile 5 bis 7.

[103] Vgl. hierzu *Schulze-Fielitz*, in: Dreier, GG, Art. 5 I, II, Rn. 149 ff.

I. Regelungen des Bundes

1. Strafgesetzbuch (StGB)[104]

Die Normen des Strafgesetzbuches wirken gemäß dem Sinn und Zweck des Strafens auch in Bezug auf Kommunikationsinhalte präventiv und repressiv[105]. Nach der oben getroffenen Einteilung handelt es sich um regulierende Normen, die bei der Verwendung bestimmter Kommunikationsinhalte einschneidende Maßnahmen androhen. Die Normen dienen ebenfalls als Bewertungsmaßstab für Kommunikationsinhalte. Dabei setzt das Strafgesetzbuch auf unmittelbare Inhaltsverbote (z. B. Verbot der Verbreitung von Pornographie, § 184 Abs. 1 bis 3 StGB) und auf mittelbare Regulierung (z. B. Beleidigungsdelikte, § 185 ff. StGB), in der nicht ein bestimmter Inhalt verboten wird, sondern der Inhalt jeweils im Verhältnis zum Schutzgut gesehen werden muss. In den überwiegenden Fällen bauen die Strafnormen dabei meinungsspezifische Beschränkungen auf. Gleichwohl werden Beschränkungen der Meinungsfreiheit durch Straftatbestände, die an eine bestimmte Meinungsäußerung anknüpfen, von der Rechtsprechung regelmäßig abstrakt-generell als zulässige *allgemeine* Gesetze i. S. d. Art. 5 Abs. 2 GG angesehen[106].

Generell können über das Internet oder bei Benutzung sonstiger elektronischer Kommunikationsmittel sämtliche Äußerungs- oder Verbreitungsdelikte begangen werden. Diese Delikte setzen tatbestandsmäßig zum Teil ein Handeln vor einem ausreichend großem Publikum häufig mit Bezug auf eine potentiell unbegrenzte Öffentlichkeit voraus. Das *OLG Nürnberg* hat in diesem Zusammenhang aufgrund der stark steigenden Nutzung des Internet entschieden, dass eine entsprechende Darstellung auch geeignet sein könne, den „öffentlichen Frieden" im Sinne von § 166 Abs. 1 StGB zu stören und damit einen Öffentlichkeitsbezug der Kommunikation im Internet bejaht.[107].

Die Frage nach dem Öffentlichkeitsbezug der Äußerungen bei der Verwendung kommunikationstechnischer Hilfsmittel ist bei mehreren Meinungsäußerungsdelikten entscheidend für die Strafbarkeit der Handlung. So ist nach § 86 StGB die Verbreitung von Propagandamitteln unter Strafe gestellt[108], wobei auch die öf-

[104] Strafgesetzbuch (StGB) in der Fassung der Bekanntmachung vom 13. November 1998 (BGBl. I. S. 3322), zuletzt geändert durch 34. StrÄndG vom 22. August 2002 (BGBl. I S. 3390).
[105] Vgl. zum Sinn und Zweck des Strafens: BVerfGE 45, 187 (253 ff.)
[106] *Schulze-Fielitz*, in: Dreier, GG, Art. 5 I, II Rn. 143; vgl. auch *Kübler*, AfP 2002, S. 280.
[107] *OLG Nürnberg*, MMR 1998, S. 535.
[108] *Holznagel/Kussel*, MMR 2001, S. 347 f.

fentliche Zugänglichmachung in Datenspeichern ausreicht. Hierunter fällt etwa auch die Einstellung entsprechender Inhalte in eine Homepage im Internet oder die Verbreitung über ein Faxabrufsystem. Gleiches gilt für die Verwendung von Kennzeichen verfassungswidriger Organisationen (§ 86 a StGB)[109]. Eine Strafbarkeit wird hier ebenfalls bei der Verwendung eines Mailbox-Systems, zu dem der Täter nach Art eines Schneeballsystems einem nicht überschaubaren Personenkreis den Zugang ermöglicht, begründet[110]. Ebenfalls können die Straftatbestände der Verunglimpfung von Staatsorganen und Staatssymbolen (§§ 90, 90a, 90b, 111 StGB) durch die Verwendung elektronischer Kommunikationstechnik erfüllt werden, denn auch hier ist entscheidend, dass die Verunglimpfung „öffentlich" erfolgt. Gleiches gilt für die Störung des öffentlichen Friedens durch die Androhung von Straftaten (§ 126 StGB).

Weiter können unzweifelhaft auch Landesverrat, Offenbaren und Preisgabe von Staatsgeheimnissen und Verrat illegaler Geheimnisse (§§ 94 95, 97, 97a StGB) sowie das Anwerben für einen fremden Wehrdienst (§109h StGB) und die Unterstützung und Werbung für eine terroristische Vereinigung (§ 129a Abs. 3 StGB) mittels Telekommunikationseinrichtungen (z. B. mit Faxabruf, Internet) begangen und öffentlich bekannt gemacht oder sonst verraten (z.B. Fax, E-Mail) werden. Weitere Straftatbestände, die in diesem Zusammenhang genannt werden können, sind das sicherheitsgefährdende Abbilden und die Übertragung der Abbildungen (§ 109g StGB), die Volksverhetzung (§ 130 StGB), die Anleitung zu Straftaten sowie Gewaltdarstellungen (§§ 130a, 131 StGB) und die Belohnung und Billigung von Straftaten (§ 140 StGB). Die Übertragung von Abbildungen kann dabei jeweils im Wege elektronischer Kommunikation erfolgen, wenn Bilder vorher eingescannt werden, oder eine Videosequenz als Datei übertragen wird. Letzteres wird im Zuge der Nutzung breitbandiger Internetzugänge technisch immer leichter zu bewerkstelligen sein.

Einige der im Zusammenhang mit elektronischer Kommunikation relevanten Tatbestände setzen die Verwendung oder Verbreitung von Schriften voraus[111]. Zu nennen ist hier insbesondere § 184 StGB (Verbreitung pornografischer Schriften[112]). Nach der Legaldefinition des § 11 Abs. 3 StGB stehen den (körperlichen) Schriften im engeren Sinn Ton- und Bildträger, Datenspeicher, Abbildungen und andere Darstellungen gleich. Datenspeicher sind elektronische, elektromagnetische, optische, chemische oder sonstige Aufzeichnungen von Daten, die gedankliche Inhalte verkörpern, welche nur unter Zuhilfenahme technischer Geräte wahrnehmbar werden. Die Gleichstellung erfasst über den Inhalt in

---

[109] *Holznagel/Kussel*, MMR 2001, S. 348.
[110] *Tröndle/Fischer*, StGB, § 86a Rn. 9 m.w.N.
[111] *Derksen*, NJW 1997, S. 1881 f.; *Vassilaki*, MMR 1999, S. 528.
[112] Vgl. *BGH*, MMR 2001, S. 676 ff. = AfP 2001, S. 396 ff.

Datenträgern (Magnetbänder, Festplatten, CD-ROMs u.a.) hinaus auch Inhalte, die nur vorübergehend in elektronischen Arbeitsspeichern bereitgehalten werden[113]. Damit soll auch die Übertragung von Daten im Internet vom Schriftenbegriff umfasst werden[114].

Bei einzelnen Straftatbeständen wird als Tathandlung explizit die Verbreitung des Kommunikationsinhalts im Rundfunk aufgeführt. So sind Volksverhetzung, Gewaltdarstellungen und Pornographie im Rundfunk verboten (§§ 130 Abs. 2 Nr.2; 131 Abs. 2; 182 Abs. 2 StGB).

2. *Waffengesetz*[115]

Nach § 51 Abs. 2 Nr. 4 Waffengesetz ist die Anleitung und Aufforderung zur Herstellung von verbotenen Gegenständen unter Strafe gestellt[116]. Eine Anleitung oder Aufforderung kann dabei auch über elektronische Kommunikationsmittel (z. B. Internet) erfolgen.

3. *Strafprozessordnung (StPO)*[117]

Mit den Normen der Strafprozessordnung wird der rechtliche Rahmen für die Verfolgung von Straftaten gesteckt. Nach der oben gefundenen Dreiteilung handelt es sich um Normen, die vorrangig die Beobachtung der Kommunikation regeln, um daran anschließend eine Bewertung durch das Strafrecht (i. e. S.) zu ermöglichen. Der Regelungskern ist dabei – ebenso wie bei den unten dargestellten §§ 39 ff. Außenwirtschaftsgesetz und Artikel 10-Gesetz – die Berechtigung der Ermittlungsbehörden, in das durch Art. 10 Abs. 1 GG grundrechtlich

---

[113] *Tröndle/Fischer*, StGB, § 11 Rn. 46. Zur alten Rechtslage *Funke*, in: Prinz/Peters, FS Engelschall, S. 148 f.

[114] *Derksen*, NJW 1997, S. 1878 ff.; *Gercke*, Rechtswidrige Inhalte im Internet, S. 14 ff.; Vassilaki, MMR 1999, S. 528 f. Der Bundesgerichtshof hat in seinem Urteil vom 27.6.2001 (abgedruckt in: MMR 2001, S. 676 ff. = AfP 2001, S. 396 ff.) zur Verbreitung von (harter) Pornographie die bisherige Rechtsprechung zur „Verbreitung von Schriften" aufgegeben und so den Weg zu einer Anwendung dieser Tatvariante auf Internetdelikte geebnet, indem keine Verkörperung der Schriften mehr gefordert wird. Kritisch dazu: *Gercke*, MMR 2001, S. 679; *ders.*, ZUM 2002, S. 288; *Hörnle*, NJW 2002, S. 1008 ff.

[115] In der Fassung des Gesetzes zur Neuregelung des Waffenrechts vom 11. Oktober 2002 (BGBl. I S. 3970).

[116] Vgl. dazu *Vassilaki*, MMR 1999, S. 528 f.

[117] Strafprozessordnung i. d. F. d. Bek. vom 7. April 1987 (BGBl. I S. 1074, berichtigt S. 1319), zuletzt geändert durch 34. StrÄndG vom 22. August 2002 (BGBl. I S. 3390).

geschützte Fernmeldegeheimnis mit dem Ziel der Beweis- und Erkenntnisgewinnung einzugreifen[118].

Die §§ 100a und 100b StPO zeigen dabei, dass von der Rechtspflege nicht nur grundrechtsbewahrende, sondern auch grundrechtsgefährdende Gehalte ausgehen können[119]. Nach § 100a Satz 1 StPO kann die „Überwachung und Aufzeichnung" der Telekommunikation anordnet werden, wenn bestimmte Tatsachen den Verdacht begründen, dass jemand als Täter oder Teilnehmer die aufgeführten Katalogtaten begangen, zu begehen versucht oder vorbereitet hat.

Neben der klassischen Telefonüberwachung stellt die Vorschrift auch die Rechtsgrundlage für Durchsuchungen von Datennetzen und den damit verknüpften Datenspeichern dar. Dies macht insbesondere die Verwendung des Begriffs „Telekommunikation" deutlich. Da bei der Strafverfolgung letztlich die Inhalte der Telekommunikation entscheidend sind, ist der Begriff nicht technisch zu verstehen[120].

Die Vorschriften der §§ 102, 103 StPO sind die Rechtsgrundlage für Durchsuchungsmaßnahmen bei Sachen. Damit kann auf die Ergebnisse elektronischer Kommunikation, soweit sie auf festen Speichermedien festgehalten sind (Mailbox, Computer), Zugriff genommen werden.

4. Artikel 10 – Gesetz (G 10)[121]

Beim Artikel 10 - Gesetz handelt es sich um ein Gesetz, das für die Beobachtung der Kommunikation geschaffen wurde. Die Telekommunikation kann überwacht und aufgezeichnet werden (vgl. § 1 Abs. 1 G 10). Ob hieran anschließend weitere (z. B. repressive) Maßnahmen zu knüpfen sind, entscheidet sich nach anderen Gesetzen (insbesondere StGB). Die Maßnahmen nach dem Artikel 10-Gesetz dienen lediglich dem Auffinden entsprechender Kommunikationsinhalte.

---

[118] *Eckhardt*, CR 2001, S. 671; *Koenig/Koch/Braun*, K&R 2002, S. 290.

[119] *Kloepfer*, K&R 2001, S. 547. Seit 1968 wurden mehr als 20 weitere Straftaten in den Katalog des § 100a StPO aufgenommen, *Kloepfer*, a.a.O., S. 549.

[120] Zur Auslegung des strafprozessualen Telekommunikationsbegriffs *Koenig/Koch/Braun*, K&R 2002, S. 293.

[121] Gesetz zur Beschränkung des Brief-, Post- und Fernmeldegeheimnisses vom 26. Juni 2001 (BGBl. I S. 1254); geändert durch das Terrorismusbekämpfungsgesetz vom 9. Januar 2002 (BGBl. I S. 361), zuletzt geändert durch 34. StrÄndG vom 22. August 2002 (BGBl. I S. 3390).

Zu unterscheiden sind dabei die sog. Individualkontrolle, die sich gezielt gegen bestimmte, ausdrücklich zu benennende Person richtet (vgl. § 3 G-10), sowie die strategische Überwachung, bei der die Gewinnung sachbezogener Erkenntnisse von strategischer und verteidigungspolitischer Relevanz im Vordergrund steht (vgl. § 5 G-10)[122].

Ähnlich der Strafprozessordnung sieht auch § 3 Abs. 1 G-10 eine katalogartige Auflistung derjenigen Straftaten, etwa Friedens-, Hoch- oder Landesverrat und die Gefährdung des freiheitlichen demokratischen Rechtsstaates vor, zu deren Aufklärung eine Maßnahme der Telekommunikationsüberwachung gegen Einzelpersonen gerechtfertigt erscheint. Die Maßnahme ist (einfachrechtlich) zulässig, wenn auf Grund tatsächlicher Anhaltspunkte der Verdacht besteht, dass jemand diese Taten plant, begeht oder begangen hat. Darüber hinaus ist die Maßnahme gleichfalls zulässig, wenn sich der Verdacht darauf richtet, dass jemand Mitglied einer Vereinigung ist, deren Zweck oder Tätigkeiten entsprechenden Zielen dienen[123].

Für die strategische Überwachung enthält § 5 Abs. 1 G-10 eine generalklauselartige Aufzählung, nach der es sich bei der Überwachung um Maßnahmen zur Wahrung der *äußeren* Sicherheit handeln, mindestens aber ein Bezug zum Ausland bestehen muss.

5. Verfassungsschutzrechtliche, nachrichtendienstliche und zollfahndungsrechtliche Bestimmungen

Mit dem Erlass des Gesetzes zur Bekämpfung des internationalen Terrorismus vom 9. Januar 2002[124] als Maßnahme im Anschluss an die terroristischen Anschläge vom 11. September 2001, wurden dem Bundesamt für Verfassungsschutz, dem Militärischen Abschirmdienst (MAD) sowie dem Bundesnachrichtendienst (BND) weit reichende Befugnisse im Rahmen der Kontrolle von Telekommunikationsbeziehungen übertragen[125]. So wird den genannten Institutionen jeweils erlaubt, vom Telekommunikationsdienstleister Angaben über die Art der vom Kunden in Anspruch genommenen Telekommunikations- und Teledienst-Dienstleistungen anzufordern[126]. Auf diese Weise können das Bundesamt für

---

[122] *Riegel*, ZRP 1993, S. 468.
[123] *Kloepfer*, K&R 2001, S. 548.
[124] Terrorismusbekämpfungsgesetz (BGBl. I S. 361).
[125] Diese Befugnisübertragung ist bis zum 10. Januar 2007 befristet, vgl. Art. 22 Abs. 2 Terrorismusbekämpfungsgesetz.
[126] Vgl. § 8 Abs. 1 Satz 3 Nr. 3 Bundesverfassungsschutzgesetz vom 20.12.1990 (BGBl. I S. 2954, 2970), § 2 Abs. 3a Satz 3 Nr. 3 BND-Gesetz vom 20.12.1990 (BGBl. I S. 2954, 2970),

Verfassungsschutz, der MAD sowie der BND auch Kenntnisse vom Inhalt der Kommunikation erhalten.

Nach § 9 Abs. 1 Sätze 1 und 2 Nr. 3 Zollfahndungsdienstgesetz (ZFdG)[127] darf das Zollkriminalamt Art und Inhalt von Informationen erheben, wenn diese von Personen stammen, die am innerstaatlichen, innergemeinschaftlichen, grenzüberschreitenden und internationalen Waren-, Kapital- und Dienstleistungsverkehr teilnehmen. Nach § 20 ZFdG darf das Zollkriminalamt (entsprechendes gilt gemäß § 30 ZFdG für die Zollfahndungsämter, vgl. § 1 ZFdG) bei Vorliegen der genannten Voraussetzungen durch den Einsatz technischer Mittel zum Abhören und Aufzeichnen des nicht öffentlich gesprochenen Wortes Daten erheben. Hierbei handelt es sich allerdings nicht um die Überwachung von *elektronischer* Kommunikation.

6. Außenwirtschaftsgesetz (AWG)[128]

Nach § 39 Abs. 1 AWG kann das Fernmeldegeheimnis zur Verhütung von Straftaten nach dem Außenwirtschaftsgesetz (§ 34 AWG) eingeschränkt werden. Der Fernmeldeverkehr darf überwacht und aufgezeichnet werden.
Auch den Überwachungsmaßnahmen nach dem Außenwirtschaftsgesetz liegt ein Katalog von Straftaten, hier überwiegend Ausfuhrstraftaten, zu Grunde, deren Ermittlung eine Überwachung und Aufzeichnung der Telekommunikation rechtfertige[129]. Die konkrete Durchführung ergibt sich dabei teilweise aus dem Zollfahndungsdienstgesetz (Vgl. § 20 Abs. 2 ZFdG; siehe oben).

---

jeweils geändert durch das Terrorismusbekämpfungsgesetz vom 9.1.2002 (BGBl. S. 361), jeweils zuletzt geändert durch das Zollfahndungsneuregelungsgesetz vom 16.08.2002 (BGBl. I S. 3202); § 10 Abs. 3 Satz 3 Nr. 3 MAD-Gesetz vom 20.12.1990 (BGBl. I S. 2954, 2970), zuletzt geändert durch Terrorismusbekämpfungsgesetz vom 9.1.2002 (BGBl. S. 361). Vgl. *Baldus*, ZRP 2002, S. 400.

[127] Art. 1 des Gesetzes zur Neuregelung des Zollfahndungsdienstes vom 16.08.2002 (BGBl. I S. 3202).

[128] Außenwirtschaftsgesetz in der im Bundesgesetzblatt Teil III, Gliederungsnummer 7400-1, veröffentlichten bereinigten Fassung, zuletzt geändert durch Zollfahndungsneuregelungsgesetz vom 16. August 2002 (BGBl. I S. 3202). Die hier interessierenden Vorschriften sind durch zur Änderung des Außenwirtschaftsgesetzes, des Strafgesetzbuches und andere Gesetze vom 28. Februar 1992 (BGBl. I S. 372) eingefügt worden.

[129] *Kloepfer*, K&R, 2001, S. 548.

7. Telekommunikationsgesetz (TKG)[130]

Das Telekommunikationsgesetz enthält im elften Teil (§§ 85 bis 93) eine Reihe von Bestimmungen, die den Anbietern von (technischen) Telekommunikationsdienstleistungen im Hinblick auf die übermittelten Inhalte Verpflichtungen auferlegen. Hinsichtlich der Kommunikationsinhalte sind die Anbieter nach § 88 TKG verpflichtet, technische Einrichtungen für die Umsetzung von gesetzlichen Maßnahmen zur Überwachung der Telekommunikation vorzuhalten. § 88 TKG regelt im Wesentlichen die technische Gestaltung des Verfahrens, in dem berechtigten Stellen die Überwachung der Telekommunikation ermöglicht werden muss[131]. Einzelheiten werden durch die Telekommunikations-Überwachungsverordnung geregelt[132]. Die Voraussetzungen, unter denen in das Fernmeldegeheimnis eingegriffen werden darf, sind in unterschiedlichen Gesetzen außerhalb des TKG geregelt (vgl. z. B. § 100a StPO)[133].

Darüber hinaus werden derzeit Bestimmungen zur Zugangsberechtigung zu digitalen Verbreitungswegen diskutiert (ähnlich § 53 Rundfunkstaatsvertrag), die ebenfalls in das Telekommunikationsgesetz aufgenommen werden sollen und mindestens mittelbar auch Auswirkungen auf die Verbreitung von Kommunikationsinhalten haben können.

8. Teledienstegesetz (TDG)[134]

Das Teledienstegesetz enthält nach der Änderung durch das EGG[135] in §§ 6 f. TDG Normen, die den Inhalt von elektronischer Kommunikation explizit vorgeben (regulieren). § 8 Abs. 1 TDG statuiert darüber hinaus die Verantwortlichkeit des Anbieters von Inhalten nach den allgemeinen Gesetzen. Mit Letzterem wird

---

[130] Telekommunikationsgesetz (TKG) vom 25. Juli 1996 (BGBl. I. S. 1120), zuletzt geändert durch Gesetz vom 21. Oktober 2002 (BGBl. I S. 4186).

[131] *Koenig/Koch/Braun*, K&R 2002, S. 290.

[132] Verordnung über die technische und organisatorische Umsetzung von Maßnahmen zur Überwachung der Telekommunikation (Telekommunikations-Überwachungsverordnung – TKÜV) vom 22.1.2002 (BGBl I S. 458). Vgl. *Kloepfer*, K&R 2001, S. 545 ff.; *Koenig/Koch/Braun*, K&R 2002, S. 289 ff.; *Eckhardt*, CR 2001, S. 670 ff. Zur datenschutzrechtlichen Sicht *Bäumler*, K&R 2001, Heft 11 S. I.

[133] *Eckhardt*, CR 2001, S. 671; *Koenig/Koch/Braun*, K&R 2002, S. 290.

[134] Art. 1 des Gesetzes zur Regelung der Rahmenbedingungen für Informations- und Kommunikationsdienste (Informations- und Kommunikationsdienste-Gesetz – IuKDG) vom 22. Juli 1997 (BGBl I S. 1870), zuletzt geändert durch Gesetz über rechtliche Rahmenbedingungen für den elektronischen Geschäftsverkehr (EEG) vom 14. Dezember 2001 (BGBl. I S. 3721).

[135] Gesetz über rechtliche Rahmenbedingungen für den elektronischen Geschäftsverkehr (EGG) vom 14. Dezember 2001 (BGBl. I S. 3721).

eine Regulierung in sehr allgemeiner Form vorgenommen[136]. Diskutiert wird insbesondere die Abgrenzung zwischen Dienstleistungen nach dem TKG (technischer Bereich) und dem TDG (inhaltlicher Bereich)[137]. Die Abgrenzung wird dabei überwiegend aufgrund einer formalen Betrachtung vorgenommen. Es ist zwischen der Transportleistung (dann Telekommunikationsdienst, TKG) einerseits und der Inhaltsleistung (dann Teledienst, TDG bzw. Mediendienst, Mediendienste-Staatsvertrag, dazu unten) andererseits zu trennen[138]. Damit ist zwischen dem technischen Vorgang des Aussendens, Übermittelns und Empfangens selbst und den mittels dieses technischen Vorgangs transportierten Inhalten zu unterscheiden. Im Übrigen ergeben sich für Teledienste inhaltliche Beschränkungen nunmehr aus dem Jugendmedienschutz-Staatsvertrag (siehe unten), vormals aus dem Gesetz über die Verbreitung jugendgefährdender Schriften und Medieninhalte.

9. Lebensmittel- und Bedarfsgegenständegesetz (LMBG)[139]

Nach § 22 Abs. 1 LMBG ist es verboten, für Tabakerzeugnisse im Hörfunk und im Fernsehen zu werben. Damit wird der Inhalt von Fernseh- und Hörfunksendungen bereits im Vorfeld eingeengt. § 22 Abs. 1 LMBG stellt eine (unmittelbare) Regulierungsnorm dar. Die Europäische Union arbeitet derzeit an einem weitergehenden Verbot von Tabakwerbung[140]. Darüber hinaus sind gemäß § 7 Tabakprodukt-Verordnung[141] Warnhinweise auf Verpackungen abzudrucken. Auch

---

[136] *Engel-Flechsig/Maennel/Tettenborn*, NJW 1997, S. 14; *Koenig*, MMR 1998, Beilage zu Heft 12, S. 4; *Waldenberger*, MMR 1998, S. 127 jeweils zu § 5 Abs. 1 TDG a. F.

[137] *Koenig/Loetz*, CR 1999, S. 438 ff.; *Koenig*, MMR 1998, Beilage zu Heft 12, S. 4 f.; *ders./Koch/Braun*, K&R 2002, S. 291; *Schuster*, in: Beck'scher TKG-Kommentar, § 3 Rn. 21a f. und § 4 Rn. 4 f.; *Koch*, K&R 2002, S. 121; *Spindler*, in: Roßnagel, Recht der Multimediadienste, Teil 2 TDG, § 2 Rn. 36 f.; BGH, in: K&R 2002, S. 143; *OLG Hamburg*, MMR 2000, S. 613.

[138] *VG Düsseldorf*, Beschluss vom 19.12.2002, abgedr. MMR 2003, S. 205 ff. m. Anm. *Stadler*, MMR 2003, S. 208 ff.

[139] Gesetz über den Verkehr mit Lebensmitteln, Tabakerzeugnissen, kosmetischen Mitteln und sonstigen Bedarfsgegenständen vom 15. August 1974 (BGBl. I S. 1945) in der Fassung der Bekanntmachung vom 8. Juli 1993 (BGBl. I S. 1169), zuletzt geändert durch Gesetz zur Änderung futtermittelrechtlicher Vorschriften sowie zur Änderung sonstiger Gesetze vom 8. August 2002 (BGBl. I S. 3116). Vgl. *Hoffmann*, in: Bremer/Esser/Hoffmann, S. 45 f.

[140] Vgl. Die Welt vom 5.12.2002: „Das Reklameverbot für Tabak erregt die Werbebranche"; Süddeutsche Zeitung vom 21.11.2002: „EU-Parlament billigt Tabak-Werbeverbot".

[141] Tabakprodukt-Verordnung vom 20. November 2002 (BGBl. I S. 4434). Diese Verordnung dient der Umsetzung der Richtlinie 2001/37/EG des Europäischen Parlaments und des Rates vom 5. Juni 2001 zur Angleichung der Rechts- und Verwaltungsvorschriften der Mitgliedstaaten über die Herstellung, die Aufmachung und den Verkauf von Tabakerzeugnissen (Abl. EG Nr. L 194 S. 26).

dies schreibt den Inhalt der Kommunikation zwischen Produzenten und Verbraucher vor.

10. Heilwesenwerberecht[142] und Betäubungsmittelgesetz[143]

Nach § 4 Abs. 5 des Gesetzes über die Werbung auf dem Gebiet des Heilwesens ist nach einer Werbung für Heilmittel in audiovisuellen Medien der allseits bekannte Text auszustrahlen, man habe zu Risiken und Nebenwirkungen die Packungsbeilage zu lesen und den Arzt oder Apotheker zu fragen habe. Hiermit wird der Werbende verpflichtet, eine fremde Meinung mit auszustrahlen. Diese Vorschrift reguliert den Inhalt von elektronischer Kommunikation durch eine eindeutige Vorgabe.
Im Übrigen enthält das Gesetz Werbeverbote und –einschränkungen (vgl. §§ 3, 3a, 6 ff.), die auch bei der elektronischen Kommunikation Bedeutung erlangen können.

Das Betäubungsmittelgesetz sieht in § 14 Abs. 5 ein absolutes Werbeverbot für die in der Anlage I zum Gesetz aufgeführten Betäubungsmittel vor. Für andere Betäubungsmittel ist eine Werbemöglichkeit insoweit eingeschränkt, als sich die Werbung nur an bestimmte Empfänger (Fachkreise aus Industrie und Handel, Ärzte, Apotheker) richten darf. Die unzulässige Werbung ist in § 29 Abs. 1 Satz 1 Nr. 8 BtMG mit Strafe bedroht.

11. Jugendschutzgesetz (JuSchG) [144]

Das Jugendschutzgesetz des Bundes, das zum 01.04.2003 in Kraft getreten ist, enthält im Wesentlichen eine Zusammenfassung von Jugendmedienschutzgesetz (GjSM)[145] und dem Gesetz zum Schutz der Jugend in der Öffentlichkeit

[142] Gesetz über die Werbung auf dem Gebiet des Heilwesens in der Fassung der Bekanntmachung vom 19.10.1994 (BGBl. I S. 3068).
[143] Gesetz über den Verkehr mit Betäubungsmitteln (Betäubungsmittelgesetz – BtMG) i. d. F. d. Bek. vom 1. März 1994 (BGBl. I S. 358, zuletzt geändert durch Gesetz vom 26. Juni 2002 (BGBl. I S. 2261).
[144] Jugendschutzgesetz (JuSchG) vom 23. Juli 2002 (BGBl. I S. 2730). Vgl. hierzu *Liesching*, NJW 2002, S. 3281 ff.
[145] Gesetz über die Verbreitung jugendgefährdender Schriften und Medieninhalte in der Fassung der Bekanntmachung vom 12. Juli 1985 (BGBl. I S. 1502), zuletzt geändert durch Art. 8b des Gesetzes vom 15. Dezember 2001 (BGBl. I S. 3762).

(JÖSchG)[146]. Die beiden letztgenannten Gesetze traten zum 01.04.2003 außer Kraft (§ 30 Abs. 1 Satz 2 JuSchG). Das Jugendschutzgesetz ist zeitgleich mit dem Jugendmedienschutz-Staatsvertrag der Länder[147] in Kraft getreten (vgl. § 30 Abs. 1 Satz 1 JuSchG). Durch die neuen Jugendschutzgesetze von Bund und Ländern wird eine Einteilung der Medien in sog. Trägermedien[148], für die die Vorschriften des Jugendschutzgesetzes gelten sollen, und sog. Telemedien[149], für die die Regelungen des Länderstaatsvertrages gelten sollen, eingeführt. Ob die gefundenen Definitionen eine trennscharfe Abgrenzung ermöglichen, wird die Arbeit in der Praxis erst noch zeigen müssen. Beim Jugendschutzgesetz handelt es sich um Vorschriften, die den Inhalt von Kommunikation regulieren[150].

12. Berufsgruppenspezifische Regelungen[151], Werberegelungen durch das Wettbewerbsrecht

Für einzelne Berufsgruppen, z. B. für „Freie Berufe", wird eine besonders rücksichtsvolle Selbstdarstellung jedes einzelnen Mitglieds in der Öffentlichkeit erwartet. Die diese Berufsstände regelnden Gesetze sehen daher eine Beschränkung von Äußerungen, insbesondere von Werbung für die eigenen Dienstleistungen vor. Es sollen hier die Vorschriften für Rechtsanwälte beispielhaft erwähnt werden. Nach § 43 b BRAO[152] ist Werbung von Rechtsanwälten nur erlaubt, soweit sie über die berufliche Tätigkeit in Form und Inhalt sachlich unterrichtet und nicht auf die Erteilung eines Auftrages im Einzelfall gerichtet ist.

---

[146] Gesetz zum Schutze der Jugend in der Öffentlichkeit vom 25. Februar 1985 (BGBl. I S. 425), zuletzt geändert durch Artikel 8a des Gesetzes vom 15. Dezember 2001 (BGBl. I S. 3762).

[147] Dazu unten II 5.

[148] Vgl. § 1 Abs. 2 JuSchG: „Trägermedien im Sinne dieses Gesetzes sind Medien mit Texten, Bildern oder Tönen auf gegenständlichen Trägern, die zur Weitergabe geeignet, zur unmittelbaren Wahrnehmung bestimmt oder in einem Vorführ- oder Spielgerät eingebaut sind. Dem gegenständlichen Verbreiten, Überlassen, Anbieten oder Zugänglichmachen von Trägermedien steht das elektronische Verbreiten, Überlassen, Anbieten oder Zugänglichmachen gleich, soweit es sich nicht um Rundfunk um Sinne des § 2 des Rundfunkstaatsvertrages handelt."

[149] Vgl. § 1 Abs. 3 JuSchG: „Telemedien im Sinne dieses Gesetzes sind Medien, die durch elektronische Informations- und Kommunikationsdienste nach dem Gesetz über die Nutzung von Telediensten (Teledienstegesetz, TDG) und nach dem Staatsvertrag über Mediendienste der Länder übermittelt oder zugänglich gemacht werden. Als Übermitteln oder Zugänglichmachen im Sinne von Satz 1 gilt das Bereithalten eigener oder fremder Inhalte."

[150] *Vielhaber*, MMR 2001, Beilage zu Heft 9, S. 17 für das vormals geltende GjSM.

[151] Dazu eingehend *Lorz*, NJW 2002, S. 169 ff.

[152] Bundesrechtsanwaltsordnung vom 1. August 1959 (BGBl. I S. 565), zuletzt geändert durch Gesetz vom 27. Juli 2001 (BGBl. I S. 1887). Hierzu: *Schulte, Thomas/Schulte, Ulrich W.*, Unzulässige Werbung von Anwälten im Internet?, Wettbewerbsrechtliche Zulässigkeit und Werbverbot nach § 43 b BRAO, MMR 2002, S. 585 ff.

Für Ärzte, Apotheker und weitere Berufsgruppen bestehen ebenfalls Regelungen, die die Werbung dieser Berufsgruppen einschränken[153].

Darüber hinaus findet Werbung eine allgemeine Einschränkung, was Form und Inhalt der einzelnen Werbeaussagen betrifft, im Wettbewerbsrecht[154]. Danach darf Werbung u. a. nicht gegen die guten Sitten verstoßen (§ 1 UWG) oder irreführend sein (§ 3 UWG).

II. Regelungen der Länder

Die Regelungen der Länder beziehen sich – insbesondere im Anschluss an die Rechtsprechung des Bundesverfassungsgerichts im 1. Rundfunkurteil[155] - kompetenzrechtlich schwerpunktmäßig auf die Regulierung und Überwachung von Kommunikationsinhalten von Massenkommunikationsmitteln. Da der Zusammenhang mit und die Bedeutung der Regelungen für die elektronische Kommunikation aufgrund der historischen Entwicklung weit offensichtlicher ist, soll nicht wie bei den Regelungen des Bundes auf einzelne Normen eingegangen, sondern die maßgeblichen Gesetzeswerke in einem Überblick dargestellt werden.

1. Rundfunkstaatsvertrag (RStV)[156]

Mit den allgemeinen Programmgrundsätzen in § 2 a RStV, den Jugendschutzbestimmungen in § 3 RStV[157], den Bestimmungen über Kurzberichterstattungen und Übertragungen von Großereignissen in §§ 5 und 5 a RStV sowie den Regelungen über Werbung in §§ 7, 8, 14ff, 43ff RStV wird umfangreich der Inhalt von Rundfunksendungen reglementiert. Diese Normen setzen bereits bei der Erstellung der Kommunikationsinhalte an und prägen den Inhalt von Rundfunksendungen.

---

[153] Vgl. *Lorz*, NJW 2002, S. 169 und 172f. Vgl. zur Rechtmäßigkeit des Werbeverbots für Ärzte *EGMR*, Urteil vom 17.10.2002, abgedruckt in NJW 2003, S. 497 ff., sowie *BVerfG*, Beschluss vom 29.10.2002, abgedr. in NJW 2003, S. 879 ff.

[154] Gesetz gegen den unlauteren Wettbewerb vom 7. Juni 1909 (RGBl. S. 499), zuletzt geändert durch Gesetz vom 13. Dezember 2001 (BGBl. I S. 3656).

[155] BVerfGE 12, 205 ff.

[156] Art. 1 des Staatsvertrages über Rundfunk im vereinten Deutschland vom 31. August 1991 (BayGVBl S. 451) zuletzt geändert durch Jugendmedienschutz-Staatsvertrag u. a. vom 20. Februar 2003 (vgl. etwa BayGVBl S. 147).

[157] Die Bestimmungen zum Jugendschutz werden zukünftig durch die §§ 8 bis 10 Jugendmedienschutz-Staatsvertrag ersetzt, § 25 Abs. 1 Nr. 3 Jugendmedienschutz-Staatsvertrag (dazu unten 5.). Vgl. auch *Kreile/Diesbach*, ZUM 2002, S. 849.

2. Mediendienste-Staatsvertrag (MDStV)[158]

In den §§ 7-9 MDStV werden allgemeine Vorgaben bezüglich der Inhalte von Mediendiensten aufgestellt sowie Regelungen zum Jugendschutz und zur Werbung vorgegeben. Diese Bestimmungen zielen auf den Inhalt von Mediendiensten ab und sind Regulierungsnormen. Der Mediendienste-Staatsvertrag übernahm bezüglich der Kommunikationsinhalte im Wesentlichen die Bestimmungen des Bildschirmtext-Staatsvertrages von 1991[159]. Bereits dieser sah in § 6 Btx-StV allgemeine Pflichten vor, enthielt in § 8 Btx-StV Werbebestimmungen und regelte in § 9 Btx-StV den Jugendschutz. Die Regelungen zum Jugendschutz werden zukünftig durch die §§ 11, 12 Jugendmedienschutz-Staatsvertrag ersetzt (siehe unten 5.).

3. Landesrundfunkgesetze

Da der Rundfunkstaatsvertrag (s. oben) nicht für alle Bereiche des Rundfunks Regelungen enthält (vgl. nur § 39 Satz 1 RStV), können die Länder neben dem Rundfunkstaatsvertrag noch Gesetze für die nicht geregelten Bereiche erlassen (vgl. § 1 Abs. 2 RStV). Die Landesrundfunkgesetze enthalten Regeln für die von den Ländern ins Leben gerufenen Rundfunkanstalten[160]. Die Bestimmungen für den Inhalt der Sendungen verweisen im wesentlichen auf den Rundfunkstaatsvertrag (vgl. z. B. Art. 4 Abs. 2 Nr. 11, Nr. 12, Abs. 3 Bayerisches Rundfunkgesetz).

4. Landesmediengesetze

Die Landesrundfunkgesetze enthalten lediglich Normen für die vom jeweiligen Land geschaffene Rundfunkanstalt, so dass bei Einführung des sog. Privatrundfunks der Erlass entsprechender Gesetze erforderlich war, die für die privaten Anbieter und Veranstalter von Rundfunk gelten[161]. Auch hier werden allgemeine

---

[158] Staatsvertrag über Mediendienste vom 28 Januar/12. Februar 1997 (BayGVBl S. 226), zuletzt geändert durch Jugendmedienschutz-Staatsvertrag u. a. vom 20. Februar 2003 (vgl. etwa BayGVBl S. 147).

[159] Art. 6 des Staatsvertrags über den Rundfunk im vereinten Deutschland vom 18. Dezember 1991 (BayGVBl S. 451, 479 ff).

[160] Vgl. etwa Gesetz über die Errichtung und die Aufgabe einer Anstalt des öffentlichen Rechts „Der Bayerische Rundfunk“ (Bayerisches Rundfunkgesetz – BayRG) in der Fassung der Bekanntmachung vom 14. März 2002 (BayGVBl S. 146).

[161] Vgl. etwa Gesetz über die Entwicklung, Förderung und Veranstaltung privater Rundfunkangebote und anderer Mediendienste in Bayern (Bayerisches Mediengesetz – BayMG) in der Fassung der Bekanntmachung vom 14. März 2002 (BayGVBl S. 155).

Programmgrundsätze statuiert (vgl. Art. 4, 5 Bayerisches Mediengesetz – BayMG) und Regelungen zum Jugendschutz, zur Kurzberichterstattung, zur Übertragung von Großereignissen und für die Werbung im Programm aufgestellt, wobei im Wesentlichen auf die Vorschriften des Rundfunkstaatsvertrages verwiesen wird (vgl. Art. 6 ff BayMG).

5. *Jugendmedienschutz-Staatsvertrag (JMStV)*[162]

Zum 1. April 2003 trat der Jugendmedienschutz-Staatsvertrag der Länder in Kraft. Nach § 1 JMStV ist Zweck des Staatsvertrages die Schaffung eines einheitlichen Schutzes der Kinder und Jugendlichen vor entwicklungs- und erziehungsbeeinträchtigenden Angeboten in elektronischen Informations- und Kommunikationsmedien. Der Staatsvertrag gilt sowohl für Teledienste nach dem Teledienstegesetz des Bundes als auch für Mediendienste nach dem Mediendienste-Staatsvertrag (§ 2 Abs. 1 i. V. m. § 3 Abs. 2 Nr. 1 JMStV). Für diese beiden Arten von Informations- und Kommunikationsdiensten wird der Begriff der „Telemedien" eingeführt. Daneben ist der Jugendmedienschutz-Staatsvertrag auf Rundfunk anwendbar (§ 2 Abs. 1 JMStV). Der Staatsvertrag fasst dazu die bisher im Rundfunkstaatsvertrag und im Mediendienste-Staatsvertrag enthaltenen Regelungen zum Jugendschutz zusammen.

6. *Landespressegesetze*[163]

In inhaltlicher Hinsicht enthalten die Landespressegesetze, die in allen Ländern annähernd gleich lautende Fassungen erhalten haben, nur sehr wenige zwingende Vorgaben[164]. Zu nennen sind u. a. die Impressumspflicht (Art. 8 BayPrG) und die Pflicht zur Kennzeichnung entgeltlicher Veröffentlichungen (Art. 9 BayPrG). Hinzu kommen Bestimmungen zur Sorgfaltspflicht der Presse (Art. 3 Abs. 2 BayPrG) und zum Gegendarstellungsrecht (Art. 10 BayPrG). Auf die

---

[162] Staatsvertrag über den Schutz der Menschenwürde und den Jugendschutz in Rundfunk und Telemedien (z. B. BayGVBl S. 147). Vgl. BayLT-Drs. 14/10246 und 14/11637. Vgl. *Kreile/Diesbach*, ZUM 2002, S. 849 ff.; allgemein *Liesching*, ZUM 2002, S. 868 ff.; *Ladeur*, ZUM 2002, S. 866 ff., *Bornemann*, Der Jugendmedienschutz-Staatsvertrag der Länder, NJW 2003, S. 787. Vgl. zur Entstehungsgeschichte die Dokumentation in epd medien Nr. 72 vom 11.09.2002 und den Abdruck des Entwurfs (Stand: 9.11.2002) in epd medien Nr. 93 vom 24.11.2001.

[163] Vgl. Bayerisches Pressegesetz (BayPrG) in der Fassung der Bekanntmachung vom 19. April 2000 (GVBl S. 340), geändert durch Gesetz vom 24. Dezember 2002 (GVBl S. 982).

[164] *Stürner*, AfP 2002, S. 284.

Frage, ob die Landespressegesetze bei der elektronischen Kommunikation Bedeutung erlangen können, wird unten eingegangen[165].

7. Polizeiaufgabengesetze und Länderverfassungsbehörden

Die Überwachung der Kommunikation kann der Verhinderung von Straftaten und allgemein der Aufrechterhaltung der öffentlichen Sicherheit und Ordnung dienen. Dies ist eine originäre Aufgabe des Sicherheitsrechts. Demgemäß sehen die Polizeiaufgabengesetze der Länder entsprechende Befugnisse der Polizeibehörden zum Abhören und Aufzeichnen des nichtöffentlich gesprochenen Wortes vor[166]. Ob hierunter auch die Überwachung der elektronischen Kommunikation fällt, ist zweifelhaft[167]. Dagegen sprechen bereits formale Erwägungen, wenn Art. 10 GG nicht ausdrücklich als durch das Polizeiaufgabengesetz des Landes eingeschränktes Grundrecht zitiert wird[168].

Darüber hinaus sind die Länderverfassungsbehörden aufgrund des Artikel 10-Gesetzes befugt, die elektronische Kommunikation unter bestimmten Voraussetzungen zu überwachen und aufzuzeichnen.[169]

---

[165] Unten Teil 6 II 2 c – e.

[166] Vgl. Art. 33 Abs. 3 des Gesetzes über die Aufgaben und Befugnisse der Bayerischen Staatlichen Polizei (Polizeiaufgabengesetz – PAG) in der Fassung der Bekanntmachung vom 14. September 1990 (BayGVBl S. 397). Nach dieser Vorschrift kann die Polizei durch den verdeckten Einsatz technischer Mittel zum Abhören und zur Aufzeichnung des nichtöffentlich gesprochenen Wortes bei Vorliegen bestimmter Voraussetzungen Daten erheben.

[167] Ablehnend *Mann/Müller*, ZRP 1995, S. 181f.

[168] Vgl. Art. 74 BayPAG. Nach Art. 34 Abs. 7 PAG bleibt das Brief-, Post- und Fernmeldegeheimnis unberührt. Auch dies deutet darauf hin, dass die elektronische Kommunikation nicht präventiv überwacht werden darf. Dazu die Übersicht bei *Mann/Müller*, ZRP 1995, S. 182, dort Fn. 32.

[169] Vgl. Bayerisches Verfassungsschutzgesetz (BayVSG) i. d. F. d. Bek. vom 10. April 1997 (GVBl S. 70), zuletzt geändert durch Gesetz vom 24. Dezember 2002 (BayGVBl S. 969). Gesetz zur Ausführung des Gesetzes zu Artikel 10 Grundgesetz (AGG 10) vom 11. Dezember 1984 (BayGVBl S. 522), zuletzt geändert durch Gesetz vom 24. Dezember 2002 (BayGVBl S. 969).

Teil 4: Kommunikation als Regelungsgegenstand der Freiheitsrechte des Grundgesetzes

Die in Teil 3 angeführten Rechtsnormen müssen sich aufgrund des in Art. 20 Abs. 3 GG verankerten Rechtsstaatsprinzips auf die Normen des Grundgesetzes zurückführen lassen. Dies setzt voraus, dass mit den einfachrechtlichen Vorschriften die Grundrechtsnormen des Grundgesetzes nicht verletzt werden (vgl. auch Art. 1 Abs. 3 GG). Folglich sind die Grundrechte der Verfassung nach Aussagen hinsichtlich des Schutzes der Kommunikation abzuklopfen und zu überprüfen, ob das Grundgesetz eine einheitliche Ordnung für die Kommunikation in Form einer Kommunikationsverfassung bereithält. Anschließend werden die für die *elektronische* Kommunikation relevanten Grundrechte auf ihren Gehalt für den Schutz des Kommunikationsinhalts untersucht und es wird hinterfragt, ob die Schranken der jeweiligen Grundrechte die Regulierung, Beobachtung und Bewertung des Kommunikationsinhalts erlauben.

I. Welche Grundrechte befassen sich mit Kommunikation ?

Denkt man an Kommunikation im Zusammenhang mit den Grundrechten des Grundgesetzes, so fällt einem zuerst Art. 5 GG mit seinen insgesamt sieben Einzelgrundrechten[170] ein[171]. Als zweites wird man auf Art. 10 GG (Post- und Fernmeldefreiheit) stoßen. Macht man sich jedoch die Mühe, die einzelnen Grundrechte nach Aussagen zur Kommunikation unabhängig vom Verbreitungsweg für die Information zu untersuchen, so erscheint eine Vielzahl von Grundrechten, die auf die eine oder andere Weise im Kommunikationsbereich Bedeutung erlangen können. Um den Stellenwert, den das Grundgesetz der Kommunikation insgesamt beimisst, richtig erfassen zu können, ist eine Zusammenschau der einzelnen Grundrechte unumgänglich, die im Folgenden der Reihe nach durchgeführt werden soll. Da sämtliche Lebensbereiche, sei es Familie, Schule, Beruf, Freizeit (Vereine) auf Kommunikation basieren, könnte fast jedes Grundrecht hier in irgendeiner Form nutzbar gemacht werden. Es sollen jedoch nur diejenigen Grundrechte herausgestellt werden, bei denen die Kommunikation elementarer Bestandteil der Grundrechtsausübung ist. Dabei kann im Folgenden eher

[170] Manche Kommentatoren sprechen auch von neun Grundrechtsverbürgungen, vgl. *Bethge*, in: Sachs, GG, Art. 5 Rn. 8; *Engel*, in: Hoffmann-Riem/Vesting, Perspektiven der Informationsgesellschaft, S. 158; andere sprechen von fünf Grundrechten im Rahmen des Abs. 1: *Schulze-Fielitz*, in: Dreier, GG, Art. 5 I, II, Rn. 27; *Mecklenburg*, ZUM 1997, S. 525; *Ricker/Schiwy*, Rundfunkverfassungsrecht, B Rn. 1 erkennen in Abs. 1. bereits sieben „Grundrechtsbestimmungen", die als *Kommunikationsfreiheiten* bezeichnet werden.
[171] Vgl. *Bremer*, in: Bremer/Esser/Hoffmann, S. 28.

ein Überblick in Bezug auf die Bedeutung der Kommunikation gegeben werden, als eine vertiefte Abhandlung aller in diesem Abschnitt angesprochenen Grundrechte.

1. Art. 2 Abs. 1 i. V. m. Art. 1 Abs. 1 GG (Allgemeines Persönlichkeitsrecht)

Das Bundesverfassungsgericht hat ein partiell eigenständiges, gleichsam zwischen den Art. 2 Abs. 1 GG und Art. 1 Abs. 1 GG angesiedeltes Grundrecht „allgemeines Persönlichkeitsrecht" etabliert[172]. „Das allgemeine Persönlichkeitsrecht ergänzt als „unbenanntes" Freiheitsrecht die speziellen („benannten") Freiheitsrechte, die, wie etwa (...) die Meinungsfreiheit, ebenfalls konstituierende Elemente der Persönlichkeit schützen. Seine Aufgabe ist es, im Sinne des obersten Konstitutionsprinzips der Würde des Menschen (Art. 1 Abs. 1 GG), die engere persönliche Lebenssphäre und die Erhaltung ihrer Grundbedingungen zu gewährleisten, die sich durch die traditionellen Freiheitsgarantien nicht vollständig erfassen lassen; diese Notwendigkeit besteht namentlich auch im Blick auf moderne Entwicklungen und die mit ihnen verbundenen neuen Gefährdungen für den Schutz der menschlichen Persönlichkeit (vgl. BVerfGE 54, 148 (153))"[173]. Sein Schutzbereich ist daher nicht abschließend bestimmbar, sondern gerade für bisher unbekannte Persönlichkeitsgefahren offen[174].

Als Ausprägung des allgemeinen Persönlichkeitsrechts wird die Kommunikation des Einzelnen mit seiner Umwelt geschützt, wenn ihm zunächst ein abgeschirmter Bereich privater Lebensführung und damit ein Raum, in dem er unbeobachtet sich selbst überlassen ist oder mit Personen seines besonderen Vertrauens ohne Rücksicht auf gesellschaftliche Verhaltenserwartungen verkehren, d. h. auch kommunizieren kann, vorbehalten wird[175]. Dabei können Überschneidungen mit der Menschenwürdegarantie und der allgemeinen Handlungsfreiheit sowie dem in der Rechtsprechung entwickelten Recht auf informationelle Selbstbestimmung auftreten.

Als Teilbereich des allgemeinen Persönlichkeitsrechts schützt Art. 2 Abs. 1 i. V. m. Art. 1 Abs. 1 GG auch das Recht am gesprochenen Wort. Dieses gewährleistet die Selbstbestimmung über die eigene Darstellung der Person in der Kommunikation mit anderen[176]. Zum Grundrecht gehört die Befugnis selbst zu bestimmen, ob der Kommunikationsinhalt einzig dem Gesprächspartner, einem

---

[172] *Kunig*, in: v.Münch/Kunig, GG, Art. 2 Rn. 30; *Dreier*, in: Dreier, GG, Art. 2 Rn. 50.
[173] BVerfGE 79, 256 (268).
[174] BVerfGE 95, 220 (241); 79, 256 (268).
[175] BVerfGE 101, 361 (382 ff.).
[176] *BVerfG*, ZUM-RD 2003, S. 57 (60).

bestimmten Personenkreis oder der Öffentlichkeit zugänglich sein soll. Das Selbstbestimmungsrecht erstreckt sich hier also auf die Auswahl der Person, die Kenntnis vom Gesprächsinhalt erhalten soll. Insbesondere kann der Einzelne entscheiden, ob sein Wort auf einem Tonträger aufgenommen und damit möglicherweise Dritten zugänglich werden soll, womit Wort und Stimme von dem Kommunikationsteilnehmer losgelöst und in einer für Dritte verfügbaren Gestalt verselbstständigt werden. Das Grundrecht schützt deshalb davor, dass Gespräche heimlich aufgenommen und ohne Einwilligung des Sprechenden oder gar gegen dessen erklärten Willen verwertet werden. Der Schutz des Rechts am gesprochenen Wort hängt im Gegensatz zum Schutz der Privatsphäre im Rahmen des allgemeinen Persönlichkeitsrechts weder davon ab, ob es sich bei den ausgetauschten Informationen um personale Kommunikation oder gar besonders persönlichkeitssensible Daten handelt, noch kommt es auf die Vereinbarung einer besonderen Vertraulichkeit der Gespräche an.

Weiter wird die Kommunikation bzw. Ausprägungen derselben, vom Schutzbereich speziellerer Grundrechte erfasst[177]. Als ein spezieller Fall des Persönlichkeitsschutzes im Kommunikationsbereich kann der Schutz des Fernmeldegeheimnisses in Art. 10 Abs. 1 GG angesehen werden[178]. Die Schutzbereiche des Art. 10 Abs. 1 GG und des allgemeinen Persönlichkeitsrechts in Gestalt des Rechts am gesprochenen Wort sind dabei am formalen Anknüpfungspunkt des Art. 10 Abs. 1 GG zu trennen. Geschützt wird durch Art. 10 Abs. 1 die Vertraulichkeit der Nutzung des zur Nachrichtenübermittlung eingesetzten technischen Mediums, nicht aber das Vertrauen der Kommunikationspartner zueinander[179]. Risiken, die nicht in der telekommunikativen Übermittlung durch einen Dritten, sondern in Umständen aus dem Einfluss- und Verantwortungsbereich eines der Kommunizierenden begründet sind, werden daher von Art. 10 Abs. 1 GG nicht erfasst[180].

---

[177] Vgl. zum Verhältnis der Kommunikation zum Persönlichkeitsrecht *Kübler*, in: Badura/Scholz, FS Lerche, S. 650 dort Fn. 10 mit Nachweisen aus der Rechtsprechung des BVerfG.
[178] *Hermes*, in: Dreier, GG, Art. 10 Rn. 13 und 82; *Jarass*, in: Jarass/Pieroth, GG, Art. 10 Rn. 2; *Löwer*, in: v.Münch/Kunig, GG, Art. 10 Rn. 1; *Krüger*, in: Sachs, GG, Art. 10 Rn. 40.
[179] Zu Art. 10 GG siehe unten Teil 4 III 2.
[180] *BVerfG*, ZUM-RD 2003, S. 57 (60).

2. Art. 2 Abs. 1 GG i. V. m. Art. 1 Abs. 1 GG (Gegendarstellungsrecht als Teil des allgemeinen Persönlichkeitsrechts)

Das allgemeine Persönlichkeitsrecht wird u. a. als Grundlage für das Recht der Gegendarstellung herangezogen[181]. Das Instrument der Gegendarstellung bezweckt den Schutz des durch eine Aussage in einem Massenkommunikationsmittel Betroffenen. Dieser Schutz ist verfassungsrechtlich geboten. Im Rahmen der Gegendarstellung wird dem Einzelnen die Rechtsmacht gewährt, auf den Kommunikationsinhalt Dritter einzuwirken und diesen partiell vorzugeben[182]. Der Staat hat dabei die Pflicht durch die Schaffung entsprechender Normen das Gegendarstellungsrecht wirkungsvoll zur Geltung zu bringen. Letztlich handelt es sich um eine mittelbare Regulierung von Kommunikationsinhalten.

Ob sich der Gegendarstellungsanspruch auch aus Art. 5 Abs. 1 GG ableiten lässt, ist streitig[183]. Dagegen spricht, dass Art. 5 Abs. 1 GG die Meinungsfreiheit schützt, wohingegen es beim Gegendarstellungsrecht gerade um die Darstellung von Tatsachen geht.

3. Art. 2 Abs. 1 i. V. m Art. 1 Abs. 1 GG (Recht auf informationelle Selbstbestimmung)

Das vom Bundesverfassungsgericht insbesondere im Volkszählungsurteil[184] aus einer Zusammenschau der Garantie der Menschenwürde in Art. 1 Abs. 1 GG und der Gewährleistung der allgemeinen Handlungsfreiheit in Art. 2 Abs. 1 GG entwickelte Recht auf informationelle Selbstbestimmung wurde als Reaktion auf staatliche Informationseingriffe und die neuartigen Möglichkeiten der elektronischen Datenverarbeitung konzipiert[185]. Dieses grundgesetzlich geschützte Recht befasst sich insoweit mit der Kommunikation und deren Inhalten, als es dem Staat gerade verbietet, gewisse Inhalte (Persönlichkeitsdaten) zu erheben bzw. innerhalb des Staates von einem Hoheitsträger zu einem anderen weiterzuleiten, d. h. zu kommunizieren. Dass das Recht auf informationelle Selbstbestimmung aus Art. 2 Abs. 1 i. V. m. Art. 1 Abs. 1 GG abgeleitet und damit in die Nähe des

---

[181] *Sedelmeier*, in: Löffler, Presserecht, § 11 Rn. 39 ff.; *Ricker*, Handbuch des Presserechts, Kap. 23, Rn. 3.

[182] *Kübler*, in: Badura/Scholz, FS Lerche, S. 651 m.w.N.

[183] So *Sedelmeier*, in: Löffler, Presserecht, § 11 Rn. 43; a. A. wohl BVerfGE 73, 118 (201), das die Pflicht des Gesetzgebers zur Regelung des Gegendarstellungsrechts in Art. 2 Abs. 1 und Art. 1 Abs. 1 GG sieht. Zum Meinungsstand *Ricker*, Handbuch des Presserechts, Kap. 23, Rn. 7.

[184] BVerfGE 65, 1 (insbesondere S. 41 ff).

[185] *Murswiek*, in Sachs, GG, Art. 2 Rn. 72; *Stettner*, in: Merten/Schmidt/Stettner, FS Knöpfle, S. 361,

allgemeinen Persönlichkeitsrechts gerückt wird, darf nicht den Blick dafür versperren, dass das Grundrecht interaktive und kommunikative Bezüge aufweist, die in Art. 5 Abs. 1 GG wurzeln[186], da der Bürger erst dem Staat Einzelheiten über seine Person „kommunizieren" muss. Das Recht auf informationelle Selbstbestimmung befasst sich primär mit der Abwehr des Bürger gegenüber staatlicher Kommunikation, die seine Person betreffen und nicht mit Eingriffen des Staates in die Kommunikation der Bürger. Bei der Überwachung des Fernmeldeverkehrs kommt das Recht auf informationelle Selbstbestimmung neben Art. 10 Abs. 1 GG nicht zur Anwendung, da diese Vorschrift bezogen auf den Fernmeldeverkehr eine speziellere Gewährleistung enthält, die die allgemeine Gewährleistung des Art. 2 Abs. 1 GG i. V. m. Art. 1 Abs. 1 GG verdrängt[187].

4. Art. 2 Abs. 1 GG (Allgemeine Handlungsfreiheit)

Dieses Grundrecht kann als Auffanggrundrecht dann zum Tragen kommen, wenn es sich nicht um meinungsrelevanten Kommunikationsinhalt handelt und damit Art. 5 Abs. 1 GG ausscheidet. *Bethge* geht davon aus, dass vor allem bei den sog. „Neuen Medien" ein Rückgriff auf Art. 2 Abs. 1 GG nicht erforderlich sei. Liege Massenkommunikation vor, so greife Art. 5 Abs. 1 Satz 2 GG ein. Bei der Individualkommunikation erweise sich das Grundrecht auf freie Meinungsäußerung als Auffanggrundrecht[188]. Darüber hinaus kann Art. 2 Abs. 1 GG Bedeutung erlangen für Fragen der Werbung in elektronisch vermittelter Kommunikation, wenn der Schutzbereich des Art. 5 Abs. 1 GG nicht eröffnet und die Berufsfreiheit (Art. 12 Abs. 1 GG) nicht einschlägig ist.

In Art. 2 Abs. 1 GG wurzelt darüber hinaus das Recht auf Vertragsfreiheit, also das Recht seine Verträge grundsätzlich inhaltlich frei zu gestalten. Größere Vertragsabschlüsse (z.B. Unternehmenskauf) setzen dabei eine umfangreiche Kommunikation zwischen den Vertragspartnern voraus, die ebenfalls in den Schutzbereich des Art. 2 Abs. 1 GG fällt, sofern nicht bereits Art. 5 Abs. 1 GG oder Art. 12 Abs. 1 GG Schutz eröffnen. Des Weiteren sind vom Staat vorgegebene formelle Auflagen für Vertragsabschlüsse (z. B. Schriftformerfordernis, notarielle Beurkundung) an Art. 2 Abs. 1 GG zu messen. Diese Auflagen dienen der Chancengleichheit und der Rechtsicherheit im Geschäftsverkehr.

---

186 *Kübler*, in: Badura/Scholz, FS Lerche, S. 651f.
187 BVerfGE 100, 313 (358); *BVerfG*, Urt. v. 12.03.2003, AfP 2003, S. 141.
188 *Bethge*, in: Sachs, GG, Art. 5 Rn. 45; *Determann*, S. 413.

5. Art. 4 GG (Glaubens- und Bekenntnisfreiheit)

Die Bekenntnisfreiheit i. S. d. Art. 4 GG ist die Freiheit, religiöse und weltanschauliche Überzeugungen kundzutun und umfasst die Freiheit, seinen Glauben zu verbreiten, für seinen Glauben zu werben und andere von ihrem Glauben abzuwerben[189]. Die Bekenntnisfreiheit ist eine grundrechtlich verselbstständigte, besonders privilegierte Form der Kommunikation[190]. Dies wird u. a. deutlich im Gottesdienst, bei Prozessionen und bei der Beichte. Indem Art. 4 Abs. 2 i.V. m. Abs. 1 GG die Freiheit der Religionsausübung umfassend gewährt[191], schützt er die dazu notwendige Kommunikation und den Inhalt dieser Kommunikation vor Beeinflussung und Kenntnisnahme (Beichtgeheimnis). Nach überwiegender Ansicht handelt es sich um einen Spezialfall der Meinungsfreiheit[192].

6. Art. 5 Abs. 1 GG (Meinungsfreiheiten i. w. S.)

Art. 5 Abs. 1 Sätze 1 und 2 GG schützen wesentliche Bereiche der Kommunikation vor staatlichen Eingriffen: das Recht zur Meinungsäußerung, die Rezeption von Informationen aus allgemein zugänglichen Quellen, die Verbreitung von Meinungen über Massenmedien. Die Verwendung elektronischer Medien ist hier zum Teil wesentlicher Bestandteil der Kommunikation und vom Schutzbereich umfasst, so dass auf diese Bestimmungen unten näher einzugehen sein wird.

7. Art. 5 Abs. 3 GG (Wissenschafts- und Kunstfreiheit)

Die Verwirklichung der Wissenschaftsfreiheit erfordert den freien Zugang zu wissenschaftlich relevanten Informationen sowie die Möglichkeit, Forschungsergebnisse durch Lehrtätigkeit und durch Publikationen weiterzugeben, d. h. kommunizieren zu können. In allen wissenschaftlichen Bereichen erfolgen Veröffentlichungen auf Homepages von Universitäten oder vergleichbaren For-

---

[189] Zuletzt *BVerfG*, NJW 2002, S. 2626 ff.; *Jarass/Pieroth*, GG, Art. 4 Rn. 7.

[190] *Kokott*, in: Sachs, GG, Art. 4 Rn. 28.

[191] BVerfGE 24, 236 (246): „Zur Religionsausübung gehören ... nicht nur kultische Handlungen und Ausübung sowie Beachtung religiöser Gebräuche, wie Gottesdienst, Sammlungen kirchlicher Kollekten, Gebete, Empfang der Sakramente, Prozessionen, Zeigen von Kirchenfahnen, Glockengeläute, sondern auch religiöse Erziehung, freireligiöse und atheistische Feiern sowie andere Ausübungen des religiösen und weltanschaulichen Lebens.".

[192] *Kokott*, in: Sachs, GG, Art. 4 Rn. 28 m. w. N.

schungsinstituten im Internet[193]. Ebenso erfolgt die Recherche im Internet. Geschützt wird dabei der Inhalt der wissenschaftlichen Veröffentlichungen vor staatlichem Einfluss. Im Bereich des Teleteaching wird die Bedeutung der Kommunikation mittels elektronischer Medien für den Bereich der Wissenschaft und der Wissensvermittlung ersichtlich.[194]

Bei künstlerischer Tätigkeit werden im Werkbereich des Künstlers Informationen aufgenommen und verarbeitet, im Wirkbereich des Kunstwerkes Informationen weitergegeben. Der Bereich der Kunst ist von vielfältigen Kommunikationsprozessen begleitet, die ebenfalls in den Schutzbereich des Grundrechts fallen[195]. *Würkner* spricht vom „Kommunikationsprozess Kunst“[196]. Auch die Werbung des Künstlers für sein Kunstwerk wird Art. 5 Abs. 3 GG zugerechnet[197]. Eine vom Bundesverfassungsgericht[198] zu entscheidende Frage im Zusammenhang mit der Kunstfreiheit war und ist die nach der Einschränkbarkeit durch Jugendschutzregeln, namentlich durch das Pornographieverbot[199]. Letzteres hat insbesondere auf die Verbreitungsmöglichkeit von entsprechenden Druckwerken und Filmen erhebliche Auswirkungen. Art. 5 Abs. 3 GG erfasst damit insgesamt Tätigkeiten und Werke, die u. a. auch Kommunikation voraussetzen und Gegenstand einer Kommunikation sein können[200].

Wegen der unterschiedlichen Schranken bei den (allgemeinen) Meinungsfreiheiten und der Kunst- und Wissenschaftsfreiheit ist die richtige Zuordnung von Sachverhalten zu den einzelnen Schutzbereichen von erheblicher Bedeutung[201]. Art. 5 Abs. 3 Satz 1 GG wird dabei als lex specialis gegenüber Art. 5 Abs. 1 GG gesehen[202]. Im Weiteren wird auf die Vorschrift nicht näher eingegangen, es soll jedoch noch die Besonderheit des Art. 5 Abs. 3 GG als „schrankenloses“ Grundrecht in den Blick genommen werden. So werden der Wissenschaftsfreiheit und die Kunstfreiheit zwar weder durch die Schrankentrias des Art. 2 Abs. 1 Halbsatz 2 GG noch durch die in Art. 5 Abs. 2 GG genannten Schranken Grenzen

---

[193] Nachdem anfangs rein militärische Überlegungen zur Erfindung des „Internet“ führten, wurde es nach der Verfügbarkeit für zivile Nutzung vor allem von Universitäten zum Informationsaustausch genutzt, bevor es nunmehr zu einem Medium der Massen wurde.

[194] *Trute*, VVDStRL Bd. 57 (1998), S. 292, dort Fn. 99 a.E.

[195] BVerfGE 30, 173 (189); 67, 213 (224, 227); *Kloepfer*, Informationsrecht, § 3 Rn. 100.

[196] *Würkner*, S. 143.

[197] BVerfGE 77, 240 (251).

[198] Vgl. BVerfGE 83, 130 – Josefine Mutzenbacher

[199] Vgl. dazu *Frenzel*, Von Josefine Mutzenbacher zu American Psycho, in: AfP 2002, S. 191 ff.

[200] *Determann*, S. 426.

[201] Vgl. zum Verhältnis der Grundrechte aus Art. 5 Abs. 3 Satz 1 GG und Art. 5 Abs. 1 Satz 1 GG *Würkner*, S. 161 ff.

[202] *Würkner*, S. 161 m. w. N.

gezogen. Solche finden sich jedoch in den Grundrechten anderer Rechtsträger, aber auch in sonstigen Rechtsgütern, sofern diese gleichfalls mit Verfassungsrang ausgestattet sind[203]. Für die im Rahmen der elektronischen Kommunikation bedeutsame Kunstfreiheit der Filmschaffenden kann daher eine Einschränkung der Inhaltsverbreitung u. a. durch den geboten Jugendschutz erfolgen. Das Bundesverfassungsgericht nimmt in ständiger Rechtsprechung an, dass der Schutz der Jugend nach einer vom Grundgesetz selbst getroffenen Wertung ein Ziel von bedeutsamen Rang und ein wichtiges Gemeinschaftsanliegen sei[204].

8. Art. 8 GG (Versammlungsfreiheit)

Art. 8 GG schützt „Versammlungen und Aufzüge – im Unterschied zu bloßen Ansammlungen oder Volksbelustigungen – als Ausdruck gemeinschaftlicher, auf Kommunikation angelegter Entfaltung. Dieser Schutz ist nicht auf Veranstaltungen beschränkt, auf denen argumentiert und gestritten wird, sondern umfasst vielfältige Formen gemeinsamen Verhaltens bis hin zu nicht verbalen Ausdrucksformen. Es gehören auch solche mit Demonstrationscharakter dazu, bei denen die Versammlungsfreiheit zum Zweck plakativer oder Aufsehen erregender Meinungskundgabe in Anspruch genommen wird."[205] Das Grundrecht der Versammlungsfreiheit steht im inneren Zusammenhang mit der Meinungsfreiheit und empfängt seinen Sinn vor allem aus dem Schutz der kollektiven und demonstrativen Äußerung der Meinung[206]. Art 8 GG schützt damit die kollektive Kommunikation, wenn die „Sendenden" körperlich anwesend, d. h. versammelt sind. Es liegt hier ein Fall der „Massenkommunikation" vor, bei der eine Vielzahl von Sendenden im Extremfall einem einzigen Empfänger gegenüber stehen.

9. Art. 9 Abs. 1 GG (Vereins- und Koalitionsfreiheit)

Die Vereinsfreiheit ist in erster Linie Grundrecht, daneben Grundsatz des objektiven Rechts mit Gewährleistung des Prinzips freier Gruppenbildung[207] und eines freien Vereinswesens. Das Grundrecht der Vereinsfreiheit besteht zunächst im Recht des Einzelnen auf vereinsmäßigen Zusammenschluss (Gründung, Beitritt, Verbleib) und vereinsmäßiger Betätigung, umfasst aber auch Rechte des Vereins als solches. Insbesondere die Betätigung im Verein ist mit Vorgängen verbun-

---

[203] St. Rspr. BVerfGE 30, 173 (193); 83, 130 (139). Dazu umfassend *Bethge*, in: BLM (Hrsg.), Symposion Medienrecht 2001, S. 63 ff.
[204] BVerfGE 83, 130 (139).
[205] BVerfGE 69, 315 (342 f) – Brokdorf.
[206] *Badura*, Staatsrecht, Teil C Rn. 62; *Kübler*, in: Badura/Scholz, FS Lerche, S. 653 f.
[207] BVerfGE 38, 302f.; 50, 353.

den, die einen intensiven Informationsaustausch verlangen (Mitgliederversammlung, Vorstandsbesprechungen). Indem Art. 9 GG sämtliche (erlaubte) Betätigungen des Vereins und seiner Mitglieder schützt, garantiert er auch die Freiheit der Kommunikation innerhalb des Vereins und des Vereins nach außen. Insofern die Vereinigungsfreiheit die Fortsetzung der Meinungsäußerungsfreiheit in die kooperative Dimension darstellt, kann der Verein als Zusammensein zum interpersonalen Meinungs- und Informationsaustausch charakterisiert werden. Information und Kommunikation ist auch für die Vereinigung Lebenselixier und Rechtfertigungsbedingung ihrer Existenz[208].

10. Art. 10 Abs. 1 GG (Brief-, Fernmelde- und Postgeheimnis)

Mit dem Grundrecht aus Art. 10 werden die auf den damit angesprochenen Vermittlungswegen transportierten Informationen gegen staatlichen Zugriff geschützt. Geschützt wird die Kommunikation, soweit sie schriftlich oder fernmeldetechnisch übertragen wird[209]. „Das Grundgesetz weist den in Art. 10 Abs. 1 GG garantierten Grundrechten des Brief-, Post- und Fernmeldegeheimnisses hohen Rang zu. Es gewährleistet die freie Entfaltung der Persönlichkeit durch einen privaten, vor den Augen der Öffentlichkeit verborgenen Austausch von Nachrichten, Gedanken und Meinungen (Informationen) (...). Das Briefgeheimnis schützt den brieflichen Verkehr der Einzelnen untereinander gegen eine Kenntnisnahme der öffentlichen Gewalt von dem Inhalt des Briefes. Das Postgeheimnis gewährleistet den Schutz für den durch die Post vermittelten Verkehr nicht nur gegenüber der Post, sondern auch gegenüber anderen Staatsgewalten, insbesondere der postfremden Exekutive. Es erstreckt sich insbesondere auf den konkreten Inhalt der übermittelten Sendung und schützt vor der Offenbarung (Übermittlung, Weitergabe), wer mit wem durch die Post Briefe und Sendungen wechselt, vor der Öffnung verschlossener Sendungen, vor Nachforschungen nach ihrem Inhalt und vor Eingriffen postfremder Stellen.

Das Fernmeldegeheimnis sichert den Einzelnen nicht nur gegenüber der Post, sondern auch Bürger und Post gegenüber anderen staatlichen Stellen. (...) Die grundrechtliche Gewährleistung umfasst nicht nur den Inhalt geführter Telefongespräche, sondern auch die näheren Umstände des Fernmeldeverhältnisses."[210] Hinsichtlich der technischen Entwicklung ist das Grundrecht dynamisch[211]. Auf den Bereich des Fernmeldegeheimnisses wird in Teil 4 näher eingegangen.

[208] *Stettner*, in: Merten/Schmidt/Stettner, FS Knöpfle, S. 359.
[209] *Jarass/Pieroth*, GG, Art. 10 Rn. 1.
[210] BVerfGE 67, 157 (171 f.) – Strategische Überwachung
[211] *Jarass/Pieroth*, GG, Art. 10 Rn.5; *Krüger*, in: Sachs, GG, Art. 10 Rn. 14.

11. Art. 12 Abs. 1 Satz 1 GG (wirtschaftliche Kommunikation, Wirtschaftswerbung)

Im Informationszeitalter wird gerade die Kommunikation genutzt, um Wirtschaftsleistungen zu erstellen, denn die Kommunikation, d. h. der Austausch von Information, ist das Kernstück vieler Dienstleistungen (z. B. Betrieb einer Datenbank). Wie bereits eingangs bei der Definition der Informationsgesellschaft erläutert, wird die Information selbst zur Ware. Man kann mit ihr „wirtschaften". So werden die neuen, über das Internet möglichen Dienste als „Formen wirtschaftlicher Kommunikation" gesehen und damit der Schutzbereich des Art. 12 Abs. 1 Satz 1 GG eröffnet[212]. Allerdings wird dabei vor allem auf den technische Vorgang der Kommunikationsvermittlung abgestellt und nicht so sehr die inhaltliche Seite der Kommunikation beleuchtet.

Art. 12 Abs. 1 GG schützt die Berufsfreiheit umfassend insoweit, als alle mit der Berufsausübung zusammenhängenden Vorgänge, insbesondere die notwendige Kommunikation mit Arbeitskollegen, Vorgesetzten und Geschäftspartnern, einbezogen ist. Darüber hinaus fällt auch die berufliche Außendarstellung einschließlich der Werbung in den Bereich der berufsbezogenen Tätigkeiten, die Art. 12 Abs. 1 GG schützt[213]. Staatliche Maßnahmen, die den Berufstätigen dabei beschränken, sind Eingriffe in die Freiheit der Berufsausübung[214]. So wird die Werbebeschränkung der Rechtsanwälte (und auch der übrigen freien Berufe) an Art. 12 Abs. 1 GG gemessen[215]. Darüber hinaus kann bei Werbebeschränkungen durch Berufsordnungen, die nicht eine Meinung als solche, sondern nur bestimmte Auswüchse in der Werbung verbieten, das Grundrecht der Meinungsäußerungsfreiheit (Art. 5 Abs. 1 Satz 1 GG) heranzuziehen sein.

In den Schutzbereich des Art. 12 Abs. 1 GG fallen auch die Berufsgeheimnisse etwa im Vertrauensverhältnis von Ärzten und Rechtsanwälten zu ihren Patienten und Mandanten. Diese bieten Schutz gegen die Kenntnisnahme von Kommunikation durch den Staat. Ebenfalls kann das sog. Bankgeheimnis im Kommunikationsbereich Bedeutung erlangen.

---

[212] *Trute*, VVDStRL Bd. 57 (1998), S. 241, dort Fn. 99 a. E.; *Bullinger/Mestmäcker*, S. 70 und 77.

[213] BVerfGE 85, 248 (256); *BVerfG*, GRUR 1996, S. 899/902; *BVerfG*, NJW 1997, S. 2871; *Flechsig*, ZUM 1997, S. 98.

[214] BVerfGE 85, 248 (256).

[215] *BVerfG*, NJW 2000, S. 3195; *LG Trier*, ZUM 1997, S. 147.

12. Art. 13 Abs. 1 GG (Unverletzlichkeit der Wohnung)

Das Grundrecht der Unverletzlichkeit der Wohnung schützt die räumliche Lebenssphäre des Einzelnen[216]. Es soll Störungen vom privaten Leben in der Wohnung fernhalten[217]. Zum privaten Leben gehört dabei auch die Kommunikation im privaten Bereich der Wohnung. Die Bedeutung des Grundrechts im Kommunikationsbereich wird deutlich beim Abhören von Wohnungen mittels akustischer Überwachungstechnik, die nicht an einem fernmeldetechnischen Übertragungsvorgang ansetzt (in diesem Fall wäre Art. 10 Abs. 1 GG einschlägig). Gegenüber dem allgemeinen Grundrecht auf informationelle Selbstbestimmung ist das Selbstbestimmungsrecht des Bewohners über seine Wohnung aus Art. 13 Abs. 1 GG speziell[218], wohingegen schutzbereichsbezogene Überschneidungen mit dem Pressegrundrecht aus Art. 5 Abs. 1 Satz 2 GG bestehen können, wenn Presseräume durchsucht bzw. abgehört werden.

Allerdings ist nicht zu verkennen, dass mit dem Abhören einer Wohnung auch der Inhalt von elektronischer Kommunikation erfolgen kann. Man denke nur an das Mithören eines Telefongesprächs. Hier werden jedoch in der Regel nur die Äußerungen eines Kommunikationspartners zur Kenntnis genommen werden können, außer beim Telefon wurde die „Mithör-Taste“ gedrückt, die es ermöglicht ohne Benutzung des Telefonhörers die Stimme das Kommunikationspartners „am anderen Ende der Leitung“ zu vernehmen. Das Beispiel zeigt, dass das Abhören elektronischer Kommunikation nicht schwerpunktmäßig in den Schutzbereich des Art. 13 GG fallen kann.

13. Art. 14 Abs. 1 GG (Eigentumsgarantie)

Einfluss auf Kommunikation und hier auf den Inhalt bewirken die Eigentumsrechte, sofern sie einen Schutz der gewerblichen Rechte an Werken, Erfindungen, Kennzeichen etc. (denen ja immer Informationen zugrunde liegen) gewährleisten. Ist es etwa allein dem Urheber gestattet, sein Werk zu vervielfältigen, zu verbreiten und auszustellen, so werden dadurch alle anderen Bürger der Informationsgesellschaft in ihren Möglichkeiten der Informationsnutzung und Kommunikation eingeschränkt. Die Schutzpflicht des Staates geht dabei soweit, dass der Inhaber solcher Rechte sie auch und gerade unter den Bedingungen beliebiger elektronischer Reproduzierbarkeit seiner Werke, Erfindungen oder Kennzeichen durchsetzen kann.

---

216 BVerfGE 96, 44 (51).

217 BVerfGE 89, 1 (12).

218 BVerfGE 51, 97 (105).

14. Art. 21 Abs. 1 GG (Politische Parteien)

Art. 21 GG gewährt in Abs. 1 Satz 1 den Parteien die Mitwirkung bei der politischen Willensbildung des Volkes. In erster Linie ist dies die Mitwirkung bei den politischen Wahlen, aber auch – zusammen mit Art. 5 Abs. 1 GG und anderen Grundrechten – die Teilnahme an der politischen Meinungs- und Willensbildung und die vorformende Einflussnahme auf die politischen willensbildenden staatlichen Verfassungsorgane, vor allem die Parlamente und Regierungen.
Die Willensbildung durch politische Parteien setzt dabei einen intensiven Kommunikationsprozess zwischen Parteien, Staatsvolk und den Parlamenten und Regierungen voraus, bei dem u. a. die Inhalte der Parteiprogramme dem potenziellen Wähler näher gebracht werden sollen (z. B.: Wahlkampf). Art. 21 Abs. 1 Satz 1 GG bezieht damit einen umfangreichen und bedeutsamen Kommunikationsprozess in den grundrechtlichen Schutzbereich mit ein.

II. Ist eine „Kommunikationsverfassung" im Grundgesetz angelegt?

Hinsichtlich der Entwicklung hin zur Wissens- und Informationsgesellschaft scheint die Frage berechtigt, wie das Grundgesetz darauf „vorbereitet" ist, insbesondere ob sich eine einheitliche Kommunikationsverfassung aus seinen Normen ableiten lässt, da bislang nur Fragen im Rahmen einzelner Kommunikationsarten (z. B. der Massenkommunikationsmittel Rundfunk und Presse) an die Verfassung herangetragen wurden[219]. Ein eigenes Kapitel im Rahmen der Grundrechte, das sich ausschließlich und umfassend mit der Kommunikation – sei es meinungsbildender oder schlicht-kommunikativer Art, Massen- oder Individualkommunikation – befasst, ist dem Grundgesetz nicht zu entnehmen. Derzeit werden die kommunikationsrechtlichen Begriffe der Verfassung von der Vorstellung bestimmt, die Kommunikation finde in sich abgegrenzten Einzelsystemen statt, die durch die vorgegebenen Verbreitungstechniken definiert sind (Telefon, Presse, Rundfunk)[220]. Die Einstufung neuer Medien, wie etwa Internet- und sonstige Online-Dienste in die überkommenen Kategorien Presse, Rundfunk, Film und (schmalbandige, verbale) Telekommunikation ist problematisch und zur Zeit heftig umstritten[221].

---

[219] *Schulz/Held/Kops*, ZUM 2001, S. 624.
[220] Vgl. *Stammler*, ZUM 1995, S. 105.
[221] Vgl. z. B. *Bullinger*, AfP 1996, S. 1 ff.; *Bullinger/Mestmäcker*, S. 40 ff; *Degenhart*, MMR 1998, S. 137; *ders.* ZUM 1998, S. 333; *Eberle*, AfP 1998, S. 272; *ders.* ZUM 1995, S. 249; *Dittmann/Fechner/Sander* mit zahlreichen Beiträgen zum Thema „Rundfunkbegriff im Wandel der Medien"; *Gersdorf*, Rundfunkbegriff; *ders.* AfP 1997, S. 424; *ders.* AfP 1995, S. 565; *Gramlich*, ZUM 1998, S. 365 ff.; *Hochstein*, NJW 1997, S. 2977; *Hoffmann-Riem*, AfP 1996, S. 9ff.; *Jarass*, AfP S. 133; *Knothe*, AfP 1997, S. 494; Kresse/Heinze, AfP 1995, S. 574 ff.,

Was immer man unter dem Begriff Kommunikationsverfassung[222] verstehen mag, man muss sich darüber im Klaren sein, dass – solange keine Verfassungsänderung eingetreten ist – mit *den* Normen des Grundgesetzes gearbeitet werden muss, die schon bislang für die Auslegung der Meinungsfreiheiten (i.w.S.) Grundlagen waren[223]. Letztlich hat die Rechtsprechung des Bundesverfassungsgerichts, welches u. a. in zehn Entscheidungen[224] die verfassungsrechtlichen Vorgaben für den Rundfunk entwickelte, das Verständnis von der Medien-, Meinungs- und ganz allgemein Kommunikationsfreiheit geprägt[225]. Es ist daher weniger die Frage zu stellen, ob das Grundgesetz eine Kommunikationsverfassung enthält, sondern vielmehr, ob sich eine solche aus seinen Grundrechtsnormen entwickeln lässt. Zumindest Letzteres scheint nicht ausgeschlossen. Denn die Frage, wie die einzelnen Grundrechtsnormen ausgelegt werden[226], ist immer abhängig von den gesellschaftlichen Gegebenheiten, auf die das Grundgesetz Anwendung finden soll[227]. Nicht nur das Recht prägt die Gesellschaft, sondern

---

insb. S. 577; *Kröger/Moos*, ZUM 1997, S. 462; *Kuch*, ZUM 1997, S. 225; *Michel*, ZUM 1998, S. 350; *Pieper/Wiechmann*, ZUM 1995, S. 82 ff.; *Scherer*, AfP 1998, S. 213 ff.; *Schoch*, AfP 1998, S. 253.

[222] Vgl. *Löwer*, in: v.Münch/Kunig, GG, Art. 10 Rn. 1. Teilweise wird auch die Begriffe „Kommunikationsordnung" oder „Informationsordnung" verwendet; vgl. *Trute* (Fn. 1), S. 216 ff.; *Depenheuer*, ZUM 1996, S. 669 ff. (673); *Hoffmann-Riem*, in: Rossen-Stadtfeld/Wieland, S. 11f.; *Gersdorf*, Rundfunkbegriff, S. 87 und *Schroeder*, ZUM 1994, S. 472 sprechen von der „allgemeinen Medienfreiheit". Diese Begriffe beziehen sich jedoch teilweise auch auf den einfachrechtlichen und beschränken sich nicht nur auf den verfassungsrechtlichen Rahmen für die Verbreitung von Kommunikationsinhalten.

[223] Nach *Gounalakis* (Konvergenz der Medien, S. 62) ist derzeit weder ein Änderung des Verfasssungstextes, noch der verfassungsrechtlichen Rechtsprechung zu erwarten und wäre auch nicht empfehlenswert.

[224] Als 9. Rundfunkentscheidung wird BVerfGE 95, 220, als 10. Rundfunkentscheidung wird hier BVerfGE 97, 298 (Extra-Radio) angesehen. Vgl. auch *Hesse*, BayVBl. 1997, S. 133, dort Fn. 4. zu den ersten acht Rundfunkentscheidungen; *Flechsig*, CR 1999, S. 331, dort Fn. 28, erkennt BVerfGE 92, 203 als 9. Rundfunkentscheidung; *Schulz/Jürgens* (S. 32) gehen von 11 Rundfunkentscheidungen des Bundesverfassungsgerichts aus.

[225] *Bethge*, in: Sachs, GG, Art. 5 Rn. 14; *ders*, in: BLM (Hrsg.), Symposion Medienrecht 1998, S. 24, merkt an, dass die amtliche bzw. maßgebliche Interpretation des Art. 5 Abs. 1 Satz 2 GG längst den kargen Verfassungstext hinter sich gelassen habe; *Hoffmann-Riem/Vesting*, in: dies.; Perspektiven der Informationsgesellschaft, S. 19, 25, 27 ff.; *Engel*, in: Hoffmann-Riem/Vesting, Perspektiven der Informationsgesellschaft, S. 155; *Flechsig*, CR 1999, S. 331; *Schulze-Fielitz*, in: Dreier, GG, Art. 5 I, II, Rn. 5; *Pieper*, ZUM 1995, S. 554; z. T. wird hier von einer Rechtsprechungsdichte gesprochen, die einem Rahmengesetz entspreche, *Scholz*, Teilnehmerentgelt, S. 51; ähnlich *Kloepfer*, Informationsrecht § 3 Rn. 83 u. 86; *Kuch*, ZUM 1997, S. 225.

[226] Vgl. *Determann*, S. 420, der aufzeigt, dass elf von 26 in Art. 5 GG verwendete Begriffe ignoriert oder entgegen dem allgemeinen Sprachgebrauch ausgelegt werden..

[227] BVerfGE 74, 297 (350): „Inhalt und Tragweite verfassungsrechtlicher Begriffe und Bestimmungen hängen (auch) von ihrem Normbereich ab; ihre Bedeutung kann sich bei Veränderungen in diesem Bereich wandeln."; *Pappi* (S. 64) spricht von „Verfassungswandel";

auch die (Veränderung in der) Gesellschaft prägt das Recht[228]. So hat das Bundesverfassungsgericht richtigerweise Art. 5 GG in technischer Sicht als dynamisches Grundrecht „ausgestattet“, damit dieses für künftig mögliche Kommunikationsformen einen Schutzrahmen bereitstellen kann. Für Art. 10 GG hat dies ebenfalls zu gelten[229]. Denn wenn zukünftig technisch mögliche Kommunikationsformen nur deswegen unterschiedlich zu behandeln sind, weil ihre Existenz bei Erlass des Grundgesetzes nicht bekannt war, wäre dies eine willkürliche Ungleichbehandlung[230].

Geht man also von der zutreffenden Fragestellung aus, ob sich eine Kommunikationsverfassung aus dem Grundgesetz entwickeln lässt, so macht es Sinn zu überlegen, wie eine Kommunikationsverfassung auszusehen habe, bzw. was darunter verstanden werden soll, da nur so geklärt werden kann, ob die Normen des Grundgesetzes dies leisten können. Zur Entwicklung einer Kommunikationsverfassung müsste mindestens eine Grundordnung erkennbar sein, die alle Kommunikationsarten und -formen einschließt und hierfür allgemeingültige Aussagen hinsichtlich des Schutzes der Kommunikation macht, gleichzeitig aber die Eigentümlichkeiten der unterschiedlichen Kommunikationsarten auf der objektiv-rechtlichen Ebene berücksichtigt. Ob hierfür ein „einheitliches Grundrecht auf freie Kommunikation“, wie *Depenheuer* es fordert[231], ausreicht, kann dahinstehen, da es letztlich auf die Ausgestaltung dieses Grundrechts ankäme. Darüber hinaus müsste einer solchen Kommunikationsverfassung zu entnehmen

---

Schulze-Fielitz, in: Dreier, GG, Art. 5 I, II Rn. 5 m. w. N.; *Schulz/Jürgens*, S. 27; *Stürner*, AfP 2002, S. 286.

[228] Als Beispiel kann hier das Pornographieverbot im Fernsehen dienen. Dieses besteht zwar weiterhin und der juristische Pornographiebegriff hat eine feste Fassung gefunden, aber die Ansicht darüber, was Pornographie ist, d. h. was unter den Pornographiebegriff subsumiert wird, ändert sich. So ist heute die Ausstrahlung von Filmen denkbar, die noch vor 20 Jahren als Pornographie verboten gewesen wären. Ursache hierfür ist ein Wandel der Einstellung in der Gesellschaft. Vgl. *Ladeur*, AfP 2001, S. 471ff.; *Weigand*, ZUM 1994, S. 134; *Trute*, VVDStRL Bd. 57 (1998), S. 219, dort Fn. 5; *Rautenberg*, NJW 2001, S. 2608; *Kloepfer*, Informationsfreiheit, § 3 Rn. 10; *Grimm*, in: Rossen-Stadtfeld/Wieland, S. 25; *Albrecht/Hotter*, S. 20; *Tröndle/Fischer*, StGB, § 184 Rn. 6 ff. Zum Wandel in der Anschauung, was zur Jugendgefährdung geeignet ist vgl. *Köhne*, Neuprüfung von indizierten Schriften und Medien, in: AfP 2002, S. 201. Als weiteres Beispiel kann die Einstellung zur Homosexualität, die vor nicht langer Zeit als mit Art. 6 GG und folglich mit der Wertordnung des Grundgesetzes als unvereinbar galt, angesehen werden (BVerfGE 6, 389 (435)). Art. 6 GG ist unverändert geblieben, doch § 175 StGB wurde 1969 eingeschränkt und 1994 aufgehoben (29. StrÄndG vom 31.5.1994, BGBl. I S. 1168).

[229] *Jarass*, in: Jarass/Pieroth, GG, Art. 10 Rn. 5; *Löwer*, in: v.Münch/Kunig, GG, Art. 10 Rn. 9; *Krüger*, in: Sachs, GG, Art. 10 Rn. 14.

[230] *Pappi*, S. 64.

[231] *Depenheuer*, AfP 1997, S. 673; ähnlich *Determann*, S. 415; *Gabriel-Bräutigam*, S. 35 und 39. Vgl. auch *Kübler*, AfP 2002, S. 277.

sein, ob eine allgemeine staatliche Verantwortung für die Grundversorgung der Bevölkerung mit Informationen besteht[232].

Bereits die Verortung einer solchen Kommunikationsverfassung im Grundrechtsteil ist nicht problemlos. Wie gezeigt wurde, befassen sich verschiedene Grundrechtsnormen mit verschiedenen Kommunikationsformen und -situationen zwischen den Bürgern. Da jedoch die bislang wichtigsten Massenkommunikationsmittel Rundfunk und Presse (die sog. „Medien") in Art. 5 Abs. 1 Satz 2 GG ihren Eingang gefunden haben und in Art. 5 Abs. 1 Satz 1 GG ebenfalls wichtige Aussagen für die Individualkommunikation[233] enthalten sind, sich Art. 5 GG damit als „zentrale Grundrechtsnorm geistiger Freiheitsentfaltung vornehmlich in Kommunikation erweist"[234], könnte man Art. 5 GG zum Nukleus einer Kommunikationsverfassung erheben. Hierfür spricht, dass sämtliche Massenmedien ihren grundrechtlichen Schutz in Art. 5 Abs. 1 Satz 2 GG finden sollen, da die dortige Aufzählung (Rundfunk, Presse, Film) lediglich beispielhaft zu verstehen ist[235]. Dieser Ansatz lässt sich durch die Rechtsprechung des Bundesverfassungsgerichts stützen. In seiner Baden-Württemberg Entscheidung führt das Gericht an, „zur Gewährleistung freier und öffentlicher Meinungsbildung bedarf es (...) der dargestellten Schutzwirkung des Art. 5 Abs. 1 Satz 2 GG auch bei den rundfunkähnlichen Kommunikationsdiensten"[236]. Diese angesprochenen rundfunkähnlichen Kommunikationsdienste müssen dabei an die Allgemeinheit gerichtet und damit sog. Massenmedien sein, um überhaupt in die Nähe zum Rundfunk gerückt werden zu können. Damit bezieht diese Rechtsprechung weite Teile der Massenkommunikation in den Schutzumfang des Art. 5 Abs. 1 Satz 2 GG mit ein, soweit ihr eine Bedeutung für die Meinungsbildung nicht abgesprochen werden kann. Zum Teil werden aber die Art. 5, 8 und 10 GG als Kern einer grundgesetzlich freiheitlichen Kommunikationsverfassung angesehen[237]. Art. 10 GG kommt zweifellos neben Art. 5 Abs. 1 GG eine große praktische Bedeutung bei der individuellen Kommunikationsfreiheit zu[238].

Festzustellen ist, dass die Literatur die Frage nach einer Kommunikationsverfassung überwiegend an den verfassungsrechtlichen Rahmenbedingungen für die

---

232 Vgl. *Schoch*, VVDStRL Bd. 57 (1998), S. 200 ff. Hierauf wird im Rahmen der Arbeit nicht näher eingegangen. Hierzu auch *Stettner*, in: Merten/Schmidt/Stettner, FS Knöpfle, S. 351 ff.

233 *Schulz*, ZUM 1996, S. 487.

234 *Bethge*, in: Sachs, GG, Art. 5 Rn. 9.

235 *Hoffmann-Riem*, AfP 1996, S. 9, 15; *Pappi*, S. 63 f.; *Stammler*, ZUM 1995, S. 108; *Tettinger*, S. 16; *Ory*, AfP 1996, S. 107; *Gabriel-Bräutigam*, S. 26 f.; *Schulz/Jürgens*, S. 27.

236 BVerfGE 73, 118 (121).

237 *Löwer*, in: v.Münch/Kunig, GG, Art. 10 Rn. 1.

238 *Determann*, S. 460 f.

Massenkommunikationsmittel festmacht[239]. Ein Grund hierfür mag sein, dass die Diskussion um die Kommunikationsverfassung als Instrument angesehen wird, den rechtsdogmatischen Sonderweg beim Rundfunk, den die Rechtsprechung des Bundesverfassungsgerichts vorgibt, endlich verlassen zu können, bzw. mit einer gegenüber einer Kommunikationsverfassung ablehnenden Haltung die „elektronische Presse" und allgemein die „neuen Medien" vor rundfunkähnlicher Regulierung zu schützen. Diskutiert werden dabei zukünftige Regulierungsmodelle für die Medien[240]. Die Individualkommunikation wird im Rahmen der Argumentation für eine Kommunikationsverfassung lediglich einbezogen, wenn sie als Gegenstück zu den Medien – als den Informations*quellen* – angeführt und einer umfassenden Informationsfreiheit eine umfassende Medienfreiheit gegenüber gestellt wird[241]. Die Vernachlässigung der Individualkommunikation verwundert dabei wenig, denn dass die Aussagen des Art. 5 Abs. 1 Satz 1 GG zur Meinungsäußerungsfreiheit für alle Verbreitungsformen der (echten) Individualkommunikation gelten, ist unbestritten, unabhängig davon, ob es sich um ein Gespräch unter Anwesenden, ein Telefonat, die Versendung eines E-Mail oder SMS handelt. (Darüber hinaus wird auch die Verbreitung einer Meinung in der Presse, dem Rundfunk und eines sonstigen Massenmediums von Art. 5 Abs. 1 Satz 1 GG mit umfasst[242].) Insofern kann man bei der Individualkommunikation bereits von einer „Kommunikationsverfassung" sprechen. Schwieriger ist das bei den Massenkommunikationsmitteln, die bislang von den drei genannten Medien Rundfunk, Presse und Film geprägt werden, da hier, anders als bei der Individualkommunikation, zusätzlich objektiv-rechtliche Fragen hereinspielen [243]. Die Einbeziehung der Individualkommunikation in die Frage nach einer Kommunikationsverfassung macht gleichwohl Sinn, da – wie noch anschaulich gezeigt werden wird – die Abgrenzung der Individualkommunikation von der Massenkommunikation gerade bei den zur Einordnung anstehenden neuen Medien einen gewichtigen Problemkreis darstellt.

Pappi nähert sich dem Thema der Kommunikationsverfassung für die Massenmedien mit der Fragestellung, wie neue Massenkommunikationsmittel in Art. 5

---

[239] Vgl. *Bullinger*, in: Löffler, Presserecht, Einl. Rn. 4 u. 99 f.; *Gersdorf*, Rundfunkbegriff, S. 87; *Kresse/Heinze*, AfP 1995, S. 577; *Pappi*, S. 64, dort Fn. 260; *Schroeder*, ZUM 1994, S. 472; *Schulz*, ZUM 1996, S. 491; *Scholz*, Teilnehmerentgelt, S. 8.

[240] *Stürner*, AfP 2002, S. 283 ff. Vgl. Teil 8.

[241] Vgl. bei *Determann*, S. 430.

[242] Vgl. BVerfGE 85, 1 (11 f.). Dazu ausführlich unten bei der Abgrenzung der Sätze 1 und 2 von Art. 5 Abs. 1 GG.

[243] Die Ergänzung der abwehrrechtlichen Grundrechtsfunktion bei der Informationsfreiheit durch eine objektiv-rechtliche Dimension fordert aber *Schoch*, VVDStRL Bd. 57 (1998), S. 189. Gemeint ist damit der „Grundversorgungsauftrag" des Staates bzw. die Rechtspflicht zur Eröffnung allgemein zugänglicher Informationsquellen.

Abs. 1 Satz 2 GG integriert werden können[244]. Er stellt hierfür drei Möglichkeiten dar: Die Subsumtion aller neuen Medien unter die Begriffe Rundfunk, Presse oder Film[245], die Einführung des Begriffs „Medien sui generis“[246] neben den drei „alten“ Medien und die Annahmen einer Kommunikationsverfassung, die Aussagen für alle denkbaren Massenkommunikationsmittel bereithält. Letzteres wird abgelehnt, da das Grundgesetz in der jetzigen Fassung von einer Trennung der einzelnen Medienarten hinsichtlich ihres Schutzbereiches ausgehe[247] und die Umsetzung einer Kommunikationsverfassung ohne die Zusammenfassung der Gesetzgebungskompetenzen hierfür nicht möglich sei[248]. Zumindest bei Presse und Rundfunk falle die Gesetzgebungskompetenz auseinander. Hierzu ist zu sagen, dass dies bei der Frage nach einer Kommunikationsverfassung bei *elektronischen* Medien eine untergeordnete Rolle spielt, wenn man beim Pressebegriff die Verkörperung der Informationen verlangt[249]. Zum Teil wird in der Literatur vertreten, alle neuen Medien unter Art. 5 Abs. 1 Satz 1 GG zu fassen, der dann als Auffanggrundrecht hierfür dient[250]. Das widerspricht auf den ersten Blick der Meinung, die den Schutz für alle Massenmedien in Art. 5 Abs. 1 Satz 2 GG verortet (siehe oben). Aufgeworfen ist damit die Frage nach dem Verhältnis der Schutzbereiche der Sätze 1 und 2 des Art. 5 Abs. 1 GG. Hierauf wird noch eingegangen.

Stettner gibt zu bedenken, dass der Annahme einer Kommunikationsverfassung die Gefahr innewohnt, dass „mediale Meinungsäußerung mit individualer bzw. schlicht-kommunikativer unter Einebnung bestehender Unterschiede“ gleichgesetzt wird[251]. Die Gefahr wird dabei darin gesehen, dass die Bedeutung jeder einzelnen Kommunikationsart – so wie wir sie heute kennen – für die Meinungsfreiheit und Meinungsbildung im demokratischen Staat nicht mehr richtig hervortreten kann und hierunter der verfassungsrechtliche Schutz und das von der Verfassung mit dem Kommunikationsmedium beabsichtigte Ziel (bei den Mas-

---

244 *Pappi*, S. 64 ff; ähnlich bereits *Pieper/Wiechmann*, ZUM 1995, S. 86; vgl. auch die Darstellung bei *Determann* (S. 427 ff.) zur Abgrenzung der Schutzbereiche von Art. 5 Abs. 1 Satz 1 und Satz 2 GG.

245 So etwa auch *Schulz*, ZUM 1996, S. 491.

246 vgl. auch *Mecklenburg*, ZUM 1997, S. 525, 531, der einen „Internetfreiheit“ fordert; *Schroeder*, ZUM 1994, S. 472; *Gabriel-Bräutigam*, S. 35.

247 *Pappi*, S. 65; im Ergebnis ebenso: *Bethge*, in: Sachs, GG, Art. 5 Rn. 118; *Determann*, S. 426; *Gersdorf*, Rundfunkbegriff, S. 87; *Schulze-Fielitz*, in: Dreier, GG, Art. 5 Rn. 67; *Stettner*, Rundfunkstruktur, S. 14; *ders.*, in: Merten/Schmidt/Stettner, FS Knöpfle, S. 353; ähnlich *Pieper/Wiechmann*, ZUM 1995, S. 88; *Kloepfer*, Informationsrecht, § 3 Rn. 1.

248 Ähnlich *Gersdorf*, Rundfunkbegriff, S. 87.

249 Hierzu näher unten Teil 6.

250 In dieser Richtung tendiert *Bethge*, in: Sachs, GG, Art. 5 Rn. 45; vgl. auch *Determann*, S. 413.

251 *Stettner*, Rundfunkstruktur, S. 14.

senmedien in der Regel freie und umfassende individuelle und öffentliche Meinungsbildung[252]) leiden könnten[253]. Zum Teil wird in der Literatur auch die Meinung vertreten, dass bei einem Zusammenwachsen von Presse und Rundfunk in einer allgemeinen Medien- oder Kommunikationsfreiheit das Risiko bestehe, dass die freiheitliche Struktur der Presse an die von staatlicher Vielfaltfürsorge geprägte Struktur des Rundfunks angeglichen werde und damit auch eine Verkürzung des Freiheitsbereichs einhergehe[254]. Richtig ist dabei, dass das Grundgesetz (vor allem nach der Auslegung durch das Bundesverfassungsgericht !) für die verschiedenen Kommunikationsmedien unterschiedliche Schutzstrukturen vorsieht und an den (einfachrechtlichen) Gesetzgeber unterschiedliche Anforderungen hinsichtlich der Ausgestaltung und des Schutzes des Rechtsgutes stellt. Es muss jedoch bezweifelt werden, dass eine Kommunikationsordnung, die alleine auf die Einzelsysteme abstellt, insbesondere mit ihren „Säulen" der öffentlichen Meinungsbildung – Rundfunk und Presse – , auf Dauer Bestand haben wird, da die technischen Neuerungen bei der Datenübertragungstechnik zukünftig eine Kommunikationsvielfalt eröffnen, dem kein „Säulenmodell" stand halten kann. Denn entweder wird die Anzahl der „Säulen" zu groß oder einzelne „Säulen" – wie z. B. der Begriff des Rundfunks oder der Medien sui generis – werden durch die Hereinnahme neuer Kommunikationsformen überfrachtet bzw. verwässert[255]. In beiden Fällen leidet die Verknüpfung zwischen den einzelnen Kommunikationsmedien und den für diese gebotenen verfassungsrechtlichen Folgen. Darüber hinaus gilt, dass nicht mehr einzelne Massenmedien vorwiegend meinungsbildend sind, sondern das kommunikative Umfeld in seiner Gesamtheit, in dem sich der Einzelne bewegt, das Webmuster bildet, in dem sich die individuelle und damit mittelbar die öffentliche Meinungsbildung vollzieht[256]. *Scholz* sieht in der Gewährleistung von (Teil-) Neutralität einzelner Massenmedien (insbesondere bei der Presse) und in der Versagung der Neutralität der Massenmedien als solche eine unzulässige Aufspaltung eines einheitlichen Sachverhalts und belegt dies mit den fortschreitenden Anleihen und der

---

[252] BVerfGE 57, 295 (320f.); *Bethge*, in: Sachs, GG, Art. 5 Rn. 18; *Schulze-Fielitz*, in: Dreier, GG, Art. 5 Rn. 66.

[253] *Bullinger/Mestmäcker*, S. 47 f.

[254] *Bullinger*, in: Löffler, Presserecht, Einl. Rn. 4 und 99 f.; *ders.*, AfP 1996, S. 3.

[255] Mit diesem Argument lehnt *Pappi* (S. 68) eine Subsumtion aller neuen Kommunikationsformen unter die bestehenden Begriffe ab; *Bullinger*, JZ 1996, S. 386 f.;

[256] Vgl. *Stammler* ZUM 1995, S. 107. Beispielhaft sei die „Aktieneuphorie" am Neuen Markt in den Jahren 1998-1999 genannt, die für immer neue Höchststände der Aktienindizes führte. Der Informationsaustausch bewegte sich hier nicht über die Massenmedien Rundfunk und Tagespresse, die das Phänomen erst mit der Neuemission der „Infineon"-Aktie und damit am Ende der Spekulationsblase aufgriffen, sondern über die Informationsplattformen, die die sog. Discountbroker-Banken (z.B. Consors, Comdirect, Direktanlagebank) im Internet zur Verfügung stellten. Vgl. auch *Depenheuer*, AfP 1997, S. 673; Mecklenburg, ZUM 1997, S. 531; ähnlich auch *Gersdorf*, in: Dittmann/Fechner/Sander, Symposion Oppermann, S. 142.

Übertragung der Rechtsprechung für Presseunternehmen auch und gerade auf private Rundfunkunternehmen[257]. Das Recht trage damit dem Charakter der Massenmedien als *ein* System bislang nur unzureichend Rechnung.

Stammler entwickelt aufgrund der Vielfalt an Kommunikationsmöglichkeit eine Netzstruktur für die Beschreibung der digitalen Medienwelt[258]. Es geht dabei nicht mehr um die Betrachtung der Einzelsysteme der Übertragung der Kommunikationsinhalte (z.B. Rundfunk oder Presse), sondern um die Bedeutung der einzelnen Kommunikationsarten, die anhand eines Rasters zwischen den Polen Massenkommunikation und Individualkommunikation einerseits sowie der Relevanz der Kommunikationsinhalte für die Meinungsbildung andererseits, herauszuarbeiten sei[259]. Damit hebt sich aber die Vorrangstellung, die die bisherigen Massenmedien Rundfunk und Presse innehaben, in einem neuen, vielschichtigen Kommunikationsumfeld auf. Rundfunk und Presse sind damit lediglich teilselbständige mediale Ausdrucksformen einer sehr viel umfassenderen öffentlichen Kommunikationsfreiheit[260]. *Schoch* will bereits in den jüngeren Entscheidungen des Bundesverfassungsgerichts eine Änderung der Rechtsprechung in diese Richtung erkennen, wenn das Gericht die grundrechtliche Garantie individueller Kommunikationsfreiheit auch für den Rundfunkbereich anerkennt[261]. Mit dieser Sicht ergäbe sich die Möglichkeit, aber auch Notwendigkeit, aus den zur Verfügung stehenden Grundrechten und Institutionsgarantien eine Kommunikationsverfassung herzuleiten. Dies dürfte auch insbesondere anhand der Offenheit des Art. 5 GG für sämtliche Arten der Meinungsäußerungen nicht am Grundrechtskatalog des Grundgesetzes scheitern. Bei Beachtung der den einzelnen Kommunikationsarten innewohnenden Unterschiede scheint es dem Schutz jedes einzelnen Rechtsgutes nicht abträglich, würde man aus den einschlägigen Grundrechten eine einheitliche subjektiv-rechtliche und objektiv-rechtliche Grundordnung für die Kommunikation entwickeln. Gerade aber beim objektivrechtlichen Gehalt, also bei der Frage nach dem Schutz der Kommunikationsfreiheit mittels Ausgestaltung des Freiheitsbereichs durch den Gesetzgeber liegt das Problem. Unabhängig davon ob man die bisherige „Säulen-Struktur" beibehalten will und sämtliche neue Kommunikationsformen in den Begriffen Rundfunk, Presse oder Film verortet oder Anhänger einer Kommunikationsverfas-

257 *Scholz*, Teilnehmerentgelt, S. 8.

258 *Stammler*, ZUM 1995, S. 107 f.

259 ähnlich auch *Trute*, VVDStRL (1998), S. 239 f. und S. 241, dort Fn. 99.

260 *Stammler*, ZUM 1995, S. 108, zustimmend *Kresse/Heinze*, AfP 1995, S. 577; ebenso *Trute*, VVDStRL 57 (1998), S. 238; *Depenheuer*, AfP 1997, S. 673; in diese Richtung auch *Schulz/Held/Kops*, ZUM 2001, S. 622. Vgl. auch das Diskussionspapier der Gesamtkonferenz der Landesmedienanstalten zur aktuellen Debatte über eine Reform der Medienordnung in Deutschland vom 15.11.2000, S. 3.

261 *Schoch*, AfP 1998, S. 257 mit Hinweis auf BVerfGE 97, 298. Zu den Aussagen dieser Entscheidung siehe unten.

sung ist, die Arbeit beginnt erst da, wo die objektiv-rechtlichen Erfordernisse für jede einzelne Kommunikationsart aufzustellen sind, wo man also Farbe bekennen muss, für welche Kommunikationsarten ein Ausgestaltungsvorbehalt[262] gelten soll und wie umfassend dieser vom einfachrechtlichen Gesetzgeber auszufüllen ist[263]. Diese Entscheidungen sind anhand der gesamten Verfassungsaussagen, auch unter Berücksichtigung der in Art. 5 Abs. 1 Satz 1 GG niedergelegten Freiheiten für die Individualkommunikation einschließlich der Informationsfreiheit zu treffen. Für die Einbeziehung der Individualkommunikation in eine Kommunikationsverfassung spricht dabei, dass die neuen massenkommunikativen Medien in Wechselbeziehung zu den für die Individualkommunikation zur Verfügung gestellten Grundrechten – vorrangig der Informationsfreiheit – stehen[264]. Damit kann im Ergebnis festgehalten werden, dass einer einzelnen Norm, insbesondere Art. 5 Abs. 1 Satz 2 GG, eine umfassende Kommunikationsverfassung nicht entnommen werden kann[265].

Aus der Vielzahl der Normen des Grundrechtskatalogs, die sich mit der Kommunikation befassen (vgl. Teil 4 I.) lässt sich die Bedeutung der (freien) Kommunikation für die vom Grundgesetz vorgesehene gesellschaftliche und rechtliche Struktur ablesen. Dabei können dem Grundrechtskatalog auch ohne große Mühen zwei Aussagen allgemein entnommen werden[266]:
Die Kommunikation soll sowohl auf der Seite des Sendenen als auch auf der Seite des Rezipienten grundsätzlich ungehindert und staatsfrei[267] stattfinden (subjektive Dimension[268]). Die Freiheit der Kommunikation erscheint hierbei als thematischer Bezugspunkt der Teilfreiheiten des Art. 5 Abs. 1 GG in der Tradition der klassischen Menschenrechte[269]. So sei nach *Bethge* der Grundsatz der

---

262 Siehe dazu unten III 1 e bb und IV 1.

263 Dieser Frage gehen insbesondere *Schulz/Held/Kops*, ZUM 2001, S. 621 ff. sowie *Schulz/Jürgens*, S. 73 ff und S. 145 ff. nach und bilden ein Raster mit den Achsen „Bedeutung der Kommunikation für die Meinungsbildung“ und „Defizite in der marktlichen Erbringung“ (vgl. ZUM 2001, S. 638); *Schroeder*, ZUM 1994, S. 472.

264 *Gounalakis*, Konvergenz der Medien, S. 27.

265 *Schroeder*, ZUM 1994, S. 472; *Bethge*, in: Sachs, GG, Art. 5 Rn. 9, weist darauf hin, dass Art. 5 GG keine isolierte Norm sei, sondern durch andere Grundrechtsnormen gestützt und ergänzt werde.

266 *Degenhart*, K&R 2000, S. 50; ähnlich *Schulz*, ZUM 1996, S. 488; *Grzeszick*, AöR 123 (1998), S. 181.

267 *Pappi*, S. 69; *Schulze-Fielitz*, in: Dreier, GG, Art. 5 I, II, Rn. 34.; *Funke*, in: Prinz/Peters, FS Engelschall, S. 145; für den Rundfunk: BVerfGE 83, 238 (322).

268 *Stammler*, ZUM 1995, S. 108.

269 Vgl. Art. 11 der französischen Erklärung der Menschen- und Bürgerrechte von 1789: *„La libre communication des pensées et des opinions est un des droits les plus précieux de l'homme“.*

Staatsfreiheit beim Rundfunk mittlerweile zum übergreifenden Prinzip der Staatsfreiheit der Medien avanciert[270]. Bei in der Natur der (meinungsrelevanten und Massen-) Kommunikation angelegten Gefahren für die freiheitliche Grundordnung des Grundgesetzes hat der Staat dafür zu sorgen, dass „starke" Kommunikatoren ihre Position nicht missbrauchen können, um die Meinungsbildung im Geltungsbereich der Verfassung zu beeinflussen und damit die freiheitliche Grundordnung zu beeinträchtigen (objektive Dimension[271]). Dies ist bislang namentlich für den Rundfunk vorgesehen und anerkannt[272]. Eine Ausweitung auf andere meinungsrelevante Kommunikationsformen ist nicht ausgeschlossen[273].

Weiter ist der Rechtsprechung des Bundesverfassungsgerichts zu entnehmen, dass bei der Auslegung und Anwendung von grundrechtseinschränkenden Normen wiederum die Ausstrahlungswirkung der Freiheitsverbürgungen Rechnung zu tragen ist (Wechselwirkungstheorie). Dies gilt sowohl im Anwendungsbereich des Art. 5 Abs. 1 GG als auch bei Art. 10 Abs. 1 GG und kann für den Bereich der Kommunikation auch auf die übrigen relevanten Grundrechte übertragen werden.

Mit diesen Aussagen ist zumindest der Grundstein einer Kommunikationsverfassung gelegt[274], da sie für alle Kommunikationsarten und -möglichkeiten gültig sind und deren unterschiedliche Bedeutung für die Gesellschaft berücksichtigen. Mit der fortschreitenden Einordnung neuer Kommunikationsmöglichkeiten in die Systematik des Grundrechtsteils der Verfassung werden sich diese Aussagen verfestigen. Eine unterschiedliche Behandlung der verschiedenen Kommunikationsformen durch die Entwicklung einer Kommunikationsverfassung ist somit

---

BVerfGE 7, 198 (208): „... *als unmittelbarster Ausdruck der menschlichen Persönlichkeit in der Gesellschaft eines der vornehmsten Menschenrechte überhaupt*". Vgl. Nachweise bei *Determann*, S. 114, dort Fn. 475

270 *Bethge*, DÖV 2002, S. 679.

271 *Stammler*, ZUM 1995, S. 108, *Trute*, VVDStRL Bd. 57 (1998), S. 234; *Mecklenburg*, ZUM 1997, S. 532; *Schoch*, VVDStRL Bd. 57 (1998), S. 200 ff. entwickelt hieraus weiter gehend einen Grundversorgungsauftrag des Staates.

272 BVerfGE 12, 205 (262); 73, 118 (183); 83, 238 (322 f.); 87, 181, (201); 90, 60 (87).

273 Für die Presse wurde dies vom Bundesverfassungsgericht bereits angedeutet: BVerfGE 20, 162 (175 f.): „... doch ließe sich etwa auch an eine Pflicht des Staates denken, Gefahren abzuwehren, die einem freien Pressewesen aus der Bildung von Meinungsmonopolen erwachsen könnten." (S. 176).

274 A. A. *Stettner*, in: Marten/Schmidt/Stettner, FS Knöpfle, S. 353 f., denn die Verfassung liefere mit den bekannten kommunikativen und informationellen Verbürgungen nur einzelne Bausteine für die Freiheit des Informationsflusses. Diese könnten nicht als abschließend regelnde Normierungen angesehen werden. Dem könnte entgegengehalten werden, dass eine (zu entwickelnde) Kommunikationsverfassung der Offenheit der regelnden Normierungen Rechnung tragen könnte und damit auch „aufnahmebereit" für alle zukünftig denkbaren Kommunikationsarten wäre.

nicht ausgeschlossen. Die oben herausgearbeitete Frage, ob sich aus dem Grundgesetz eine Kommunikationsverfassung entwickeln lässt, kann daher grundsätzlich bejaht werden[275]. Ob eine Kommunikationsverfassung entwickelt werden *muss*, ist nicht zwingend[276], wenn man es tatsächlich schafft, sämtliche neuen Kommunikationsarten in die bisher entwickelte Kommunikations- und Medienstruktur einzuarbeiten. Insofern ist *Pappi* zuzustimmen, dass bei der Frage, wie neue Kommunikationsformen in Art. 5 Abs. 1 GG eingegliedert werden können, immer auch die Zweckmäßigkeit der Entscheidung berücksichtigt werden muss[277]. *Gersdorf* merkt an, dass ein besonderer Erkenntniswert einer Kommunikationsverfassung nicht ersichtlich sei, wenn zum einen die einzelnen Gewährleistungen des Art. 5 Abs. 1 GG zu einem einheitlichen Grundrecht verbunden werden, andererseits aber die Schutzweite „abgestuft" zur Geltung kommen soll[278]. Denn damit werden – wie bereits oben angesprochen – die zu lösenden Probleme nur auf eine andere Ebene verlagert.

III. Die Zuordnung der *elektronischen* Kommunikation zu den Grundrechten

Für den Schutz der elektronischen Kommunikation einschließlich deren Inhalt lassen sich nicht alle Grundrechte (gleichermaßen) nutzbar machen. So ist Kern der Versammlungsfreiheit gerade die körperliche Anwesenheit der Versammelten, was die Nutzung von elektromagnetischen Wellen zur Übertragung der Informationen zwar nicht ausschließt, aber nicht voraussetzt. Gleiches gilt für die Religionsfreiheit und die Vereins- und Koalitionsfreiheit. Hier steht zwar die (allgemeine) Kommunikation inmitten, die Verwendung von elektronischen Hilfsmitteln ist jedoch nicht zwingende Voraussetzung für die Grundrechtsgewährung. Anders sieht es bei den Kommunikationsarten aus, die ein Empfangsgerät benötigen, welches durch elektromagnetische Wellen gespeist wird (Radiogerät, Fernseher, Telefon, Fax-Gerät, PC). Für diese Art der Kommunikation bleiben letztlich die Grundrechte der Art. 5 Abs. 1 GG, Art. 10 Abs. 1 GG, Art. 2 Abs. 1 GG und in beschränktem Maße Art. 12 Abs. 1 GG übrig. Da Art. 5 Abs. 1 GG allgemeine Aussagen über die Freiheit der Meinungsäußerung ent-

[275] Zu beachten sind in diesem Zusammenhang auch die Grenzen der Verfassungsauslegung. Die Gefahr der Überschreitung erscheint jedoch hier geringer als bei der Methode, die alle neuen Massenkommunikationsformen unter die in Art. 5 Abs. 1 Satz 2 GG genannten Medien einordnen will. Denn eine „Überdehnung" von Verfassungsbegriffen kann dann nicht eintreten, wenn man anhand der bisherigen Grundstrukturen eine allgemeingültige Ordnung entwickelt, die noch dazu die bisherigen Begriffe (als Teile) weiternutzt.

[276] So aber *Depenheuer*, AfP 1997, S. 673, der ein einheitliches Grundrecht auf freie Kommunikation fordert. Vgl. auch *Determann*, S. 415.

[277] *Pappi*, S. 67.

[278] *Gersdorf*, Rundfunkbegriff, S. 87 f.

hält, ist diese nicht an eine bestimmte Form oder an einen bestimmten Übertragungsweg gebunden[279]. Art. 5 Abs. 1 GG kann daher auch für die elektronische Kommunikation nutzbar gemacht werden. Art. 10 Abs. 1 GG bezieht sich in der Variante „Fernmeldegeheimnis" explizit auf die elektronische Kommunikation. Art. 2 Abs. 1 GG gewinnt immer dann Bedeutung, wenn andere Grundrechte nicht einschlägig sind. Dies kann bei der elektronischen Massenkommunikation dann der Fall sein, wenn es sich um Kommunikationsinhalte ohne Meinungsrelevanz handelt. Individualkommunikation über elektronische Datenübertragungstechnik (Telefon, Fax, E-Mail, SMS) wird hingegen unabhängig von der Frage der Meinungsrelevanz vom Schutzbereich des Art. 10 Abs. 1 GG erfasst. Art. 2 Abs. 1 GG wird bei tatsächlichen Übertragungsvorgängen keine Rolle spielen. Für die Individualkommunikation sind primär Art. 5 Abs. 1 Satz 1 und Art. 10 Abs. 1 GG und für die Massenkommunikation primär Art. 5 Abs. 1 Satz 2 GG einschlägig[280]. Die anderen angeführten Grundrechte können evtl. herangezogen werden, um mit allgemeinen Aussagen den „Kommunikationsgrundrechten" Flankenschutz zu bieten[281].

Im Folgenden soll dargestellt werden, welchen rechtlichen Schutz diese Grundrechte für den Inhalt der elektronischen Kommunikation bereitstellen.

1. Die Gewährleistungen des Art. 5 Abs. 1 GG

Kardinaler Bezugspunkt aller Garantien des Art. 5 Abs. 1 GG ist die Gewährleistung freier und öffentlicher Meinungsbildung[282]. Freie Meinungsbildung vollzieht sich in einem Prozess der Kommunikation. Sie setzt auf der einen Seite die Freiheit voraus, Meinungen zu äußern und zu verbreiten, auf der anderen Seite die Freiheit, geäußerte Meinungen zur Kenntnis zu nehmen, sich zu informieren. Indem Art. 5 Abs. 1 GG Meinungsäußerungs-, Meinungsverbreitungs- und Informationsfreiheit als Menschenrechte gewährleistet, sucht er zugleich diesen Prozess verfassungsrechtlich zu schützen. Er begründet insoweit subjektive Rechte; im Zusammenhang damit normiert er die Meinungsfreiheit als objektives Prinzip der Gesamtrechtsordnung, wobei subjektiv- und objektivrechtliche Elemente einander bedingen und stützen[283]. Die Medien vermitteln und verstärken diesen verfassungsrechtlich geschützten Prozess freier Meinungsbildung[284]. Art. 5 Abs. 1 gewährleistet neben der öffentlichen auch die individuelle

---

279 Vgl. den Wortlaut: „in Wort, Schrift und Bild"
280 *Ory*, AfP 1996, S. 107.
281 *Bethge*, in: Sachs, GG, Art. 5 Rn. 9.
282 *Hesse*, BayVBl. 1997, S. 134.
283 BVerfGE 57, 295 (320).
284 BVerfGE 57, 295 (323).

Meinungsbildung[285]. Die Freiheit der öffentlichen und individuellen Meinungsbildung ist Grundlage und Bedingung jeder anderen Freiheit.

a) Meinungsfreiheit

Art. 5 Abs. 1 Satz 1 Alt. 1 GG gewährleistet das allgemeinste Kommunikationsgrundrecht, die Meinungsäußerungsfreiheit. Die Norm gewährleistet jedermann das Recht, seine Meinung in Wort, Schrift und Bild frei zu äußern und zu verbreiten. Das Grundrecht der freien Meinungsäußerung schützt das Äußern und Verbreiten der Meinung, also ihre Kundgabe nach außen. Die im Gesetzestext nur beispielhaft ausdrücklich genannten Formen des Sich-Äußerns sind umfassend zu verstehen: Geschützt ist jede Art und Weise der Äußerung[286]. Geschützt sind alle Formen, durch die eine Meinung geäußert werden kann. Dabei soll nach einer Ansicht die Aufzählung in Art. 5 Abs. 1 Satz 1 GG nur beispielhaft sein[287], nach einer anderen Auffassung sind die Medien Wort, Schrift und Bild abschließend aber weit möglichst auszulegen[288]. Unter „Wort" sind dabei alle hörbaren Meinungsäußerungen zu verstehen. Bei den elektronischen Medien fällt hierunter das Telefon und die Übertragung etwa von Musik über das Internet (Stichwort: MP3)[289]. Unter den Begriff der „Schrift" fällt auch die Übertragung des Inhalts in digitalisierter Form (z. B. E-Mail, elektronischer Dokumenten-Transfer). Für neue Kommunikationsformen (z. B. Internet, E-Mail) wird wegen des weiten Verständnisses von Art. 5 Abs. 1 Satz 1 Alt. 1 GG vertreten, dass diese in den Schutzbereich fallen sollen und Art. 5 Abs. 1 Satz 1 GG somit die Aufgabe eines Auffanggrundrechts habe, wenn es sich um Individualkommunikation handelt[290]. Die Verwendung elektronischer Medien zur Verbreitung der Meinung fällt jedenfalls unter den Schutzbereich der Meinungsfreiheit.

Die Freiheitsgewährleistung des Art. 5 Abs. 1 Satz 1 GG begründet sowohl subjektive Abwehransprüche als auch ein objektives Prinzip der Rechtsordnung[291]. Alle kundgegebenen Meinungen genießen den Schutz des Grundrechts ohne Rücksicht auf den Wert der Äußerung oder ihrer Richtigkeit, die Begründetheit oder ihrer Emotionalität. Der Begriff der Meinungsfreiheit ist „grundsätzlich

[285] BVerfGE 57, 295 (319).
[286] BVerfGE 76, 171 (192); 68, 226 (230f.)
[287] *Schulze-Fielitz*, in: Dreier, GG, Art. 5 I, II, Rn. 55, dort Fn. 193; *Kloepfer*, Informationsrecht, § 3 Rn. 64.
[288] *Wendt*, in: v.Münch/Kunig, GG, Art. 5 Rn. 16.
[289] Zu letzterem unklar: *Schulze-Fielitz*, in: Dreier, GG, Art. 5 I, II, Rn. 55; *Bethge*, in: Sachs, GG, Art. 5 Rn. 45.
[290] *Bethge*, in: Sachs, GG, Art. 5 Rn. 45.
[291] BVerfGE 57, 295 (319 f.)

weit zu verstehen"[292]. Er umfasst „Werturteile" und Tatsachenbehauptungen[293], jedenfalls (...) wenn sie Voraussetzung für die Bildung von Meinungen sind"[294]. Der Schutz des Grundrechts bezieht sich in erster Linie auf die eigene Stellungnahme des Redenden[295]. Unerheblich ist, ob eine Äußerung „wertvoll" oder „wertlos", „richtig" oder „falsch", emotional oder rational begründet ist[296]. Jeder soll sagen können, was er denkt, auch wenn er keine nachprüfbaren Gründe für sein Urteil angibt oder angeben kann[297]. Auf der Ebene des Schutzbereichs findet eine Differenzierung von Meinungen nicht statt. Anderenfalls würde dem Staat eine Definitionskompetenz über erwünschte und unerwünschte Meinungen und Äußerungsformen eingeräumt, ohne dass die Ausübung dieser Befugnis noch unter dem Gesichtspunkt der Meinungsäußerungsfreiheit geprüft werden könnte[298]. Handelt es sich um einen Beitrag zum geistigen Meinungskampf in einer die Öffentlichkeit wesentlich berührenden Frage, dann spricht die Vermutung für die Zulässigkeit der freien Rede[299].

Im Übrigen ist zu prüfen, ob Art. 5 Abs. 1 Satz 2 GG oder Art. 10 Abs. 1 GG als speziellere Normen vorgehen. Werden die Inhalte an eine Vielzahl von Empfängern geschickt, ist grundsätzlich der Schutzbereich des Art. 5 Abs. 1 Satz 2 GG eröffnet. Allerdings sind die Mediengrundrechte des Art. 5 Abs. 1 Satz 2 GG weder Spezialgrundrechte, die bei Vorliegen von Rundfunk, Presse oder Film die Anwendung von Art. 5 Abs. 1 Satz 1 GG ausschließen würden, noch verstärkende Wiederholungen der Meinungsfreiheit. Während die in einem Massenmedium enthaltene Meinungsäußerung bereits durch Art. 5 Abs. 1 Satz 1 GG geschützt ist, geht es bei Satz 2 um die die einzelne Meinungsäußerung übersteigende Bedeutung der Massenkommunikationsmittel für die freie individuelle und öffentliche Meinungsbildung, die Art. 5 Abs. 1 GG gewährleisten will[300]. Nach *Determann* könne für die neuartigen Kommunikationsarten (z. B. Internet) aber weder dem Wortlaut noch der Systematik des Grundgesetzes allein entnommen werden, welcher Kategorie der Kommunikationsfreiheiten sie zuzurechnen seien: einer der benannten Medienformen in Abs. 1 Satz 2 oder den übrigen, unbenannten Kommunikationsmitteln des Satz 1[301]. Zum Verhältnis zu Art. 10 Abs. 1 GG kann vereinfachend gesagt werden: Art. 5 Abs. 1 Satz 1 GG

---

292 BVerfGE 61, 1 (9).
293 Dazu noch gesondert unten.
294 BVerfGE 94, 1 (7); 61, 1 (8); 65, 1 (41).
295 BVerfGE 7, 198 (210).
296 BVerfGE 33, 1 (14f.).
297 BVerfGE 42, 163 (170f.).
298 *Grimm*, NJW 1995, S. 1698.
299 BVerfGE 7 , 198 (212).
300 BVerfGE 85, 1 (11 f.); Sevecke, AfP 1994, S. 200. Zum Verhältnis von Satz 1 zu Satz 2 siehe unten.
301 *Determann*, S. 429.

schützt die Tatsache, dass der Einzelne grundsätzlich äußern darf, was er will. Art. 10 Abs. 1 GG schützt ihn darüber hinaus davor, dass der Kommunikationsvorgang, d. h. letztlich der Inhalt der Äußerung, auch nicht von staatlichen Stellen überwacht wird[302].

b) Tatsachenbehauptungen als Meinungsäußerungen

Insbesondere in den neuen elektronischen Medien (Internet) findet die Übermittlung von Tatsachen (Eilmeldungen, Wirtschaftsnachrichten, Börsenkurse, Wetterbericht etc.) statt. Die Frage, ob solche Informationen vom Umfang der Meinungsfreiheit gedeckt sind und den Schutz vor staatlichen Eingriffen genießen, ist hier besonders bedeutsam.

Tatsachenbehauptungen unterscheiden sich von Meinungsäußerungen durch das Fehlen des wertenden, einschätzenden, subjektiv dafürhaltenden Charakters des eigentlichen „Meinens“[303]. Es wird nicht die eigene Sicht des Äußernden abgegeben, sondern eine als real angenommene Gegebenheit wiedergegeben. Meinung ist ein Werturteil, also eine Stellungnahme zu bestimmten Tatsachen, im Gegensatz zur Mitteilung oder Behauptung der Tatsache selbst[304]. Die Abgrenzung bereitet allerdings Schwierigkeiten, da beide Formen selten in reiner Form anzutreffen sind. Meinungen beziehen sich auf Tatsachen, Tatsachen sollen Meinungen untermauern oder erschüttern.

Für Tatsachenbehauptungen gilt nach der Rechtsprechung des Bundesverfassungsgerichts kein umfassender Grundrechtsschutz[305]. Sie sind nicht schon aus sich selbst geschützt, sondern gelangen erst über die Brücke der Meinung in den Schutzbereich des Art. 5 Abs. 1 Satz 1 GG. Tatsachenbehauptungen nehmen daher am Schutz des Art. 5 Abs. 1 Satz 1 GG teil, da und soweit sie Vorraussetzung für die Bildung der Meinungen sind[306]. Eine Tatsachenäußerung kann allenfalls dann nicht unter den Schutzbereich des Art. 5 Abs. 1 Satz 1 GG fallen, wenn keinerlei Zusammenhang mit einer Meinungsäußerung erkennbar ist[307]. Zum Teil wird eine Einschränkung für Tatsachenäußerungen aber generell abgelehnt und unter Meinung i. S. von Art. 5 Abs. 1 Satz 1 GG jede Äußerung von

---

[302] Siehe zum Verhältnis von Art. 5 GG und Art. 10 GG ausführlich unten.
[303] *Bethge*, in: Sachs, GG, Art. 5 Rn. 27.
[304] *Grimm*, NJW 1995, S. 1698 f.; *Determann*, S. 392.
[305] *Grimm*, NJW 1995, S. 1699.
[306] BVerfGE 85, 1 (15); 90, 1 (15)
[307] *Schulze-Fielitz*, in: Dreier, GG, Art. 5 I, II, Rn. 45 f.

(auch unrichtigen) Ansichten und/oder (auch unwahren) Tatsachen verstanden, die einem individuellen Mitteilungsbedürfnis entspricht[308].

Art. 5 Abs. 1 GG ist der Schutz der Übermittlung von Tatsachen nicht generell fremd, wenn dies im Rahmen der Presseberichterstattung oder der Berichterstattung durch den Rundfunk erfolgt (Satz 2)[309]. Hieraus ist erkennbar, dass Art. 5 Abs. 1 GG Tatsachen nicht schlechthin vom Schutzbereich ausklammert. Wird nun die Tatsache außerhalb der Presse oder des Rundfunks mitgeteilt, würde hierfür Art. 5 Abs. 1 GG nach einer engen Auffassung keinen Schutz gewähren. Dieses Ergebnis wäre nicht zufriedenstellend. Abzustellen ist vielmehr darauf, ob die übermittelten Tatsachen einen gewissen Grad an Meinungsrelevanz aufweisen, d. h. ob sie für die Meinungsbildung des Empfängers Bedeutung erlangen können. Ist dies so, dann will ihre Übermittlung genau dem Rechnung getragen, was Art. 5 Abs. 1 GG letztlich schützen will: die öffentliche und individuelle Meinungsbildung[310]. Im Ergebnis ist daher einer erweiterten Auffassung zuzustimmen, die auch Tatsachenbehauptungen von Art. 5 Abs. 1 Satz 1 GG erfasst sehen will. Damit fällt der gesamte Inhalt der elektronischen Kommunikation in den Schutzbereich des Art. 5 Abs. 1 Satz 1 Alt. 1 GG, soweit dieser einen Beitrag zur Meinungsbildung leisten kann.

Will man reine Tatsachenbehauptungen oder solche ohne Relevanz für die Meinungsbildung vom Anwendungsbereich des Art. 5 Abs. 1 Satz 1 Alt. 1 GG ausschließen[311], ist hierfür der Schutzbereich des Art. 2 Abs. 1 GG zu prüfen. Handelt es sich um Informationen, die im Rahmen der Berufsausübung übermittelt werden, kann Art. 12 Abs. 1 GG einschlägig sein. Auch bei einer weiten Auffassung, die Tatsachenbehauptungen grundsätzlich dem Schutzbereich des Art. 5 Abs. 1 Satz 1 Alt.1 GG unterzieht, ergibt sich die Notwendigkeit der Unterscheidung von Meinungen und Tatsachenbehauptungen. Vom Schutzbereich der Meinungsfreiheit nicht umfasst sind Tatsachenbehauptungen, die erwiesenermaßen oder allgemein bekannt *unwahr* sind. Diese verdienen im Hinblick auf den Sinn und Zweck des Grundrechts – Schutz einer zutreffenden Meinungsbildung als konstitutives Element einer freien Gesellschaft – keinen Schutz[312]. Ist die Äußerung unwahr, ergibt sich somit ein Bedürfnis zur Klärung der Frage, ob es sich um eine Tatsachenbehauptung oder um ein Werturteil handelt. Dies folgt aus der unterschiedlichen Beurteilung von unrichtigen Werturteilen („Auf die

[308] *Schulze-Fielitz*, in: Dreier, GG, Art. 5 I, II, Rn. 47; *Wendt*, in: v.Münch/Kunig, GG, Art. 5 Rn. 9.
[309] *Determann*, S. 426 und S. 454: Art. 5 Abs. 1 Satz 2 GG schütze nur die Berichterstattung im Rundfunk
[310] *Bethge*, in: Sachs, GG, Art. 5 Rn. 27.
[311] So BVerfGE 65, 1 (41).
[312] BVerfGE 61, 1 (8); 90, 241 (246).

Richtigkeit der Äußerung kommt es nicht an"[313]) und unrichtigen Tatsachen („Unrichtige Information ist kein schützenswertes Gut"[314]).

c) Die Meinungsäußerungsfreiheit des Werbenden

Wirtschaftliche Werbung begegnet uns als Kommunikationsinhalt allerorten und ist ein zentrales Element der Massenkommunikationsmittel Presse, Rundfunk und Film[315]. Gleichwohl sind grundsätzliche Überlegungen im Rahmen des Grundrechts der Meinungsäußerungsfreiheit zu erörtern[316], da es sich hierbei um das allgemeinste Kommunikationsgrundrecht handelt und die Ausführungen hier – sozusagen vor die Klammer gezogen – auch für die spezielleren Grundrechte Bedeutung erlangen können. Darüber hinaus sind einzelne Fragestellungen allein im Rahmen des Art. 5 Abs. 1 Satz 1 GG zu diskutieren. So hat man bei der Werbung zwei Ebenen zu unterscheiden: Zum einen möchte derjenige verfassungsrechtlichen Schutz für sich in Anspruch nehmen, der die Werbeaussage für seine eigenen Produkte, d. h. den Inhalt der Werbung aufstellt und zum zweiten der Verbreiter der Werbung, den letztlich mit dem Inhalt der Werbung nichts verbindet, sondern der die Verbreitung der Werbung aus wirtschaftlichen Überlegungen heraus als eigene Dienstleistung anbietet (z. B. Presseunternehmen, Rundfunkveranstalter)[317]. Ersterer kann sich nicht auf die Rundfunkfreiheit oder Pressefreiheit berufen. Denn so wie sich der Leserbriefschreiber nicht auf das Grundrecht der Pressefreiheit berufen kann[318], ist es demjenigen, der im Fernsehen einen Werbespot schalten möchte, verwehrt, sich auf das Grundrecht der Rundfunkfreiheit zu berufen, wenn ihm von staatlicher Seite hinsichtlich des Inhalts des Werbespots Vorhaltungen gemacht werden (können). Der Werbetreibende unterhält kein Rundfunk- oder Presseunternehmen. Für denjenigen, der seine Werbung lediglich verbreitet sehen will, bleibt somit nur ein Rückgriff auf Art. 5 Abs. 1 Satz 1 GG in der Ausprägung der Meinungsfreiheit übrig. Diese zwei zu unterscheidenden Ebenen bedingen auch die Beantwortung zweier unterschiedlicher Fragen. Zum einen ist zu klären, ob Werbung allgemein als Meinungsäußerung den Schutz des Art. 5 Abs. 1 Satz 1 GG genießt und darüber hinaus ist fraglich, ob Werbung in den Schutz der Massenmedien i. S. d. Art. 5 Abs. 1 Satz 2 GG einbezogen ist.

---

[313] BVerfGE 61, 1 (8).
[314] BVerfGE 85, 1 (15).
[315] *Kübler*, in: Badura/Scholz, FS Lerche, S. 656.
[316] Vgl. *Lange*, AfP 2002, S. 187.
[317] Dazu unter Teil 4 II. 9.
[318] Vgl. statt vieler *Bethge*, in: Sachs, GG, Art. 5 Rn. 76.

Anfänglich wurde kontrovers diskutiert, ob Handels- oder Wirtschaftswerbung vom Tatbestand der Meinungsäußerungsfreiheit überhaupt erfasst sei. In der älteren Rechtsprechung und Literatur ist Werbung nicht dem Bereich des Art. 5 Abs. 1 GG, sondern der Berufsfreiheit gemäß Art. 12 Abs. 1 GG und der wirtschaftlichen Disposition (Art. 2 Abs. 1 GG, allgemeine Handlungsfreiheit) zugeschlagen worden[319], weil nicht auf die Richtigkeit des Inhalts abgestellt wurde, sondern auf die Wirkung, die Werbung bezweckt.[320] Alleiniges Schutzgut des Art. 5 Abs. 1 Satz 1 GG sei der Prozess der öffentlichen Meinungsbildung. Hieran könne die kommerzielle und emotionale Werbung aber nicht mitwirken, weil Sinn der Werbung nicht die Äußerung einer bestimmten Ansicht sei, sondern die Beeinflussung des Käufers mit dem Ziel, ihn kaufbereit zu machen.

Diese Begründung hat das Bundesverfassungsgericht ausdrücklich abgelehnt, indem es betont hat, dass Kundgabe einer Meinung auch dann eine Meinungsäußerung i. S. d. Art. 5 Abs. 1 Satz 1 GG bleibe, wenn sie wirtschaftliche Vorteile bringen soll[321]. Werden mit einer Meinungsäußerung wirtschaftliche Ziele verfolgt oder erfolgt die Äußerung im wirtschaftlichen Kontext, endet nach der neueren Rechtsprechung und nach Ansicht im neueren Schrifttum der umfassende Schutz des Art. 5 Abs. 1 GG nicht[322]. Soweit in einer Anzeige Meinungen geäußert werden, fällt sie auch mit ihrem kommerziellen Anteil in den Gewährleistungsbereich des Art. 5 Abs. 1 GG. Die in der Anzeige realisierte Wettbewerbsabsicht kann kein geeignetes Kriterium für die Beurteilung sein, ob eine Meinungsäußerung unter Art. 5 Abs. 1 Satz 1 GG fällt. Begründet wird dies mit der Weite des Meinungsbegriffs in Art. 5 Abs. 1 Satz 2 GG. Entscheidend ist danach nicht, wie hoch der Meinungsanteil einer Anzeige ist oder ob es sich um eine pure Reklameanzeige handelt. Wirtschaftswerbung fällt immer dann unter Art. 5 Abs. 1 Satz 1 GG, wenn diese einen wertenden, meinungsbildenden Inhalt hat oder Angaben enthält, die der Meinungsbildung dienen können[323].

---

[319] BVerwGE 2, 172 (178f.); BGHSt 5, 12 (22); 8, 360 (379); BayVerfGE 11, 23 (34); anders BVerfGE 53, 96 (99), hier stellt das Gericht auf das Recht ab *„seine Meinung frei zu äußern"*, was unmissverständlich auf Art. 5 Abs. 1 Satz 1 GG hindeutet.

[320] *Hoffmann*, in: Bremer/Esser/Hoffmann, S. 135 m. w. N.

[321] BVerfGE 30, 336 (352). Andererseits hat das Bundesverfassungsgericht im Nachfolgenden keine einheitliche Linie zur Anwendbarkeit des Art. 5 Abs. 1 GG auf Werbung erkennen lassen, vgl. dazu bei *Neft*, S. 30; *Kübler*, AfP 2002, S. 280.

[322] BVerfG, ZUM 2002, S. 131 ff.; BVerfGE 102, 347; 71, 162 (175); *Bullinger*, ZUM 1985, S. 128; *Neft*, S. 33; *Sevecke*, AfP 1994, S. 200; *Kübler*, in Badura/Scholz, FS Lerche, S. 657; *der.*; AfP 2002, S. 280; *Bremer*, in: Bremer/Esser/Hoffmann, S. 29 m.w.N.; *Hoffmann*, in: Bremer/Esser/Hoffmann, S. 135. Zu den jüngsten Entscheidungen des Bundesverfassungsgerichts vgl. *Lange*, AfP 2002, S. 186 f.

[323] BVerfGE 102, 347 (359); 71, 162 (175); *Determann*, S. 393 m. w. N.; *Lange*, AfP 2002, S. 186.

Schließt man sich richtigerweise der Ansicht an, dass Werbung den Schutz des Art. 5 Abs. 1 Satz 1 GG genießt, dann ist weiter zu fragen, ob auch eine Berufung auf den grundrechtlichen Schutz der Massenkommunikationsmittel im Rahmen des Art. 5 Abs. 1 Satz 2 GG möglich ist. Beim Rundfunk wird zum Teil eine Einschränkung dahingehend gemacht, dass Werbesendungen nicht als Rundfunk im Sinne des Art. 5 Abs. 1 Satz 2 GG angesehen werden, da hier keine Beeinflussung des Programminhalts durch das Rundfunkunternehmen vorliege. Gerade das Rundfunkunternehmen müsse aber über den Inhalt entscheiden, um eine rundfunkmäßige Darbietung bejahen zu können[324]. Diese Auffassung stützt sich dabei auf Aussagen des Bundesverfassungsgerichts. Das Gericht hat in früheren Entscheidungen die Frage offen gelassen, ob Werbesendungen in gleicher Weise wie andere Sendeinhalte von der Rundfunkfreiheit erfasst werden. Es hat vielmehr darauf abgehoben, dass Werbung der Finanzierung regulärer Programminhalte diene und daher in den Schutzbereich falle, somit Art. 5 Abs. 1 Satz 2 GG diese *Finanzierungsform* schütze. Werbesendungen werden folglich von der Rundfunkfreiheit nur mittelbar erfasst. Wären sie Rundfunk im Sinne des Art. 5 Abs. 1 Satz 2 GG, hätte die Argumentation hier anders laufen können und müssen. Damit könnten aber Werbesendungen sehr viel stärker als redaktionelle Sendungen geregelt und beschränkt werden; im Bereich des öffentlich-rechtlichen Rundfunks hält das Bundesverfassungsgericht sogar einen vollständigen Ausschluss der Werbung für möglich[325]. Hiergegen kann jedoch vorgebracht werden, dass die wirtschaftliche Bedeutung der Werbung für die Massenmedien Rundfunk und Presse (in zunehmenden Maße auch für massenmediale Angebote im Internet) so eminent ist, dass bereits aus diesem Grund eine Einbeziehung in den Schutzbereich geboten erscheint[326].

Darüber hinaus wird durch Werbung das Erscheinungsbild eines Massenmediums erheblich mitgeprägt und umgekehrt werden entsprechende Werbeseiten und Werbeclips nur in dem für die Werbung passenden Umfeld gebucht[327]. So wird sich Werbung für süddeutsche Sportwagen weniger in der Regenbogenpresse als vielmehr in sog. Lifestyle-Magazinen finden lassen. Für die elektronische Kommunikation gilt hier nichts anderes. Dieser Zusammenhang zwischen publizistischem Profil eines Massenmediums und der darin enthaltenen Werbung sowie die wirtschaftliche Bedeutung lassen es gerechtfertigt erscheinen, Werbung in den Schutzbereich des Art. 5 Abs. 1 GG insgesamt, d. h. unter den Schutz der Rundfunkfreiheit und allgemein der Freiheit der Massenmedien, ein-

---

[324] Vgl. *Jarass*, Online-Dienste und Funktionsbereich des Zweiten Deutschen Fernsehens, S. 14; *ders.*, AfP 1998, S. 135. Zum Rundfunkbegriff s. unten Teil 6.
[325] BVerfGE 74, 297 (342).
[326] Vgl. BVerfGE 64, 108 (114) für die Presse; ähnlich *Kübler*, in: Badura/Scholz, FS Lerche, S. 657; *Neft*, S. 44 ff. u. S. 64.
[327] Vgl. *Kübler*, in: Badura/Scholz, FS Lerche, S. 658.

zubeziehen. Für den Bereich der Presse hat das Bundesverfassungsgericht in der „Südkurier-Entscheidung"[328] den Anzeigeteil der Presse in den Schutzbereich der Pressefreiheit einbezogen, da Anzeigen Nachrichten darstellen, deren Verbreitung von Art. 5 Abs. 1 Satz 2 GG geschützt sei. Der Anzeigenteil sei allgemein geeignet, die Anliegen der Inserierenden zu offenbaren und lasse daher einen gewissen Schluss auf die kulturelle, politische und wirtschaftliche Lage im Bereich des Verbreitungsgebietes zu. Dabei bringe die Presse die Anzeige ihren Lesern ohne eigene Stellungnahme zur Kenntnis und informiere sie lediglich über die in der Anzeige enthaltenen, von anderen geäußerten Meinungen[329]. Die Einbeziehung des Anzeigenteils in den Schutzbereich der Pressefreiheit erfolgte durch das Bundesverfassungsgericht dabei unmittelbar aus der grundrechtlichen Gewährleistung als Folge eines formalen Pressebegriffs, ohne dass das Anzeigengeschäft als unentbehrliche wirtschaftliche Voraussetzung für das Bestehen der Presse hervorgehoben wurde und erst auf diesem Umweg die Werbung unter den Schutz des Art. 5 Abs. 1 Satz 2 GG gezogen worden wäre.

Ein weiteres Argument für die Einbeziehung der Werbung in den Bereich des Art. 5 Abs. 1 Satz 2 GG stellen die Aussagen des Bundesverfassungsgerichts zu den Inhalten von Rundfunksendungen und Druckerzeugnissen dar. Wiederholt hat das Gericht hier ausgeführt, dass es für die Anwendbarkeit des Schutzes für die Massenmedien nicht auf deren Inhalt ankomme. Eine Differenzierung zwischen wertvollen oder weniger wertvollen Beiträgen für die öffentliche Meinungsbildung, d. h. eine Bewertung der einzelnen Druckerzeugnisse oder Rundfunksendungen findet nicht statt. Insofern kann nicht behauptet werden, Werbung wäre aufgrund seines Inhalts nicht geeignet, Rundfunk darzustellen, bzw. dem mit dem Rundfunk verfolgten Ziel der freien, individuellen und öffentlichen Meinungsbildung zu dienen.

Festzuhalten ist damit, dass Werbung als Meinung sowohl in den Schutzbereich der Meinungsäußerungsfreiheit als auch in den Schutzbereich für die Massenmedien fällt. Im Übrigen, d. h. wenn eine Meinungsäußerung in der Werbung nicht zu erkennen ist oder ein Beitrag der Werbung zur Meinungsbildung gänzlich abgesprochen werden muss, wäre zu prüfen, ob der Schutzbereich des Art. 12 Abs. 1 GG oder Art. 2 Abs. 1 GG eröffnet ist.

d) Informationsfreiheit

Die Informationsfreiheit des Art. 5 Abs. 1 Satz 1 Alt. 2 GG schützt das Recht, sich aus allgemein zugänglichen Quellen zu informieren. Die allgemein zugäng-

---
[328] BVerfGE 21, 271.
[329] BVerfGE 21, 271 (279).

lichen Quellen fordern einen Öffentlichkeitsbezug der Kommunikation, so dass das Grundrecht bei der reinen Individualkommunikation nicht in Betracht kommt[330]. Bei der Massenkommunikation, bzw. der Kommunikation mit Öffentlichkeitsbezug wird die Informationsfreiheit – die im Übrigen auf die neuen Kommunikationstechniken anwendbar ist und damit insgesamt für die elektronische Kommunikation gilt[331] – nicht eingeschränkt, wenn der Kommunikationsinhalt staatlicherseits rechtlich zulässig beobachtet, bewertet oder reguliert wird. Die Beobachtung der Kommunikation geschieht in der Regel ohne Kenntnis der Kommunizierenden. Die Aufnahme der Information wird dabei nicht unterbunden. Beispielhaft kann hier die Beobachtung der Rundfunksendungen durch die Landesmedienanstalten angeführt werden, die eine Rezeption durch die Nutzer daneben nicht ausschließt. Wenn die Kommunikationsinhalte „abgefangen" und anschließend nicht weitergeleitet werden, tritt eine Beeinträchtigung der tatsächlichen Rezeption ein. Die Informationsfreiheit ist rechtlich gesehen davon nicht betroffen, wenn die Unterbindung der Kommunikation rechtmäßig erfolgt, da in diesem Fall eine zulässige, allgemein zugängliche Quelle nicht mehr besteht.

Auch von der Bewertung der Kommunikationsinhalte durch den Staat, z. B. im Rahmen eines Strafprozesses gegen den Absender des Kommunikationsinhalts, wird der Rezipient in der Regel nicht betroffen, da die Bewertung auf Grund von Meinungs*äußerungs*tatbeständen erfolgt. Der Rezipient kann sich in der Regel nur schwer davor schützen, wenn er unvorbereitet mit öffentlich verbreiteten Kommunikationsinhalten konfrontiert wird, auch wenn das Grundrecht auf Informationsfreiheit die „negative Informationsfreiheit", also das Recht sich aufgedrängten Informationen zu verschließen, beinhaltet[332]. Repressive Maßnahmen ihm gegenüber verbieten sich daher.

Bei der Regulierung von Inhalten tritt ebenfalls keine Einschränkung des Informationsgrundrechts ein. Normen, die im Vorfeld den Inhalt der Kommunikation beschränken (z. B. Jugendschutzregeln im Fernsehen) verengen das Angebot der allgemein zugänglichen Quellen und damit gleichzeitig den Anwendungsbereich der Informationsfreiheit. Eine Verletzung der Informationsfreiheit kann nicht vorliegen, da ansonsten der Rezipient durch das Informationsgrundrecht etwas erzwingen könnte, was dem Kommunikator auf Grund von Rechtsnormen nicht erlaubt ist. Fraglich allerdings ist, ob hier bereits der Schutzbereich der Informationsfreiheit eingeschränkt ist, oder aber eine zulässige Schranke im Sinne des Art. 5 Abs. 2 GG gesehen werden muss. Wird ein unzulässiger Inhalt im Internet

---

[330] *Wendt*, in: v.Münch/Kunig, GG, Art. 5 Rn. 25; *Schulze-Fielitz*, in: Dreier, GG, Art. 5 I, II, Rn. 60.

[331] *Bethge*, in: Sachs, GG, Art. 5 Rn. 54.

[332] *Wendt*, in: v.Münch/Kunig, GG, Art. 5 Rn. 26; *Schulze-Fielitz*, in: Dreier, GG, Art. 5 I, II, Rn. 63.

oder im Fernsehen ausgestrahlt, so handelt es sich trotz der Rechtswidrigkeit der Verbreitung um eine allgemein zugängliche Quelle[333]. Der Rezipient kann sich beim Empfang des Inhalts auf sein Grundrecht der Informationsfreiheit berufen. Andererseits enthält die Informationsfreiheit nach der Rechtsprechung des Bundesverfassungsgerichts keinen objektivrechtlichen Gewährleistungsgehalt im Sinne eines Rechts, bestimmte Informationsquellen zu erschließen, sich bestimmte Informationen beschaffen zu können oder auf Schaffung von allgemein zugänglichen Quellen[334]. Wenn der Kommunikator sich rechtstreu verhält und keine zu gesetzlichen Regelungen im Widerspruch stehenden Inhalte sendet, so entsteht bereits keine allgemein zugängliche Quelle für die rechtswidrigen Inhalte, so dass das Informationsgrundrecht nicht greifen kann. Daher begrenzen inhaltsregulierende staatliche Maßnahmen den Umfang des Informationsgrundrechts. Solche Maßnahmen stellen sich zwar im Rahmen der Meinungsäußerungsfreiheiten als Schranke im Sinne des Art. 5 Abs. 2 GG dar, nicht jedoch im Rahmen der Informationsfreiheit.

Einen Anspruch des Einzelnen auf (eigenhändiges) Betreiben einer Informationsquelle enthält die Informationsfreiheit nicht, denn dann würde der Betreiber nicht sich selbst, sondern andere informieren und die Informationsfreiheit würde in ihr Gegenteil verkehrt[335].

Wie die Erläuterungen zeigen, steht das Grundrecht auf Informationsfreiheit bei der Frage der Zulässigkeit der Beobachtung, der Bewertung und der Regulierung von elektronischer Kommunikation nicht im Zentrum der Betrachtungen. Das Grundrecht greift einerseits nur bei der Kommunikation mit Öffentlichkeitsbezug, andererseits wirken die Einschränkungen auf der Ebene des Kommunikators bereits grundrechtsverkürzend. Die Informationsfreiheit gibt keine rechtliche Grundlage zur Einflussnahme des Bürgers auf den Inhalt der Kommunikation. Allerdings ist nicht zu verkennen, dass die Informationsfreiheit Einfluss auf die Auslegung des Art. 5 Abs. 1 Satz 2 GG hat. Die enge Verbindung der in Art. 5 Abs. 1 Satz 2 GG genannten Freiheiten mit der Informationsfreiheit stellt das Bundesverfassungsgericht zum einen dadurch her, dass es Presse, Rundfunk und Film grundsätzlich als allgemein zugängliche Informationsquelle einstuft[336]. Zum anderen erfahren diese Grundrechte auch inhaltlich eine Deutung, die sich an der Meinungsbildungsfreiheit der Rezipienten orientiert. Dies

---

[333] *Schulze-Fielitz*, in: Dreier, GG, Art. 5 I, II Rn. 61.
[334] *Schulze-Fielitz*, in: Dreier, GG, Art. 5 I, II Rn. 192. In der Literatur wird ein solcher Gewährleistungsgehalt jedoch zunehmend diskutiert: *Schulze-Fielitz*, in: Dreier, GG, Art. 5 I, II Rn. 173; *Wendt*, in: v.Münch/Kunig, GG, Art. 5 Rn. 22; *Schoch*, VVDStRL 57 (1998), S. 190.
[335] *Redeker*, ZUM 1985, S. 549.
[336] Vgl. insbesondere BVerfGE 27, 71 (85).

gilt vor allem für die Rundfunkfreiheit, wenn diese der Gewährleistung individueller und öffentlicher Meinungsbildung *dient*.[337]

e) Rundfunkfreiheit

Der herkömmliche Rundfunk ist zu einem der mächtigsten Kommunikationsmittel und Massenmedien geworden[338]. Dies gilt auch noch in heutiger Zeit dank der vom Rundfunk genutzten Verteiltechnik. Insbesondere die Terroranschläge am 11. September 2001 in New York und Washington haben die technischen Grenzen anderer Kommunikationsmittel (Mobilfunknetze, Internet) aufgezeigt. Während die Mobilfunknetze dem schlagartigen Anstieg der Anrufe nicht gewachsen waren und alle Internetseiten, die üblicherweise zum Abruf aktueller Informationen genutzt werden (vor allem die Internetseiten der großen deutschen Tageszeitungen) unter dem Ansturm der Informationssuchenden zusammenbrachen, konnte der auf Verteildiensttechnik basierende Rundfunk seiner Informationsaufgabe uneingeschränkt nachkommen[339].

Literatur zum Thema Rundfunkfreiheit füllt Bibliotheken[340] und eine umfassende Darstellung des Grundrechts in all seinen Nuancen soll hier aus Platzgründen erst gar nicht versucht werden. Im Rahmen der Untersuchung sollen jedoch die wesentlichen Merkmale und Aussagen zum Schutzbereich und zum Träger der Rundfunkfreiheit herausgearbeitet sowie dargestellt werden, ob die Freiheit Schutz vor Beobachtung, Bewertung und Regulierung bietet. Dabei soll auf neuere Entwicklungen in der Dogmatik der Rundfunkfreiheit eingegangen werden. Der verfassungsrechtliche Rundfunkbegriff – d. h. letztlich auch die Frage, welche der neuen elektronischen Kommunikationsarten dem Begriff unterfallen – muss dabei noch nicht definiert werden. Im Folgenden geht es um die Darstellung des Schutzbereiches der Rundfunkfreiheit unabhängig davon, was letztlich

---

[337] St. Rspr. vgl. BVerfGE 95, 163 (172); 90, 60 (87). Dazu sogleich.

[338] So bereits BVerfGE 31, 314 (325); vgl. auch BVerfGE 97, 228 (256); *Gounalakis*, K&R 1999, S. 544; *Hesse*, Rundfunkrecht, Kap. 2. Rn. 33; *Häußler*, Fernsehen bildet das wichtigste Medium, Medien Bulletin vom 1.5.2002.

[339] Vgl. *Frech*, Das Netz geht in die Knie. Um den Ansturm nach den Terror-Anschläge zu bewältigen, nehmen die Internet-Anbieter die Bilder von den Seiten, Süddeutsche Zeitung vom 13.09.2001, S. 23; *Glaser*, Die Rückkehr des Analogen. Der Nachmittag, der die Welt und unser Bild von alten und neuen Medien verändert hat, Die Zeit vom 21.09.2001, S. 60; *Emmer/Kuhlmann/Vowe/Wolling*, Media Perspektiven 2002, S. 166 ff. Zur Bedeutung des Rundfunks neben den „neuen" Kommunikationsdiensten *Pieper/Wiechmann*, ZUM 1995, S. 553.

[340] Vgl. nur das Literaturverzeichnis bei *Ricker/Schiwy*, Rundfunkverfassungsrecht.

unter dem Begriff Rundfunk zu verstehen ist[341]. Es genügt vorerst die allgemeine Vorstellung eines Rundfunkprogramms, wie es derzeit z.B. vom ZDF oder RTL ausgestrahlt wird. Auf den verfassungsrechtlichen Rundfunkbegriff wird an geeigneter Stelle eingegangen, wenn im Rahmen der Kompetenznormen zu klären ist, welche Kommunikationsarten vom ihm umfasst werden[342].

aa) Die Annäherung an den sachlichen Schutzbereich – Bedeutung, Zweck und Ziel der Rundfunkfreiheit

Die Rundfunkfreiheit stellt ein Aliud zur Meinungsäußerungsfreiheit des Art. 5 Abs. 1 Satz 1 Alt. 1 GG dar. Will man sich der Rundfunkfreiheit und seinen Gewährleistungen nähern, ist zunächst festzustellen, dass sie im Gegensatz zur allgemeinen Meinungsfreiheit des Art. 5 Abs. 1 Satz 1 GG keine „natürliche", menschgegebene Freiheit, sondern eine „rechtserzeugte" Freiheit darstellt[343]. Daher ist der Schutzbereich des Grundrechts von der Frage her zu erörtern, zu welchem Zweck die Rundfunkfreiheit gewährleistet wird. Dieser wiederum kann nur richtig erfasst werden, wenn die Bedeutung und Funktion des Rundfunks für das Gemeinwesen erkannt wird[344]. Die Rundfunkfreiheit wird daher – neben den anderen Medienfreiheiten – als Funktionsgrundrecht erklärt[345].

Der Prozess freier Meinungsbildung ist für das gesamte demokratische Gemeinwesen eminent wichtig. Die Informationsgesellschaft und die moderne Demokratie wären überhaupt nicht vorstellbar ohne Freiheit für die Massenmedien als Voraussetzung für die Selektion von Information und die anschließende Informationsverteilung bzw. –verbreitung[346]. Unter modernen Bedingungen ist der einzelne Staatsbürger auf elektronische Massenkommunikationsmittel angewiesen, um sich die für seine eigene Meinungsbildung erforderliche Information zu beschaffen. Andererseits ist nur die öffentliche Meinung in der Lage zwischen Wahlen und Abstimmungen die nötige Kontrolle der Regierung zu

---

341 Vgl. zu den zwei getrennt zu betrachtenden Elementen der Rundfunkfreiheit *Jarass*, Online-Dienste und Funktionsbereich des Zweiten Deutschen Fernsehens, S. 9.
342 Siehe unten Teil 6.
343 BVerfGE 83, 238 (315). Zur Unterscheidung der „rechtserzeugten" von den „sacherzeugten" Grundrechten vgl. *Gersdorf*, Rundfunkfreiheit ohne Ausgestaltungsvorbehalt, S. 20 f.; vgl. auch *Vesting*, K&R 2000, S. 162 m. w. N.; *Bethge*, in: BLM (Hrsg.), Symposion Medienrecht 2001, S. 69 m. w. N.; *ders.*, DÖV 2002, S. 674; kritisch *Depenheuer*, AfP 1997, S. 673 m. w. N.
344 *Hesse*, Rundfunkrecht, 2. Kap. Rn. 30.
345 *Hoffmann-Riem*, in: Rossen-Stadtfeld/Wieland, S. 11.; *Grimm*, in: Rossen-Stadtfeld/Wieland, S. 25; *Kübler*, in: Badura/Scholz, FS Lerche, S. 656; *ders.*, AfP 2002, S. 279.
346 *Kloepfer*, Informationsrecht, § 3 Rn. 81.

bewirken und Machtmissbrauch zu verhindern[347]. In diesem Prozess freier individueller und öffentlicher Meinungsbildung stellt der Rundfunk seinerseits ein unentbehrliches Medium und einen wichtigen Faktor dar. Neben der Presse ist der Rundfunk schlechthin konstituierend für die freiheitlich-demokratische Grundordnung[348]. Von dieser Erkenntnis über die allgemeine Funktion und Bedeutung des Rundfunks kommend, lässt sich der Zweck der Freiheit des Rundfunks, wie ihn Art. 5 Abs. 1 Satz 2 GG voraussetzt, erklären. Zweck der Freiheit des Art. 5 Abs. 1 Satz 2 GG ist, den Rundfunk als wesentlichen Faktor der individuellen und öffentlichen Meinungsbildung zu etablieren und zu erhalten[349]. Die Rundfunkfreiheit wird vom Bundesverfassungsgericht daher als „dienende Freiheit“ bezeichnet[350]. Sie dient der „freien individuellen und öffentlichen Meinungsbildung, und zwar in einem umfassenden, nicht auf bloße Berichterstattung oder die Vermittlung politischer Meinungen beschränkten Sinn“[351]. Vom Schutzbereich des Art. 5 Abs. 1 Satz 2 Alt. 2 GG ist daher alles umfasst, was *diesem* Zweck dient, denn nicht die Freiheit des Einzelnen, sondern den dem Rundfunk übertragenen Zweck gilt es zu schützen[352].

Nach der Rechtsprechung des Bundesverfassungsgerichts gibt das Grundgesetz keine Modelle für die Rundfunkordnung vor, sondern nur ein Ziel: die Freiheitlichkeit des Rundfunkwesens. Der Rundfunk muss seine Aufgabe, der freien individuellen und öffentlichen Meinungsbildung zu dienen, erfüllen können[353].

Anzumerken ist allerdings, dass der dargestellte Zweck keine Besonderheit der Rundfunkfreiheit ist, denn die „Rundfunkfreiheit dient der gleichen Aufgabe wie alle Garantien des Art. 5 Abs. 1: der Gewährleistung freier individueller und öf-

---

347 BVerfGE 40, 296 (327); in diesem Zusammenhang steht auch die Ansicht von der „4. Gewalt im Staat.“; vgl. *Flechsig*, CR 1999, S. 327; *Engel*, AfP 1994, S. 186; *Kübler*, AfP 2002, S. 280.

348 BVerfGE 12, 205 (260).

349 BVerfGE 73, 118 (172).

350 BVerfGE 57, 295 (320); vgl. auch BVerfGE 83, 238 (316).

351 St. Rspr. BVerfGE 83, 238 (295 f.); vgl. auch BVerfGE 95, 163 (172); 90, 60 (87); 87, 181, (187); 74, 297 (323 f.).

352 Ähnlich *Grimm*, in: Rossen-Stadtfeld/Wieland, S. 25: „Da dem Rundfunk (...) eine herausragenden Bedeutung für die Meinungsbildung zukommt, muss seine Freiheit sich an deren Freiheit ausrichten.“ ;BVerfG 83, 238 (299): „ Gegenständlich und zeitlich offen und dynamisch ist der Begriff der Grundversorgung allein an die Funktion gebunden, die der Rundfunk im Rahmen des von Art. 5 Abs. 1 GG geschützten Kommunikationsprozess zu erfüllen hat. Daher ergeben sich auch die Grenzen der auf die Grundversorgung bezogenen Bestands- und Entwicklungsgarantie allein aus der Funktion des Rundfunks.“; *Hesse*, Rundfunkrecht, Kap. 2, Rn. 36

353 BVerfGE 83, 238 (316). *Schulz/Jürgens* (S. 161) nennen dies das „Primärziel“ von Art. 5 Abs. 1 GG.

fentlicher Meinungsbildung"[354]. Die Herausstellung als „dienende Freiheit" und die darauf beruhende Sonderdogmatik bei der Rundfunkfreiheit und der Verobjektivierung der medialen Grundrechte hat daher in der Literatur auch zu Kritik geführt[355].

Hat man Bedeutung und Zweck des Rundfunks erfasst, erschließt sich der sachliche Schutzbereich der Rundfunkfreiheit des Art. 5 Abs. 1 Satz 2 GG. Dieser erfasst alle mit der Veranstaltung von Rundfunkprogrammen zusammenhängenden Tätigkeiten, die letztlich erforderlich sind, Programme, die eine umfassende öffentliche Meinungsbildung gewährleisten, zu erstellen und auszustrahlen. Die unmittelbar von Art. 5 Abs. 1 Satz 2 GG geschützten Tätigkeiten bestehen dabei zunächst in den Vorgängen der Veranstaltung von Rundfunk. Der Kreis der damit geschützten Aktivitäten ist weit gesteckt: Er reicht von der Vorbereitung der Programmerstellung über die Herstellung der Programme bis zu deren Sendung[356]. Geschützt wird u. a. die „Auswahl des dargebotenen Stoffes" sowie „die Entscheidung über die Art und Weise der Darstellung" und die gewählten „Formen der Sendungen"[357]. Erfasst werden die dem Medien eigentümlichen Formen der Berichterstattung und die Verwendung der dazu erforderlichen technischen Vorkehrungen[358]. Im Zentrum der Rundfunkfreiheit steht damit die Programmautonomie des Veranstalters[359]. Die Programmautonomie enthält als Herzstück die Freiheit zur eigenverantwortlichen Programmgestaltung. Eigenverantwortlich bedeutet namentlich Freiheit gegenüber staatlichen Pressionen und Schutz vor Instrumentalisierung für außerpublizistische Zwecke[360]. Daneben rechnen die organisatorischen und personellen Aktivitäten, die direkt auf die publizistischen Tätigkeiten bezogen sind, zu den unmittelbar geschützten Rundfunktätigkeiten[361].

Im Rahmen der Abhandlung ist das Augenmerk auf die Programmfreiheit als Kern der Rundfunkfreiheit zu richten. Diese besagt nicht weniger, als dass die Erstellung des Inhalts von Rundfunksendungen frei von jeglicher Einflussnahme durch den Staat erfolgen können muss[362]. Nach dem Bundesverfassungsgericht gewährleistet die Programmfreiheit gewährleiste, dass der Rundfunk frei von

354 BVerfGE 57, 295 (319 f.).
355 *Kull*, in: Badura/Scholz, FS Lerche, S. 663 ff.; *Trute*, VVDStRL Bd. 57 (1998), S. 270 These 9; *Determann*, S. 423 ff.; *Kloepfer*, Informationsrecht, § 3 Rn. 83.
356 BVerfGE 77, 65 (74); 91, 125 (135).
357 BVerfGE 35, 202 (222); 82, 54 (58).
358 BVerfGE 91, 125 (135).
359 BVerfGE 97, 298 (310); 95, 220 (234); 87, 181 (201); *Grimm*, in: Rossen-Stadtfeld/Wieland, S. 26; *Kloepfer*, Informationsrecht, § 14 Rn. 7.
360 BVerfGE 97, 298 (310); 90, 60 (87); 87, 181 (201); 59, 231 (258).
361 BVerfGE 59, 231 (260).
362 *Hesse*, Rundfunkrecht, Kap. 2 Rn. 37.

externen Einflussnahmen entscheiden kann, wie er seine publizistischen Aufgaben erfüllt[363]. Somit steht der Rundfunkfreiheit eine Regulierung des Kommunikationsinhalts der Rundfunkfreiheit entgegen. Auch für eine Beobachtung des Kommunikationsinhalts kann aufgrund deren mittelbar inhaltsregelnden Tendenz nichts anderes gelten. Die Rundfunkfreiheit schützt nicht nur die unmittelbare Einflussnahme auf den Programminhalt, sondern auch vor subtileren mittelbaren Beeinträchtigungen, die – weil weniger offensichtlich – besonders gefährlich sind[364].

Für eine Bewertung des Inhalts von Rundfunksendungen hat die Programmfreiheit ebenfalls Bedeutung. Die Rundfunkfreiheit lässt von vorneherein keine Unterscheidung der Sendeinhalte nach dem jeweils verfolgten Interesse oder der Qualität der Information zu. Eine Beschränkung auf einen „seriösen", einem anerkennenswerten privaten oder öffentlichem Interesse dienenden Inhalt liefe letztendlich auf eine Bewertung und Lenkung, d. h. auch Regulierung, durch staatliche Stellen hinaus, die dem Wesen des Grundrechts nach dem oben Gesagten gerade widersprechen würde.

bb) Schutz der Rundfunkfreiheit durch Ausgestaltung des Grundrechts

Erschließt sich aus dem Sinn und Zweck der Rundfunkfreiheit ein weiter sachlicher Schutzbereich der Norm mit der Programmfreiheit als Kern, so bleibt zu klären, ob sich der einzelne Bürger unmittelbar auf das Grundrecht berufen kann oder ob es eines Zwischenschrittes des einfachen Gesetzgebers bedarf, der zur Gewährleistung der Rundfunkfreiheit aufgerufen ist[365] und zum Schutz der Freiheit diese ausgestaltend zu regeln hat[366]. In letzterem Falle ist zu klären, ob der Gesetzgeber die Beobachtung, Bewertung und Regulierung des Rundfunks zum Schutz von dessen Freiheit zulassen darf und ob der Gewährleistungsbereich der Rundfunkfreiheit nicht bereits durch einen solchen Schutzauftrag des Staates eingeschränkt ist.

Das Bundesverfassungsgericht fordert wegen der besonderen Funktion des Rundfunks für den gesellschaftlichen Meinungsbildungsprozess die Ausgestaltung materieller und organisatorischer Verfahrensregeln, die geeignet sind, die dienende Funktion zu ermöglichen und abzusichern (positive Rundfunkord-

---

[363] BVerfGE 97, 298 (310); 90, 60 (87); 87, 191 (201); 59, 231 (258).
[364] BVerfGE 90, 60 (88); 83, 238 (323); 73, 118 (183). Dazu noch ausführlicher unten.
[365] *Schulz/Jürgens*, S. 29.
[366] Diese Fragestellung wird in ähnlicher Form nochmals unten bei der Erörterung des Grundrechtsträgers aufgegriffen.

nung)[367]. Nach Ansicht des Gerichts bedarf es beim Rundfunk „einer positiven Ordnung, welche sicherstellt, dass die Vielfalt der bestehenden Meinungen im Rundfunk in möglichster Breite und Vollständigkeit Ausdruck findet.“[368] Das Gericht fordert die Ausgestaltung des Grundrechts durch den Gesetzgeber[369]. Eine Rechtfertigung für diese Forderung wird insbesondere im Versagen des Marktes für Meinungen gesehen, da durch die ökonomischen Zwänge, denen Rundfunkveranstalter unterliegen, ein meinungsvielfältiges Programm ohne die gesetzliche Ausgestaltung nicht zu erwarten wäre[370]. In der Sache lässt sich das verfassungsrechtliche Erfordernis einer gesetzlichen Grundlage für die Veranstaltung von Rundfunk auf die allseits akzeptierte Wesentlichkeitstheorie stützen, da das sachliche Gewicht der Materie Rundfunk sowie die Notwendigkeit gesetzlicher Ausgestaltung evident sind und es sich um eine wesentliche grundrechtsrelevante Frage handelt, die den Parlamentsvorbehalt auslöst[371].

In der Grundrechtsdogmatik ist zu unterscheiden zwischen der Ausgestaltung und der Beschränkung von Grundrechten[372]. Im ersten Fall eröffnet sich der Schutzbereich nur im Rahmen der Gesetze, im zweiten Fall wird eine durch das Grundgesetz gewährte Freiheit durch Gesetze beschränkt. Als Ausprägung des objektiv-rechtlichen Gehalts der Grundrechte schaffen Ausgestaltungsgesetze erst die Voraussetzungen für eine verfassungsrechtlich garantierte Freiheitsbetätigung[373]. Durch sie werden nicht, wie bei den Schrankengesetzen, entgegenstehenden Interessen Rechnung getragen, sie dienen vielmehr der Verwirklichung der Freiheit (hier: Rundfunkfreiheit) selbst. Ausgestaltungsgesetz sind einerseits nicht meinungsneutrale „allgemeine Gesetze“, jedoch auch nicht meinungsspezifische Beschränkungen, da sie sich nicht gegen konkrete Mitteilungen richten[374]. Darüber hinaus ergeben sich Unterschiede hinsichtlich der Rechtfertigung von Grundrechtsschranken und Grundrechtsausgestaltung. Während sich erstere an Art. 5 Abs. 2 GG messen lassen müssen, reicht für die Ausgestaltung der Rundfunkfreiheit entsprechend des positiven objektiv-rechtlichen Handlungsauftrages von Art. 5 Abs. 1 Satz 2 GG aus, dass die Maßnahmen am Ziel freier individuel-

---

[367] BVerfGE 57, 295 (322 f.).
[368] BVerfGE 57, 295 (320); 73, 118 (153); 83, 238 (296); 90, 60 (88).
[369] BVerfGE 57, 295 (320 f.); *Bethge*, in: Sachs, GG, Art. 5 Rn. 97 f.; *Bremer*, in: Bremer/Esser/Hoffmann, S. 46 f.; vgl. *Kloepfer*, Informationsrecht, § 3 Rn. 3 u. § 14 Rn. 5.
[370] *Kübler*, AfP 2002, S. 282.
[371] *Bethge*, DÖV 2002, S. 674.
[372] BVerfGE 95, 220 (235);Vgl. Nachweise bei *Kibele*, S. 59, dort Fn. 178; *Schulze-Fielitz*, in: Dreier, GG, Art. 5 I, II Rn. 167f.; *Charissé*, Rundfunkveranstaltungsfreiheit, S. 98 ff.; *Kloepfer*, Informationsrecht, § 14 Rn. 8. Zur Grundrechtsdogmatik anschaulich: *Gersdorf*, Rundfunkfreiheit ohne Ausgestaltungsvorbehalt, S. 14 – 37.
[373] BVerfGE 57, 295 (312); 73, 118 (166); *Gersdorf*, Rundfunkfreiheit ohne Ausgestaltungsvorbehalt, S. 32 f.
[374] *Kübler*, AfP 2002, S. 280.

ler und öffentlicher Meinungsbildung ausgerichtet sind[375]. So ist der Entscheidungsspielraum bei der Ausgestaltung des Grundrechts durch den Gesetzgeber lediglich durch zwingende Anforderungen des Art. 5 Abs. 1 Satz 2 GG und das Gebot der Eignung im Hinblick auf die dienende Funktion der Rundfunkfreiheit eingeschränkt[376], was letztlich nichts anderes bedeutet, als dass sich auch der Gesetzgeber am Sinn und Zweck der Rundfunkveranstaltung und dessen Bedeutung für das Gemeinwesen zu orientieren hat. „Ausgestaltende Regelungen", d. h. Gesetze, die den objektiv-rechtlichen Gehalt eines Grundrechts konkretisieren sollen, „können keinen Grundrechtseingriff enthalten und bedürfen also keiner weiteren verfassungsrechtlichen Rechtfertigung" – vorausgesetzt, dass sie der „Sicherung der Rundfunkfreiheit dienen"[377].

Das Erfordernis der Sicherung der Rundfunkfreiheit durch den Gesetzgeber wurde anfangs mit den knappen Übertragungsfrequenzen und den hohen Kosten der Programmerstellung begründet. Später wurde auf die besondere Wirkung des Rundfunks durch die Breitenwirkung, die Aktualität und die Suggestivkraft abgestellt, um die Sonderbehandlung des Rundfunks zu begründen[378]. Das Grundgesetz schreibt dabei weder eine bestimmte Form der Rundfunkorganisation vor, noch zwingt es zu einer konsistenten Verwirklichung des einmal gewählten Modells. Es kommt allein darauf an, dass eine freie, umfassende und wahrheitsgemäße Meinungsbildung gewährleistet wird[379]. Den Aussagen des Bundesverfassungsgericht lassen sich folgende Zielvorgaben entnehmen, die es innerhalb des einfachgesetzlichen Rahmens zu gewährleisten gilt: Für die Sicherung freier, umfassender und wahrheitsgemäßer Meinungsbildung muss die Vielfalt aller gesellschaftlich relevanten Kräfte in möglichster Breite und Vollständigkeit angemessen zu Wort kommen können. Pluralistische Sicherungselemente sind erforderlich, die sich auch auf programminhaltliche Ausgewogenheitskriterien und ein Mindestmaß von Neutralitätspflichten auswirken. Die Freiheit der Berichterstattung muss unangetastet bleiben und es ist sicherzustellen, dass der Rundfunk nicht dem Einfluss des Staates, eines Einzelnen oder einzelner gesellschaftlicher Gruppierungen ausgeliefert wird.[380] Darüber hinaus darf der Rundfunk nicht dem freien Spiel der Kräfte überlassen werden[381]. Betont wird vom Bundesverfassungsgericht die Staatsfreiheit des Rundfunks[382]. Das Gericht hat Rundfunkfreiheit allerdings nicht auf das Prinzip der Staatsfreiheit

[375] *Kloepfer*, Informationsrecht, § 14 Rn. 11.
[376] BVerfGE 83, 238 (324); *Charissé*, Rundfunkveranstaltungsfreiheit, S. 99 m. w. N.
[377] BVerfGE 73, 118 (166).
[378] BVerfGE 90, 60 (87).
[379] BVerfGE 57, 295 (321); 83, 238 (296).
[380] BVerfGE 12, 205 (262); 31, 314 (325 f.); 57, 295 (321f.); 87, 181 (198f.); 90, 60 (87f.).
[381] BVerfGE 12, 205 (262 f.).
[382] BVerfGE 83, 238 (322); 88, 25 (36); 57, 295 (320, 333 f.); 59, 231 (255); 73, 118 (182 ff.).

beschränkt, sondern gleichzeitig die ordnende Funktion des Staates hervorgehoben, die dieser im Rundfunk einnehme. Art. 5 Abs. 1 Satz 2 GG hindere den Staat nicht daran, die Rahmenbedingungen für die Erfüllung der dem Rundfunk zugedachten Funktion festzusetzen[383].

An diesen Grundprinzipien ändert sich auch nichts durch den Wegfall oder eine Abschwächung der so genannten Sondersituation des Rundfunk, die auf dem bisherigen Mangel an Frequenzen und dem hohen finanziellen Aufwand für die Veranstaltung von Rundfunkprogrammen beruhte. Auch unter veränderten technischen Bedingungen kommt es darauf an, den Vorrang der Freiheit des Meinungsbildungsprozesses zu erhalten, was letztlich nur durch die Einschaltung des Gesetzgebers möglich ist[384].

Solange und soweit der Gesetzgeber diese Grundsatzentscheidung noch nicht getroffen hat, er also untätig geblieben ist, kann es nach der Verfassungslage keine Freiheitsentfaltung öffentlich-rechtlicher oder privater Medienunternehmen geben. Die erforderliche positive Ordnung entfaltet konstitutive Wirkung[385]. Der Schutz eines grundrechtlich gewährten Freiheitsbereiches kann nach Sinn und Zweck der Grundrechte allerdings nur dann gerechtfertigt sein, wenn das gesetzgeberische Handeln letztlich *allein* den Freiheitsbereich sichern kann. Hiervon geht das Bundesverfassungsgericht in seiner Rechtsprechung bislang noch aus. Zulässig sind dabei neue gesetzliche Maßnahmen nur, wenn sie gegenüber den bestehenden Vorschriften die Rundfunkfreiheit besser oder zumindest gleichwertig sichern[386]. Von vornherein untaugliche, für das Ziel der Rundfunkfreiheit nicht förderliche Maßnahmen scheiden aus[387].

cc) Beobachtung, Bewertung und Regulierung auf Grund von Ausgestaltungsgesetzen

Zur Gruppe der das Grundrecht ausgestaltenden Normen gehören sämtliche kommunikationsbezogenen gesetzlichen Bestimmungen, die sicherstellen sollen,

---

383 BVerfGE 83, 238 (322).

384 BVerfGE 57, 295 (322): „Diese Notwendigkeit ausgestaltender gesetzlicher Regelungen besteht auch dann, wenn die durch Knappheit der Sendefrequenzen und den hohen finanziellen Aufwand für die Veranstaltung von Rundfunkdarbietungen bedingte Sondersituation im Zuge der modernen Entwicklung entfällt."

385 *Gersdorf*, Rundfunkfreiheit ohne Ausgestaltungsvorbehalt, S. 32; ähnlich *Bethge*, in: Sachs, GG, Art. 5 Rn. 98; *ders.*, DÖV 2002, S. 675; *Grimm*, in: Rossen-Stadtfeld/Wieland, S. 27.

386 BVerfGE 74, 297 (334 ff.).

387 *Hoffmann-Riem*, in: Rossen-Stadtfeld/Wieland, S. 16, *Hesse*, Rundfunkrecht, 2. Kap. Rn. 57 f.

dass der Rundfunk seinen oben dargestellten Zweck erfüllen und insbesondere seiner dienenden Funktion gegenüber dem Prozess öffentlicher Meinungsbildung nachkommen kann. Zu nennen sind etwa die pluralitätsvermittelnden Regelungen, also beispielsweise das rundfunkspezifische Erfordernis, die meinungsbezogene und gegenständliche Vielfalt in den Programmen widerzuspiegeln[388]. Zugleich hat die Rechtsordnung sicherzustellen, dass im Rundfunk „umfassende Information" geboten wird[389], dass er „frei, umfassend und wahrheitsgemäß" informiert[390]. Zur Ausgestaltung gehören auch medienkonzentrationsrechtliche Normen wie z. B. die §§ 25 ff. RStV. Auch die Verpflichtung zur wahrheitsgemäßen, sachlichen und umfassenden Information zählt zur Kategorie der Ausgestaltungsgesetze[391]. Das gleiche gilt für die Regelung der Zuordnung von Übertragungskapazitäten. Zwar betreffen derartige Regelungen nicht unmittelbar den publizistischen Auftrag des Rundfunks. Gleichwohl ist die Ausstattung mit Übertragungsmöglichkeiten Voraussetzung für die Ausübung der grundrechtlich geschützten Rundfunkfreiheit und für die Erreichung des mit der Rundfunkfreiheit verbundenen Ziels[392]. Auch der Bereich der Finanzmodalitäten unterliegt prinzipiell dem rundfunkspezifischen Ausgestaltungsvorbehalt. Für den Bereich der Werbefinanzierung privater Rundfunkveranstalter folgt dies aus zwei Gründen: Zum einen ermöglicht Rundfunkwerbung als Finanzierungsmittel die Wahrnehmung des publizistischen Auftrags des Rundfunk; sie dient der Finanzierung des publizistischen Teils des Rundfunkprogramms. Zum anderen gehen von der Werbefinanzierung vielfalt- und programmverengende Zwänge aus[393]. Wegen dieser Rückwirkungen auf die Programmgestaltung muss das Rundfunkprogramm vor einem Übermaß an Rundfunkwerbung geschützt werden, um auf diese Weise für einen gewissen qualitativen Standard der Darbietung Sorge zu tragen. Werberestriktionen für den Rundfunk betreffen deshalb regelmäßig bereits die Gewährleistungsebene des Art. 5 Abs. 1 Satz 2 GG[394].

Wie bereits dargelegt sind Ausgestaltungsnormen kommunikationsbezogen und regeln mittelbar den Kommunikationsinhalt des Rundfunks. Wird ein Bewerber nicht zugelassen, weil etwa medienrechtliche Konzentrationsnormen entgegen-

[388] Vgl. BVerfGE 73, 118 (166).
[389] BVerfGE 74, 297 (324).
[390] BVerfGE 87, 181 (198).
[391] BVerfGE 12, 205 (263); 57, 295 (325); 73, 118 (166 und 199 ff.); *Kübler*, AfP 2002, S. 281.
[392] *Roßnagel/Hilger*, MMR 2002, S. 447.
[393] BVerfGE 87, 181 (200); 90, 60 (91).
[394] BVerfGE 87, 181 (196 ff.).Vgl. dazu auch *Ricker*, AfP 1997, S. 591, der für einzelne Werberegelungen (Umfang der Werbung, Trennungsgebot von Werbung und Programm) ausführlich der Frage nachgeht, ob es sich um Ausgestaltungsregelungen oder um die Einschränkung des Grundrechts handelt und ebenfalls zum Ergebnis gelangt, dass Werberegelung i. d. R. als Ausgestaltung anzusehen sind.

stehen, so findet (weitere) Rundfunkkommunikation des Bewerbers nicht statt. Eine mittelbare Regulierung des Kommunikationsinhalts wird noch deutlicher etwa bei den Regelungen über die Vielfaltanforderungen an Programme, bei den Werberegelungen sowie bei der gesetzlichen Verpflichtung zur wahrheitsgemäßen Information. Indem Art. 5 Abs. 1 Satz 2 GG Ausgestaltungsgesetze zulässt, ja sogar fordert, ist auch die damit verbundene Regulierung von Kommunikationsinhalten verfassungsrechtlich abgedeckt. Zu beachten ist, dass die Schranken der Ausgestaltungsgesetze in dem Verbot liegen, den Inhalt des Rundfunks von staatlicher Seite her zu steuern. Dies folgt wiederum aus dem Grundsatz der Staatsferne des Rundfunks[395] und der Programmfreiheit als Kern der Rundfunkfreiheit. Die Ausgestaltung darf also nicht dazu benutzt werden, den Inhalt des Programms in einer bestimmten Richtung vorzugeben, sondern sie darf nur Grenzen aufstellen, innerhalb derer die Programme frei entwickelt werden können. Die Rundfunkfreiheit entzieht sich einer vollständigen gesetzlichen Determinierung[396]. Die Grundrechtssicherung durch Organisation und Verfahren gewinnt bei der Rundfunkfreiheit an Bedeutung, weil sie einerseits am ehesten die Neutralität gegenüber den Programminhalten, andererseits die verfassungsrechtlich gebotene Schutzfunktion erfüllt[397].

Ebenfalls sind Ausgestaltungsgesetze für die Bereiche der Beobachtung und Bewertung der Kommunikation zulässig, wenn diese erforderlich sind, die Funktionsfähigkeit des Rundfunks und damit insgesamt die Rundfunkfreiheit zu sichern. Es wäre ein eigenartiges Ergebnis, die Zulässigkeit von Programmgrundsätzen oder Werberegelungen als Ausgestaltung der Rundfunkfreiheit zu bejahen, die Regelungen über die Beobachtung des Programms zum Zwecke der Überwachung eben jener Programmgrundsätze und Werbebestimmungen aber als Beschränkungen der Rundfunkfreiheit am Maßstab des Art. 5 Abs. 2 GG zu messen. In beiden Fällen handelt es sich um kommunikationsbezogene Normen, die in ihrer Gesamtheit die Sicherung der Rundfunkfreiheit übernommen haben. Damit kann auch die Beobachtung und Bewertung des Inhalts von Rundfunk auf die Ausgestaltungsgesetze gestützt werden.

Bei der Beobachtung von Massenmedien bzw. allgemein von Kommunikation mit Öffentlichkeitsbezug ist jedoch fraglich, ob es eines grundrechtlichen Schutzes hiergegen überhaupt bedarf, d. h. ob der Schutz vor Beobachtungen noch vom Umfang des verfassungsrechtlichen Schutzbereiches umfasst sein kann. Denn ein wesentliches Merkmal der Massenmedien ist ja gerade, dass sie von jedem wahrgenommen werden können und die Beobachtung daher schwerlich einen Eingriff in der Freiheitsbetätigung im klassischen Sinne (Beeinträchtigung

[395] *Hoffmann-Riem*, in: Rossen-Stadtfeld/Wieland, S. 16.
[396] *Hesse*, Rundfunkrecht, 2. Kap. Rn. 55.
[397] *Hesse*, Rundfunkrecht, 2. Kap. Rn. 57 f.

des Schutzbereiches in Form eines unmittelbar einwirkenden, finalen Rechtsaktes mit Befehls- und Zwangscharakter) darstellen kann. Allerdings lassen Rechtsprechung und h. L. jede irgendwie geartete staatliche Beeinträchtigung des durch den sachlichen Schutzbereich erfassten Rechtsguts bei hinreichender Eingriffsintensität oder eindeutiger Intention für die Bejahung eines Eingriffs genügen[398].

Die Beobachtung des Rundfunks von staatlicher Seite berührt die Grundsätze der Staatsfreiheit sowie der Programmfreiheit als Eckpfeiler der Rundfunkfreiheit und damit dessen Schutzbereich. Selbst wenn nur ein sehr mittelbarer Einfluss durch die Beobachtung denkbar erscheint, so ist doch nicht abzusprechen, dass die Programmgestaltung bei Kenntnis der Beobachtung anders verläuft als ohne Beobachtung[399]. Damit muss die Rundfunkfreiheit auch vor der Beobachtung durch den Staat schützen. Dies gilt besonders, weil Beobachtung von Kommunikationsinhalten durch den Staat bzw. durch die für den Rundfunk verantwortlichen Landesmedienanstalten in einer anderen Weise (Aufzeichnung, Messung von Sprachanteil, Messung der Werbezeitendauer[400]) und zu einem anderen Zweck durchgeführt wird, als dies bei normalen Zuschauern der Fall ist. Zweck der Beobachtung des Rundfunks sind die Ermittlung von Programm-, Werbezeiten- und Jugendschutzverstößen (bei Letzteren können allerdings auch die Schrankenregelungen des Art. 5 Abs. 2 GG gefordert sein ![401]), die in der Regel ein weiteres Tätigwerden im Bereich der Bewertung des Kommunikationsinhalts mit anschließenden repressiven Maßnahmen zur Folge haben. Wegen dieses besonderen Zusammenhangs muss daher auch der Schutz vor Beobachtung in den Umfang des Art. 5 Abs. 1 Satz 2 GG mit einbezogen sein. Für die Beobachtung der Kommunikation kann daher nichts anderes gelten, als für die Regulierung. Entweder wird sie vom ausgestaltenden Gesetz umfasst oder ist an den Schrankenbestimmungen des Art. 5 Abs. 2 GG zu messen. Daran ändert auch die Tatsache nichts, dass die Programmbeobachtung durch staatsfern orga-

[398] Vgl. *Determann*, S. 401.

[399] BVerfGE 90, 60 (88); 83, 238 (323); 73, 118 (183). Vgl. auch die Argumentation zum Zweck des Fernmeldegeheimnisses (Art.10 Abs. 1 GG): „Mit der grundrechtlichen Verbürgung der Unverletzlichkeit des Fernmeldegeheimnisses soll vermieden werden, dass der Meinungs- und Informationsaustausch mittels Fernmeldeanlagen *deswegen unterbleibt oder nach Form und Inhalt anders verläuft*, weil die Beteiligten damit rechnen müssen, dass staatliche Stellen sich in die Kommunikation einschalten und Kenntnis über die Kommunikationsbeziehungen oder Kommunikationsinhalte gewinnen." (BVerfGE 100, 313 (359), Hervorhebung nur hier).

[400] Vgl. dazu anschaulich die Darstellung bei *Stettner*, Die Stellung der Bayerischen Landeszentrale für neue Medien, S. 171ff.

[401] Der Jugendschutz stellt zwar eine Schranke i. S. d. Art. 5 Abs. 2 GG dar. Beim Rundfunk soll es sich bei Jugendschutzregelungen allerdings um Ausgestaltung des Grundrechts handeln (vgl. *Bethge*, DÖV 2002, S. 680 f.).

nisierte Landesmedienanstalten durchgeführt wird, denn eine Grundrechtsverpflichtung im Verhältnis zu den Veranstaltern ist auch bei diesen zu bejahen.

Das Bundesverfassungsgericht hat in seinem Beschluss aus dem Jahre 1997[402] zu der Frage Stellung genommen, ob die Aufzeichnungs- und Vorlagepflicht von Sendemitschnitten die Rundfunkfreiheit verletze. Es hat dabei festgestellt, dass damit zwar keine „unmittelbare Einflussnahme auf das Programm einhergeht, weil die Vorlagepflicht nur Sendungen betrifft, die bereits ausgestrahlt worden sind"[403]. Dies sei jedoch angesichts des umfassenden Schutzes der Rundfunkfreiheit ohne Bedeutung. Das Grundrecht der Rundfunkfreiheit ist durch eine Verpflichtung zur Aufzeichnung und Vorlage von Sendemitschnitten mindestens berührt. Die Aufzeichnungs- und Vorlagepflicht kann dabei sowohl im Rahmen der Ausgestaltung der Rundfunkfreiheit einfachrechtlich verankert werden, als auch Schranke im Sinne des Art. 5 Abs. 1 Satz 2 GG sein. „Da die Rundfunkaufsicht (...) sich sowohl auf spezielle medienrechtliche, die Rundfunkfreiheit sichernde als auch allgemeine Rechtsvorschriften bezieht, haben die zur Ermöglichung der Rechtsaufsicht erlassenen Regelungen einen Doppelcharakter. Je nach Bezug gestalten sie die Rundfunkfreiheit aus oder schränken sie ein."[404]. Mit diesen Ausführungen erschließt sich auch, dass Aufzeichnungs- und Vorlagepflichten immer einer gesetzlichen Grundlage bedürfen: entweder als Ausgestaltungsgesetz oder als Schranke in Form eines allgemeinen Gesetzes oder eines Gesetzes zum Schutz der Jugend nach Art. 5 Abs. 2 GG. Diese Ausführungen haben für sonstige Möglichkeiten der Beobachtung der Rundfunkinhalte durch Aufsichtsbehörden Geltung. Auch wenn es im Einzelfall nicht um das Verlangen der Vorlage von Sendemitschnitten, sondern um die Eigenbeobachtung durch die Landesmedienanstalten geht, bedarf es hierfür einer gesetzlichen Grundlage, da der Schutzbereich der Rundfunkfreiheit mindestens berührt ist.

Praktisch bedeutsam wird die Frage nach der Zulässigkeit der Beobachtung von Rundfunkprogrammen und einer evtl. bestehenden Mitwirkungspflicht des Rundfunkveranstalters hierzu bei digitalen, verschlüsselten Programmen. Hier hätte es der Rundfunkveranstalter erstmals selbst in der Hand, dem Staat zurechenbare Stellen den Zugang zum Programminhalt zu verwehren, indem er keinen entsprechenden Decoder oder PIN-Code zur Verfügung stellt. Wäre die Beobachtung des Programms nicht vom Schutzbereich des Art. 5 Abs. 1 Satz 2 GG umfasst, wäre der Veranstalter auf den (schwachen) Schutz der allgemeinen Handlungsfreiheit verwiesen und könnte bereits aus diesem Grunde rechtlich leichter verpflichtet werden, die Überwachung des Programms zu ermöglichen.

402 BVerfGE 95, 220.
403 BVerfGE 95, 220 (234).
404 BVerfGE 95, 220 (235).

Nach der oben vertretenen Meinung bedarf es hingegen der Ausgestaltung der Rundfunkfreiheit durch den Gesetzgeber, der auch die Frage der Beobachtung (z. B. durch Aufzeichnung von Beiträgen, vgl. Art. 29 Abs. 2 BayMG[405]) zu regeln hat. Zu regeln ist dabei insbesondere auch, ob die Überwachungsmöglichkeit nicht nur vom Programmveranstalter geduldet werden muss, sondern ob er auch Mitwirkungspflichten hat und wer die Kosten der Überwachungsmöglichkeiten, sprich der Programmfreischaltung zu tragen hat. Die derzeitigen Rundfunk- und Mediengesetze haben dies allerdings noch ungenügend umgesetzt.

Ein Eingriff in Art. 10 Abs. 1 GG kann bei der Beobachtung von Rundfunk nicht vorliegen, da Art. 10 Abs. 1 GG nur Kommunikation schützt, die nicht öffentlich ist[406]. Auch verschlüsselte Rundfunkangebote gelten als öffentlich, sofern jedermann durch den Abschluss eines entsprechenden Vertrages Zugang zum Programminhalt erhält.

Von den Ausgestaltungsgesetzen sind diejenigen Gesetze zu unterscheiden, welche nicht die Gewährleistungsebene der verfassungsrechtlich geschützten Rundfunkfreiheit betreffen, sondern das Grundrecht aus Art. 5 Abs. 1 Satz 2 GG zum Ausgleich entgegenstehender und ebenfalls zu schützender Interessen beschränken[407]. Gemeint sind damit Gesetz, die nicht die Sicherung der dienenden Funktion der Rundfunkfreiheit, sondern den Schutz eines in der Regel nicht kommunikationsbezogenen Rechtsgutes bezwecken, welches mit der Rundfunkfreiheit kollidiert[408]. Hierauf wird unten im Rahmen der Beschränkung der Grundrechte gesondert eingegangen.

dd) Der Grundrechtsträger – Paradigmenwechsel des Bundesverfassungsgerichts beim Veranstaltergrundrecht ?

Die Systematik der Grundrechte setzt immer einen Grundrechtsberechtigten voraus, der die Grundrechte als Abwehr-, Leistungsanspruchs- oder als objektive Grundentscheidungsnormen für sich nutzbar machen kann. Auch im Rahmen der Erörterung der staatlichen Möglichkeiten, elektronische Kommunikation zu regulieren, zu beobachten oder zu bewerten, ist der Blick auf denjenigen zu richten, der sich letztlich gegen solche Maßnahmen wehren könnte: der Grundrechtsträger. Bei Grundrechten, die den Kommunikationsvorgang bzw. –inhalt

---

405 Art. 29 Abs. 2 BayMG: „Jeder Anbieter hat seine Beiträge in Ton und Bild vollständig aufzuzeichnen und aufzubewahren; sie sind der Landeszentrale auf Verlangen kostenfrei zur Verfügung zu stellen.“

406 *Determann*, S. 462.

407 BVerfGE 57, 295 (321); 73, 118 (166); 95, 220 (235).

408 *Gersdorf*, Rundfunkfreiheit ohne Ausgestaltungsvorbehalt, S. 35.

schützen wollen, ist dieser an der Wegstrecke der Information, in der Regel an dessen Enden als Sender oder Empfänger der Nachricht zu suchen und zu finden. Auch bei der Rundfunkfreiheit scheint der Grundrechtsträger auf den ersten Blick leicht im Sender der Information, also im Rundfunkveranstalter gefunden. Ein vertieftes Eingehen auf den persönlichen Schutzbereich der Rundfunkfreiheit ist gleichwohl erforderlich, da aufgrund des Ausgestaltungsvorbehalts des Gesetzgebers das Grundrecht nicht unmittelbar aus dem Grundgesetz heraus gewährleistet erscheint, sondern erst durch den einfachen Gesetzgeber eröffnet wird. Im Folgenden soll daher die Frage erörtert werden, ob es ein umfassendes Veranstaltergrundrecht gibt oder ob dem Einzelnen bis zur Eröffnung des Zugangs zum Rundfunk durch den Gesetzgeber eine Berufung auf das Grundrecht der Rundfunkfreiheit verwehrt ist und wenn ja, wann der Zeitpunkt erreicht ist, ab dem sich das Grundrecht für den Einzelnen öffnet.

Der Ausschluss einer natürlichen oder juristischen Person von der Möglichkeit einen Kommunikationsvorgang – hier Rundfunk – durchzuführen, ist die stärkste Reglementierung, die der Staat – einschließlich des Verfassungsgesetzgebers – in Bezug auf die Verbreitung von Kommunikationsinhalten treffen kann. Die Bedeutung der Kommunikation für die Gesellschaft und den Einzelnen sowie die Stellung der Kommunikationsfreiheiten im Grundgesetz lassen einen solchen Eingriff in die Persönlichkeitsentfaltung auf den ersten Blick als verfassungsrechtlich höchst bedenklich erscheinen. Wie bereits dargelegt ist der Rundfunk als Kommunikationsmedium von gewissen Besonderheiten begleitet, die rein faktisch eine Begrenzung der Verbreitungsmöglichkeiten darstellen: die erforderliche Technik, die den Kreis der Anbieter auf solche beschränkt, die über die notwendigen finanziellen Mittel verfügen Rundfunksendungen auszustrahlen sowie die Begrenztheit der Übertragungskapazitäten[409], die zukünftig jedoch keine Rolle mehr spielen wird. Der Ausgestaltungsvorbehalt besteht gerade wegen dieser Besonderheiten und auch bei einer Entschärfung der Frequenzknappheit als natürliches Hindernis der Rundfunkkommunikation. Allerdings ist zu fragen, wie der Schutz der Rundfunkfreiheit effektiv möglich ist, wenn der Gesetzgeber durch Ausgestaltungsgesetze erst den Zugang zum Grundrecht schafft, hierbei jedoch relativ frei in der Wahl der Mittel sein soll[410] und welche Stellung der Rundfunkveranstalter unter der Prämisse hat, dass die Rundfunkfreiheit dem System der Meinungsbildung insgesamt und nicht der Verwirklichung des Einzelnen dient.

---

[409] Dies wird vom Bundesverfassungsgericht auch als Sondersituation des Rundfunks bezeichnet, BVerfGE 12, 205 (261).

[410] *Grimm*, in: Rossen-Stadtfeld/Wieland, S. 27.

i) Ursprüngliche Sicht des Bundesverfassungsgerichts zur Veranstalterfreiheit

Das Bundesverfassungsgericht sieht die Rundfunkfreiheit des Art. 5 Abs. 1 Satz 2 GG als institutionelle Garantie[411], als eine der Meinungsbildung in ihren subjektiv- und objektiv-rechtlichen Elementen dienende Freiheit[412]. Der Gebrauch der Rundfunkfreiheit unterliegt einem doppelten (Gesetzes-) Vorbehalt: Rundfunk ist von der Verfassung so lange verboten, so lange ihn der jeweilige Landesgesetzgeber nicht ausdrücklich zugelassen hat[413]. Im 3. Rundfunkurteil führt das Bundesverfassungsgericht hierzu aus: „Um wirksam werden zu können, bedarf die in Art. 5 Abs. 1 Satz 2 verfassungsrechtlich garantierte Freiheit des Rundfunks der gesetzlichen Ausgestaltung“[414]. Ein „Jedermann-Grundrecht“ auf Zulassung als Rundfunkveranstalter wurde von der Rechtsprechung nicht anerkannt[415]. Weiter ist Voraussetzung, dass der Gesetzgeber zugleich Sicherungen für den Prozess der freien und individuellen Meinungsbildung vorzusehen hat, die den detaillierten Anforderungen des Bundesverfassungsgerichts genügen[416]. Dem Gesetzesvorbehalt unterfallen dabei u. a. die Zulassung, das Konzessions- und gegebenenfalls das Auswahlverfahren[417]. Wie bereits dargestellt, wird das Grundrecht der Rundfunkfreiheit seinem Träger nicht zum Zweck der Persönlichkeitsentfaltung oder Interessenverfolgung eingeräumt[418].

Die Stellung des einzelnen Rundfunkveranstalters ist nach dieser ursprünglichen Rechtsprechung relativ schwach. Die Berufung auf das Grundrecht ist nur insoweit erfolgreich, als das Grundrecht zuvor durch den einfachrechtlichen Gesetzgeber eröffnet wurde; sein Umfang ergibt sich aus dem einfachen (Landes-) Gesetz[419]. Private mussten darauf warten, bis der einfachrechtliche Gesetzgeber sie zur Rundfunkveranstaltung zuließ[420]. Öffentlich-rechtliche Rundfunkanstalten sind als Anstalten des öffentlichen Rechts auf den die Anstalt errichtenden Ge-

---

411 BVerfGE 12, 205 (261); das Bundesverfassungsgericht vermeidet zwar den Begriff der institutionellen Garantie, rückt den Rundfunk aber in dessen Nähe: *Pestalozza*, NJW 1981, S. 2163; *Seelmann-Eggebert*, ZUM 1992, S. 80; *Bremer*, in: Bremer/Esser/Hoffmann, S. 35; *Gounalakis*, K&R 1999, S. 543.

412 BVerfGE 57, 295 (320).

413 *Bethge*, DÖV 2002, S. 675.

414 BVerfGE 57, 295 (319); *Engel*, AfP 1994, S. 185; *Pestalozza*, NJW 1981, S. 2159.

415 *Stettner*, in: Nawiasky/Schweiger/Knöpfle, Teil V, Art. 111a Rn. 18; ebenso *Bethge*, DÖV 2002, S. 675.

416 BVerfGE, 57, 295 (324 – 327); 73, 118 (152 – 160).

417 *Pestalozza*, NJW 1981, S. 2158.

418 BVerfGE 87, 181 (197).

419 *Ricker*, AfP 1997, S. 590.

420 *Paptistella*, DÖV 1978, S. 501.

setzesakt angewiesen[421]. Dem Gesetzgeber ist es unbenommen, die Landesrundfunkanstalt wieder aufzulösen, wenn nur der öffentlich-rechtliche Rundfunk insgesamt Bestand hat[422]. Die Berufung auf das Rundfunkgrundrecht bei der Bewerbung um eine Lizenz war solange von vorneherein ausgeschlossen, als der zuständige Landesgesetzgeber hierfür keine eigenen Regeln, die im Übrigen die Vorgaben des Bundesverfassungsgerichts zu beachten hatten, erließ[423]. Ein Grundrecht auf Einführung des Privatfunks, d. h. auf Schaffung der gesetzlichen Voraussetzungen zur Tätigkeit von Privatfunkveranstaltern bzw. ein Grundrecht auf Schaffung einer bestimmten öffentlich-rechtliche Rundfunkanstalt, gewährleistet Art. 5 Abs. 1 Satz 2 GG nicht[424]. Die subjektiv-rechtliche Komponente der Rundfunkfreiheit – sofern man eine solche überhaupt anerkannte[425] – tritt bei dieser Sichtweise hinter die objektiv-rechtliche Komponente der Rundfunkfreiheit zurück[426] und Verstöße gegen die subjektiv-rechtliche Komponente hat das Bundesverfassungsgericht selten in seinen Begründungen herangezogen. *Pestalozza* moniert daher: „Der einzelne Grundrechtsträger sieht sich nach dem Belieben des Gesetzgebers aus dem Grundrechtsbezirk ausgesperrt. Nicht eine Schrankenregelung wird dem Gesetzgeber vorbehalten, sondern das Grundrecht selbst.“[427]. Ein Teil der Literatur schließt aus den Aussagen des Bundesverfassungsgerichts, dass ein Veranstaltergrundrecht ausgeschlossen sei.[428].

Das Bundesverfassungsgericht hat dies zwar ausdrücklich offen gelassen[429], den einzelnen Aussagen des Gerichts kann jedoch tatsächlich nichts anderes als die Verneinung eines Veranstaltergrundrechts entnommen werden. Der Ausgestaltungsvorbehalt wurde unabhängig vom Vorliegen einer Sondersituation beim Rundfunk, die durch die Frequenzknappheit gekennzeichnet ist, konstituiert[430]. Weiter hat das Bundesverfassungsgericht in späteren Entscheidungen dargelegt, dass Art. 5 Abs. 1 Satz 2 GG privaten Rundfunk zwar zulässt, ihn aber nicht fordert[431]. Auch die Tatsache, dass es die Entscheidung über eine Zulassung pri-

---

421 *Kull*, AfP 1987, S. 571; *Grimm*, in: Rossen-Stadtfeld/Wieland, S. 27; *Gounalakis*, Konvergenz der Medien, S. 41.
422 BVerfGE 89, 144 (153).
423 BVerfGE 57, 295 (319):
424 *Bethge*, in: Sachs, GG, Art. 5 Rn. 110; *ders.*, DÖV 2002, S. 675; *Determann*, S. 397.
425 Vgl. zur Diskussion *Stettner*, Rundfunkstruktur, S. 4 f; *Charissé*, Rundfunkveranstaltungsfreiheit, S. 80 ff; *Determann*, S. 398f., dort Fn. 591 und. 592; *Ricker*, AfP 1997, S. 590; *Ricker/Schiwy*, Rundfunkverfassungsrecht, B Rn. 131 ff.; *Bremer*, in: Bremer/Esser/Hoffmann, S. 28 ff.
426 *Bremer*, in: Bremer/Esser/Hoffmann, S. 32, 35.
427 *Pestalozza*, NJW 1981, S. 2163.
428 *Seelmann-Eggebert*, ZUM 1992, S. 86; *Pestalozza*, NJW 1981, S. 2159.
429 BVerfGE 57, 295 (318); *Charissé*, Rundfunkveranstaltungsfreiheit, S. 81; *Ricker*, AfP 1997, S. 590.
430 BVerfGE 57, 295 (322).
431 BVerfGE 73, 118, (157).

vater Veranstalter dem Gesetzgeber überlässt, spricht dafür, dass der Gesetzgeber über eine Veranstalterfreiheit innerhalb der ihm gezogenen Grenzen nach eigenem Ermessen entscheiden kann[432]. Die Aussagen des Bundesverfassungsgerichts zum Veranstaltergrundrecht betrafen nur Fälle, wo es um die Zulassung Privater zum Rundfunk ging. Bei öffentlich-rechtlichen Rundfunkanstalten wurde diese Frage hingegen nicht diskutiert; hier hat das Bundesverfassungsgericht wegen dessen Grundversorgungsauftrags eine Bestandsgarantie für die Rundfunkveranstalter eingeführt[433]. Allerdings sind alle Rundfunkanstalten Anstalten des öffentlichen Rechts, deren Existenz vom errichtenden Gesetz abhängig ist. Somit kann auch hier nichts anderes gelten: Ohne Tätigwerden des Gesetzgebers wären sie nicht denkbar und eine wäre Berufung auf das Grundrecht der Rundfunkfreiheit vor dem gesetzgeberischen Akt ausgeschlossen. Die Auflösung der Rundfunkanstalt durch ein entsprechendes Gesetz soll ebenfalls zulässig sein[434]. Die Rundfunkveranstalterfreiheit insgesamt steht mit dieser Sicht zur Disposition des Gesetzgebers und wäre nicht unmittelbar grundrechtlich verankert[435]. Dieselbe Tendenz ist auch dem Gedanken der dienenden Freiheit zu entnehmen, die primär im Interesse freier Meinungsbildung gewährleistet wird, sowie den wiederholten Ausführungen des Bundesverfassungsgerichts zur Unzulässigkeit einer Deregulierung des Rundfunkwesens[436].

ii) Stellungnahme der Literatur

An der dargestellten (älteren) Rechtsprechung, die am deutlichsten zum ersten Mal im FRAG-Urteil von 1981[437] zum Ausdruck kam, hat sich heftige Kritik entzündet. Freiheit, die zum Dienen verpflichtet werde, sei keine Freiheit mehr, sondern werde zu einer Freiheit nach Maßgabe des Gesetzes[438]. Zum dritten Rundfunkurteil des Bundesverfassungsgerichts schreibt *Pestalozza:* „32 Jahre Grundgesetz, 32 Jahre technischer Fortschritt – aber immer noch kein Grundrecht der Rundfunkfreiheit."[439] Diese Kritik wird nun im Zeichen des derzeitigen technischen Wandels erneuert[440].

---

432 *Determann*, S. 397; ähnlich *Gabriel-Bräutigam*, S. 93.
433 BVerfGE 90, 60 (91); 83, 238 (298); 74, 297 (324 f.); 73, 118 (158).
434 BVerfGE 89, 144 (153).
435 *Schulze-Fielitz*, in: Dreier, GG, Art. 5 I, II Rn. 80.
436 Vgl. BVerfGE 31, 314 (325); 57 295 (323); 73, 118 (158).
437 BVerfGE 57, 295 – 3. Fernsehurteil.
438 *Engel*, AfP 1994, S. 185 ff., ähnlich bereits *Kull*, AfP 1987, S. 365.
439 *Pestalozza*, NJW 1981, S. 2158.
440 *Engel*, in: Hoffmann-Riem/Vesting, Perspektiven der Informationsgesellschaft, S. 155 ff.; *Scholz*, AfP 1995, S. 357 ff; *ders.*, Teilnehmerentgelt, S. 84; *Determann*, S. 398; *Gabriel-Bräutigam*, S. 35 f.

Das Vorliegen eines subjektiv-rechtlichen Gehalts bei Art. 5 Abs. 1 Satz 2 GG war auch in der Literatur nicht unumstritten[441]. Einerseits wird ein Individualgrundrecht uneingeschränkt bejaht[442], andererseits wird vertreten, Art. 5 Abs. 1 Satz 2 GG berge ein nur objektiv-rechtlich zu verstehendes Grundrecht[443]. Mittlerweile kann es als überwiegende Auffassung angesehen werden, dass Art. 5 Abs. 1 Satz 2 GG ein subjektiv-öffentliches Recht der Rundfunkveranstaltung enthält[444]. Umstritten ist allerdings weiterhin, wieweit dieses Recht reicht, ob es Vorwirkungen entfalten kann und ein Recht auf Gründung eines Rundfunkunternehmens enthält[445] oder ob es in der Form wirkt, dass sich lediglich der zugelassene Rundfunkveranstalter auf das Grundrecht berufen kann. Im letzteren Fall schlägt sich das Grundrecht in der Pflicht des Gesetzgebers zur Bereitstellung der normativen Grundlagen nieder[446]. Die Antwort auf die Frage, ab wann der subjektiv-rechtliche Gehalt des Art. 5 Abs. 1 Satz 2 GG wirkt, hat dabei nicht nur für die Bewerber erhebliche Auswirkungen, sondern auch für den Gesetzgeber. Wenn man den Grundrechtsschutz auf die Rundfunktätigkeit nach der Zulassung begrenzt, wäre die gesetzgeberische Tätigkeit für die Zugangsfragen nicht am subjektiv-rechtlichen Gehalt des Art. 5 Abs. 1 Satz 2 GG zu messen[447]. Dies wiederum hätte Auswirkungen auf den zulässigen Regulierungsrahmen des Gesetzgebers.

Grimm stellt in diesem Zusammenhang zwar ebenfalls fest, dass die Veranstalter von Rundfunk die grundrechtlich geschützte Tätigkeit nicht nach Belieben aufnehmen und ausüben können, sondern erst aufgrund und nach Maßgabe der gesetzlichen Ordnung tätig werden dürfen. Die gesetzliche Ordnung sei auch Ausgestaltung im Interesse der Zielerreichung. Dies entspricht letztlich der ursprünglichen Sichtweise des Bundesverfassungsgerichts. Auf der anderen Seite will auch *Grimm* den privaten Veranstaltern schon im Zugangsstadium einen Anspruch auf Beachtung ihrer Position als Träger des Grundrechts zuerkennen[448].

---

441 *Ricker/Schiwy*, Rundfunkverfassungsrecht, B Rn. 156.

442 *Schulze-Fielitz*, in: Dreier, GG, Art. 5 I, II Rn. 80.

443 *Redeker*, ZUM 1985, S. 547 und 549; wohl auch *Gounalakis*, K&R 1999, S. 543 f.; zum Meinungsstand *Stettner*, Rundfunkstruktur, S. 4 f. dort Fn. 14 und 15; *ders.*, in: Nawiasky/Schweiger/Knöpfle, Teil V, Art. 111a Rn. 18; *Determann*, S. 398, dort Fn. 592; *Ricker*, AfP 1997, S. 590; *Ricker/Schiwy*, Rundfunkverfassungsrecht, B Rn. 131 ff.

444 *Charissé*, Rundfunkveranstaltungsfreiheit, S. 79; *Wendt*, in: v.Münch/Kunig, GG, Art. 5 Rn. 50.

445 Für Vorwirkungen: *Bethge*, in: Sachs, GG, Art. 5 Rn. 112; *Schulze-Fielitz*, in: Dreier, GG, Art. 5 I, II Rn. 80 *Bumke*, S. 206 ff.; *Charissé*, Rundfunkveranstaltungsfreiheit, S. 82; *Jarass*, in: Jarass/Pieroth, GG, Art. 5 Rn. 33.

446 *Ricker*, AfP 1997, S. 590 m. w. N.

447 Vgl. *Charissé*, Rundfunkveranstaltungsfreiheit, S. 72f.

448 *Grimm*, in: Rossen-Stadtfeld/Wieland, S. 27.

Hesse hält an der bisherigen Sichtweise des Bundesverfassungsgerichts fest[449]. Nach seiner Ansicht verkennen die Kritiker, dass es dem Bundesverfassungsgericht darum gehe, das Rundfunkgrundrecht nicht als bloßes Veranstaltergrundrecht zu reduzieren, bei dem alle anderen Aspekte in den Hintergrund treten. Es gehe vielmehr darum, den gesamten Prozess der Meinungsbildung im Blick zu behalten und vor allem die Position der Rundfunkteilnehmer nicht von vorneherein auszublenden. Die Interessen der Rundfunkteilnehmer werden dabei durch die Gewährleistung eines Grundversorgungsauftrages berücksichtigt, den wiederum der öffentlich-rechtlich organisierte Rundfunk zu erfüllen habe. Zur Sicht *Hesses* ist jedoch anzumerken, dass sie typischerweise den Blickwinkel des öffentlich-rechtlichen Rundfunks darstellt, dem die Rechtsprechung des Bundesverfassungsgericht anfangs eine Monopolstellung, danach zumindest noch eine Bestands- und Entwicklungsgarantie zugesteht. Eine Änderung der Sichtweise, bedingt durch den technischen Wandel, würde evtl. auch Auswirkungen auf die Stellung der öffentlich-rechtlichen Rundfunkanstalten haben, woran dieser kein Interesse zu haben scheint.

iii) Änderung der Rechtsprechung ? – Der „Extra-Radio"-Beschluss

Die den Aussagen des Bundesverfassungsgerichts zu entnehmende Sichtweise, dass Rundfunk nur im Rahmen der Gesetze zulässig ist (Ausgestaltungsvorbehalt) sowie dass das Grundrecht auf Rundfunkfreiheit mithin erst durch den einfachrechtlichen Gesetzgeber eröffnet wird, scheint nun auch vom Gericht selbst nicht mehr ganz so stringent durchgehalten zu werden. Die jüngere Rechtsprechung des Bundesverfassungsgerichts lässt deutlich erkennen, dass sich das Grundrecht der Rundfunkfreiheit für zugelassene Veranstalter unmittelbar aus dem Grundgesetz ableiten lässt. Damit wird zugleich der subjektive Aspekt der Rundfunkfreiheit betont. Das Gericht führt dazu aus: Das Grundrecht der Rundfunkfreiheit stehe „ohne Rücksicht auf öffentlich-rechtliche oder privatrechtliche Rechtsform, kommerzielle oder nichtkommerzielle Betätigung jedem zu, der Rundfunkprogramme veranstaltet. Das ergibt sich daraus, dass die Rundfunkfreiheit in ihrem Kern Programmfreiheit ist (...). Sie gewährleistet, dass die Programmgestaltung Sache des Rundfunks bleibt und sich an publizistischen Kriterien ausrichten kann. Rundfunkprogramme sollen frei von staatlicher Lenkung, aber ebenso von privater Indienstnahme veranstaltet werden. Den damit bezeichneten Gefahren sind grundsätzlich alle Veranstalter von Rundfunk ausgesetzt. Deswegen müssen sie auch ohne Unterschied in den Grundrechtsschutz einbezogen werden"[450]. Überraschend an dieser Entscheidung ist allerdings der

[449] *Hesse*, BayVBl. 1997, S. 134.
[450] BVerfGE 95, 220 (234) mit Hinweis auf BVerfGE 59, 231 (258); 90 60 (87)

nächste Satz , in dem dargelegt wird, dass das Bundesverfassungsgericht schon immer die Entscheidung des Grundgesetzes für den privaten Veranstalter (subjektive Komponente !) betont habe[451]. Die dort als Beleg für eine ständige Rechtsprechung angeführten Entscheidungen (BVerfGE 57, 295 (319); 73, 118 (164)) trafen diese Aussagen noch nicht direkt und ließen weite Spielräume für alternative Interpretationen. Für die öffentlich-rechtlichen Rundfunkanstalten wurde mit dieser Argumentation jedoch bereits früher mit Einführung deren Grundversorgungsauftrags eine Bestands- und Entwicklungsgarantie aus Art. 5 Abs. 1 Satz 2 GG abgeleitet[452], die der einfache Gesetzgeber nicht modifizieren kann[453]. Das Bundesverfassungsgericht zieht es deshalb in Betracht, die Beschränkung und Nichterweiterung des Betätigungsfeldes der öffentlich-rechtlichen Anstalten auf bestimmte Medien als Eingriff in die Rundfunkfreiheit und nicht als Ausgestaltung der Rundfunkfreiheit zu bewerten[454].

In seinem Beschluss vom 20.02.1998[455] wird vom Bundesverfassungsgericht auch dem (privatrechtlich organisierten) Bewerber um eine Rundfunkgenehmigung das Grundrecht aus Art. 5 Abs. 1 Satz 2 GG unabhängig von der gesetzlichen Ausgestaltung zugestanden[456]. In dieser von der Literatur[457] aus mehreren Gründen zum großen Teil kritisch aufgenommenen Entscheidung, stellt das Bundesverfassungsgericht nunmehr allein auf die tatsächlichen Gegebenheit ab und nicht auf die landesgesetzlichen Vorgaben zum Rundfunksystem. Das „Grundrecht steht ohne Rücksicht auf öffentlich-rechtliche oder privatrechtliche Rechtsform (...) allen natürlichen und juristischen Personen zu, die Rundfunkprogramm veranstalten“[458]. „Ob jemand ein Programm (...) veranstaltet und folglich den Schutz des Grundrechts aus Art. 5 Abs. 1 Satz 2 GG genießt, beurteilt sich nach der tatsächlich ausgeübten Tätigkeit“[459]. So tritt das Grundrecht aus Art. 5 Abs. 1 Satz 2 GG wieder hinter dem einfachen Gesetz hervor und gewährleistet ein subjektives Recht, unabhängig davon, wie weit das einfache Gesetz

---

[451] Vgl. auch *Determann*, S. 397, dort Fn. 580.
[452] BVerfGE 74, 297 (350 f.); so nun auch die Präambel des Rundfunkstaatsvertrages.
[453] *Determann*, S. 400.
[454] BVerfGE 74, 297 (332f.).
[455] BVerfGE 97, 298 – Extra-Radio,
[456] *Bethge*, Rundfunkfreiheit in Bayern, S. 29: „Die nominale Vorenthaltung dieses Status durch Landesrecht (...) ist für das Bundesverfassungsgericht irrelevant.“
[457] Anmerkungen u. a. durch: *Bornemann*, MMR 1998, S. 425 ff.; *Buchholtz*, AfP 1998, S. 201 ff.; *Herrmann*, ZUM 1998, S. 311 ff.; *Ory*, ZUM 1998, S. 484 ff.; *Stettner*, ZUM 1998, S. 312 ff.; *ders.* Die Stellung der Bayerischen Landeszentrale für neue Medien; *ders.* ZUM 2001, S. 41 ff.; *ders.*, in: BLM (Hrsg.), Symposion Medienrecht 1998, S. 43 ff.; *Westphal*, MMR 1998, S. 198 ff.; vgl. auch *Bethge*, in: BLM (Hrsg.), Symposion Medienrecht 1998, S. 19 ff.; *Hesse*, RuF 1998, S. 528 f.
[458] BVerfGE 97, 298 (310), mit Hinweis auf BVerfGE 95, 220 (234).
[459] BVerfGE 97, 298 (310).

oder wie in dem zu entscheidenden Fall das Landesverfassungsrecht die Rundfunkveranstaltung eröffnet hat. Dies wird besonders deutlich, wenn das Bundesverfassungsgericht den grundrechtlichen Schutz sogar für den eröffnet, der sich erstmals um die Beteiligung am Rundfunk bewirbt[460]. Begründet wird dies mit der „Gefahr der Einflussnahmen auf die im Kern der Grundrechtsgarantie stehenden Programmfreiheit", die „bei der Auswahl der Bewerber besonders groß" sei[461].

Dass diese Sichtweise des Rundfunkgrundrechts vom Bundesverfassungsgericht in dieser Weise erstmals dargestellt wurde, erkennt nicht nur die Literatur[462], sondern merkt auch das Gericht selbst an[463]. Nach *Ory* habe die Entscheidung die Grundrechtsdogmatik im Hinblick auf die privaten Veranstalter ein deutliches Stück vorangebracht[464]. *Schoch* will hierin bereits eine Fortentwicklung der Rundfunkjudikatur hin zu einem zeitgemäßen umfassenden rechtsdogmatischen Konzept für die individuelle Kommunikationsfreiheit erkennen[465].

Die Unterschiede zur oben dargestellten ursprünglichen Sicht des Bundesverfassungsgerichts zur subjektiven Ausprägung des Art. 5 Abs. 1 Satz 2 GG und insbesondere zur Zulassung Privater im Rahmen der Rundfunkveranstaltung sind deutlich erkennbar. Die älteren Judikate wiesen zwar regelmäßig auf den subjektiven Bestandteil der Rundfunkfreiheit hin, enthielten jedoch keine konkreten Aussagen dazu, wie der Einzelne die subjektive Ausprägung der Grundrechts nutzbar machen kann. Vereinzelt findet sich dabei der überraschende Hinweis, das Bundesverfassungsgericht habe immer schon die Entscheidung des Grundgesetzes für privaten Rundfunk betont[466]. Konsequenzen wurden, soweit ersichtlich, daraus erstmalig in der Extra-Radio-Entscheidung gezogen[467]. Hier wurde das Grundrecht eines Rundfunkveranstalters erstmals im Falle eines Bewerbers um die Zulassung zum Rundfunk deutlich herausgestellt. Möglicherweise soll damit schrittweise ein Recht auf Zugang zum Privatfunk eingeführt werden[468].

---

460 BVerfGE 97, 298 (312): „Auf den Schutz der Rundfunkfreiheit aus Art. 5 Abs. 1 Satz 2 GG können sich auch Bewerber um eine Lizenz nach bayerischem Medienrecht berufen."

461 BVerfGE 97, 298 (313).

462 *Westphal*, MMR 1998, S. 200: „Neu an diesem Beschluss (...) ist also, dass erstmals explizit die subjektive Seite der Rundfunkfreiheit betont wird."; ähnlich *Ory*, ZUM 1998, S. 484; *Charissé*, Rundfunkveranstaltungsfreiheit, 79; *Determann*, S. 415 dort Fn. 722; *Schoch*, AfP 1998, S. 257; *Kloepfer*, Informationsrecht, § 14 Rn. 26, *Bethge*, DÖV 2002, S. 673.

463 BVerfGE 97, 298 (313).

464 *Ory*, ZUM 1998, S. 486.

465 *Schoch*, AfP 1998, S. 257.

466 Z. B. in BVerfGE 73, 118 (155)

467 *Determann*, S. 397.

468 *Determann*, S. 398.

Will man in diesen Aussagen keinen Widerspruch, sondern die Fortentwicklung der Grundrechtsdogmatik bei Art. 5 Abs. 1 Satz 2 GG erkennen, kann das Ergebnis auf den ersten Blick nur lauten: Ob der Gesetzgeber Private oder öffentlich-rechtliche Anstalten zum Rundfunk zulässt, ist seiner Entscheidungsbefugnis überlassen; Art. 5 Abs. 1 Satz 2 GG zwingt ihn hierzu nicht[469]. Lässt er Rundfunk aber zu, so werden ihm mit einem Mal alle sonstigen Regularien weitgehend aus der Hand geschlagen, mit denen er die Beteiligung insbesondere Privater rechtlich regeln möchte. Dann erstarkt nämlich das Rundfunkgrundrecht in der Hand des tatsächlich Handelnden, der dann als Programmveranstalter anzusehen ist, und kann auch gegen den Ausgestaltungsvorbehalt des Gesetzgebers erhoben werden. Dies gelte nicht nur für den bereits zugelassenen Veranstalter, sondern auch für den Bewerber, der den Zugang zum Rundfunk begehrt. Anders kann es nicht verstanden werden, wenn eine Norm wie Art. 111 a der Bayerischen Verfassung[470], die als Landesrecht auch der Ausgestaltung der Rundfunkfreiheit dient[471], negiert wird, und einem privaten Rundfunkanbieter trotz der entgegenstehenden Aussagen eben dieser Norm das Rundfunkgrundrecht unmittelbar aus Art. 5 Abs. 1 Satz 2 GG zugesprochen und im Ergebnis gegen die Bayerische Landeszentrale für neue Medien als Inhaberin der durch Art. 111 a BV vorausgesetzten öffentlich-rechtlichen Trägerschaft gewendet wird. *Stettner* merkt hierzu an, dass der Trend zur Subjektivierung des Rundfunkgrundrechts, dem sich das Bundesverfassungsgericht angesichts der Ausweitung der Sendemöglichkeiten und des expandierenden Rundfunkmarktes nicht entgegenstellen möchte, auch Bayern erreicht habe[472]. Der Bayerische Verfassungsgerichtshof hat sich dieser Sichtweise in Abkehr seiner bisherigen Rechtsprechung bereits angeschlossen[473].

Die Subjektivierung des Grundrechts wird von der Literatur sicher begrüßt werden, da sie das Ergebnis des Beschlusses vom 20.2.1998 zum Teil bereits vor-

---

[469] *Bethge*, DÖV 2002, S. 675.

[470] Art. 111 a Abs. 2 Satz 1 BV: „Rundfunk wird in öffentlicher Verantwortung und in öffentlich-rechtlicher Trägerschaft betrieben."

[471] *Stettner*, Rundfunkstruktur, S. 6 u. 9; *ders*, in: Nawiasky/Schweiger/Knöpfle, Teil V, Art. 111a Rn. 9; *ders.*, Die Stellung der Bayerischen Landeszentrale für neue Medien, S. 89 sowie S. 23 mit Hinweis auf BayVerfGHE 39, 96. Vgl. nur Art. 111a Abs. 1 Sätze 1 bis 6 Bayerische Verfassung.

[472] *Stettner*, ZUM 1998, S. 315; ähnlich *ders.*, Die Stellung der Bayerischen Landeszentrale für neue Medien, S. 57.

[473] Bayer. Verfassungsgerichtshof, Entscheidung vom 26.10.2001, Az.: Vf. 69-VI-00, amtlicher Umdruck S. 10 (abgedr. ZUM-RD 2002, S. 33 ff.); vgl. hierzu auch *Stettner*, ZUM 2001, S. 921; *Renck-Laufke*, Die neue Rechtsprechung des BayVerfGH zum bayerischen Medienmodell, ZUM 2002, S. 588 ff.

weggenommen hat[474]. Allerdings ist nach der Entscheidung weiterhin ungeklärt, wie das Bundesverfassungsgericht den subjektiven Gehalt und den Ausgestaltungsvorbehalt des Gesetzgebers vereinbaren möchte. Denn dass die oben überspitzt dargestellte Sichtweise, wonach das subjektive Grundrecht auch dem Gesetzgeber des Ausgestaltungsgesetzes entgegengehalten werden kann, richtig ist, muss in dieser Allgemeinheit bezweifelt werden[475].

ee) Ergebnis bei der Rundfunkfreiheit

Als Ergebnis kann festgehalten werden, dass die Rundfunkfreiheit des Art. 5 Abs. 1 Satz 1 GG mit dem Kern Programmfreiheit grundsätzlich einer Regulierung, Beobachtung und Bewertung des Programminhalts widerspricht, dass jedoch bereits die notwendig Ausgestaltung des Grundrechts regulierenden Charakter aufweisen kann und damit auch die Beobachtung des Programminhalts rechtfertigt. Die Hervorhebung der subjektiven Komponente der Rundfunkfreiheit in den neueren Entscheidungen des Bundesverfassungsgerichts erweitert den Kreis von Personen, die sich auf die Rundfunkfreiheit berufen können.

f) Pressefreiheit

Ebenso wie bei der Erörterung der Rundfunkfreiheit muss und soll hier noch nicht geklärt werden, ob und wenn ja, welche der elektronischen Kommunikationsmöglichkeiten unter den Pressebegriff subsumiert werden können. Vorerst geht es um die Struktur des Schutzes, den die Presse durch Art. 5 Abs. 1 Satz 2 GG erfährt. Die Erörterungen erfolgen dabei unter der Annahme, dass die Pressefreiheit für die elektronische Kommunikation Bedeutung erlangen kann.

Die Rechtsprechung des Bundesverfassungsgerichts zur Pressefreiheit weist in großen Teilen Parallelen zur Rechtsprechung bzgl. der Rundfunkfreiheit auf[476]. Presse- und Rundfunkfreiheit sind in ihrer Konzeption wesensmäßig gleich[477].

---

[474] *Bethge*, in: Sachs, GG, Art. 5 Rn. 112; *Schulze-Fielitz*, in: Dreier, GG, Art. 5 I, II Rn. 80; *Charissé*, Rundfunkveranstaltungsfreiheit, S. 97; *Bumke*, S. 206 ff.; *Gabriel-Bräutigam*, S. 33 f.; *Ricker*, AfP 1997, S. 590.

[475] Vgl. auch *Stettner*, Die Stellung der Bayerischen Landeszentrale für neue Medien, S. 50; ähnlich *ders.*, in: BLM (Hrsg.), Symposion Medienrecht 1998, S. 52. Nach *Kübler* (AfP 2002, S. 279) leiten sich die subjektiven Berechtigungen des Art. 5 Abs. 1 Satz 2 GG aus dem objektiven Verfassungsprinzip demokratischer Meinungs- und Willensbildung ab. Damit könne sich aber das Medienunternehmen zwar gegen staatliche Übergriffe, nicht aber gegen die ihrer öffentlichen Aufgabe dienlichen Regelungen zur Wehr setzen.

[476] *Determann*, S. 401; *Hesse*, Rundfunkrecht, Kap. 2 Rn. 42.

[477] BVerfGE 35, 202 (222)

Dies gilt hinsichtlich des Sinn und Zwecks einer freien Presse, deren Bedeutung für die Meinungsbildung sowie den daraus zu ziehenden Schlüssen für den Umfang der Pressefreiheit. Nach Auffassung des Bundesverfassungsgerichts kommt der Pressefreiheit ein herausragender Stellenwert zu, da „eine freie, nicht von der öffentlichen Gewalt gelenkte, keiner Zensur unterworfene Presse ein Wesenselement des freiheitlichen Staates ist. In der repräsentativen Demokratie steht die Presse zugleich als ständiges Verbindungs- und Kontrollorgan zwischen dem Volk und seinen gewählten Vertretern in Parlament und Regierung."[478] Die Pressefreiheit ist schlechthin konstituierend für die freiheitlich demokratische Grundordnung und ebenso wie Rundfunk und Film, Medium und Faktor der öffentlichen Meinungsbildung[479]. In Anbetracht seiner Bedeutung hat das Bundesverfassungsgericht die Pressefreiheit ebenfalls als dienende Freiheit herausgestellt[480].

Der Pressebegriff beinhaltet neben Druckerzeugnissen alle zur Verbreitung geeigneten körperlichen Informationsträger, die nicht unter den Film- und den Rundfunkbegriff fallen[481]. Geschützt ist die Verbreitung von Druckerzeugnissen aller Art an die Allgemeinheit ohne Rücksicht auf den Inhalt des Presseerzeugnisses, so dass zum Beispiel auch Anzeigen mit Wirtschaftswerbung geschützt werden[482]. Ebenso werden alle Tätigkeiten im Vorfeld der eigentlichen Veröffentlichung geschützt[483]. Das Grundrecht der Pressefreiheit gewährleistet damit für den Inhalt der Kommunikation einen sehr umfassenden Schutz vor staatlichen Eingriffen jedweder Art. Kern der Pressefreiheit ist – vergleichbar wie bei der Rundfunkfreiheit – die Freiheit der Gestaltung des Inhalts der Presseerzeugnisse[484]. Die Pressefreiheit umfasst die Freiheit, die Tendenz einer Zeitung festzulegen, beizubehalten, zu ändern und diese Tendenz zu verwirklichen[485]. Dem Staat sind nicht nur unmittelbare Eingriffe vor allem in Gestalt eigener Einflussnahmen auf die Tendenz von Zeitungen verwehrt, sondern auch solche Maßnahmen oder rechtliche Regelungen, die die Presse fremden, nichtstaatlichen Einflüssen unterwerfen oder öffnen[486]. Damit kann auch dieses Grundrecht wie

---

[478] BVerfGE 20, 162 (174).
[479] BVerfGE 35, 202 (227).
[480] BVerfGE 80, 124 (135).
[481] *Determann*, S. 394; *Bethge*, in: Sachs, GG, Art. 5 Rn. 68; *Wendt*, in: v.Münch/Kunig, GG, Art. 5 Rn. 30.
[482] *Bethge*, in: Sachs, GG, Art. 5 Rn. 85, *Determann*, S. 394.
[483] *Schulze-Fielitz*, in: Dreier, GG, Art. 5 I, II Rn. 73.
[484] Deshalb sind staatliche Förderungsmaßnahmen für die Presse nur dann mit Art. 5 Abs. 1 Satz 2 GG vereinbar, wenn eine Einflussnahme auf den Inhalt sowie eine Verzerrung des publizistischen Wettbewerbs insgesamt vermieden wird, BVerfGE 80, 124.
[485] BVerfGE 52, 283 (296).
[486] BVerfGE 52, 283 (296).

die Rundfunkfreiheit gegen eine Regulierung, Beobachtung oder Bewertung des Inhalts durch staatliche Stellen erhoben werden.

Wegen der weitgehenden Parallelität der Entwicklung des Schutzbereiches der Pressefreiheit durch die Rechtsprechung des Bundesverfassungsgerichts im Verhältnis zur Rundfunkfreiheit, soll auch hier erörtert werden, ob es eines Ausgestaltungsvorbehalts des Gesetzgebers bedarf oder ob ein solcher wie bei der Rundfunkfreiheit gar geboten ist. Wegen der Vergleichbarkeit der Zielrichtungen des Schutzes von Rundfunk und Presse erscheint es richtig dies zu bejahen. Fehlentwicklungen können sowohl im Rundfunkbereich als auch im Pressebereich schwere Auswirkungen auf die öffentliche und individuelle Meinungsbildung haben und werden nur schwer zu korrigieren sein. Das Bundesverfassungsgericht hat daher vertreten, dass zum Schutz des Instituts der freien Presse der Staat verpflichtet sein könne, die Bildung von Meinungsmonopolen zu verhindern[487]. Auch bei der Presse wäre eine Reglementierung im Interesse der objektiv-rechtlichen Seite der Pressefreiheit also durchaus denkbar[488]. Insofern tauchen dieselben normativen Elemente wie beim Rundfunk auf, nur ist diese Ausprägung der institutionellen Freiheit angesichts der geschichtlichen Entwicklung der Presse bisher nicht zum Zuge gekommen. Bei Bestand der gegenwärtigen Presselandschaft kann ein unmittelbarer verfassungsrechtlicher Anspruch auf Zulassung daher nicht geleugnet werden, da eine Ausgestaltung des Rechts nach Sicht des Bundesverfassungsgerichts nicht erforderlich ist.

g) Filmfreiheit

Filme in Sinn des Art. 5 Abs. 1 Satz 2 Alt. 1 GG sind entsprechend dem allgemeinen Sprachgebrauch solche Kommunikationsmedien, bei denen ein chemisch-optischer Bildträger – meist verbunden mit einer Tonspur – in der Öffentlichkeit vorgeführt wird und zwar am Ort des Abspielens des Bildträgers[489]. Mit dieser Definition erübrigt sich ein näheres Eingehen auf die Vorschrift im Rahmen der Arbeit, da es an einer zwischengeschalteten elektronischen Kommunikationsform mangelt.

---

[487] BVerfGE 12, 205 (260); 20, 162 (175 f.); offen gelassen in: BVerfGE 57, 295 (322).

[488] *Jarass*, in: Jarass/Pieroth, GG, Art. 5 Rn. 27; *Bethge*, in: Sachs, GG, Art. 5 Rn. 73 spricht von Schutzpflichten des Staates; *Schulz*, ZUM 1996, S. 491; verneinend *Schroeder*, ZUM 1994, S. 478.

[489] *Jarass*, in: Jarass/Pieroth, GG, Art. 5 Rn. 41; *Schulze-Fielitz*, in: Dreier, GG, Art. 5 I, II Rn. 84.

Hinzuweisen ist jedoch darauf, dass auch der Begriff des Films entwicklungsoffen ist[490]. So ist es bereits technisch möglich, dass Filme nicht mehr als körperliche Kopien des Originals, sondern via Satellit zum Ort des Abspielens gelangen und somit keine eigene körperliche Kopie des Film verwendet wird (Film-on-demand in Anlehnung an Video-on-demand für den Hausgebrauch). Sollte eine solche Vorgehensweise zukünftig umgesetzt werden – hierfür könnten Wirtschaftlichkeitsüberlegungen sprechen, da keine Kopien erstellt und versandt werden müssten – wird auch die Filmfreiheit im Rahmen der elektronischen Kommunikation näher zu betrachten sein[491]. Will man den Filmbegriff des Grundgesetzes entwicklungsoffen halten, so wird man nicht mehr auf eine Fixierung der Information im Filmstreifen am Ort des Abspielens bestehen können[492]. Ein Trend zu digitaler Speicherung auch von Filmen ist erkennbar, weil bereits bei der Erstellung der Filme digitale Aufnahme- und Produktionstechniken verwandt werden (Stichwort: digitale Animation)[493].

h) Zusammenfassung des Art. 5 Abs. 1 GG

Die h. M. differenziert nicht effektiv nach Kommunikationsinhalten, sondern erfasst weitgehend die Äußerung von Werturteilen und Tatsachenmitteilungen gleichermaßen mit allen sachlichen Schutzbereichen innerhalb von Art. 5 Abs. 1 Sätze 1 und 2 GG. Die Meinungs-, Informations-, Presse- und Filmfreiheit sind vornehmlich subjektive Abwehrrechte des einzelnen und schützen vor Eingriffen in Form von staatlichen Beschränkung aller Art, d. h. insbesondere vor Regulierung des Kommunikationsinhalts. Im Gegensatz dazu wird die Rundfunkfreiheit – immer noch – als Institutsgarantie mit parlamentarischem Ausgestaltungsvorbehalt verstanden. Die Ausübung der Rundfunkfreiheit durch den Bürger darf nur unter strengen gesetzlichen Beschränkungen zugelassen werden, dann allerdings steht einer Berufung auf das Grundrecht nichts im Wege.

Einzugehen ist auch auf das Verhältnis von Art. 5 Abs. 1 Satz 1 und Satz 2 GG. Die Notwendigkeit hierfür ergibt sich aus den dargestellten Meinungen, dass alle Massenmedien in den Schutzbereich des Art. 5 Abs. 1 Satz 2 GG einbezogen werden, bzw. dass Art. 5 Abs. 1 Satz 1 GG als Auffanggrundrecht für die neuen Medien heranzuziehen sei.

---

490 *Schulze-Fielitz*, in: Dreier, GG, Art. 5 I, II Rn. 84; *Jarass*, in: Jarass/Pieroth, GG, Art. 5 Rn. 41.

491 Vgl. auch *Determann*, S. 407 f.; *Pappi*, S. 105.

492 So aber *Pieper/Wiechmann*, ZUM 1995, S. 86.

493 Vgl. *Klotz*, Jedi-Ritter im Pixelrausch. Vom Dreh bis zur Vorführung: Mit der neuen voll digitalisierten „Star-Wars“ Episode beginnt das Ende der Filmrolle, Süddeutsche Zeitung vom 14.05.2002, S. V2/13.

Während die Freiheiten des Art. 5 Abs. 1 Satz 1 die Individualkommunikation betreffen sollen, gehe es in den Freiheiten des Art. 5 Abs. 1 Satz 2 GG ausschließlich um Vorgänge der Massenkommunikation[494]. Dieser Aussage kann in ihrer Allgemeinheit jedoch nicht zugestimmt werden. Bereits der erste Teil der Aussage ist zu relativieren, da Art. 5 Abs. 1 Satz 1 GG auch für den Bereich der Massenkommunikation Bedeutung erlangen kann. So unterfällt die Meinungsäußerung des Einzelnen in Presseorganen (z.B. Leserbrief, Werbeannonce) gerade nicht Art. 5 Abs. 1 Satz 2 GG (Pressefreiheit), sondern der allgemeinen Meinungsfreiheit des Art. 5 Abs. 1 Satz 1 GG[495]. Gleiches gilt auch für den Bereich des Rundfunks. Auch hier kann sich der Werbetreibende, der z. B. einen Tabakwerbe-Spot schalten möchte, nicht auf die Rundfunkfreiheit, sondern allenfalls auf seine Freiheit zur Meinungsäußerung berufen. In beiden Fällen liegt jedoch erkennbar keine Individualkommunikation vor. Die Abgrenzung der Grundrechtsgewährleistungen des Satzes 1 und Satzes 2 ist demnach unter Rückgriff auf die Unterschiedlichkeit der Funktionen für das gemeinsame Normziel des Art. 5 Abs. 1 GG, die Meinungsbildungsfreiheit, abzuleiten[496]. Art. 5 Abs. 1 Satz 1 GG verbürgt den Schutz des individuellen Meinungsbildungsprozesses, indem die Meinungsäußerungsfreiheit und die Informationsfreiheit gewährleistet werden. Schon aus dem Wortlaut folgt, dass die Meinungsäußerungsfreiheit das Verbreiten von Meinungen in bestimmten Ausdrucksformen schützt. Dabei kann die Meinungsäußerung auch in einem Massenmedium Verbreitung finden, ohne dass deshalb Art. 5 Abs. 1 Satz 1 GG nicht mehr einschlägig wäre[497]. Nicht der Transport von Meinungen in bestimmten Medien wird geschützt, sondern die Funktion des individuellen Kommunikators. Art. 5 Abs.1 Satz 2 schützt hingegen den instrumentalen, massenmedialen Bereich des Kommunikationsprozesses. Damit sind die genannten Freiheiten jeweils als aliud zur Meinungsäußerungsfreiheit zu begreifen. Der Schutzbereich des Art. 5 Abs. 1 Satz 2 GG ist daher berührt, wenn es um die in den „Medien“ tätigen Personen in Ausübung ihrer Funktion, um Massenmedien (Presseerzeugnisse, Rundfunksendungen) selbst, um die institutionell-organisatorischen Voraussetzungen und Rahmenbedingungen sowie um die Institution einer freien Presse, eines freien Rundfunks oder Film geht[498]. Hierbei ist aber die Aussage, dass Art. 5 Abs. 1 Satz 2 GG nur massenkommunikative Vorgänge schützen will, ebenfalls zu relativieren, denn diese Aussage stimmt so nur für den Bereich der Meinungs*verbreitung*. Sie ist zu korrigieren, wenn Kommunikation zur Informati-

---

494 *Jarass*, AfP 1998, S. 134, *ders*., Online-Dienste und Funktionsbereich des Zweiten Deutschen Fernsehens, S. 11; *Daufeldt*, S. 33.
495 BVerfGE 86, 122 (127 f.); 85, 1 (11 f.).
496 *Sevecke*, AfP 1994, S. 200.
497 BVerfGE 85, 1 (11); *Sevecke*, AfP 1994, S. 200.
498 BVerfGE 85, 1 (12); 86, 122 (128) jeweils für die Presse.

onsgewinnung als Vorbereitungshandlung geführt wird. Findet Individualkommunikation statt, um etwa für den Inhalt von Medien zu recherchieren, dann unterfällt dieses Handeln sehr wohl dem Schutzbereich des Art. 5 Abs. 1 Satz 2 GG, obwohl hier erkennbar keine Massenkommunikation vorliegt[499].

Hinsichtlich der neuen Kommunikationsarten müssen daher die oben genannten Aussagen wie folgt modifiziert werden: Die Bereitstellung und der Betrieb massenkommunikativer (meinungsrelevanter/redaktionell gestalteter) Dienste unterfällt immer Art. 5 Abs. 1 Satz 2 GG. Art. 5 Abs. 1 Satz 1 GG ist Auffanggrundrecht soweit die Nutzung der elektronischen Kommunikation nicht in den Bereich des Art. 5 Abs. 1 Satz 2 GG fällt, sei es, weil es sich um Individualkommunikation handelt, die keinen Bezug zu den Medien aufweist, oder weil trotz Vorliegens von Massenkommunikation wegen der Funktion des Handelnden „nur" Art. 5 Abs. 1 Satz 1 GG in Betracht kommen kann. Im Übrigen gewährleistet Art. 5 Abs. 1 Satz 1 GG Schutz für jedwede Meinungsäußerung unabhängig von der Art ihrer Verbreitung.

2. Die Gewährleistungen des Art. 10 Abs. 1 GG

Art. 10 Abs. 1 GG erwähnt das Brief-, Post- und Fernmeldegeheimnis. Ob es sich dabei um ein einheitliches Grundrecht handelt[500] oder ob das Brief-, Post- und Fernmeldegeheimnis jeweils eigenständige Grundrechte darstellen[501], braucht vorliegend nicht entschieden zu werden, da die Gewährleistungen des Art. 10 Abs. 1 GG in beiden Fällen den gleichen Umfang aufweisen[502]. Für Fragestellungen im Rahmen der elektronischen Kommunikation ist allein auf das Fernmeldegeheimnis[503] abzustellen.

„Das Fernmeldegeheimnis umfasst zuvörderst den Kommunikationsinhalt"[504]. Ratio des Art. 10 Abs. 1 GG ist der Schutz der Vertraulichkeit individueller Kommunikation. Es geht im Gegensatz zu Art. 5 Abs. 1 Satz 1 GG nicht mehr darum, dass man überhaupt etwas äußern darf, sondern darum, dass diese Äußerung nicht vom Staat mit zur Kenntnis genommen wird. Art. 10 Abs. 1 GG stellt

---

[499] Vgl. BVerfGE 100, 313 (365).
[500] *Jarass*, in: Jarass/Pieroth, GG, Art. 10 Rn. 1
[501] *Hermes*, in: Dreier, GG, Art. 10 Rn. 22; wohl auch *Löwer*, in: v.Münch/Kunig, GG, Art. 10 Rn. 9; *Krüger*, in: Sachs, GG, Art. 10 Rn. 16. Das Bundesverfassungsgericht spricht ebenfalls von Grundrechten (so in BVerfGE 67, 157 (171))
[502] *Löwer*, in: v.Münch/Kunig, GG, Art. 10 Rn. 9.
[503] Der Begriff „Fernmeldegeheimnis" könnte inhaltlich gleichbedeutend durch den Begriff „Telekommunikationsgeheimnis" ersetzt werden. Vgl. die Neuformulierung bei Art. 73 Nr. 7 GG („Fernmeldewesen" – „Telekommunikation"); hierzu *Determann*, S. 461.
[504] BVerfGE 100, 313 (358); *BVerfG*, Urt. v. 12.03.2003, AfP 2003, S. 141.

einen Austausch von Meinungen zwischen Kommunikationspartnern ohne Kenntnisnahme Dritter sicher[505]. „Mit der grundrechtlichen Verbürgung der Unverletzlichkeit des Fernmeldegeheimnisses soll vermieden werden, dass der Meinungs- und Informationsaustausch mittels Fernmeldeanlagen deswegen unterbleibt oder nach Form und Inhalt anders verläuft, weil die Beteiligten damit rechnen müssen, dass staatliche Stellen sich in die Kommunikation einschalten und Kenntnis über die Kommunikationsbeziehungen oder Kommunikationsinhalte gewinnen."[506] Kommunikation in die Ferne bedarf im Regelfall der Einbeziehung eines Dritten. Dieser Dritte war – historisch betrachtet – fast ausnahmslos eine staatliche Einrichtung, die zudem eine Monopolstellung innehatte. Nimmt man die leicht nachvollziehbare Überlegung hinzu, dass der Staat der dauernden Versuchung ausgesetzt war, sein Postmonopol zur Befriedigung seines Informationsbedarfs zu instrumentalisieren, so wird die Regelungsbedürftigkeit des in Art. 10 GG abgedeckten Schutzbereiches ohne weiteres plausibel[507].

Der Schutz des Art. 10 Abs. 1 GG richtet sich gegen Eingriffe in die durch Telekommunikationsanlagen übermittelte Kommunikation. Bei der Nutzung von Telekommunikationseinrichtungen ist die Kommunikation besonderen Gefährdungen der Kenntnisnahme durch Dritte ausgesetzt und unterliegt deshalb einem besonderen Schutz[508]. Art. 10 Abs. 1 GG soll Gefahren für die Vertraulichkeit von Mitteilungen begegnen, die aus dem Übermittlungsvorgang einschließlich der Einschaltung fremder Übermittler entstehen[509]. Wie bereits oben dargelegt wurde, kommt nicht Art. 10 Abs. 1 GG, sondern Art. 2 Abs. 1 GG i. V. m. Art. 1 Abs. 1 GG (Schutz des gesprochenen Wortes) in Betracht, wenn die Vertraulichkeit durch einen der Kommunikationspartner gebrochen wird[510].

Das Grundrecht ist im Hinblick auf zukünftige elektronische Übertragungsmöglichkeiten dynamisch[511]. In seiner Direkt-Ruf Entscheidung[512] hat das Bundesverfassungsgericht den Begriff der Fernmeldeanlage, der auch für das Verständnis des Begriffs des Fernmeldewesens insgesamt von Bedeutung ist, in Bezug auf neue technische Einrichtungen ausgelegt. Es ist zu dem Ergebnis gekommen, dass der Begriff Fernmeldeanlagen nicht nur die bei Entstehung des Fernmeldeanlagengesetzes bekannte Arten der Nachrichtenübertragung umfasst, sondern auch neuartige Übertragungstechniken, sofern es sich um die körperlose

---

505 BVerfGE 67, 157 (171); *Krüger*, in: Sachs, GG, Art. 10 Rn. 10.
506 BVerfGE 100, 313 (359); *BVerfG*, Urt. v. 12.03.2003, AfP 2003, S. 141.
507 Vgl. auch BVerfGE 85, 386 (396).
508 *BVerfG*, ZUM-RD 2003, S. 57 (59).
509 BVerfGE 85, 386 (396).
510 S. oben Teil 4 I 1.
511 *Jarass*, in: Jarass/Pieroth, GG, Art. 10 Rn. 5; *Krüger*, in: Sachs, GG, Art. 10 Rn. 14; *Kloepfer*, Informationsrecht, § 3 Rn. 32; *Löwer*, in: v.Münch/Kunig, GG, Art.10 Rn. 9.
512 BVerfGE 46, 120.

Übertragung von Nachrichten in der Weise handelt, dass diese am Empfangsort wiedergegeben werden[513]. Zum geschützten Fernmeldeverkehr zählt der Telegramm-, der Telefon- und der Fernschreibverkehr, aber auch die Übertragung von Daten über Standleitungen zwischen Computern[514] und ähnlichen technischen Hilfsmitteln der Kommunikation, wie Teletext, Telefax und (ehemals) Bildschirmtext[515]. Die neueste Rechtsprechung des Bundesverfassungsgerichts bezieht neue Kommunikationsmöglichkeiten explizit in den Schutzbereich des Art. 10 Abs. 1 GG ein. „Der Schutz ist nicht auf die früher von der Deutschen Bundespost genutzten Technologien und angebotenen Fernmeldedienste (wie Telefon, Telefax oder Teletext) beschränkt, sondern umfasst sämtliche mit Hilfe der verfügbaren Telekommunikationstechniken erfolgenden Übermittlungen von Informationen. Auf die konkrete Übermittlungsart (etwa Kabel oder Funk, durch analoge oder digitale Vermittlung) und Ausdrucksform (etwa Sprache, Bilder, Töne, Zeichen oder sonstige Daten) kommt es nicht an. Mit Rücksicht auf die zwischenzeitlich erfolgte technische Entwicklung ist der früher üblich gewesene Begriff des Fernmeldewesens in anderen Bestimmungen des Grundgesetzes zwischenzeitlich durch den der Telekommunikation ersetzt worden (vgl. Art. 73 Nr. 7, Art. 87 f GG)."[516]

Allerdings ist bei der Zuordnung von neuen Kommunikationsvorgängen zum Schutzbereich des Art. 10 GG jeweils zu klären, ob es sich um Individual- oder Massenkommunikation handelt. Das Schutzziel der individuellen Kommunikation zeigt, dass Art. 10 GG nicht zum Tragen kommt, wenn die Übermittlung für die Öffentlichkeit bestimmt ist. Dies ist auch bei der Kommunikation über das Internet zu beachten und führt zur Frage der Abgrenzung der Schutzbereiche des Art. 5 Abs. 1 Satz 2 GG (elektronische Massenkommunikationsmittel) und des Art. 10 GG (elektronische Individualkommunikation), denn der Schutzbereich dieser Normen ist durch das Aufkommen der Neuen Medien unscharf geworden[517]. Auf die Abgrenzung von Individual- und Massenkommunikation wird sowohl anschließend als auch im Rahmen der Gesetzgebungszuständigkeiten näher eingegangen.

Darüber hinaus ist noch nicht abschließend geklärt, welchen Inhalt die Kommunikation haben muss, um vom Schutzbereich des Art. 10 Abs. 1 GG umfasst zu werden. Zwar macht Art. 10 Abs. 1 GG keinen Unterschied zwischen den „Kommunikationen privaten und anderen, etwa geschäftlichen Inhalten"[518].

---

[513] BVerfGE 46, 120 (143).
[514] BT-Drs. 13/2205, S. 6; *Krüger*, in: Sachs, GG, Art. 10 Rn. 14.
[515] *Kloepfer*, Informationsrecht, § 3 Rn. 32.
[516] BVerfG, ZUM-RD 2003, S. 57 (59).
[517] *Löwer*, in: v.Münch/Kunig, GG, Art. 10 Rn. 12; *Determann*, S. 461.
[518] BVerfGE 100, 313 (358).

Nach traditioneller Ansicht soll aber nur der Austausch von Nachrichten, Gedanken und Meinungen (Informationen) den grundrechtlichen Schutz genießen[519]. Angesichts der technischen Neuerungen und der Untrennbarkeit der Übermittlungsvorgänge müssen jedoch auch Bilder, Zeichen und jede Art sonstiger Daten in den Schutzbereich von Art. 10 Abs. 1 GG fallen. Es kann keinen Unterschied machen, ob jemand telefonisch von seinem letzten Urlaub berichtet, per E-Mail den letzten Urlaub schildert oder aber Urlaubsfotos einscannt und dann ebenfalls per E-Mail versendet. In allen Fällen wird ein vergleichbarer Inhalt, lediglich unterschiedlich rezipierbar, übertragen. Deshalb genießen nicht nur die traditionellen Sprachübermittlungsdienste in geschäftlicher wie privater Nutzung, sondern auch alle anderen Formen individueller Datenübermittlung und der „mittels der Fernmeldetechnik ausgetauschten Kommunikationen" den grundrechtlichen Schutz des Fernmeldegeheimnisses[520].

Im Rahmen der Untersuchung ist vorrangig darauf abzustellen, wie Art. 10 Abs. 1 GG den Inhalt von Kommunikation schützt. Geschützt ist vom Fernmeldegeheimnis in sachlicher Hinsicht der Inhalt der Kommunikation sowie das Ob und das Wie der elektronischen Kommunikation[521]. Ein Eingriff in das Fernmelderecht liegt immer dann vor, wenn staatliche Stellen sich ohne Zustimmung der Beteiligten Kenntnis von dem Inhalt oder den Umständen eines fernmeldetechnisch vermittelten Kommunikationsvorgangs verschaffen[522].

Der Schutz der Vertraulichkeit der Kommunikation setzt voraus, dass Kommunikation auch stattfinden kann. Wird von staatlicher Seite die Kommunikation gänzlich unterbunden, so soll daher der Schutzbereich des Art. 10 Abs. 1 GG nicht eröffnet sein[523]. Dies stößt jedoch auf Bedenken, wenn im Ergebnis der massivste Eingriff in die Kommunikation, nämlich die Verhinderung derselben, rechtlich leichter möglich wäre, als deren Überwachung, die dem Einzelnen immerhin noch die Möglichkeit bietet Informationen auszutauschen. Es soll daher bereits hier ein kurzer Exkurs gemacht werden, um die Frage zu klären, welche Grundrechte einschlägig sind, wenn der Staat elektronische Kommunikationsmittel (z. B. Telefon) sperrt, um anschließend die Schranken dieser Grundrechte anzureißen. In Betracht käme evtl. Art. 2 Abs. 1 GG und Art. 5 Abs. 1 Satz 1 GG[524]. Einschlägig ist zum einen Art. 5 Abs. 1 Satz 1 GG, wenn es sich

---

[519] BVerfGE 67, 157 (171); 100, 313 (358 f.).

[520] BVerfGE 100, 313 (358); *Hermes*, in: Dreier, GG, Art. 10 Rn. 36; *Jarass*, in: Jarass/Pieroth, GG, Art. 10 Rn. 5; BT-Drs. 13/2205, S. 6.

[521] *Jarass*, in: Jarass/Pieroth, GG, Art. 10 Rn. 5; BVerfGE 100, 313 (358).

[522] BVerfGE 100, 313 (366); *BVerfG*, Urt. v. 12.03.2003, AfP 2003, S. 141.

[523] *Jarass*, in Jarass/Pieroth, GG, Art. 10 Rn. 8; *Hermes*, in: Dreier, GG, Art. 10 Rn. 71 und 83; *Krüger*, in: Sachs, Art. 10 Rn. 40; *Löwer*, in: v.Münch/Kunig, Art. 10 Rn. 4.

[524] Weder in der Literatur noch in der Rechtsprechung scheint eine eindeutige Meinung darüber vorzuliegen, welches der beiden Grundrechte einschlägig ist. In Fällen der Überwachung

um die Äußerung von Meinungen handelt[525] und diese gerade über ein Kommunikationsnetz verbreitet werden sollen, denn das Grundrecht kommt allen Tätigkeiten zugute, die zur Informationsübermittlung und –verbreitung beitragen[526]. Handelt es sich um meinungsfreie Kommunikation, so verbleibt Art. 2 Abs. 1 GG als Auffanggrundrecht. Zum Teil soll bei der Unterbindung von Kommunikation nur Art. 2 Abs. 1 GG zur Anwendung kommen. In beiden Fällen ist jedoch zu beachten, dass die Schranken des Art. 5 Abs. 2 GG und Art. 2 Abs. 1 GG anders formuliert sind als Art. 10 Abs. 2 Satz 1 GG und insbesondere Art. 2 Abs. 1 GG eine weitgehende Einschränkbarkeit der allgemeinen Handlungsfreiheit, die sich letztlich nur am Verhältnismäßigkeitsgrundsatz messen lassen muss, vorsieht. Um einen gleichmäßigen und bestmöglichen Schutz des Fernmeldegeheimnisses zu erreichen, wäre es daher erforderlich, auch die Unterbindung der Kommunikation in den Schutzbereich des Art. 10 Abs. 1 GG zu ziehen.

Ein Fall des Art. 10 GG liegt jedoch dann nicht vor, wenn der Staat seinerseits lediglich keine Transportmöglichkeit schafft, da Art. 10 GG keinen Leistungsanspruch enthält, sondern rein abwehrrechtlich konzipiert ist[527]. Allerdings wird Art. 10 Abs. 1 GG auch eine objektiv-rechtliche Funktion zugesprochen, aus der sich ein staatlicher Handlungsauftrag zur Vorkehrung von Übergriffen nichtstaatlicher Dritter ergeben soll[528].

Ein weiterer Problemkreis liegt in der Anwendung des Art. 10 Abs. 1 GG im Rahmen der elektronischen Kommunikation, wenn man sich den Zugriff auf (zwischen-) gespeicherte Kommunikationsinhalte ansieht, da sich hier die Frage stellt, ob noch ein Fernmelde*verkehr* vorliegt, wie ihn Art. 10 GG fordert[529]. Nimmt man als Beispiel die Versendung eines E-Mails so kann dieser Vorgang in vier Teile zerlegt werden: der Kommunikator schreibt den Text und versendet ihn, die Nachricht wird auf der Mail-Box des Service-Providers des Empfängers zwischengespeichert, der Empfänger ruft die Nachricht ab und speichert sie

---

und Beschlagnahme von Briefen von Strafgefangenen an Familienmitglieder außerhalb der Haftanstalt sieht BVerfGE 30, 1 (14) einen Verstoß gegen Art. 5 Abs. 1 Satz 1 GG, wohingegen BVerfGE 57, 170 (177) die allgemeine Handlungsfreiheit in den Vordergrund rückt. Vgl. auch *Jarass*, in: Jarass/Pieroth, GG, Art. 10 Rn. 8 mit Verweis auf Art. 2 Rn. 30, 32 und auf Art. 5 Rn. 7. *Krüger*, in: Sachs, GG, Art. 10 Rn. 40.

525 Vgl. bereits BVerfGE 33, 1 (14) für den Fall, dass ein Brief eines Strafgefangenen angehalten wird.

526 *Jarass*, in: Jarass/Pieroth, Art. 5 Rn. 4.

527 *Hermes*, in: Dreier, GG, Art. 10 Rn. 71.

528 *BVerfG*, ZUM-RD 2003, S. 57 (59): „...Auftrag an den Staat, Schutz auch insoweit vorzusehen, als private Dritte sich Zugriff auf die Kommunikation verschaffen.“; *Kloepfer*, Informationsrecht, § 3 Rn. 30; *Krüger*, in: Sachs, GG, Art. 10 Rn. 21 ff.

529 Vgl. BVerfGE 100, 313 (358).

letztlich auf seinem eigenen PC. Fraglich ist, ob Art. 10 Abs. 1 GG den gesamten Vorgang schützt, oder lediglich die Teilbereiche, bei denen ein echter Übertragungsvorgang von einem Ort zu anderen (Fernmelde*verkehr*) stattfindet. Kann also der Staat während der Zwischenspeicherung oder der Endspeicherung auf den Kommunikationsinhalt zugreifen, ohne dass sich die Kommunikanten auf Art. 10 GG berufen können? Die dargestellten Probleme ergeben sich in ähnlicher Form auch beim Zusammenspiel von Telefon und Anrufbeantworter, Mobiltelefon und Voicebox des Telekommunikationsunternehmens sowie bei der Fax-Übertragung. Die Lösung ist meines Erachtens beim Kommunikationsbegriff zu suchen. Solange die Information vom Sendenden zum Empfänger auf dem Weg ist, muss Art. 10 Abs. 1 GG einschlägig sein, da es zufällig wäre, ob und wie oft der Kommunikationsinhalt zwischengespeichert oder sonst gelagert wird. Auch im Rahmen des Brief- und Postgeheimnisses, bei dem der Kommunikationsinhalt dauerhaft in körperlicher, also fassbarer Form vorliegt, wird der Kommunikationsinhalt während des gesamten Transportvorgangs von Art. 10 GG geschützt. Der Schutzbereich umfasst dabei auch das Postfach[530], das einem elektronischen Zwischenspeicher vergleichbar ist. Erst wenn der Inhalt den Empfänger erreicht hat, endet der Schutzbereich des Art. 10 GG. Dies muss auch für die elektronische Kommunikation gelten[531]. Für diese Auffassung sprechen auch die Aussagen des Bundesverfassungsgerichts im Urteil vom 14.7.1999[532] über den Umgang mit den durch die Überwachung gewonnenen Erkenntnissen. Klargestellt wurde hier, dass der Schutz des Art. 10 GG sich über den Eingriff in den Kommunikationsvorgang hinaus auch auf alle aus diesem gewonnenen Erkenntnisse, Daten, Aufzeichnungen usw. erstreckt, und zwar unabhängig davon, wo und bei wem sie sich befinden[533]. Weiter führt das Bundesverfassungsgericht in seinem Beschluss vom 9.10.2002 zur Reichweite des grundrechtlichen Schutzes des Art. 10 Abs. 1 GG aus, dass dieser nicht am so genannten Endgerät der Telekommunikationsanlage ende. Dem Schutzanliegen des Art. 10 Abs. 1 GG werde eine solche rein technisch definiert Abgrenzung angesichts der technischen Entwicklung und insbesondere der durch sie bedingten vielfältigen Konvergenzen der Übertragungswege, Dienste und Endgeräte nicht gerecht. Ob Art. 10 Abs. 1 GG vor Zugriffen auf Endgeräte Schutz biete, sei mit dem Blick auf den Zweck der Freiheitsverbürgung unter Berücksichtigung der spezifischen Gefährdungslage zu bestimmen[534]. Damit zeigt das Gericht, dass Art. 10 GG nicht beschränkt auf den eigentlichen Fernmeldeverkehr ist, sondern auch dann zur Anwendung kommen kann, wenn der Kommunikationsinhalt (evtl. bereits verkörpert) außerhalb des Übertragungsvorgangs abge-

---

530 BVerwGE 79, 110 (115).

531 Vgl. hierzu umfassend *Palm/Roy*, NJW 1996, S. 1793 ff.

532 BVerfGE 100, 313.

533 BVerfGE 100, 313 (359); zustimmend *Arndt*, NJW 2000, S. 48.

534 *BVerfG*, ZUM-RD 2003, S. 57 (60).

speichert vorliegt. Die Aussagen des Gerichts betrafen Sachverhalte, bei denen vorab Kenntnisse aufgrund der Überwachung eines Fernmelde*verkehrs* erlangt wurde, beim hier angesprochenen Problem ist jedoch der Zusammenhang zwischen Kommunikationsübertragung und Speicherung des Kommunikationsinhalts noch viel deutlicher erkennbar, da der Inhalt insoweit im Rahmen des Kommunikationsprozesses abgegriffen wird. Weiter spricht für einen Schutz des Kommunikationsinhalts auch während einer Zwischenspeicherung, dass der Grundrechtsschutz des Art. 10 GG allgemein nicht nur den Inhalt, sondern auch die Kommunikationsumstände mit umfasst[535]. Würden die Zwischenspeicherungen erfasst, um Kenntnis über die Kommunikationsumstände, d. h. letztlich eine Antwort auf die Frage wer wann mit wem kommuniziert, zu erhalten, so wäre der Schutzbereich des Art. 10 GG nach der Rechtsprechung des Bundesverfassungsgerichts eröffnet. Wenn aber „nur" der Inhalt während der Zwischenspeicherung zu Kenntnis genommen wird, kann nichts anderes gelten, da die Vertraulichkeit der Kommunikationsprozesse durch die Kenntnisnahme des Inhalts in höherem Maße betroffen ist, als wenn die Kommunikationsumstände erfasst werden. Dies folgt bereits daraus, dass bei der Überwachung des Inhalts in der Regel die Begleitumstände mit erfasst werden, während umgekehrt bei der Überwachung der Kommunikationsumstände der Kommunikationsinhalt gerade nicht aufgezeichnet wird.

Schon aus dem Schutzbereich heraus lässt sich hingegen erkennen, dass es bei Art. 10 Abs. 1 GG um den Schutz der Kommunikation vor Beobachtung geht. Regulierung der Kommunikation sind dem Schutzbereich der Norm wesensfremd und müssen von ihr auch gar nicht erfasst werden. Die Ordnung des Grundgesetzes verbietet nämlich grundsätzlich eine Einflussnahme auf individuelle Telekommunikations*inhalte* in Form der unmittelbaren Regulierung[536].

3. Die Abgrenzung der Schutzbereiche von Art. 5 Abs. 1 GG und Art. 10 Abs. 1 GG

Grundsätzlich kann sich jeder Bürger für seine Handlungen nebeneinander auf verschiedene Grundrechte berufen, es sei denn, eine speziellere Grundrechtsnorm geht bei der Beurteilung derselben Handlung rechtlich vor. Wie aus den obigen Ausführungen ersichtlich, fällt die Übertragung von elektronischer Individualkommunikation in den Schutzbereich des Art. 10 Abs. 1 GG, wenn es um den Schutz vor Beobachtung geht, wohingegen die Übertragung von elektronischer Massenkommunikation bzw. Kommunikation mit Öffentlichkeitsbezug grundsätzlich in den Schutzbereich des Art. 5 Abs. 1 Satz 2 GG fällt. Aber auch

535 BVerfGE 100, 313 (358).
536 BT-Drs. 13/2205, S. 6. Dazu näher bei den Schranken der Grundrecht, unten Teil 4 IV.

die Meinungsäußerungsfreiheit des Art. 5 Abs. 1 Satz 1 GG kann für die elektronische Individualkommunikation Bedeutung erlangen. Art. 5 Abs. 1 Satz 1 GG tritt jedoch als lex generalis hinter den spezielleren Art. 10 Abs. 1 GG zurück, soweit dessen Schutzbereich eröffnet ist[537].

Trotz der scheinbar klar bemessenen Abgrenzungsregelung zwischen Art. 10 Abs. 1 GG (nur bei Individualkommunikation) und Art. 5 Abs. 1 Satz 2 GG (nur bei Massenkommunikation bzw. Kommunikation mit Öffentlichkeitsbezug) bereitet die Abgrenzung der Schutzbereiche der Grundrechtsnormen zunehmend Schwierigkeiten. Wie noch an anderer Stelle gezeigt wird, tauchen immer dort, wo eine Abgrenzung der Individualkommunikation von der Massenkommunikation erforderlich wird, erhebliche (tatsächliche) Probleme auf, da die technischen Neuerungen auf dem Gebiet der Telekommunikation die Grenzen dieser beiden Kommunikationsformen gerade verschwimmen lassen[538].

Erstmals – und auch dieses wird unten in anderem Zusammenhang nochmals vor Augen geführt – traten Abgrenzungsschwierigkeiten bei der Einführung von Bildschirmtext auf. Seitdem wird versucht praktikable Abgrenzungskriterien zu finden. Als Unterscheidungsmerkmal wird die Allgemeinheit des Rezipientenkreises angesehen, d. h. die Zugänglichkeit einer auf den Weg gebrachten Information an die Allgemeinheit oder an einen größeren Teil der Bevölkerung[539]. Damit werden u. a. Telefax und bestimmte Nutzungsformen des Bildschirmtextes in den Schutzbereich des Fernmeldegeheimnisses einbezogen[540].
Allerdings wird auch dieses Kriterium in Zukunft schwerlich ausreichen, die Abgrenzung zu leisten, da gerade die Frage, ob sich ein Kommunikationsinhalt an die Allgemeinheit richtet oder nicht das Problem bereitet und hier die Abgrenzungskriterien „Individualkommunikation – Massenkommunikation" lediglich durch ein anderes, aber ähnliches Kriterium der „Allgemeinheit des Rezipientenkreises" ersetzt wird, ohne dass in der Sache damit eine Vereinfachung der Entscheidungsfindung eintritt[541]. Angesichts dieser Situation wird erwogen, es für den Schutz des Art. 10 Abs. 1 genügen zu lassen, wenn die Möglichkeit besteht, dass auf einem fernmeldetechnischen Übertragungsweg individuelle Kommunikationsvorgänge stattfinden[542]. Anderenfalls müsste jeweils nach dem Inhalt der konkret übermittelten Information differenziert werden[543], was aber

---

[537] *Schulze-Fielitz*, in: Dreier, GG, Art. 5 I, II Rn. 242.
[538] *Löwer*, in: v.Münch/Kunig, GG, Art. 10 Rn. 12; *Hermes*, in: Dreier, GG, Art. 10 Rn. 18 u. 34 f.; *Determann*, S. 108f.
[539] *Löwer*, in: v.Münch/Kunig, GG, Art. 10 Rn. 12 m.w.N.
[540] *Löwer*, in: v.Münch/Kunig, GG, Art. 10 Rn. 12.
[541] Vgl. auch *Hermes*, in: Dreier, GG, Art. 10 Rn. 35.
[542] *Hermes*, in: Dreier, GG, Art. 10 Rn. 35.
[543] So *Löwer*, in: v.Münch/Kunig, GG, Art. 10 Rn. 12, wenn nur bestimmte Nutzungsformen dem Schutzbereich des Fernmeldegeheimnisses zugeordnet werden.

der Schutzfunktion des Grundrechts zuwiderliefe, wenn erst nach Kenntnisnahme des Kommunikationsinhalts über dessen grundrechtlichen Schutz entschieden werden könnte[544]. Gerade diesen Weg schlägt aber das Bundesverfassungsgericht dann vor, wenn im Rahmen einer Fernmeldeüberwachung zu entscheiden ist, ob sich der Betroffene auch auf ein Mediengrundrecht berufen kann, weil der Kommunikationsvorgang als Informationsbeschaffung eine Vorbreitungshandlung zur Erstellung des Presse- oder allgemein Medienprodukts darstellt und deshalb dem Art. 5 Abs. 1 Satz 2 GG unterfällt[545]. Ob ein Fall des Art. 5 Abs. 1 Satz 2 GG tatsächlich vorliege, könne nur anhand des zur Kenntnis genommenen Inhalts entschieden werden. Dieses Argument des Bundesverfassungsgerichts kann hier jedoch nicht zur Anwendung kommen, denn die Frage nach der Anwendbarkeit des Art. 10 Abs. 1 GG ist vor der Frage zu klären, ob auch der Schutz des Art. 5 Abs. 1 Satz 2 GG greift. Würde man den Weg des Bundesverfassungsgerichts gehen, so könnte auf diese Weise der Schutzzweck des Art. 10 GG umgangen werden. Die Prüfungsreihenfolge ist daher zwingend mit den Kriterien des Art. 10 GG zu beginnen. Und hier ist zu fordern, dass im Zweifel Individualkommunikation anzunehmen ist, so dass der Eingriff in jedem Fall an Art. 10 Abs. 1 GG zu messen ist.

Dieses Beispiel zeigt, dass es trotz der scheinbar klar bemessenen Abgrenzung zu Überschneidungen im Schutzbereich des Art. 10 und des Art. 5 GG kommen kann. Dies trifft zu, wenn die in den Schutzbereich des Art. 5 Abs. 1 Satz 2 GG fallende Handlung gerade den Vorgang einer elektronischen Individualkommunikation darstellt, die ihrerseits von Art. 10 Abs. 1 GG geschützt ist.

Somit ist festzuhalten, dass zwar Art. 10 Abs. 1 GG die speziellere Vorschrift im Verhältnis zu Art. 5 Abs. 1 Satz 1 GG ist, wenn es um die Beobachtung des Inhalts bei elektronischer Kommunikation geht, nicht aber gegenüber den Medienfreiheiten des Art. 5 Abs. 1 Satz 2 GG. Dieser Befund deckt sich im Übrigen mit dem oben zu Art. 5 Abs. 1 GG gefundenen Ergebnis, dass Art. 5 Abs. 1 Satz 2 GG auch einschlägig sein kann, wenn keine Massenkommunikation, sondern ein individualkommunikativer Vorgang gegeben ist.

4. Die Gewährleistungen des Art. 2 Abs. 1 GG im Kommunikationsbereich

Die allgemeine Handlungsfreiheit ist nach herrschender Meinung als Auffanggrundrecht anzusehen. Sie greift ein, wenn kein spezielleres Grundrecht einschlägig ist. Wie oben gezeigt, unterscheidet sich die Kommunikation nach ihrem Adressatenkreis grob in Individualkommunikation und Massenkommunika-

---

[544] *Jarass*, in: Jarass/Pieroth, GG, Art. 10 Rn. 5; *Hermes*, in: Dreier, GG, Art. 10 Rn. 35.
[545] BVerfGE 100, 313 (365).

tion sowie nach ihrem Inhalt in Meinungskundgaben und den Austausch sonstiger, meinungsfreier Kommunikationsinhalte. Im ersten Teil dieses Gefüges bewegt sich die Abgrenzung der Schutzbereiche von Art. 5 Abs. 1 GG und Art. 10 Abs. 1 GG. Anhand dieser Merkmale ist auch der Anwendungsbereich des Art. 2 Abs. 1 GG abzumessen. Um den Anwendungsbereich der allgemeinen Handlungsfreiheit im Kommunikationsbereich besser erfassen zu können, soll daher mit einem Hilfsmittel gearbeitet werden. Bildet man eine Matrix mit den Achsen Meinungsinhalt der Kommunikation („Kommunikation mit Meinungsinhalt", „Kommunikation ohne Meinungsinhalt") einerseits und Kommunikationsform („Individualkommunikation", „Massenkommunikation") andererseits, wird schnell deutlich, dass Art. 2 Abs. 1 GG im Rahmen der elektronischen Kommunikation lediglich bei der meinungsfreien Kommunikation Bedeutung erlangen kann. Liegt Individualkommunikation vor, so schützt Art. 10 Abs. 1 GG die Kommunikation vor Beobachtung unabhängig davon, ob sie meinungsrelevant ist oder nicht. Beim Unterbinden von über elektronische Medien geäußerten Meinungen greift bei der Individualkommunikation Art. 5 Abs. 1 Satz 1 GG ein. D. h., dass bei der elektronischen Individualkommunikation Art. 2 Abs. 1 GG nur Bedeutung erlangen kann, sofern es um die Unterbindung von nicht meinungsrelevanter Kommunikation geht.

Im Bereich der Massenkommunikation sind folgende Überlegungen anzustellen: Art. 5 Abs. 1 Satz 2 GG schützt alle Arten von Massenkommunikation, allerdings nur, wenn sie meinungsbildend sind[546]. Art. 5 Abs. 1 Satz 2 GG schützt jedoch auch vor der Unterbindung der Kommunikation durch Regulierung. Im Bereich der Massenkommunikation kann daher Art. 2 Abs. 1 GG ebenfalls nur Anwendung finden, wenn eine Übertragung von Meinungen i. w. S. nicht nachgewiesen werden kann.

Als Ergebnis für den Anwendungsbereich des Art. 2 Abs. 1 GG bei der elektronischen Kommunikation kann daher festgehalten werden: Für Art. 2 Abs. 1 GG bleibt ein Bedürfnis, wenn es sich um meinungsfreie Massenkommunikation handelt oder wenn meinungsfreie Individualkommunikation unterbunden wird[547]. Allerdings kann Art. 2 Abs. 1 GG eine weitere Einschränkung erfahren, wenn der Kommunikationsinhalt geschäftlicher Natur ist und damit der Schutzbereich des Art. 12 Abs. 1 GG berührt ist.

Im Übrigen eröffnet Art. 2 Abs. 1 GG durch seinen weiten Anwendungsbereich einen Schutz gegen die Regulierung, Beobachtung und Bewertung von Kommunikationsinhalten.

---

[546] Vgl. dazu das Abgrenzungskriterium der Meinungsrelevanz bei der Gesetzgebungskompetenz unten.
[547] *Hermes*, in: Dreier, GG, Art. 10 Rn. 83.

5. Die Gewährleistungen des Art. 12 Abs. 1 Satz 1 GG bei der elektronischen Kommunikation - geschäftliche Kommunikation und Werbung

Obwohl Art. 12 Abs. 1 GG als spezielleres Grundrecht insbesondere der in Art. 2 Abs. 1 GG angesiedelten allgemeinen Handlungsfreiheit vorgeht, erfolgt die Darstellung des Schutzbereiches erst nach dieser, da Art. 12 Abs. 1 GG im Rahmen der elektronischen Kommunikation eher von untergeordneter Bedeutung ist. Insbesondere geben die Wirtschaftsfreiheiten wie die Gewerbefreiheit nach traditioneller deutscher Rechtsauffassung keine Befugnis, audiovisuelle Produkte oder Informationen in Form von *Rundfunk* zu verbreiten[548]. Für Dienste, die im verfassungsrechtlichen Sinne Rundfunk darstellen, sind ausgestaltende Maßnahmen des Gesetzgebers wegen der Spezialität des Art. 5 Abs. 1 Satz 2 GG nicht am Maßstab der Freiheit des Art. 12 Abs. 1 GG zu messen. Für die meinungsrelevante Kommunikation bietet bereits Art. 5 Abs. 1 Satz 1 GG einen ausreichenden Schutz. Die Vertraulichkeit der individuellen elektronischen Kommunikation wird für beruflich und geschäftliche Inhalte durch Art. 10 Abs. 1 GG gewährleistet[549].

Andererseits wird die Bedeutung des Art. 12 Abs. 1 Satz 1 GG für den Bereich der neuen Medien geradezu hervorgehoben. Dies allerdings deshalb, weil versucht wird, neue Kommunikationsarten gerade nicht dem Rundfunkbegriff anheim fallen zu lassen[550]. Als wirtschaftliche Kommunikationsdienste soll ihnen der Schutz der Wirtschaftsfreiheiten gewährt werden. Diese Frage führt sehr in die Nähe des verfassungsrechtlichen Rundfunkbegriffs und in den Bereich der Gesetzgebungskompetenzen. Hierauf soll erst weiter unten eingegangen werden.

Vom Schutzbereich des Art. 12 Abs. 1 GG sind alle berufsbezogenen Handlungen erfasst. Kommunikationsinhalte fallen insofern darunter, als sie sich auf die berufliche Betätigung der Kommunikationspartner beziehen. Zu den durch Art. 12 Abs. 1 GG geschützten berufsbezogenen Verhaltensweisen gehört auch die berufliche Außendarstellung der Grundrechtsträger, mit der den Nachfragern die erforderlichen Informationen für die Inanspruchnahme der Dienste und Waren vermittelt werden[551]. An Art. 12 Abs. 1 GG zu messen ist daher das Verbot, erworbene Kenntnisse und Fähigkeiten, die in rechtmäßig erlangten Titeln und Berufsbezeichnungen ihren Niederschlag gefunden haben im Berufsleben zu

---

[548] *Bullinger/Mestmäcker*, S. 69; a. A. Redeker, ZUM 1985, S. 549 ff.

[549] BVerfGE 67, 157 (172): „Es schützt den privaten und den geschäftlichen Fernmeldeverkehr."; BVerfGE 100, 313 (358); *BVerfG*, ZUM-RD 2003, S. 57 (59); *Hermes*, in: Dreier, GG, Art. 10 Rn. 83.

[550] Vgl. *Bullinger/Mestmäcker*, S. 69, 77ff.

[551] *BVerfG*, NJW 2003, S. 879.

benutzen[552]. Bedeutsam ist dies vor allem für die so genannten freien Berufe (Ärzte, Architekten, Rechtsanwälte, Steuerberater). Diese Berufsgruppen waren insbesondere in der Vergangenheit Einschränkungen hinsichtlich ihrer Außendarstellung unterworfen.

Der Schutz durch die Berufsfreiheit ist weiter bei der Werbung erforderlich, um einen grundrechtlichen Schutz zu gewährleisten, wenn das Grundrecht der Meinungsfreiheit ausnahmsweise nicht greift. Das Grundrecht der Meinungsfreiheit (Art. 5 Abs. 1 Satz 1 GG) kann für die Wirtschaftswerbung dann in Anspruch genommen werden, wenn die Werbung einen wertenden, meinungsbildenden Inhalt hat oder Angaben enthält, die der Meinungsbildung dienen[553]. Das Verlangen werbetreibender Firmen, Ihre Werbeaussagen über elektronische Medien zu verbreiten, kann nicht wegen mangelnder Wünschbarkeit solcher Meinungen abgewiesen werden[554]. Werden Unternehmen andererseits verpflichtet, fremde Meinungen im Zusammenhang mit Ihrer Werbung zu verbreiten (z.B. Warnhinweise in der Tabak-[555] und Heilmittelwerbung), so unterfällt dies allein dem Schutzbereich des Art. 12 Abs. 1 GG, sofern erkennbar ist, dass der Werbende hier eine fremde Meinung äußert[556].

Im Rahmen der „normalen" Kommunikation zwischen Geschäftspartnern wird eine Rückgriff auf Art. 12 Abs. 1 GG in der Regel nicht notwendig sein. Findet die Kommunikation unter Zuhilfenahme von elektronischer Übertragungstechnik statt, bietet bereits Art. 10 Abs. 1 GG einen Schutz für die Vertraulichkeit der Kommunikation. Das Recht am gesprochenen Wort wird weiter im Rahmen des allgemeinen Persönlichkeitsrechts durch Art. 2 Abs. 1 GG i. V. m. Art. 1 Abs. 1 GG umfassend geschützt[557]. Die Meinungsäußerungen sind darüber hinaus vom Schutzbereich des Art. 5 Abs. 1 Satz 1 GG erfasst.

Der umfassende Schutz des Einzelnen im Rahmen der Berufsfreiheit lässt sich sowohl gegen eine Regulierung, Beobachtung oder Bewertung der Kommunikation in Anspruch nehmen.

---

552 Mit Hinweis auf die Meinungsfreiheit allerdings BVerfGE 53, 96 (99).
553 BVerfGE 71, 162 (175), siehe bereits oben Teil 4 IV 1 a.
554 *Bullinger*, ZUM 1985, S. 128.
555 Vgl. die VO über die Kennzeichnung von Tabakerzeugnissen über Höchstmengen an Teer im Zigarettenrauch (TabKTHmV) vom 20.10.1991 (BGBl. I S. 2053), zuletzt geändert durch VO vom 8.3.1996 (BGBl. I S. 460).
556 BVerfGE 95, 173 (182 f.); dazu *Kloepfer*, Informationsrecht, § 3 Rn. 66.
557 Vgl. *BVerfG*, ZUM-RD 2003, S. 57 (60 f.).

6. Die Berufung Dritter auf den verfassungsrechtlichen Schutz des Kommunikationsinhalts

Die Frage, wer sich gegenüber dem Staat auf den Schutz von Kommunikationsinhalten durch die Grundrechte berufen kann (persönlicher Schutzbereich), wurde oben – ausgenommen bei der Rundfunkfreiheit – nicht weiter vertieft. Die angesprochenen Grundrechte dienen primär dem Schutz der Kommunikationspartner, also des Senders und des Empfängers von Kommunikation. So schützen die Meinungsäußerungsfreiheiten (Art. 5 Abs. 1 GG) denjenigen, der den Kommunikationsinhalt von sich an einen anderen übermitteln will, die Informationsfreiheit schützt den Empfänger. Der Schutz der Vertraulichkeit von Kommunikation (Art. 10 Abs. 1 GG) dient ebenfalls den Kommunikationspartnern, d. h. den Absendern von Briefen oder Teilnehmern an einem Telefongespräch[558]. Der Kommunikationsinhalt wird bei der elektronischen Kommunikation jedoch mindestens von einem technischen Dienstleister transportiert, teilweise auch in ein „Medium" eingebettet (z.B. Werbung im Rundfunk). Es soll daher erörtert werden, inwieweit Dritte, die nicht Schöpfer oder (Letzt-) Empfänger des Kommunikationsinhalts sind, sondern mit diesem auf andere Weise in Berührung kommen, sich auf die oben dargestellten Grundrechte berufen können.

a) Die Betreiber der „Medien"

Betreibt jemand ein elektronisches Kommunikationsmedium bzw. einen Kommunikationsdienst wie etwa einen Rundfunksender, so werden dort auch Inhalte Dritter übertragen, für die sich diese, wenn nicht auf die Rundfunkfreiheit, so doch auf die Meinungsäußerungsfreiheit des Art. 5 Abs. 1 Satz 1 GG berufen können (unter der Voraussetzung, dass der Meinungsbegriff des Grundgesetzes erfüllt ist). Als Beispiel mag hier ein Werbespot dienen. Wird dem Werbetreibenden untersagt, einen bestimmten Inhalt, z. B. wegen Verstoß gegen § 1 UWG, auszustrahlen, so stellt sich die Frage, ob auch der Betreiber des Mediums einen in der Untersagung liegenden Verstoß gegen Art. 5 Abs. 1 Satz 1 GG – neben dem ihm zustehenden Grundrecht aus Art. 5 Abs. 1 Satz 2 GG – rügen kann. Das Bundesverfassungsgericht hat hierzu in einem vergleichbaren Fall, in dem eine Werbekampagne in einem Presseerzeugnis verboten wurde, erkannt, dass sich auch „das Presseunternehmen auf eine Verletzung der Meinungsäußerungsfreiheit Dritter in einer gerichtlichen Auseinandersetzung berufen kann"[559]. Diese Aussagen müssen auch für die Anbieter elektronischer (Massen-) Medien gelten, da diese von Inhaltsverboten in gleicher Weise betroffen sein können. Es

[558] *Jarass*, in: Jarass/Pieroth, GG, Art. 10 Rn. 6.
[559] BVerfGE 102, 347 (359).

ist kein Grund ersichtlich hier zwischen Presse und allen übrigen in Art. 5 Abs. 1 Satz 2 GG enthaltenen Medien zu unterscheiden.

Ein Umkehrschluss dahingehend, dass auch demjenigen, der seine Meinung oder Aussage in einem Massenmedium verbreitet sehen möchte ohne selbst Betreiber dieses Massenmediums zu sein, eine Berufung auf ein Grundrecht aus Art. 5 Abs. 1 Satz 2 GG zu gestatten sei, ist hingegen nicht möglich. Wie oben gezeigt, schützt Art. 5 Abs. 1 Satz 2 GG die den einzelnen Vorgang der Meinungsäußerung übersteigende Bedeutung der Massenkommunikationsmittel für die freie individuell und öffentliche Meinungsbildung. Geht es um den konkreten Kommunikationsinhalt, wird eine Berufung auf das Grundrecht der Meinungsäußerungsfreiheit in Betracht kommen, so dass ein weitergehender Schutz nicht notwendig ist. Geht es hingegen um die Rahmenbedingen für das Massenkommunikationsmittel, ist der Vorgang nicht inhaltsbezogen. Den besonderen Gefahren, die einem Massenkommunikationsmittel durch staatliche Eingriffe drohen, ist dann nur der Betreiber ausgesetzt. Der Verfasser des zu verbreitenden Kommunikationsinhalts (z. B. Werbetreibender) ist hiervon nur mittelbar betroffen. Anders ist dies im obigen Fall, wenn dem Verfasser des Kommunikationsinhalts die Verbreitung desselben verboten wird, denn hier wird auch der Betreiber des Massenkommunikationsmittels unmittelbar vom Eingriff betroffen.

b) Die Betreiber der technischen Kommunikationsinfrastruktur

Bei der elektronischen Kommunikation sind zumeist Dritte mit technischen Dienstleistungen befasst, die die Kommunikation erst ermöglichen. Hierunter sind die Betreiber der Verteilnetze für Rundfunk sowie der Telefonkabelnetze und der Funknetze für die mobile Kommunikation zu verstehen. Auch Satellitenbetreiber sind mit Kommunikationsvorgängen befasst und könnten ein Interesse daran haben, sich um den Schutz der Kommunikationsinhalte vor staatlichen Eingriffen im weitesten Sinne zu bemühen. Bedeutsam kann dies z. B. im Hinblick auf § 87 TKG i. V. m. § 100 a StPO (Zugriff der Strafverfolgungsbehörden) werden. Eine Berufung auf die kommunikationsbezogenen Grundrechte scheint dabei nicht schlechthin ausgeschlossen zu sein. Insbesondere im Bereich des Fernmeldegeheimnisses sind die „Transportunternehmen" nicht selbst grundrechtsverpflichtet; der Abwehranspruch geht immer gegen den Staat[560]. Auch bei Art. 5 Abs. 1 GG gehen Abwehransprüche gegen den Staat und nicht gegen Dritte, sieht man einmal von der generellen Drittwirkung von Grundrechten in das Privatrecht hinein ab.

---

[560] *Hermes*, in: Dreier, GG, Art. 10 Rn. 42.

Beim Kabelnetzbetreiber, der Rundfunkprogramme über seine Netze vertreibt, wird schon seit längerem diskutiert, ob und wenn ja wie weit er sich auf die Rundfunkfreiheit – allerdings als eigenes Grundrecht – berufen kann[561], da er es ist, der die Rundfunkprogramme distribuiert und damit eine wesentliche (technische) Teilleistung im Prozess des Rundfunks übernimmt[562]. Hierbei geht es vor allem darum, in welcher Weise seine Interessen bei den von den Landesmedienanstalten ausgearbeiteten Kanalbelegungsvorgaben zu berücksichtigen sind. Die Bemühungen der Kabelnetzbetreiber um Programmverbreitungskompetenz und damit Marktmacht, führt zu der Frage, ob für die Zusammenstellung und Neupaketierung von Programmen im analogen wie im digitalen Bereich sowie für die Verschlüsselung und die Entschlüsselung von Programmen das Grundrecht der Rundfunkfreiheit in Anspruch genommen werden kann[563]. *Flechsig* verneint eine Einbeziehung der Tätigkeit der Kabelanlagenbetreiber in den Schutzbereich mit den Aussagen des Bundesverfassungsgerichts im Extra-Radio Beschluss[564], wonach nur der Programmveranstalter die Rundfunkfreiheit genießt[565]. Der Kabelanlagenbetreiber sei aber nicht als solcher anzusehen, da die Zusammenstellung fremder Programme nicht zur Herstellung einer eigenständigen neuen programmlichen Einheit führe[566]. Dieser Ansicht wird dann nicht mehr zu folgen sein, wenn der Kabelanlagenbetreiber aus einer Vielzahl von digitalen Musikprogrammen ein eigenes „zusammenschneidet“ (zeitlich partagiert) – die Rechte hierfür vorausgesetzt – und es seinen Kabelkunden als eigenes „Best-of-Musicchannel“-Programm anbietet. Hier können die einzelnen Teile der Musikprogramme als Zulieferungen angesehen werden. Der Kabelanlagenbetreiber trifft eine eigene Programmauswahl insoweit, als er entscheidet, welchen Programmteil er von welchem Musiksender wann einspeist. Im Mittelpunkt der Diskussion um die Möglichkeit des Kabelanlagenbetreibers sich auf die Rundfunkfreiheit zu berufen, die bei den Kanalbelegungsentscheidungen der Landesmedienanstalten zu berücksichtigen wäre, steht jedoch erkennbar die Frage, ob dem Kabelanlagenbetreiber die Berufung auf die Rundfunkfreiheit als *eigenes* Grundrecht zuzugestehen ist. Es geht nicht um die Frage, ob er sich auch auf die Rundfunkfreiheit des Programmveranstalters berufen kann. Auf eine nähere Erörterung des Streits der Grundrechtsträgerschaft des Kabelanlagenbetreibers bei der Kanalbelegung wird hier daher verzichtet.

---

561 Vgl. *Scholz*, Teilnehmerentgelt, S. 83 ff.; zu einfachrechtlichen Problemkreisen *Gounalakis*, Konvergenz der Medien, S. 99 ff.

562 Die Trägerschaft der Rundfunkfreiheit mit Hinweis auf die Vergleichbarkeit mit dem Pressegrossisten bejahend: *Scholz*, Teilnehmerentgelt, S. 85; verneinend: VG Bremen, AfP 1998, S. 536 f.

563 *Flechsig*, CR 1999, S. 336.

564 BVerfGE 97, 298 ff.

565 *Flechsig*, CR 1999, S. 336.

566 A. A. *Scholz*, Teilnehmerentgelt, S. 86.

Als Kommunikationsvermittler sind Netzbetreiber im weiteren Sinne nicht als Kommunikatoren (Sender und Empfänger) anzusehen, soweit sie den Kommunikationsinhalt Dritter an Dritte weiterleiten, da sie sich diesen nicht zu eigen machen. Die inhaltliche Neutralität der technischen Dienstleistung wird auch im umgekehrten Fall herausgestellt, wenn der Netzbetreiber sich mit dem Kommunikationsinhalt gar nicht identifizieren will, weil der Inhalt möglicherweise sittenwidrig ist. So soll der Telekommunikationsdienstleister im Falle so genannter „Premium-Rate“-Angebote (0190er-Sondernummern) nicht für die Inhalte der Dienste verantwortlich gemacht werden können, da er hierauf keinen Einfluss nehmen kann[567]. Zwar empfangen die technischen Dienstleister den Kommunikationsinhalt vom Sender (Telefonpartner, Rundfunkunternehmen), jedoch nur zu dem Zweck, dass sie den Inhalt an einen anderen (Empfänger) weiterleiten. Die Übermittler identifizieren sich gerade nicht mit der übertragenen Meinung und wollen auch nicht für deren Rechtmäßigkeit haften. Ein derartiger Übermittler äußert und verbreitet nicht „seine“ Meinung, sondern eine fremde. Er kommuniziert selbst nicht, sondern ermöglicht nur die Kommunikation anderer. Bereits oben wurde unter Bezugnahme auf die Warnhinweise in der Tabakwerbung und auf den Tabakverpackungen[568] darauf hingewiesen, dass hierfür keine Berufung auf das Grundrecht der Meinungsäußerungsfreiheit möglich sei, da dieses nur die Kundgabe der eigenen Meinung, aber nicht die Übermittlung der Meinung eines Dritten aufgrund öffentlich-rechtlichen Zwangs schütze. Diese Aussagen können auch hier zur Lösung herangezogen werden. Der technische Dienstleister übermittelt keine eigene Meinung, sondern lediglich den Kommunikationsinhalt Dritter. Dies geschieht zwar nicht aus öffentlichem Zwang heraus, sondern aufgrund privatrechtlicher Vereinbarung. Letztlich zeigt sich auch hier die „Entfernung“ des technischen Dienstleisters vom Kommunikationsinhalt, die ihn nicht schützenswert erscheinen lässt. Das Bundesverfassungsgericht hat andererseits in seiner Entscheidung zur strategischen Überwachung[569] angedeutet, dass sich auch die Post – damals noch technischer Dienstleister für den Fernmeldeverkehr (!) – auf das Fernmeldegeheimnis gegenüber anderen staatlichen Stellen berufen könne[570]. Das Gericht gibt hier allerdings keine nähere Begründung für diese Ansicht und die Umstände, für die dies gelten soll. Der Literatur ist die Begründung zu entnehmen, dass die mittelbare Grundrechtsträger-

[567] *BGH*, K&R 2002, S. 142 ff., mit Anm. *Schmittmann*, S. 145 f.

[568] Vgl. die Darstellung bei Art. 12 Abs. 1 GG, oben Teil 4 IV 8.

[569] BVerfGE 67, 157.

[570] BVerfGE 67, 157 (172), bestätigt in BVerfGE 85, 386 (396). Zustimmend *Krüger*, in: Sachs, GG, Art. 10 Rn. 11; ablehnend *Löwer*, in: v.Münch/Kunig, GG, Art. 10 Rn. 14; *Hermes*, in: Dreier, GG, Art. 10 Rn. 25.

schaft letztlich erforderlich sei, um dem Bürger effektiv vor staatlichen Zugriffen schützen zu können[571].

Die Frage nach der Möglichkeit für Dienstleister, sich auf die Kommunikationsgrundrechte zu berufen, ist letztlich nach dem Schutzzweck dieser Grundrechte zu beurteilen. Sinn und Zweck aller oben genannten speziellen Grundrechtsnormen ist es, den Meinungsbildungsprozess sowie die Vertraulichkeit der Kommunikation zu schützen. Staatliche Regulierungs- und Überwachungsmaßnahmen berühren die Vermittler aber gerade nicht in einem Interesse an der Vertraulichkeit ihrer Kommunikation oder an der freien Gestaltung des Kommunikationsinhalts. Eine Berufung auf die oben angesprochenen „Kommunikationsgrundrechte“ erscheint daher nicht von den Normen gedeckt. Sinn und Zweck der genannten Grundrechtsnormen setzen lediglich den Schutz des Inhaltssenders und des Empfängers voraus[572]. Auch vom Ergebnis her überzeugt diese Ansicht, denn im Kommunikationsprozess kann sich mindestens einer (Sender oder Empfänger) auf Grundrechte berufen, die auch den Inhalt der Kommunikation vor staatlichem Zugriff schützen. Die Möglichkeit, dass auch Dritten bei Zugriffen auf den Kommunikationsinhalt Grundrechte eröffnet werden, die primär diesen schützen, ist zu einem effektiven Grundrechtsschutz nicht erforderlich[573]. Soweit private Betreiber von Übermittlungsdiensten Grundrechte, die sich auf den Inhalt und die Umstände des konkreten Kommunikationsvorgangs beziehen, gegenüber staatlichen Eingriffen geltend machen können, stehen somit allenfalls deren Grundrechte aus Art. 12, 14 oder 2 Abs. 1 GG in Rede[574].

Hieraus kann sich allerdings eine mittelbare Berufungsmöglichkeit auf die Kommunikationsgrundrechte ergeben. Staatliche Eingriffe in die Freiheitsräume der Art. 12 Abs. 1 Satz 1 , 2 Abs. 1 Satz 1 GG sind nur dann mit dem Grundgesetz vereinbar, wenn sie auch in Bezug auf Dritte rechtmäßig sind. Deshalb kann ein Zugangsvermittler gegen eine staatliche Überwachung des Fernmeldeverkehrs geltend machen, dass der damit verbundene Eingriff in seine Berufsausübungsfreiheit rechtswidrig ist, da er gegen die Rechte seiner durch das Fernmeldegeheimnis geschützten Kunden verstößt. Dies zeigt nochmals, dass der Schutz Dritter gerade durch die kommunikationsbezogenen Grundrechte bzw. mit den kommunikationsbezogenen Ausprägungen der Grundrechte nicht für einen effektiven Grundrechtsschutz geboten ist. Es ist ausreichend, wenn sich die technischen Dienstleister auf den Schutz anderer Grundrechte berufen können.

---

[571] *Jarass*, in: Jarass/Pieroth, GG, Art. 10 Rn. 6; vgl. auch *Krüger*, in: Sachs, GG, Art. 10 Rn. 11; *Hermes*, in: Dreier, GG, Art. 10 Rn. 25 m. w. N.
[572] Ähnlich *Hermes*, in: Dreier, GG, Art. 10 Rn. 25.
[573] Im Ergebnis ebenso *Determann*, S. 445f.
[574] *Hermes*, in: Dreier, GG, Art. 10 Rn. 25; ähnlich *Determann*, S. 463.

IV. Die Schranken der maßgeblichen Grundrechte

Während es im vorangegangenen Teil darum ging, darzustellen, inwieweit der Inhalt der Kommunikation grundrechtlichen Schutz erfährt, geht es im Folgenden um die Zulässigkeit der Regulierung, Beobachtung und Bewertung von Kommunikationsinhalten im Bereich der Grundrechtsschranken. Keines der oben genannten Grundrechte wird schrankenlos gewährleistetet. Der herausgearbeitete Schutz vor Regulierung, Beobachtung und Bewertung von Kommunikationsinhalten ist daher erneut unter dem Gesichtspunkt der Grundrechtsschranken zu erörtern.

Zu beachten ist dabei, dass die Schranken der einer näheren Prüfung unterzogenen Grundrechte nicht gleich lautend sind. Die Einschränkbarkeit der elektronischen Kommunikation hängt daher entscheidend davon ab, welchen Grundrechtsschutz sie genießt, d. h. welches der genannten Grundrechte einschlägig ist. Auf die Abgrenzungsschwierigkeiten wurde dabei schon hingewiesen. Vorab soll allerdings auf die Frage der Ausgestaltung der Kommunikationsgrundrechte für „neue Telekommunikationsdienste" eingegangen werden. Hierbei handelt es sich nicht um eine Schrankenziehung im eigentlichen Sinne. Die Ausgestaltungsbefugnis verengt aber von Anfang an den Schutzbereich der Grundrechte, die nur in dem durch die Ausgestaltung zugestandenen Umfang zur Anwendung kommen.

1. Die Aussagen zum Ausgestaltungserfordernis neuer Kommunikationsformen

Bereits oben bei der Rundfunkfreiheit sowie der Pressefreiheit wurden hierzu Ausführungen gemacht, die sich allerdings nur auf die genannten Verbreitungsmedien bezogen. Für die Rundfunkfreiheit wird ein Ausgestaltungsvorbehalt für den „klassischen" Rundfunk allgemein bejaht. Für die Presse ist dies bei veränderten tatsächlichen Bedingungen nicht ausgeschlossen. Da auch im Rahmen der Ausgestaltung eine Regulierung von Kommunikationsinhalten enthalten sein kann, soll generell die Frage erörtert werden, ob alle Kommunikationsfreiheiten einem Ausgestaltungsvorbehalt unterliegen, bzw. ob ein solcher bei allen Massenmedien anzunehmen ist. Es ist daher klärungsbedürftig, ob bei neuen elektronischen (Massen-) Kommunikationsmitteln ein Ausgestaltungsvorbehalt besteht und wenn ja, wie weit dieser reicht.

Die Diskussion um die Ausgestaltung von Grundrechten beim Rundfunk und der Presse zeigt, dass unsere Rechtsordnung spezifisch medienrechtliche Einwirkungen nur bei Massenmedien kennt. Bei der Individualkommunikation ist Ausgestaltung nicht erforderlich und damit verfassungsrechtlich unzulässig. Individualkommunikation bedarf keiner Organisationsstruktur, keiner vielfaltsichernden Inhaltsvorgaben. Solche Vorgaben würden hier der Freiheit der Kommunikation geradezu widersprechen und würden ihr nicht dienen. Sie wären daher allein an den Schranken der betroffenen Grundrechte zu messen[575]. Unterfallen neuen Informations- und Kommunikationsdienste der Individualkommunikation, scheiden ausgestaltende Regelungen bereits von vorne herein aus. Damit zeigt sich erneut die Bedeutung der Unterscheidung zwischen Individualkommunikation und Massenkommunikation.

Gerade bei der Massenkommunikation und ihrer Bedeutung für die öffentliche Meinungsbildung soll die Ausgestaltung des Grundrechts dazu dienen, die Freiheit der Kommunikation zu gewährleisten[576]. Zum Teil wird daher in der Literatur angenommen, Art. 5 Abs. 1 Satz 2 GG enthalte für alle denkbaren Massenmedien bzw. für die öffentliche Kommunikation einen Ausgestaltungsvorbehalt[577]. Dieses Ergebnis wird u. a. mit einem weiten Rundfunkbegriff begründet[578]. Dieser umfasse sämtliche neuen elektronischen Kommunikationsdienste soweit sie sich an die Allgemeinheit richteten. Damit wird auch für die neuen Kommunikationsdienste, die als Rundfunk im Sinne der Verfassung anzusehen seine, das Ausgestaltungserfordernis bejaht. Nach anderer Auffassung habe der Gesetzgeber die Erreichung des Primärziels des Art. 5 Abs. 1 Satz 2 GG, die Ermöglichung freier individueller und öffentlicher Meinungsbildung, sicherzustellen. Dies könne nur durch die Ausgestaltung des Grundrechts erfolgen[579].

Bei der Frage nach dem Ausgestaltungsvorbehalt bei elektronischen Kommunikationsformen ist in zwei Schritten vorzugehen. Zum einen muss geklärt werden, ob tatsächlich für alle massenmedialen Kommunikationsformen ein Ausgestaltungsvorbehalt kraft Verfassungsrecht besteht. Wenn dies zu bejahen ist, muss weiter gefragt werden, ob der Ausgestaltungsvorbehalt in allen Fällen gleich zu bewerten ist oder ob eine gestufte (einfachrechtliche) Ausgestaltung genügt. Ausgangspunkt ist dabei die Rundfunkfreiheit und die Pressefreiheit, da in diesen beiden Fällen ein Ausgestaltungsvorbehalt angenommen bzw. disku-

---

575 *Funke*, in: Prinz/Peters, FS Engelschall, S. 148.

576 *Schulz/Jürgens*, S. 31. Zum Ziel der Ausgestaltung bei der Rundfunkfreiheit: *Determann*, S. 403; *Schulze-Fielitz*, in: Dreier, GG, Art. 5 I, II Rn. 183; *Jarass*, in: Jarass/Pieroth, GG, Art. 5 Rn. 38f.

577 *Hoffmann-Riem*, AfP 1996, S. 9; wohl auch *ders.* RuF 1995, S. 130; *Schulz*, ZUM 1996, S. 487 f.; *ders./Jürgens*, S. 32 und 160 f.; *ders./Held/Kops*, ZUM 2001, S. 626; *Schulze-Fielitz*, in: Dreier, GG, Art. 5 I, II Rn. 167; in diese Richtung auch *Gersdorf*, in: Prinz/Peters, FS Engelschall, S. 176, unklar aber S. 168; *Bethge*, in: Sachs, GG, Art. 5 Rn. 123 lehnt einen Ausgestaltungsvorbehalt zumindest bei der Filmfreiheit ab.

578 Zum Rundfunkbegriff näher unten.

579 *Schulz/Jürgens*, S. 31 f. und 161.

tiert wird. Grund für die Bejahung eines Ausgestaltungsvorbehalts bei Rundfunk und Presse ist die Bedeutung dieser Kommunikationsmedien für die öffentliche und individuelle Meinungsbildung sowie die schlechthin konstituierende Wirkung für eine demokratische Grundordnung. Als verfassungsrechtliches Kriterium für die Notwendigkeit ausgestaltender Regelungen wird die „Meinungsrelevanz" des betreffenden Angebots angesehen[580]. Dies reicht jedoch für einen Ausgestaltungsvorbehalt allein noch nicht aus. Hinzutreten muss noch eine Gefährdungslage für die jeweilige Freiheit, die gerade eine Ausgestaltung des Grundrechts zu dessen Schutz erfordert. Die Ausgestaltung hat vor allem das mit Art. 5 Abs. 1 Satz 2 GG verfolgte Ziel der freien individuellen und öffentlichen Meinungsbildung sicherzustellen. Das Erfordernis einer Gefährdungslage folgt aus der Ansicht, dass bei der Presse – die im Übrigen gleich bedeutsam für die öffentliche Meinungsbildung ist wie der Rundfunk – gerade kein Ausgestaltungsvorbehalt gefordert wurde, da eine Gefährdungslage für die Pressefreiheit bei der derzeitigen Struktur der privatwirtschaftlich organisierten Presse nicht bestehe.

Aus diesen Überlegungen ist der Schluss zu ziehen, dass ein Ausgestaltungsvorbehalt auch bei allen anderen elektronischen (Massen-) Kommunikationsmöglichkeiten (nur) gefordert werden muss, wenn diesen zum einen eine überragende Bedeutung für den öffentlichen Kommunikationsprozess in der demokratischen Gesellschaft zuerkannt werden kann und zum anderen die Freiheit dieses Kommunikationsprozesses ohne ausgestaltendes Gesetz gefährdet wäre[581]. Verfassungsrechtliche Anforderungen an die Sicherung der Freiheit, die das Bundesverfassungsgericht im Blick auf den herkömmlichen Rundfunk entwickelt hat, gelten für die neuartigen rundfunkähnlichen Kommunikationsdienste nur insoweit, wie sie ähnliche Gegebenheiten und Gefahren aufweisen[582]. Im Beschluss vom 24. März 1987 stellt das Bundesverfassungsgericht fest, dass es zur Gewährleistung freier individueller und öffentlicher Meinungsbildung auch bei den „rundfunkähnlichen Kommunikationsdiensten" im Sinne von § 1 Abs. 3 des Landesmediengesetzes Baden-Württemberg vom 16. Dezember 1985 der Schutzwirkung des Art. 5 Abs. 1 Satz 2 GG bedürfe[583]. Dieser Rechtsprechung kann durchaus die Auffassung entnommen werden, dass für sämtliche elektronische Massenkommunikationsmittel ein Ausgestaltungsvorbehalt bestehe[584].

---

580 *Schulz*, ZUM 1996, S. 487; *ders./Jürgens*, S. 161.

581 *Schulz/Jürgens* (S. 162) sprechen von „strukturellen Mängeln"; *Schulz/Held/Kops*, ZUM 2001, S. 622 und 628 f. von „Defiziten in der marktlichen Erbringung".

582 *Wendt*, in: v.Münch/Kunig, GG, Art. 5 Rn. 58; *Mecklenburg*, ZUM 1997, S. 535.

583 BVerfGE 74, 297 (350 f.)

584 A. A. *Kuch*, ZUM 1997, S. 226.

Umfassend beschäftigt sich *Gersdorf* für den Bereich der Teleshopping-Sender mit der aufgeworfenen Frage nach dem Ausgestaltungsvorbehalt[585]. Unter der Voraussetzung, dass es sich um Rundfunk im Verfassungssinne handelt[586], kommt *Gersdorf* zu dem Ergebnis, dass eine Ausgestaltung nicht *erforderlich* sei, da kein freiheitssichernder Regelungsbedarf bestehe[587]. Es seien keine kommunikationsbezogenen Schutzgüter durch die Veranstaltung solcher Dienste betroffen[588]. Der Regelungsbedarf von reinen Teleshoppingkanälen beruhe lediglich auf Gesichtspunkten, die ihren inneren Grund in der spezifischen Form dieses audio-visuellen Vertriebs, nicht aber in der Funktion der Kommunikationsfreiheiten (umfassende öffentliche und individuelle Meinungsbildung) haben. Erforderlich seien hier allein Regelungen zum Schutze von Rechtsgütern, die mit dem Grundrecht der Rundfunkfreiheit kollidieren, also Schrankengesetze im Sinne des Art. 5 Abs. 2 GG[589]. Damit wird ein Ausgestaltungsvorbehalt abgelehnt, weil eine der beiden Voraussetzungen nicht erfüllt sei.

Folgt man gleichwohl der Ansicht, dass ein Ausgestaltungsvorbehalt immer vorliegt, wenn es sich um Rundfunk im Sinne der Verfassung handelt, weil sowohl eine überragende Bedeutung für den öffentlichen Kommunikationsprozess als auch die Gefährdungslage grundsätzlich zu bejahen ist, so hat man auf der zweiten Ebene zu prüfen, welchen Umfang die Ausgestaltung annehmen muss bzw. darf. Das Verständnis von einem verfassungsrechtlich weiten Rundfunkbegriff zwingt nicht dazu sämtliche auf der verfassungsrechtlichen Ebene als Rundfunk einzuordnenden Kommunikationsformen einheitlichen Rahmenbedingen innerhalb des einfachen Rechts zu unterwerfen[590]. Anknüpfungspunkt für die hier mögliche variable Regelungsintensität ist nach der gegenwärtigen Verfassungslage das von den jeweiligen Diensten ausgehende Gefährdungspotential für den gesellschaftlichen Meinungsbildungsprozess. Die Meinungsrelevanz des Dienstes – dieses Kriterium wird auch bei den Kompetenznormen des Grundgesetzes aufgegriffen[591] – soll dafür maßgeblich sein, ob und in welchem Umfang einfachgesetzlichen Regelungen zum Schutz des Kommunikations- und Meinungsbildungsprozesses verfassungsrechtlich erforderlich sind (Prinzip der abgestuften Regelungsdichte)[592]. Auch wenn man sich einem weiten Rundfunkbegriff anschließt, wird man daher Multimediadienste nicht in derselben Weise wie den breitenwirksamen Fernsehfunk durch Ausgestaltungsgesetze regulieren dür-

[585] *Gersdorf*, Rundfunkfreiheit ohne Ausgestaltungsvorbehalt, S. 38, 40 ff.
[586] *Gersdorf*, Rundfunkfreiheit ohne Ausgestaltungsvorbehalt, S. 39.
[587] Ebenso *Gersdorf*, in: Prinz/Peters, FS Engelschall, S. 168.
[588] *Gersdorf*, Rundfunkfreiheit ohne Ausgestaltungsvorbehalt, S. 75 (dort 4.).
[589] *Gersdorf*, Rundfunkfreiheit ohne Ausgestaltungsvorbehalt, S. 76 (dort 5.).
[590] *Dittmann*, in: Dittmann/Fechner/Sander, Symposion Oppermann, S. 32 ff.
[591] siehe unten Teil 6 II. 3.
[592] *Kibele*, S. 58; *Dittmann*, in: Dittmann/Fechner/Sander, Symposion Oppermann, S. 36; *Schulz*, ZUM 1996, S. 487; *ders./Jürgens*, S. 161.

fen[593]. Nach *Gounalakis* liegt eine Ausgestaltung der Rundfunkordnung, die sich im Übrigen im Rahmen der von Art. 5 Abs. 1 Satz 2 GG gezogenen Grenzen des gesetzgeberischen Ausgestaltungsspielraums hält, bereits vor, wenn der Gesetzgeber einerseits zwischen klassischem Rundfunk und Mediendiensten, die dem Rundfunk zuzuordnen sind sowie sonstigen Mediendiensten unterscheidet und Letztere wegen ihrer geringeren Breitenwirkung und Suggestivkraft gegenüber dem klassischen Rundfunk weniger strengen rechtlichen Anforderungen unterwirft[594]. Damit gelangt man zu einem der Ansicht *Gersdorfs* vergleichbaren Ergebnis. Während man mit der Meinung *Gersdorfs* einen Ausgestaltungsvorbehalt insgesamt ablehnt, kommt man mit der zweiten Ansicht dazu, dass der Umfang der Ausgestaltungsregelungen auf Null reduziert sein kann.

Diese allgemeinen Überlegungen sind für alle neuen Kommunikationsmedien und –dienste anzustellen. Bei der Vielzahl der denkbaren Dienste würde es den Rahmen der Arbeit sprengen, wenn auch nur ansatzweise versucht würde, für einzelne Dienste die Prüfung des Vorliegens eines einfachgesetzlichen Ausgestaltungsvorbehalts durchzuexerzieren. Es soll hier daher mit der Darstellung der Problemlage sowie dem Aufzeigen der Prüfungsschritte sein Bewenden haben.

2. Art. 5 Abs. 2 GG

Nach Art. 5 Abs. 2 GG finden alle Kommunikationsfreiheiten des Art. 5 Abs. 1 Sätze 1 und 2 GG ihre Schranken in den Vorschriften der allgemeinen Gesetze, den gesetzlichen Bestimmungen zum Schutz der Jugend und dem Recht der persönlichen Ehre. Die Formulierung *„diese Rechte finden ihre Schranken"* könnte ein Hinweis darauf sein, dass die existierenden Gesetze bereits den Schutzbereich des Art. 5 Abs. 1 GG einschränken. Schrankenvorbehalte in anderen Grundrechtsnormen lautet dahingehend, dass die Grundrechte *beschränkt* werden, nicht aber, dass sie Schranken vorfinden. Mit einer solchen Ansicht würden die bestehenden Gesetze keine Beschränkungen der Meinungsfreiheiten darstellen und wären nicht mehr an Art. 5 Abs. 1 GG zu messen und nicht in deren Lichte auszulegen[595]. Gegen die Ansicht spricht, dass dann alle vor Erlass des Grundgesetzes bestehenden Gesetze den Freiheitsbereich des Art. 5 Abs. 1 GG begrenzt hätten. Diese Auslegung liegt bei den Erfahrungen, die in der nationalsozialistischen Diktatur im Umgang mit Meinungsfreiheiten gemacht wurden, nicht nahe. Gerade aus diesen Erfahrungen heraus, sollten die Meinungsfreihei-

[593] *Schulze-Fielitz*, in: Dreier, GG, Art. 5 I, II Rn. 78.
[594] *Gounalakis*, Konvergenz der Medien, S. 41; ähnlich *Gersdorf*, in: Prinz/Peters, FS Engelschall, S. 176.
[595] Vgl. BVerfGE 7, 198, 208.

ten umfassend gewährt werden. Dem kann nur eine Auslegung gerecht werden, die alle Beschränkungen am gewährten Freiheitsrecht misst[596].

Allgemeine Gesetz i. S. d. Art. 5 Abs. 2 GG sind Normen, die sich nicht gegen eine Meinung, eine Information oder eine Informationsquelle (z. B. Rundfunk, Presse) als solche richten, sondern dem Schutz eines vorrangigen Gemeinschaftswertes dienen[597]. Die meinungsneutrale Begrenzung der Meinungsfreiheiten (i.w.S.) ist dabei einleuchtend: Das Grund- und Menschenrecht der Redefreiheit erlaubt es nicht, fremdes Eigentum zu verletzen[598], Verträge zu brechen oder den Straßenverkehr zu behindern oder zu gefährden; das gilt ohne Rücksicht auf den Inhalt der Äußerung[599]. Sowohl zahlreiche öffentlich-rechtliche (inkl. strafrechtliche) Normen[600], als auch Normen des Zivilrechts einschließlich der allgemeinen Rechtsgrundsätze der Vertragsordnung, sind nach herrschender Auffassung zulässige „allgemeine Gesetze" im Sinne des Art. 5 Abs. 2 GG und wirken regulierend auf den Kommunikationsinhalt[601]. Die höchstrichterliche Rechtsprechung hat allerdings fast ausnahmslos auch meinungsbeschränkende Gesetze als „allgemeine Gesetze" im Sinne des Art. 5 Abs. 2 GG qualifiziert[602]. *Kübler* sieht eine Tendenz der Rechtsprechung des Bundesverfassungsgerichts, meinungsspezifische Regelungen, d. h. Gesetze, die eine bestimmte Botschaft mit Sanktionen belegen, zunehmend kritisch zu bewerten und damit das Merkmal „allgemeine Gesetze" enger auszulegen[603]. Als Beispielsfall nennt *Kübler* hier die Benetton-Entscheidung des Bundesverfassungsgerichts[604], in der die Auslegung der Wettbewerbsregeln für die Werbung durch den Bundesgerichtshof als nicht durch Art. 5 Abs. 1 GG gedeckt angesehen wurde. Mit dem Erfordernis der Allgemeinheit soll standpunktspezifisches Sonderrecht gegen den Prozess freier Meinungsbildung ausgeschlossen werden, das die geistige Wirkung von Meinungsäußerungen zu unterbinden sucht[605]. Beschränkungen der Meinungsfreiheiten sind daher zulässig, wenn sie auf einem Gesetz beruhen, das den verfassungsrechtlichen Anforderungen entspricht und außerdem unter Beachtung der wertsetzenden Bedeutung von Art. 5 Abs. 1 GG ausgelegt und angewendet worden ist[606]. Die allgemeinen Gesetze sind nach der Rechtsprechung

---

[596] *Wendt*, in: v.Münch/Kunig, GG, Art. 5 Rn. 68.
[597] BVerfGE 7, 198 (209 f.); 71, 206 (214).
[598] Z. B. Wahlplakate des Mieters am Balkon, vgl. BVerfGE 7, 230.
[599] *Kübler*, AfP 2002, S. 280.
[600] Vgl. *Schulze-Fielitz*, in: Dreier, GG, Art. 5 I, II Rn. 142 ff.
[601] *Kloepfer*, Informationsrecht, § 3 Rn. 68.
[602] Vgl. Nachweise bei *Wendt*, in: v.Münch/Kunig, Art. 5 Rn. 74 dort Stichwort „Strafgesetze"
[603] *Kübler*, AfP 2002, S. 280.
[604] BVerfGE 102, 347 (358 ff.).
[605] *Betghe*, in: Sachs, GG, Art. 5 Rn. 143.
[606] Vgl. *Grimm*, NJW 1995, S. 1700.

des Bundesverfassungsgerichts mit Blick auf die besondere Bedeutung der Kommunikationsfreiheiten im Rahmen einer Abwägung im konkreten Einzelfall verfassungskonform dahingehend auszulegen, dass die Kommunikationsfreiheiten möglichst wenig beeinträchtigt werden (Wechselwirkungstheorie)[607]. Die Abwägung im Einzelfall kann ausnahmsweise dazu führen, dass auch solche Gesetze als verfassungsmäßig anzusehen sind, die nicht als „allgemeine Gesetze" bezeichnet werden können, weil sie eine bestimmte inhaltliche Äußerung verbieten und damit gerade nicht meinungsneutral sind. So stellt etwa § 86 Abs. 1 Nr. 4 StGB[608] die Verbreitung von nationalsozialistischer Propaganda unter Strafe und ist damit gegen einen bestimmten Meinungsinhalt gerichtet. Die Rechtfertigung solcher Eingriffe in die Kommunikationsfreiheit wird hier im Vorrang des Schutzes der freiheitlich demokratischen Grundordnung und des Gedankens der Völkerverständigung gesehen[609].

Keine allgemeinen Gesetze i. S. d. Art. 5 Abs. 2 GG stellen nach Ansicht des Bundesverfassungsgerichts rundfunkgesetzliche Regelungen, wenn sie sich gezielt gegen öffentlich-rechtliche Landesrundfunkanstalten wendeten[610]. Ihnen fehle die „persönliche Allgemeinheit"[611]. Solche Gesetze sind damit nicht mit Art. 5 GG vereinbar. Das Bundesverfassungsgericht hat hieraus aber nicht den Schluss gezogen, dass Rundfunkgesetze gegen Art. 5 Abs. 2 GG verstießen, die sich gezielt gegen private Veranstalter richteten. Im Gegenteil hält es auch weiterhin spezielle Regelungen und Beschränkungen des privaten Rundfunks für erforderlich[612].

Weiterhin stellen Ausgestaltungsregelungen[613] keine allgemeinen Gesetze i. S. d. Art. 5 Abs. 2 GG dar. Bundesverfassungsgericht und h. L. differenzieren hinsichtlich der Schranken der einzelnen Kommunikationsfreiheiten des Art. 5 GG, insbesondere bzgl. Satz 1 und Satz 2 des Art. 5 Abs. 1 GG[614]. Neben den Schranken des Art. 5 Abs. 2 GG, die für alle Kommunikationsfreiheiten gelten, stehen nach der Rechtsprechung des Bundesverfassungsgerichts die Medienfreiheiten, insbesondere die Rundfunkfreiheit unter einem parlamentarischen Aus-

---

607 St. Rspr. seit BVerfGE 7, 198 (209 f.); vgl. *Wendt*, in: v.Münch/Kunig, GG, Art. 5 Rn. 75 ff.
608 Siehe oben Teil 3 I 1 a.
609 *Wendt*, in: v.Münch/Kunig, GG, Art. 5 Rn. 78.
610 BVerfGE 74, 297 (336).
611 BVerfGE 74, 297 (336).
612 BVerfGE 90, 60 (90f.); 87, 181 (199); 74, 297 (355 ff.).
613 Dazu bereits oben Teil 4 III 1 a bb und cc sowie IV 1.
614 *Determann*, S. 403.

gestaltungsvorbehalt[615]. Ausgestaltende Regelungen stellen dabei von vorneherein keinen Eingriff dar.

Neben den allgemeinen Gesetzen können auch speziell auf das Verbot bestimmter Meinungen oder Medieninhalte gerichtete Gesetze die Kommunikationsinhalte beschränken, wenn sie dem Schutz der Jugend oder der persönlichen Ehre dienen[616]. Solche Gesetze weisen einen unmittelbar kommunikationsregulierenden Charakter auf. Exemplarisch kann dies anhand der Normen des Strafgesetzbuches[617] aufgezeigt werden. Zwar werden diese – wie oben dargelegt – bislang noch wegen der vom Bundesverfassungsgericht zugelassenen Einzelfallprüfung als allgemeine Gesetze angesehen bzw. behandelt. Da dies jedoch Ausnahmecharakter haben muss, ist vorab zu prüfen, ob sich meinungsbezogene Eingriffe nicht aufgrund der anderen in Art. 5 Abs. 2 GG genannten Schranken rechtfertigen lassen. So stellt z. B. das Pornographieverbot für den Rundfunk (§ 184 Abs. 2 StGB) eine meinungsbezogene Einschränkung dar. Damit kann es grundsätzlich kein „allgemeines Gesetz" im Sinne des Art. 5 Abs. 2 GG sein. Vielmehr handelt es sich hierbei um eine gesetzliche Regelung zum Schutz der Jugend[618]. Ob ohne die ausdrückliche Benennung des Jugendschutzes als zulässige Schranke i. S. d. Art. 5 Abs. 2 GG eine Einzelfallabwägung wie bei § 86 StGB auch zum Ergebnis gelangen könnte, dass der Jugendschutz als verfassungsrechtlich anerkanntes Ziel der Meinungsäußerungsfreiheit vorgehe, erscheint fraglich.

Zusätzlich zu den in Art. 5 Abs. 2 GG selbst genannten Voraussetzungen (allgemeines Gesetz, Gesetz zum Schutz der Jugend oder zum Schutz der persönlichen Ehre) hat der Eingriff in Kommunikationsfreiheiten den Verhältnismäßigkeitsgrundsatz zu beachten[619]. Das Bundesverfassungsgericht setzt den Verhältnismäßigkeitsgrundsatz bei den „allgemeinen Gesetzen" durch die anzuwendende Wechselwirkungstheorie um. Danach hat – wie bereits angedeutet – jeder Eingriff, der grundsätzlich die Voraussetzungen des Art. 5 Abs. 2 GG erfüllt, in besonderem Maße die Bedeutung der Kommunikations- und Meinungsäußerungsfreiheiten zu beachten. So ist darauf abzustellen, dass Rundfunk, Presse bzw. allgemein die Massenkommunikationsmittel eine „dienende" Aufgabe wahrnehmen und insgesamt größere Auswirkungen mit ihrem Inhalt zeitigen können. Die Beeinträchtigungen für den Einzelnen (z. B. Rufschädigung) durch die Massenmedien sowie die unkontrollierbare Rezipierbarkeit (Jugendschutz !)

---

615 *Hoffmann-Riem*, AfP 1996, S. 9; *Gersdorf*, Rundfunkfreiheit ohne Ausgestaltungsvorbehalt, S. 9, 30 ff. Siehe bereits oben Teil 4 III 1.
616 BVerfGE 90, 241 (251).
617 Siehe oben Teil 3 I 1.
618 *Albrecht/Hotter*, S. 23 ff., 31 ff.
619 *Ricker*, AfP 1997, S. 590; vgl. BVerfGE 77, 346 (356); 30, 336 (353) für den Jugendschutz.

und die Möglichkeit der Beeinflussung der breiten Öffentlichkeit rechtfertigen dann strengere Regulierungen zum Schutz der Rechte Dritter. Individualkommunikation hingegen wird primär zur Persönlichkeitsverwirklichung des Einzelnen geschützt. Menschliche Existenz ist auf Gesellschaft und Gemeinschaft angewiesen, die sich im Gespräch, in der kommunikativen Interaktion, im ständigen Austausch der Eindrücke, Meinungen, Gedanken, Wünsche und Bedürfnisse konstituiert. In diesem menschenrechtlichen Kernbereich wird die Meinungs- und Redefreiheit als Element höchstpersönlicher Autonomie und Integrität primär um ihrer selbst willen geschützt. Das Recht auf freie Individualkommunikation darf somit nicht aus Gründen sozialer Zweckmäßigkeit, sondern nur zum Schutz gleichrangiger Verfassungsgüter beschränkt werden[620]. Darüber hinaus sind die mit der Individualkommunikation zu erzielenden Auswirkungen auf die Rechte Dritte und die Möglichkeit der Beeinflussung der Öffentlichkeit vergleichsweise gering. Demnach verbietet sich nach der Wechselwirkungstheorie eine umfassende Regulierung und Einschränkung. Im Bereich der Individualkommunikation ist somit zu differenzieren. Findet die Kommunikation nur zwischen zwei oder wenigen Kommunikationspartnern statt und sind die Möglichkeiten der Kommunikation bereits aus der Natur der Sache, bzw. von der Technik her begrenzt (Gespräch unter Anwesenden, Telefongespräch, SMS), da außer gesprochenen Worten oder wenigen geschrieben Worten nichts an Inhalten übertragen werden kann, so ist eine Einschränkung lediglich durch eine mittelbare Regulierung zum Schutz der Kommunikationspartner oder einzelner vom Kommunikationsinhalt Betroffener zulässig. Alles andere würde der Grundsatzentscheidung der Verfassung für eine freie Kommunikation zuwiderlaufen. Findet die Individualkommunikation jedoch mittels einer Technik statt, die auch die Übertragung von weiteren Kommunikationsinhalten (Bilder, Bewegtbilder) erlaubt, wie etwa die Mitteilung per Fax oder per E-Mail, besteht darüber hinaus auch ein Bedürfnis zum Schutz von Dritten, die bei der Herstellung von Kommunikationsinhalten „mitgewirkt" haben. Unter Anwendung der Wechselwirkungstheorie kann damit auch eine unmittelbare Regulierung in Form von Inhaltsverboten gerechtfertigt sein (vgl. etwa § 184 Abs. 1 und 3 StGB – Verbot der Verbreitung pornografischer Schriften).

Neben der Frage nach der Regulierung von Kommunikationsinhalten im Rahmen des Art. 5 Abs. 2 GG ist auch die nach der Zulässigkeit der Inhaltsbeobachtung zu stellen. Diese ist indes nicht so leicht zu beantworten. Elektronische Kommunikation im Individualbereich ist primär nach Art. 10 Abs. 1 GG geschützt, der Art. 5 Abs. 1 Satz 1 GG als lex specialis vorgeht. Art. 10 Abs. 1 GG will jedoch gerade vor der Beobachtung der Kommunikation schützen. Dieser besondere Schutz durch Art. 10 Abs. 1 GG lässt erkennen, dass für die Beobach-

620 *Kübler*, in: Badura/Scholz, FS Lerche, S. 650 f.

tung der Individualkommunikation im Rahmen der Schranken des Art. 5 Abs. 2 GG kein Raum bleiben kann.

Art. 5 Abs. 2 GG erlangt jedoch bei den Massenmedien des Art. 5 Abs. 1 Satz 2 GG an Bedeutung im Rahmen der Beobachtung der Kommunikation. Wie oben dargestellt wurde, fällt auch der Schutz vor Beobachtung in den Umfang des Schutzbereiches des Art. 5 Abs. 1 Satz 2 GG. Die zulässigen Schrankenbestimmungen können jedoch vorsehen, dass die zuständige Stellen zur Überwachung der aufgestellten, kommunikationsregulierenden Normen den Inhalt der Kommunikation auch zur Kenntnis nehmen können[621].

Fraglich ist, ob neben den in Art. 5 Abs. 2 GG explizit genannten Schranken auch kollidierende Grundrechte Dritter und andere mit Verfassungsrang ausgestattete Rechtsgüter die Freiheiten des Art. 5 Abs. 1 Sätze 1 und 2 GG einschränken. Diese Argumentationsformel verwendet das Bundesverfassungsgericht, um bei textlich vorbehaltlosen Grundrechten wie etwa Art. 5 Abs. 3 GG, die aus Gründen der Einheit der Verfassung dennoch unumgängliche Schrankenbedürftigkeit dieser Grundrechte verfassungsrechtlich zu belegen. Für die Pressefreiheit wurde ein solcher Ansatz vom Gericht bereits angedacht[622].

Diesem Gedanken der Einführung zusätzlicher Schranken könnte man insbesondere dann verfallen, wenn man sich die Parabolantennen-Entscheidungen der Rechtsprechung[623] ansieht. Das Informationsrecht des Mieters, der Rundfunkprogramme mittels Satellitenempfangsanlage empfangen möchte, kann durch das Eigentumsrecht des Vermieters geschmälert sein. Mithin findet hier ein Grundrecht aus Art. 5 Abs. 1 GG seine Schranken in einem entgegenstehenden Grundrecht. Es handelt sich um den Fall des Grundrechtsausgleichs bei entgegenstehenden Grundrechten. Zu beachten ist jedoch, dass die Einschränkung des Informationsgrundrechts hier nicht durch den Gesetzgeber erfolgt, wie dies von Art. 5 Abs. 2 GG für die allgemeinen Gesetze und die gesetzlichen Bestimmungen zum Schutz der Jugend vorgesehen ist, sondern die widerstreitenden Grundrechte in die Zivilrechtsverhältnisse hineinreichen. Bei der Frage, ob der Staat in Gestalt des Gesetzgebers eine Einschränkung der in Art. 5 Abs. 1 GG verbürgten Freiheit vornehmen kann, hilft die Argumentation mit den angesprochenen Parabolantennen-Entscheidungen daher nicht weiter. Vielmehr ist davon auszugehen, dass, wenn ein Grundrecht explizite Schranken nennt und dabei auch ein kollidierenden Grundrecht Dritter (hier der persönlichen Ehre) einbezieht, eine

[621] Vgl. Gemeinsame Stelle Jugendschutz und Programm der DLM

[622] BVerfGE 66, 116 (136), ebenso BVerwGE 87, 37 (45 f.); Kritisch dazu *Bethge*, in: Sachs, GG, Art. 5 Rn. 175.

[623] *BVerfG*, NJW 1995, S. 1665; NJW 1994, S. 2143; NJW 1993, S. 1252; *BayObLG*, NJW 1995, S. 337; *OLG Karlsruhe*, NJW 1993, S. 2815; *OLG Düsseldorf*, NJW 1994, S. 1163.

weitere Einschränkung aus anderen Gründen nicht zulässig sein soll und kann[624]. Von diesem Grundsatz erscheint lediglich dann eine Ausnahme möglich, wenn bei einem Sachverhalt der Kommunikation etwa auch die Kunstfreiheit einschlägig sein kann, da dann deren Schranken auf diesem Wege Bedeutung erlangen können. Allerdings geht bereits bei der Prüfungsstufe des Schutzbereiches die Kunstfreiheit des Art. 5 Abs. 3 Satz 1 GG den allgemeinen Meinungsäußerungsfreiheiten des Art. 5 Abs. 1 Satz 1 GG als lex specialis vor[625], sodass die Schranken des Art. 5 Abs. 2 GG hier gar nicht mehr zu Anwendung kommen. Im Übrigen müsste man, um nicht zu einer Aushöhlung der Kunstfreiheit zu gelangen sagen, dass aufgrund eines effektiven Grundrechtsschutzes die für das jeweilige Grundrecht „günstigeren" Schranken zur Anwendung kommen müssen, und damit auch auf diesem Weg die Schranken des Art. 5 Abs. 2 GG entfallen. Die Frage, ob *neben* den Schranken des Art. 5 Abs. 2 GG auch andere Schranken denkbar sind, müsste verneint werden.

Das Bundesverfassungsgericht zieht unbenannte Schranken in Art. 5 Abs. 1, 2 GG ein, wenn es im Rahmen einer Einzelfallprüfung auch solche Gesetze als „allgemeine Gesetze" i. S. d. Art. 5 Abs. 2 GG ansieht bzw. wie solche behandelt, die sich zwar gegen eine bestimmte Meinung richten aber aufgrund des Vorrangs des Schutzes der freiheitlich demokratischen Grundordnung oder des Gedankens der Völkerverständigung gegenüber der Meinungsäußerungsfreiheit durchsetzen müssten. Allerdings werden wegen des Ausnahmecharakters dieser Beschränkungen hier nicht alle verfassungsrechtlich geschützten Positionen und Interessen der Meinungsäußerungsfreiheit vorzuziehen sein, so dass auch bei Berücksichtigung der Rechtsprechung des Bundesverfassungsgerichts nicht sämtliche Grundrechte Dritter oder andere mit Verfassungsrang ausgestattete Rechtsgüter Schranken für die Meinungsäußerungsfreiheit aufbauen können.

Zusammenfassend kann festgestellt werden, dass Inhaltsregulierung verfassungsrechtlich im Bereich des Art. 5 GG grundsätzlich zulässig ist. Dies gilt sowohl für die Individualkommunikation als auch für die Massenkommunikation. Im Rahmen der Individualkommunikation ist dies aufgrund des anzuwendenden Verhältnismäßigkeitsgrundsatzes weitgehend auf repressive Maßnahmen beschränkt. Repressive Maßnahmen und damit die Bewertung des Kommunikationsinhalts sind damit sowohl bei der Individualkommunikation als auch bei der Massenkommunikation zulässig. In beiden Kommunikationsformen können Verstöße gegen das Recht der persönlichen Ehre (z. B. Beleidigung) geäußert werden, ebenso sind Verstöße gegen allgemeine Gesetze denkbar, die strafrecht-

---

[624] So *Bethge*, in: Sachs, GG, Art. 5 Rn. 176; *ders.*, in: BLM (Hrsg.), Symposion Medienrecht 2001, S. 65 m. w. N. lässt die Frage hier dahinstehen; a. A. *Di Fabio*, Der Schutz der Menschenwürde durch Allgemeine Programmgrundsätze, S. 69 f.

[625] BVerfGE 81, 278 (291); 75, 369 (377); 67, 213 (227 f.).

liche Konsequenzen nach sich ziehen (z. B. Offenbarung von Staatsgeheimnissen, § 95 StGB: „... gelangen lässt oder öffentlich bekannt macht ...").

Staatliche Inhaltsbeobachtung kann für die elektronische Individualkommunikation nicht auf Art. 5 Abs. 2 GG gestützt werden, da Art. 5 Abs. 1 Satz 1 GG nicht gegen Inhaltsüberwachung bei der elektronischen Kommunikation schützt. Für die Massenkommunikation bietet Art. 5 Abs. 2 GG hingegen den richtigen Anknüpfungspunkt, wenn die Inhaltsbeobachtung nicht schon aufgrund der Grundrechtsausgestaltung als zulässig angesehen werden muss. Die Inhaltsbeobachtung ist dann unter den für die Regulierung maßgeblichen Grundsätzen zulässig.

3. Art. 10 Abs. 2 GG

Das Fernmeldegeheimnis – wie auch das Brief- und Postgeheimnis – war von Anfang an im Grundgesetz nicht vorbehaltlos gewährleistet; vielmehr waren schon immer Beschränkungen zulässig – Beschränkungen, die in jedem Fall einer gesetzlichen Grundlage bedurften[626]. Der Gesetzesvorbehalt bedeutet – ähnlich wie die Einschränkung in Art. 5 Abs. 2 GG – keinen absoluten Vorrang jedes einschränkenden Gesetzes. Die Beziehungen zwischen den grundrechtseinschränkenden Gesetzen und den Grundrechten aus Art. 10 Abs. 1 GG sind nicht als einseitige Beschränkung der Geltungskraft der Grundrechte aufzufassen; vielmehr ist das grundrechtseinschränkende Gesetz seinerseits aus der Erkenntnis der grundlegenden Bedeutung dieser Grundrechte auszulegen und so in seiner grundrechtsbegrenzenden Wirkung selbst wieder im Lichte dieser Grundrechte einzuschränken. Die Begrenzung muss mithin verhältnismäßig sein[627]. Ob Beschränkungen tatsächlich angeordnet werden, stellt der Verfassungsgeber ausdrücklich in das Ermessen des Parlaments. Wenn sich der Gesetzgeber gegen eine solche Beschränkung entscheidet, verletzt er deshalb keine konkrete Handlungspflicht. Falls er sich für Beschränkungen entschließt, ist bei der Beurteilung ihrer Angemessenheit zu berücksichtigen, dass der Schutz der für die Beschränkung herangezogenen Rechtsgüter als legitimes Ziel besonders anerkannt sein muss, d. h. dass die Gegenbelange, mit denen der Eingriff abzuwägen ist, entsprechend gewichtig sind. Das Bundesverfassungsgericht sieht u. a. die Aufklärung und Verfolgung schwerer Straftaten als legitimen öffentlichen Zweck an, da ein unabweisbares Bedürfnis an einer wirksamen Strafverfolgung bestehe, ein öffentliches Interesse an einer möglichst vollständigen Wahrheitsermittlung im Strafverfahren sowie die wirksame Aufklärung gerade schwerer Straftaten

---

626 BVerfGE 30, 1 (17).

627 *BVerfG*, Urt. v. 12.03.2003, AfP 2003, S. 142; BVerfGE 67, 157 (172f.) mit Hinweis auf frühere Entscheidungen.

als ein wesentlicher Auftrag eines rechtsstaatlichen Gemeinwesens anzuerkennen sei[628]. Die Erfassung der Kommunikation allgemein zu Zwecken der Strafverfolgung genüge hingegen nicht. Vorausgesetzt sind vielmehr eine Straftat von erheblicher Bedeutung, ein konkreter Tatverdacht und eine hinreichend sichere Tatsachenbasis für die Annahme, dass der durch die Anordnung Betroffene als Nachrichtenmittler tätig wird.

Die Beobachtung der Kommunikation wird damit von der Verfassung selbst unter bestimmten Voraussetzungen für zulässig erklärt. Der Staat wird ermächtigt Kommunikationsinhalte zur Kenntnis zu nehmen und weitere Handlungen zu veranlassen, wenn dies erforderlich ist, um legitime Ziele zu erreichen.

Nach dem Grundsatz der Verhältnismäßigkeit muss die in Frage stehende Grundrechtsverengung geeignet sein, den Schutz eines den Eingriff generell rechtfertigenden Rechtsguts zu bewirken. Sie muss dazu erforderlich sein, was nicht der Fall ist, wenn ein milderes Mittel ausreicht. Schließlich muss sie in engerem Sinn verhältnismäßig sein, d. h. in angemessenem Verhältnis zu dem Gewicht und der Bedeutung des Grundrechts stehen[629]. Als Beispiel für einen zulässigen Zweck kann der Schutz der freiheitlich demokratischen Grundordnung, die auch in Art. 11 Abs. 2 GG und Art. 18 GG als legitimer Zweck zur Einschränkung individueller Freiheit anerkannt ist, angeführt werden[630].

Einen regulierenden Charakter enthalten die Gesetze zur Überwachung der Kommunikation nicht, da die Beobachtung gerade geheim, also von den Kommunikationspartnern unbemerkt erfolgt und darauf abzielt, keine Beeinträchtigung oder Störung des Kommunikationsinhalts zu bewirken[631]. Da sich die Schranken des Art. 10 Abs. 2 GG nicht weiter ausdehnen lassen als der Schutzbereich des Art. 10 Abs. 1 GG die Freiheit der Kommunikation gewährt und hier lediglich die Kommunikation vor Beobachtung geschützt wird, kann eine Regulierung oder Bewertung von Kommunikationsinhalten mit Art. 10 Abs. 2 GG nicht gerechtfertigt werden.

Die Überwachungsbefugnis des Staates kann jedoch aufgrund einer modernen Verschlüsselungstechnik, wie sie nicht nur Firmen, sondern auch Privatpersonen zugänglich ist, faktisch leer laufen, wenn die Entschlüsselung entweder gar nicht, oder nur mit einer erheblichen zeitlichen Verzögerung durchgeführt werden kann. Wieder in die Diskussion geraten ist im Zusammenhang mit den Anschlägen vom 11. September 2001 deshalb, ob dem Staat aufgrund des Art. 10

[628] *BVerfG*, Urt. v. 12.03.2003, AfP 2003, S. 142.
[629] BVerfGE 67, 157 (173-180).
[630] BVerfGE 67, 157 ff.
[631] *BVerfG*, Urt. v. 12.03.2003, AfP 2003, S. 143.

Abs. 2 GG das Recht zusteht, von den Nutzern der elektronischen Kommunikation eine Entschlüsselung ihrer Nachrichten zu verlangen, die es ihm ermöglichen eine Überwachung durchzuführen[632]. Mittlerweile liegen Verschlüsselungsprogramme vor, für die der Staat keine „Nachschlüssel" hat und damit trotz der grundsätzlichen Zulässigkeit nach Art. 10 Abs. 2 GG keine Möglichkeit hat, auf den Kommunikationsinhalt zuzugreifen. Erwogen wird daher ein sog. „elektronisches Vermummungsverbot"[633].

Hier wird man sagen müssen, dass die Verwendung von Verschlüsselungsprogrammen sowohl von Art. 5 Abs. 1 Satz 1 GG als auch von Art. 10 Abs. 1 GG gedeckt ist. Art. 5 Abs. 1 Satz 1 GG schützt jede Art von Meinungsäußerung und stellt nicht darauf ab, ob sie auch von jedermann als Meinungsäußerung verstanden werden kann. Art. 10 Abs. 1 GG schützt die elektronische Individualkommunikation vor staatlichem Zugriff. Von seinem Schutzziel her ist es folgerichtig, dem Bürger aufgrund Art. 10 Abs. 1 GG die Möglichkeit zu geben, auch selbst für den Schutz der Kommunikation zu sorgen, d. h. diese zu verschlüsseln.

Art. 10 Abs. 2 GG erlaubt hingegen die Überwachung des Fernmeldeverkehrs nur so, wie er von staatlicher Seite vorgefunden wird. Zwar macht der Staat das Recht geltend, sich von technischen Dienstleistern den Zugang zur Kommunikation ermöglichen zu lassen[634], weil nicht deren Kommunikation inmitten steht und sich die technischen Dienstleister damit nicht auf Art. 10 Abs. 1 GG, sondern lediglich auf Art. 12 GG und Art. 14 GG berufen können. Daraus kann jedoch keine Befugnis abgeleitet werden, ein Verschlüsselungsverbot einzuführen. Wollte man ein „elektronisches Vermummungsverbot" bejahen, hätte man weiter die Frage zu beantworten, wie weit dieses reicht. Denkbar wäre z. B. auch, deutschen Staatsangehörigen Kommunikation nur in deutscher Sprache zu erlauben, da so die Überwachung am effektivsten erfolgen könnte. Dass Kommunikation auch in anderen Sprachen geführt werden darf, ist jedoch unbestritten. Wählen die Kommunikationsteilnehmer eine wenig verbreitete Sprache für ihre Kommunikation[635], so müsste sich auch hier die Frage stellen lassen, ob dies vom Staat aufgrund seiner Überwachungsbefugnis dann unterbunden werden könnte. Eine klare Abgrenzung, wann eine Verschlüsselung tatsächlich vorliegt,

---

[632] Diese Diskussion wird vor allem in den USA geführt. Vgl. zur Tendenz nach dem 11. September *Schrader*, Nachschlüssel für die Verschlüsselung - In der Debatte über Schutz vor Terrorismus lebt auch die Forderung nach Überwachung von E-Mails wieder auf, in: SZ vom 2.10.2001; bereits früher *Mayer*, NJW 1996, S. 1786.

[633] Der Ausdruck stammt von *Mayer*, NJW 1996, S. 1786.

[634] Vgl. § 88 Telekommunikationsgesetz i. V. m. der Telekommunikationsüberwachungs-Verordnung.

[635] Denkbar wäre die von den Amerikanern im 2. Weltkrieg genutzte Sprache der Apachen, die diese auswählten, um eine Dechiffrierung durch die Japaner zu verhindern.

kann im Einzelfall schwierig werden. Letztlich würde ein solche Maßnahme eine Regulierung der Kommunikation darstellen, wenn zwar nicht der Inhalt, aber die Begleitumstände vom Staat vorgegeben oder aber reglementiert werden. Wie aber erläutert wurde, kann sich Art. 10 GG insgesamt nicht auf die Regulierung von Kommunikation beziehen. Diese ist sowohl dem Schutzbereich, als auch den Schranken fremd. Damit enthält Art. 10 Abs. 2 GG keine Befugnis ein „elektronisches Vermummungsverbot“ auszusprechen.

Dieses Ergebnis scheint mit dem oben beim Rundfunk gefundenen Ergebnis im Widerspruch zu stehen, wonach private Rundfunkveranstalter den Landesmedienanstalten die Beobachtung ihrer verschlüsselten Programm ermöglichen müssen. In beiden Fällen handelt es sich um die Fallvariante der Beobachtung der Kommunikation. Die unterschiedlichen Ergebnisse sind damit zu erklären, dass sich die Beobachtung der Massenkommunikation als Folge deren inhaltlicher Regulierung ergibt. Letztlich dient die Beobachtung der Medien dazu zu überwachen, ob die vorab gesetzlich aufgestellten Rahmenbedingungen, die sich mit dem Inhalte der Kommunikation befassen, auch eingehalten werden. Im Rahmen des Art. 10 GG geht es jedoch nicht darum festzustellen, ob inhaltsregulierende Normen eingehalten werden. Die Beobachtung ist hier nur zum Schutz wesentlich bedeutenderer Zweckbestimmungen zulässig. Dies wird deutlich, wenn man sich die Bestimmungen der Strafprozessordung betrachtet, die die Überwachung des Fernmeldeverkehrs zulassen. So sind in § 100 a StPO nur Straftaten von erheblicher Bedeutung aufgeführt. Die genannten Straftaten, die eine Überwachung rechtfertigen, beziehen sich, wenn sie auch Kommunikation im Blickfeld haben (so z. B. Hochverrat), auf den Schutz des Gemeinwesens der Bundesrepublik Deutschland insgesamt. Nicht das rechtmäßige Verhalten des Einzelnen, sondern der Schutz des Staates, der durch die Kommunikation bedroht werden kann, steht bei diesen Normen im Zentrum.

4. Art. 2 Abs. 1 Halbsatz 2 GG

Die Schranken des Grundrechts der allgemeinen Handlungsfreiheit ergeben sich aus dem zweiten Halbsatz des Art. 2 Abs. 1 GG, der so genannten Schrankentrias[636]. Die Schranken sind: die Rechte anderer, die verfassungsrechtliche Ordnung sowie das Sittengesetz. Unter verfassungsrechtlicher Ordnung als bedeutendster Schranke des Art. 2 Abs. 1 GG sind alle (materiellen) Gesetze zu verstehen, die in formeller und materieller Hinsicht mit der Verfassung übereinstimmen[637].

[636] *Kunig*, in: v.Münch/Kunig, Art. 2 Rn. 19.
[637] St. Rspr. seit BVerfGE 6, 32 (37f.) – Elfes-Urteil.

Rückt man sich wieder das Thema der Arbeit, die Regulierung, Beobachtung und Bewertung von Kommunikationsinhalten, in das Blickfeld, so wird deutlich, dass die Rechte Dritter mittelbar auf den Kommunikationsinhalt durchschlagen können, wenn der Staat aufgrund seiner Schutzpflichten Kommunikationsinhalte, die Rechte Dritter verletzen könnten, verbietet oder einen Ausgleich für ehrverletzende Kommunikation gebietet. So wird das Recht auf Gegendarstellung aus Art. 2 Abs. 1 GG abgeleitet (oben Teil 4 I.). Der Staat schützt dieses durch entsprechende Normen, die die Gegendarstellung regeln. Für den Veranstalter eines elektronisch übertragenen Massenmediums stellt sich die Pflicht zur Gegendarstellung jedoch als Beschränkung seiner Freiheit aus Art. 5 Abs. 1 Satz 2 GG dar. Dies ist damit zu erklären, dass beim Gegendarstellungsrecht zwei Grundrechte miteinander kollidieren; auf der einen Seite Art. 5 Abs. 1 Satz 2 GG mit der Freiheit der Massenmedien und auf der anderen Seite das allgemeine Persönlichkeitsrecht[638]. Beide Grundrechte sind wesentliche Bestandteile der Verfassung; keines der beiden Grundrechte kann einen grundsätzlichen Vorrang beanspruchen[639]. Im Konfliktfall müssen beide Grundrechte zu einem Ausgleich gebracht werden; dies geschieht durch das Gegendarstellungsrecht[640]. Ob es sich dabei um eine echte Schranke im Sinne des Art. 5 Abs. 2 GG (Recht der persönlichen Ehre)[641] oder um eine vor der Schrankenziehung liegende Verkürzung des Freiheitsrahmens durch die Kollision mit einem anderen Grundrecht handelt[642], kann hier dahinstehen.

Fraglich ist, ob die genannten Schranken das Art. 2 Abs. 1 GG für den Kommunikationsbereich „unbeschränkt" verbleiben können. Im Rahmen des Art. 5 Abs. 2 GG hat das Bundesverfassungsgericht die sog. Wechselwirkungstheorie als besondere Ausprägung des Verhältnismäßigkeitsgrundsatzes eingeführt, um der Bedeutung der Kommunikation für den Einzelnen im Rahmen der Persönlichkeitsentfaltung Rechnung zu tragen. Auch im Rahmen des Art. 10 GG ist die Beschränkung des Grundrechts seinerseits durch die Freiheitsgewährleistung zu beschränken. Letztlich geht es aber auch bei der meinungsfreien Kommunikation, die sich nur wegen des fehlenden Meinungsteils nicht auf den Schutz des Art. 5 Abs. 1 GG berufen kann, um die Freiheit der Persönlichkeit und die Persönlichkeitsentfaltung durch Kommunikation. Sieht man Kommunikation als maßgeblichen Teilbereich der Persönlichkeit an, so kann nicht danach differen-

---

[638] *Bornemann/Lörz* (Hrsg.), BayMG, Band 1, Art. 18 Rn. 4.

[639] BVerfGE 63, 131 (144).

[640] BVerfGE 63, 131 (144); 73, 118 (201).

[641] So *Ricker*, Handbuch des Presserechts, Kap. 23, Rn. 11 ff.; *Sedelmeier*, in: Löffler, Presserecht, § 11 Rn. 45.

[642] Grundrechte sind grds. nur gegen den Staat gerichtet und können daher im Verhältnis Bürger-Bürger als „Rechte Dritte" oder im „Recht der persönlichen Ehre" nicht enthalten sein. Daher gibt es keinen unmittelbar aus dem Grundgesetz ableitbaren Anspruch auf Gegendarstellung.

ziert werden, ob sie meinungsbildend sein soll, oder meinungsfrei vor sich geht. Für die Bedeutung der Kommunikation als Ausdrucksmittel der Persönlichkeit und als Bestandteil der Persönlichkeitsentfaltung spielt der Meinungsbezug der Kommunikation keine Rolle. Damit gebietet sich aber eine Gleichstellung von meinungsrelevanter und meinungsfreier Kommunikation insoweit, als bei der Anwendung von Grundrechtsschranken in beiden Fällen der Verhältnismäßigkeitsgrundsatz derart angewendet wird, dass die Grundrechtsschranken ihrerseits im Lichte der Bedeutung der Kommunikationsfreiheit ausgelegt werden. Die Wechselwirkungstheorie ist damit auch im Rahmen des Art. 2 Abs. 1 Halbsatz 2 GG anzuwenden, soweit es um die Beschränkung von Kommunikation geht.

5. Art. 12 Abs. 1 Satz 2 GG

Der Regelungsvorbehalt des Art. 12 Abs. 1 Satz 2 GG bezieht sich über die Berufsausübung hinaus auch auf die Berufswahl[643]. Letztere spielt jedoch bei der elektronischen Kommunikation keine Rolle, da die Regulierung und Beobachtung der Kommunikation in der Regel an einem Sachverhalt der Berufsausübung ansetzen wird[644]. Augenscheinlich wird dies besonders bei Werberegelungen für bestimmte Berufsgruppen. Satz 2 ermächtigt weder zur konstitutiven Festlegung des Inhalts des Grundrechts noch zu Beschränkungen, durch die von außen her über den sachlichen Gehalt des Grundrechts verfügt wird. Wie sich aus dem Begriff des „Regelns“ ergibt ist vielmehr die konkretisierende Grenzziehung von innen her, d. h. die nähere Bestimmung der im Wesen des Grundrechts selbst angelegten Grenzen, vorbehalten[645].

Bei der Beschränkung von Kommunikationsinhalten handelt es sich um Regelungen der Berufsausübung. Hier ist der Gesetzgeber relativ frei. Solche Regelungen sind mit Art. 12 Abs. 1 GG vereinbar, wenn sie durch ausreichende Gründe des Gemeinwohls gerechtfertigt werden können und dem Grundsatz der Verhältnismäßigkeit entsprechen, d. h. den Berufstätigen nicht übermäßig und unzumutbar treffen[646]. So sind inhaltliche Werbebeschränkungen dann zulässig, wenn von dem beworbenen Produkt Gefahren etwa für die Gesundheit oder die Umwelt ausgehen können. Als Beispiel kann die bereits vom Bundesverfassungsgericht beurteilte Werbebeschränkung für radiumhaltige Erzeugnisse[647] sowie die allseits bekannten Restriktionen bei der Werbung für Tabakerzeugnis-

[643] St. Rspr. seit BVerfGE 7, 377 (402) – Apotheken-Urteil.
[644] Vgl. *Manssen*, BayVBl. 2001, S. 641 ff.
[645] BVerfGE 7, 377 (403f.)
[646] *Manssen*, BayVBl. 2001, S. 641.
[647] BVerfGE 9, 221ff.

se – Verbreitungsverbot im Rundfunk[648] und Warnhinweise auf Packungen und der Werbeaussage – erwähnt werden. Darüber hinaus fallen hierunter die Bestimmungen des Heilmittelwerberechts.

Nach der älteren Rechtsprechung konnte bereits der Gedanke der Förderung eines Berufs und damit der Erzielung einer höheren sozialen Gesamtleistung seiner Angehörigen schon gewisse, die Freiheiten der Berufsausübung einengende Vorschriften rechtfertigen[649]. Zulässig waren demnach inhaltsregulierende Vorschriften für bestimmte Berufsgruppen, die deren Ansehen in der Öffentlichkeit positiv beeinflussen können, wie etwa Werbeverbote oder –restriktionen. Dies ist verfassungsgerichtlich für die freien Berufe festgestellt worden[650]. Werbeverbote für Angehörige der freien Berufe wollen unerwünschte Kommerzialisierung dieser Berufe vorbeugen, da hierdurch eine Verunsicherung der Klienten und Patienten eintreten könnte.

Das Bundesverfassungsgericht sieht in jüngerer Zeit Werbebeschränkungen für freie Berufe jedoch kritischer[651]. Werbeverbote in Berufsordnungen stehen nur dann mit Art. 12 Abs. 1 GG im Einklang, wenn nicht jede, sondern nur berufswidrige Werbung verboten wird[652]. Verfassungskonform sind mit Werbeverboten verbundene Eingriffe in die Berufsausübungsfreiheit nur, wenn sie durch Gemeinwohlzwecke gedeckt sind[653].

6. Die Beobachtung, Bewertung und Regulierung von Kommunikationsinhalten im Gefüge der Grundrechtsschranken – eine Zusammenfassung

Die Darstellung der einschlägigen Grundrechtsnormen hat gezeigt, dass das Grundgesetz von der Freiheit der Kommunikation ausgeht. Teilweise wird diese Freiheit bei den Massenmedien durch einen Ausgestaltungsvorbehalt verengt. Im Rahmen der ausgestaltenden Gesetze ist die Regulierung und Beobachtung von Kommunikationsinhalten zulässig. Auch im Bereich der Schranken wird deutlich, dass die Kommunikation in der Bundesrepublik nicht frei von Regulierung, Beobachtung und Bewertung durch den Staat oder sonstige öffentliche Stellen (z.B. Landesmedienanstalten) abläuft. Das Grundgesetz sieht im Rahmen der Grundrechte Möglichkeiten vor, unter denen die Kommunikation der Bürger zum Gegenstand staatlichen Handelns werden kann.

---

648 § 22 Abs. 1 LMBG; vgl. oben Teil 3 I 9.
649 BVerfGE 7, 377 (406); kritisch hierzu *Manssen*, BayVBl. 2001, S. 642 ff.
650 Vgl. im Heilwesen BVerfGE 53, 96 (99).
651 *Manssen*, BayVBl. 2001, S. 643 f.; *Kleine-Cosack*, NJW 2003, S. 868.
652 BVerfGE 76, 171; *Flechsig*, ZUM 1997, S. 99; *LG Trier*, ZUM 1997, S. 147.
653 *BVerfG*, NJW 2003, S. 879 m. w. N.

Festzuhalten ist, dass die Individualkommunikation einer Regulierung durch den Staat nur in Form von negativer Regulierung (Verbot bestimmter Kommunikationsinhalte) zugänglich ist. Eine Beobachtung der elektronischen Individualkommunikation darf nur im Rahmen des Art. 10 Abs. 2 GG in engen Grenzen durchgeführt werden. Im Bereich der Massenmedien (insbesondere beim Rundfunk) sind weitgehende Regelungen des Kommunikationsinhalts sogar bis zur Vorgabe eines bestimmten Inhalts (z. B. Gegendarstellung) zulässig. Die Beobachtung dieser Kommunikationsformen ist zur Überwachung der Regulierungsnormen ebenso zulässig, wie die Bewertung des beobachteten Inhalts zur Anwendung repressiver Maßnahmen. Für so genannte „meinungsfreie Kommunikation“ besteht aufgrund der weiten Schranke des Art. 2 Abs. 1 Halbsatz 2 GG nach dem Verfassungswortlaut eine erweiterte Einschränkbarkeit. Diese ist jedoch ihrerseits wie bei Art. 5 Abs. 2 GG wiederum am Maßstab der Grundentscheidung der Verfassung für eine freie Kommunikation zu messen. In allen Fällen ist der Verhältnismäßigkeitsgrundsatz zu beachten. Darüber hinaus ist der Eingriff in die Kommunikation nur durch Gesetz oder aufgrund einer gesetzlichen Ermächtigung erlaubt. Bei den „neuen Medien“ entsteht das Problem ihrer grundrechtlichen Einordnung, die wiederum für die anzuwendenden Grundrechtsschranken von Bedeutung ist. Die Rundfunkfreiheit, die individuelle Äußerungsfreiheit und die Wirtschaftsfreiheiten mit ihren unterschiedlichen Prinzipien werden in einen umfassenden Territorialkonflikt um ihren Schutzbereich geraten[654]. Hier wird die Gefahr gesehen, dass die die Freiheit des Kommunikationsinhalts tragende Verfassungsgarantien nicht richtig zur Wirkung kommen könnten. Bei Anwendung der bisherigen Rechtsprechung, die von der Einteilung in unterschiedliche und unterscheidbare Medien ausgeht, ist dem Rundfunkbegriff eine zentrale Bedeutung zuzuerkennen; knüpft sich hieran doch eine bislang bestehende Sonderrechtsdogmatik. Eine Vereinheitlichung der Anwendung aller für die elektronische Kommunikation maßgeblichen Grundrechte könnte durch die einheitliche Anwendung des Verhältnismäßigkeitsgrundsatzes im Rahmen der Grundrechtsschranken erreicht werden.

Interessant ist schließlich, dass die Literatur in der neueren Rechtsprechung des Bundesverfassungsgerichts sowohl eine verstärkte Subjektivierung der Mediengrundrechte als auch eine Hervorhebung der Bedeutung der Kommunikationsfreiheiten erkennt[655], die zu einer Neubewertung der Schranken, aber auch der Auslegung der Kommunikationsgrundrechte insgesamt führen könnten.

---

[654] *Bullinger*, JZ 1996, S. 386.

[655] *Manssen*, BayVBl. 2001, S. 643 f.; *Kübler*, AfP 2002, S. 280; *Schoch*, AfP 1998, S. 257.

Teil 5: Die Kompetenzzuweisungen des Grundgesetzes für die Beobachtung, Bewertung und Regulierung von Inhalten elektronischer Kommunikation

Im Bereich der elektronischen („neuen") Kommunikationsmöglichkeiten sind hinsichtlich der Gesetzgebungskompetenzen viele Frage bislang noch nicht abschließend geklärt[656]. Und so könnte man *Schneider* zustimmen, dass das eine der Bund regelt, das andere die Länder und das meiste das Leben[657]. Trotz dieser fatalistisch geprägten Aussage soll jedoch der Versuch unternommen werden, auch in diesem Bereich zu einem tragfähigen Ergebnis zu gelangen.
Lassen sich auf einen Regelungsgegenstand wie die elektronische Kommunikation mehrere Gesetzgebungskompetenzen anwenden, etwa die Rundfunkkompetenz der Länder einerseits und die Telekommunikationskompetenz des Bundes andererseits, so wird die daraus erwachsende „Kompetenzkonkurrenz" nicht nach denselben Regeln beurteilt wie die Anwendbarkeit mehrerer Grundrechte (materielle Grundrechtskonkurrenz). Freiheitsrechte und andere materielle Verfassungsgarantien nehmen vielfach keinen ausschließlichen Geltungsbereich für sich in Anspruch, sondern überlagern sich; sie sind daher für typische Fälle oder im Einzelfall zu einem Ausgleich zu bringen, soweit sie nicht störungsfrei nebeneinander angewendet werden können. Kompetenzen des Bund und der Länder müssen nach herrschender Meinung und Rechtsprechung dagegen vollständig voneinander abgegrenzt werden, wenn sie denselben Regelungsgegenstand und Regelungszweck betreffen. Nur für die Bereiche der konkurrierenden und der Rahmengesetzgebungskompetenz treten Bundes- und Landesgesetzgebung von Verfassungs wegen in ein geordnetes Nebeneinander. Im Übrigen muss für ein bestimmtes Regelungsziel entweder eine Bundes- oder eine Landeskompetenz angenommen werden. Eine Doppelzuständigkeit ist dem Grundgesetz fremd.

Wie bereits oben (Teil 2 I) dargelegt, umfassen der Rundfunkstaatsvertrag, das Teledienstegesetz und der Mediendienste-Staatsvertrag neben der üblichen Telefonie alle derzeit vom Gesetzgeber gesehenen Möglichkeiten der elektronischen Kommunikation. Rundfunkstaatsvertrag, Mediendienste-Staatsvertrag und Teledienstegesetz betreffen dabei auch die Inhalte dieser Kommunikationsarten und

[656] *Roßnagel*, in: ders., Recht der Multimediadienste, Teil 1 Einf Rn. 101; *Trafkowski*, Medienkartellrecht, S. 232; *Paulweber*, AfP 1999, S. 443; *Gersdorf*, in: Prinz/Peters, Festschrift Engelschall, S. 165. Ebenso BT-Drs. 14/9013, S. 13 u. 24. Vgl. auch die Diskussion zwischen *Bethge* und *Dörr* auf dem Symposion Medienrecht 2001 der Bayerischen Landeszentrale für neue Medien, abgedr. in: BLM (Hrsg.), Symposion Medienrecht 2001, S. 112 ff. und 118.
[657] *Schneider* auf dem Medienforum NRW vom 9.6.97, zitiert nach *Köster/v.Bonin*, ZUM 1997, S. 829.

diejenigen Personen, die an dem Prozess der Inhaltserstellung und –verbreitung beteiligt sind. Da bei dieser Untersuchung technische Aspekte der Signalübermittlung außen vor bleiben sollen, muss geprüft werden, inwieweit der Bund oder die Länder befugt sind, *inhaltsbezogene* Regelungen auf dem Gebiet der elektronischen Kommunikation zu erlassen.

I. Die einschlägigen Normen der Art. 70 ff. GG

Die Frage, wer für ein Sachgebiet die gesetzlichen Regelungen erstellen darf – Bund oder Länder – ist abschließend anhand der Kompetenzvorschriften des Grundgesetzes – insbesondere der Art. 70 ff. GG – zu entscheiden. Der Verfassungswortlaut weist dem Bund enumerativ ausgewählte Sachgebiete zur Voll- oder Rahmenregelung zu und gewährt den Ländern subsidiäre Zuständigkeiten und im Übrigen eine ausschließliche Allzuständigkeit. Daraus ergibt sich, dass die Länder nur und immer dann für die Regelung eines Sachgebietes zuständig sind, wenn keine Bundeskompetenz entgegensteht.

Ebenso wie der Grundrechtsteil des Grundgesetzes enthalten auch die Kompetenznormen keinen eigenen Regelungsabschnitt, der sich mit dem Inhalt von Kommunikation befasst. Jede einzelne Norm ist daher auf Aussagen zu Kommunikationsinhalten zu überprüfen. Für die Kommunikation via Internet wurde die Untersuchung zu den Gesetzgebungskompetenzen in der Literatur bereits mehrfach durchgeführt[658], wobei trotz der vorliegenden Arbeiten in diesem Bereich weiterhin Unsicherheit bei einzelnen Fragen herrscht[659]. Das Fehlen eines ausdrücklich dem Bund zugewiesenen Sachgebiets Kommunikation bzw. Kommunikationsinhalt kann schon als Hinweis gewertet werden, dass dem Bund zumindest keine Hauptkompetenz zugesprochen werden kann und seine Regelungsmöglichkeiten sich daher allenfalls aus einer Zusammenschau von Einzelkompetenzen ergeben.

Während des Gesetzgebungsverfahrens für das Informations- und Kommunikationsdienste-Gesetz des Bundes und den Mediendienste-Staatsvertrag der Länder sind von Seiten des Bundes die Art. 74 Abs. 1 Nr. 11 GG (Recht der Wirtschaft), Art. 73 Nr. 7 GG (Telekommunikation) und Art. 74 Abs.1 Nr. 7 GG (Jugendschutz) hervorgehoben worden[660], um seine Regelungskompetenz zu be-

---

[658] *Determann*, S. 219 ff.; *Redeker*, Neue Informations- und Kommunikationstechnologien und bundesstaatliche Kompetenzordnung, 1988.

[659] *Paulweber*, AfP 1999, S. 443.vgl. Streit bei IuKDG und Mediendienste-Staatsvertrag, unten Teil 6 I.

[660] Vgl. *Bullinger/Mestmäcker*, S. 143. Siehe hierzu BR-Drs. 966/96, S. 19: „Die Gesetzgebungskompetenz des Bundes für das Informations- und Kommunikationsdienste-Gesetz ergibt sich aus Artikel 74 Abs. 1 Nr. 11 Grundgesetz (Recht der Wirtschaft), insbesondere für die

legen, so dass auf diese Bestimmungen im Verhältnis zu anderen möglichen Kompetenznormen auch ausführlicher eingegangen werden soll.

1. Art. 73 Nr. 1 GG (auswärtige Angelegenheiten und Verteidigung)

Diese Norm gibt dem Bund die ausschließliche Kompetenz, alle Fragen der auswärtigen Angelegenheiten sowie der Verteidigung zu regeln und erlangt im Zusammenhang mit Kommunikation insofern Bedeutung, als unter die auswärtigen Angelegenheiten auch der Auslandsrundfunk fallen soll[661]. Damit kann der Bund bei einer massenkommunikativen, elektronischen Kommunikation deren Inhalt vorgeben (regulieren)[662] und ist für die Regelung zur Überwachung der Inhalte bei dieser Kommunikationsart zuständig. In diesem Zusammenhang wurde diskutiert, ob sich die Bundesrundfunkanstalt „Deutsche Welle" überhaupt auf die Rundfunkfreiheit berufen könne, d. h., ob dem Bund nicht eine direkte Einflussnahme auf den Auslandsrundfunk zu gestatten sei[663]. Als Argument wurde dabei angeführt, dass bereits der Zweck des Auslandsrundfunk (Repräsentation der Bundesrepublik Deutschland im Ausland, dazu unten) gegen eine Staatsfreiheit spreche. Diese Sicht vermengt jedoch grundrechtliche Freiheit und Gesetzgebungskompetenz. Die Tätigkeit der „Deutschen Welle" stellt sich nun mal als Rundfunk dar und kann deshalb nicht von Art. 5 Abs. 1 Satz 2 GG ausgeklammert werden. Für die Frage, warum gerade der Bund die gesetzlichen Grundlagen hierfür schaffen kann, ist im Rahmen des Art. 73 Nr. 1 GG auf den Sinn und Zweck des Auslandsrundfunk für die auswärtigen Beziehungen abzustellen. Diese besondere Aufgabe kann aber auch von einer staats-

---

Zugangsfreiheit, Verbraucherschutz, Datenschutz und Datensicherheit sowie aus Art. 73 Nr. 9 Grundgesetz für den gewerblichen Rechtsschutz und das Urheberrecht, aus Art. 74 Abs. 1 Nr. 1 Grundgesetz für das Strafrecht und aus Art. 74 Abs. 1 Nr. 7 Grundgesetz für den Jugendschutz."

[661] *Stettner*, in: Dreier, GG, Art. 73 Rn. 9; *Degenhart*, in: Sachs, GG, Art. 73 Rn. 3; *Herrmann*, Rundfunkrecht, § 6 Rn. 24; *Dörr*, Die verfassungsrechtliche Stellung der Deutschen Welle, S. 20 f.; *ders.*, in: Deutsche Welle (Hrsg.), Stellung und Finanzierung des deutschen Auslandsrundfunks, S. 21 f.; *Gabriel-Bräutigam*, S. 167 f.; *Cremer*, ZUM 1995, S. 674 dort Fn. 3; *Niepalla*, ZUM 1993, S. 110; *Hesse*, Rundfunkrecht, 2. Kap. Rn. 23; *Kloepfer*, Informationsrecht, § 3 Rn. 126; a. A. *Pestalozza*, in: v.Mangoldt/Klein/Pestalozza, GG, Art. 73 Rn. 28; *Jutzi*, ZUM 1986, S. 25; offen gelassen *Schmidt-Bleibtreu*, in: Schmidt-Bleibtreu/Klein, GG, Art. 73 Rn. 11; *Kreile*, ZUM 1986, S. 590 f. bejaht eine Bundeskompetenz, wenn die Sendungen *nur* im Ausland zu sehen sind.
Vgl. Gesetz über den deutschen Auslandsrundfunk vom 16. Dezember 1997 (BGBl. I S. 3094).

[662] Vgl. §§ 4 ff. des Gesetzes für die Rundfunkanstalt des Bundesrechts „Deutsche Welle" (Deutsche-Welle-Gesetz – DWG = Art. 1 des Gesetzes über den deutschen Auslandsrundfunk) vom 16. Dezember 1997 (BGBl. I S. 3094).

[663] Vgl. Darstellungen bei *Cremer*, ZUM 1995, S. 674 ff.; *Niepalla*, ZUM 1993, S. 109 ff.

freien Organisationseinheit erfüllt werden. Eines Auslandsstaatsrundfunks bedarf es nicht. Dieser wäre nach Art. 5 Abs. 1 Satz 2 GG unzulässig, unabhängig davon, wer die Gesetzgebungskompetenz besitzt.

Das Bundesverfassungsgericht entnimmt Art. 73 Nr. 1 GG weiter eine Gesetzgebungsbefugnis des Bundes für die Überwachung des individualkommunikativen Fernmeldeverkehrs mit dem Ausland[664]. Bejaht wird die Kompetenz zur Einrichtung einer Stelle für die umfassende Auslandsaufklärung, denn hier stehe die Aufklärung auswärtiger Gefahren im Vordergrund. Der Rechtsprechung des Bundesverfassungsgerichts ist allerdings nicht eindeutig zu entnehmen, ob sich die Regelungsbefugnis für die „Auslandsaufklärung" aus dem Sachgebiet der auswärtigen Angelegenheiten, der Verteidigung oder aus einer Zusammenschau dieser beiden Sachgebiete ergibt. Angesprochen wird zwar auch das Regelungsgebiet Verteidigung, letztlich setzt sich das Bundesverfassungsgericht aber nur mit dem Begriff der auswärtigen Angelegenheiten auseinander, um dann jedoch festzustellen, dass die „Aufklärung auswärtiger Gefahren im Vordergrund" stehe[665]. Die umfassende Auseinandersetzung mit dem Begriff der auswärtigen Angelegenheiten lässt den Schluss zu, dass das Bundesverfassungsgericht die Überwachung des Auslandsfernmeldeverkehrs als eine solche ansieht. Für die Fernmeldeüberwachung des Militärischen Abschirmdienstes wird hingegen die Kompetenz für das Regelungsgebiet „Verteidigung" heranzuziehen sein[666].

Aus Art. 73 Nr. 1 GG könnte man allgemein eine Kompetenz für solche Arten der Kommunikation herzuleiten versuchen, bei der Daten mittels weltweiter Datentransfernetze über die Grenze hinweg zu den Rezipienten in der Bundesrepublik gelangen oder bei der umgekehrt über diese Netze Daten an Personen im Ausland übermittelt werden. Ein Auslandsbezug ist auch hier nicht zu übersehen. Außerdem fallen in den Regelungsbereich des Art. 73 Abs. 1 GG nach dem oben Dargestellten sowohl Sachverhalte mit individualkommunikativem als auch mit massenkommunikativem Einschlag; Regelungen zur Regulierung von Kommunikation sowie zur Beobachtung der Kommunikation können auf Art. 73 Abs. 1 GG gestützt werden. Damit erscheint die Kommunikation im und über das Internet, als weltweites Datennetz, als Regelungsmaterie des Bundes.

Dagegen ist vorzutragen, dass die dargestellten Beispiele für Regelungen zum Kommunikationsinhalt, die auf Art. 73 Nr. 1 GG gestützt sind, nur einen kleinen Bereich der elektronischen Kommunikation betreffen und Verallgemeinerungen daher nicht angebracht sind. Darüber hinaus lassen die in der Literatur geäußer-

---

664 BVerfGE 100, 313 (369 ff.).
665 BVerfGE 100, 313 (370).
666 *Baldus*, ZRP 2002, S. 401.

ten Zweifel[667] an einer Bundeszuständigkeit für den Auslandsrundfunk erkennen, dass der bloße Auslandsbezug, den die Kommunikation hier aufweist, allein nicht ausreicht, um eine Bundeskompetenz zu begründen. Bundesdeutsche (Satelliten-) Fernsehprogramme strahlen in die Nachbarstaaten aus (umgekehrt sind ausländische Programme im Inland empfangbar), ohne dass damit eine Kompetenz des Bundes für das Massenkommunikationsmittel Rundfunk allgemein eröffnet würde[668]. Dies entspricht im Ergebnis auch der Auffassung des Bundesverfassungsgerichts, das in der Entscheidung vom 4.11.1986 ohne weitere Erörterung eine Kompetenz der Länder bei den direktstrahlenden Satelliten bejahte[669]. Die Verkürzung des Begriffs auswärtige Angelegenheiten auf den Begriff Auslandsbezug in Art. 73 Nr. 1 GG ist damit nicht zulässig. Der Begriff der auswärtigen Angelegenheiten in Art. 73 Nr. 1 GG kann nach Ansicht des Bundesverfassungsgerichts nicht ohne Rücksicht auf die Verteilung der Gesetzgebungskompetenzen im Übrigen bestimmt werden. Zum einen dürfe er nicht in einer Weise ausgelegt werden, dass die Kompetenzverteilung zwischen Bund und Länder unterlaufen werde. Zum anderen muss er sich in die verschiedenen Kompetenzzuweisungen an den Bund einfügen. Unter beiden Gesichtspunkten verbietet sich ein Verständnis des Begriffs, nach dem alle Tatbestände mit Auslandsbezug zu den auswärtigen Angelegenheiten zählen würden. Andernfalls ließe sich weder die Grenze zwischen Bundes- und Landeskompetenzen aufrechterhalten noch ergäben diejenigen Titel in den Katalogen der Bundeskompetenzen einen Sinn, die – wie etwa Art. 73 Nr. 3, 5 und 10 oder Art. 74 Abs. 1 Nr. 4 GG – ebenfalls Materien mit Auslandsbezug zum Gegenstand haben[670]. Unter auswärtigen Angelegenheiten im Sinne des Art. 73 Nr. 1 GG sind somit Sachverhalte zu verstehen, die für das Verhältnis der Bundesrepublik Deutschland zu anderen Staaten oder zwischenstaatlichen Einrichtungen, insbesondere für die Gestaltung der Außenpolitik, Bedeutung haben. Die herrschende Meinung, dass der Auslandsrundfunk auf Art. 73 Nr. 1 GG gestützt werden kann, ist somit nur unter Berücksichtigung von Sinn und Zweck des Auslandsrundfunks zu verstehen. Damit sollen nicht nur die deutschen Bürger, die sich im Ausland aufhalten, eine Informationsquelle erhalten, die sie in die Lage versetzt, in deutscher Sprache Nachrichten aus der Heimat zu erhalten. Es soll auch ganz bewusst eine Art von Selbstdarstellung der Bundesrepublik Deutschland im Ausland erfolgen, die ein positives Bild dieses Staates vermittelt (gesamtstaatliche Repräsentation)[671].

[667] Vgl. Fußnote 662.
[668] *Gabriel-Bräutigam*, S. 165, 167.
[669] BVerfGE 73, 118 (196 f.).
[670] BVerfGE 100, 313 (368); zustimmend *Baldus*, ZRP 2002, S. 401.
[671] *Stettner*, in: Dreier, GG, Art. 73 Rn. 9; *Degenhart*, in: Sachs, GG, Art. 73 Rn. 3; *Gabriel-Bräutigam*, S. 167; *Niepalla*, ZUM 1993, S. 110; *Kreile*, ZUM 1986, S. 590; *Dörr*, Die verfassungsrechtliche Stellung der Deutschen Welle, S. 21: „Solche Sendungen dienen nämlich (...) jedenfalls im Schwerpunkt der vorbereitenden Pflege auswärtiger Beziehungen."; vgl. § 4 Abs. 1 des Gesetzes über die Rundfunkanstalt des Bundesrechts „Deutsche Welle": „Die Sen-

Der Auslandsrundfunk wird insoweit als (außen-) politisches Instrument genutzt; nur dies rechtfertigt eine Regelungszuständigkeit des Bundes. Mit der Kommunikation vor allem über das Internet, die durch weltweite Datennetze eröffnet wird, werden diese Zielrichtungen grundsätzlich nicht verfolgt, auch wenn sich die Technik teilweise hierfür nutzbar machen lässt, indem z. B. die Bundesregierung eine eigene Internetseite betreibt und diese in verschiedenen Sprachen unterhält, um damit auch Interessenten aus dem Ausland Informationen zu ermöglichen[672]. Dieser kleine Teil der gesamten möglichen Nutzung des Internet ist dann von der Zielsetzung her vergleichbar mit dem Auslandsrundfunk (Information der Bürger im Ausland und Selbstdarstellung der Bundesrepublik). Art. 73 Nr. 1 GG mag hierfür eine Kompetenz hergeben, wenn eine gesetzliche Regelung erforderlich werden sollte. Im Übrigen finden sich die den Auslandsrundfunk prägenden Zielsetzungen hier in keiner Weise wieder, da die Mehrheit der Benutzer des Internets ganz unterschiedliche Ziele verfolgt, so dass aus Art. 73 Nr. 1 GG keine Kompetenz für Inhaltsregelungen herzuleiten ist, auch wenn weltweite Datennetze und Kommunikation über die Staatsgrenzen hinaus betroffen sind. Gleiches hat zu gelten, wenn massenkommunikative Inhalte zukünftig auch über Mobilfunknetze – ebenfalls über Ländergrenzen hinweg – verteilt werden können (Stichwort: UMTS).

Eine umfassende Regulierungskompetenz für das Internet könnte man dem Bund auch aus praktischen Überlegungen keinesfalls zugestehen. Nicht alle Kommunikation im Netz bewegt sich über die Staatsgrenzen hinweg und ein Auslandsbezug muss somit nicht zwangsläufig vorliegen. Eine solche Ansicht würde aber bedeuten, dass immer dann, wenn einer von zwei oder mehreren Kommunikationspartnern, die z. B. über E-Mail Informationen austauschen, im Ausland sitzt, Regelungen des Bundes zulässig wären; wenn die Informationen zwischen Personen aus dem Inland ausgetauscht werden, könnte eine Bundeskompetenz nicht bejaht werden. Gleiches gilt, wenn ein Inländer die Homepage eines im Ausland befindlichen Unternehmens aufruft bzw. wenn er nur die Homepage eines in der Bundesrepublik niedergelassenen Unternehmens öffnet. Anhand dieser Beispiele wird deutlich, dass eine solche Ansicht wenig praktikabel wäre, denn ein Auslandsbezug der Kommunikation kann sich innerhalb von

---

dungen der Deutschen Welle sollen ein umfassendes Bild des politischen, kulturellen und wirtschaftlichen Lebens in Deutschland vermitteln, eine objektiven Überblick über das Weltgeschehen geben und die Reaktionen der Öffentlichkeit sowie der wesentlichen staatlichen und gesellschaftlichen Kräfte in Deutschland auf diese Ereignisse darstellen."

[672] Unter der Internetadresse www.deutschland.de werden seit 17.09.2002 auf dem „offiziellen und unabhängigem Portal der Bundesrepublik Deutschland" (vgl. Impressum) in fünf Sprachen Informationen über Deutschland verbreitet werden. Allgemein zur Zulässigkeit von Online-Angeboten des Staates, *Schulze-Fielitz*, AfP 1998, S. 451.

Sekunden ändern, wenn man einem Link zurück auf eine Internetseite eines deutschen Anbieters folgt.

Für das Internet verbleibt dem Bund daher nur eine Überwachungskompetenz für die Kommunikation mit Auslandsbezug. Eine solche ist dann zu bejahen, wenn mit dem Bundesverfassungsgericht die „Aufklärung auswärtiger Gefahren“ in den Vordergrund gerückt und damit auch der Bezug zur Verteidigung hergestellt wird. Letzteres bleibt beim Bundesverfassungsgericht unklar.

2. Art. 73 Nr. 7 GG (Postwesen und Telekommunikation)

Art. 73 Nr. 7 GG normiert die Regelungskompetenz des Bundes über das Postwesen und die Telekommunikation. Der Begriff der Telekommunikation wurde erst im Rahmen der „Postreform II“ mit der Änderung des Art. 73 Nr. 7 GG und der Einfügung des Art. 87 f GG in das Grundgesetz aufgenommen. Ausweislich der Begründung des Gesetzentwurfs war mit dieser begrifflichen keine inhaltliche Änderung verbunden[673]. Nach mittlerweile überwiegender Ansicht der Literatur ist Art. 73 Nr. 7 GG „inhaltlich neutral“, d. h., dass hieraus keine Konsequenzen für Regelungen hinsichtlich des Inhalts der übermittelten Information gezogen werden können[674].

Für den Bereich des Rundfunks ist die inhaltliche Neutralität des Art. 73 Nr. 7 GG bereits früh vom Bundesverfassungsgericht festgestellt worden[675]. Die Fernmeldetechnik hat lediglich eine „dienende Funktion“[676]. *Ricker/Schiwy* sprechen vom „technischen Verbreitungsbegriff“[677]. Von der klassischen Einteilung in Massenkommunikation und Individualkommunikation kommend, die in der Grundrechtsdogmatik des Art. 5 Abs. 1 GG wurzelt[678], könnte man aus der

---

[673] BT-Drs. 12/7269, S. 4; *Pestalozza*, in: v.Mangold/Klein/Pestalozza, GG, Art. 73 Rn. 466; *BVerfG*, ZUM-RD 2003, S. 57 (59).

[674] *Determann*, S. 223 ff., (229); *Jarass/Pieroth*, GG, Art. 73 Rn. 17; *Stettner*, in: Dreier, GG, Art. 73 Rn. 31 und 34; *ders.*, Rundfunkstruktur, S. 111; *Gersdorf*, Rundfunkbegriff, S. 59; *Schulz*, ZUM 1996, S. 495, *Redeker*, S. 110; *Pestalozza*, in: v.Mangoldt/Klein/Pestalozza, GG, Art. 73 Rn. 468; *Pappi*, S. 135; *Martenczuk*, ZUM 1999, S. 107; *Kunig*, in: v.Münch/Kunig, GG, Art. 73 Rn. 31; *Heintzen*, in: v.Mangold/Klein/Stark, GG, Art. 73 Rn. 72 u. 78; *Gabriel-Bräutigam*, S. 42 ff.; *Bremer*, in: Bremer/Esser/Hoffmann, S. 25; *Braml*, S. 171.

[675] BVerfGE 12, 205 (225) – 1. Rundfunkurteil.

[676] BVerfGE 12, 205 (227); ablehnend *Ladeur*, ZUM 1998, S. 266; *Scholz*, Das Teilnehmerentgelt, S. 50.

[677] *Ricker/Schiwy*, Rundfunkverfassungsrecht, B Rn. 213; *Paptistella*, DÖV 1978, S. 497f. spricht vom „fernmelderechtlichen Rundfunkbegriff“, gemeint ist jeweils die technische Seite der Rundfunkübertragung. *Dies.*, DÖV 1978, S. 753.

[678] BVerfGE 12, 205 (218).

Judikatur des Bundesverfassungsgericht zur Abgrenzung von Rundfunk (als Massenkommunikationsmittel) und Fernmelderecht schließen, dass das Gesagte für die Individualkommunikation gerade nicht gelte[679]. Für den Bereich der Individualkommunikation wird daher z. T. eine Regelungsbefugnis auch für deren Inhalt aus Art. 73 Nr. 7 GG abgeleitet[680]. Das erscheint folgerichtig, wenn man mit einem Umkehrschluss argumentiert: Für Inhaltsregelungen bei Massenkommunikation scheidet Art. 73 Nr. 7 GG aus, bei der Individualkommunikation wurde dies vom Bundesverfassungsgericht nicht festgestellt, also eröffnet hier Art. 73 Nr. 7 GG eine Gesetzgebungskompetenz auch für Inhaltsregelungen[681]. Für eine solche Ansicht spricht, dass für inhaltliche Regelungen bei der Individualkommunikation (bislang) kein Bedarf bestand[682]. Bei dieser Kommunikationsform stand die technische Seite immer im Vordergrund[683], so dass die inhaltliche Seite der übertragenen Daten als (unbedeutender) Annex dieser Kompetenz zugeschlagen werden könnte[684]. Demgegenüber war der Rundfunk von Anfang an mit inhaltlichen Regelungen „belastet“. Diese stellen sich als einen Kernpunkt der Regelungsmaterie dar. Eine solche mehr historische Betrachtung[685] des Problems kann jedoch nicht zu gerechten Lösungen führen, wenn die Bedeutung von inhaltlichen Regelungen in allen Bereichen, d. h. auch in der Individualkommunikation bzw. der Kommunikation, die nicht mehr eindeutig als Massenkommunikation angesehen werden kann, zunimmt, da dann von einem bloßen Annex nicht mehr gesprochen werden kann.

---

679 So *Bullinger/Mestmäcker*, S. 147; *Bullinger*, JZ 1996, S. 391.

680 *Degenhart*, in: Sachs, GG, Art. 73 Rn. 37, der die Kompetenz für die Inhaltsregelung bei der Individualkommunikation beim Bund sieht; ebenso *Ferger/Junker*, DÖV 1981, S. 442, die von einer „Total“-Kompetenz des Bundes für die Individualkommunikation sprechen; *Bullinger/Mestmäcker*, S. 145 f./151; *Bullinger*, ZUM 1996, 756; *ders*, JZ 1996, S. 391; kritisch *Kröger/Moos*, AfP 1997, S. 676; *Scherer*, Der Staat Bd. 22 (1983), S. 348 spricht zwar dem Bund die Alleinkompetenz für die Individualkommunikation zu, verneint aber gleichzeitig die Möglichkeit hierfür Regelungen zu treffen. Damit könnten weder Bund noch Länder Inhaltsregelungen für die Individualkommunikation erlassen; ähnlich *Gounalakis*, ZUM 2003, S. 183; *Depenheuer*, AfP 1997, S. 672, begründet dies allerdings mit der Kompetenz aus Art. 74 Abs. 1 Nr. 11 GG; ablehnend *Schulz*, ZUM 1996, S. 495; vgl. auch die Darstellung bei *Trafkowski*, Medienkartellrecht, S. 229 ff.

681 Vgl. die Schlussfolgerungen bei *Ferger/Junker*, DÖV 1981, S. 441.

682 *Schulz*, ZUM 1996, S. 495.

683 So ist auch die Direktrufentscheidung des *BVerfG* (46, 120) zu verstehen, bei der es darum ging, ob gewisse neue Dienste der Post unter den Fernmeldebegriff gefasst werden können; siehe weiter unten im selben Abschnitt.

684 So etwa *Bullinger*, AfP 1996, S. 4, dort Fn. 44.

685 *Bullinger/Mestmäcker*, S. 151, sprechen von der Individualkommunikation als historischen Kern der Bundeskompetenz für die Telekommunikation. Vgl. nur die ursprüngliche Bezeichnung vor Entwicklung der Rundfunktechnik „Post- und *Telegraphen*wesen“ in Art. 6 Nr. 7 und Art. 88 Abs. 1 WRV. Hierzu und zur Entwicklung des Fernmelderechts BVerfGE 12, 205 (224 und 230 ff.).

Den Aussagen des Bundesverfassungsgerichts ist der oben genannte Umkehrschluss auch nicht zu entnehmen. Richtig ist, dass die inhaltliche Seite der Individualkommunikation bei der Entscheidung nicht inmitten stand. Darüber hinaus baut das maßgebliche 1. Rundfunkurteil nicht auf der Unterscheidung von Massenkommunikation und Individualkommunikation auf[686]. Die Ausführungen des Gerichts zu den „Fernmeldeanlagen" bezogen sich lediglich auf die Technik. Das Gericht spricht in diesem Zusammenhang von den der „Übermittlung von Signalen dienenden funktechnischen Vorgängen", ohne dabei auf den Inhalt dieser Signale näher einzugehen[687]. Die damit getroffenen Aussagen zur technischen Seite des Art. 73 Nr. 7 GG sind so eindeutig, dass der Schluss nur lauten kann: Die Kompetenz aus Art. 73 Nr. 7 GG bezieht sich nur auf den technischen Verbreitungsvorgang; dies gilt für sämtliche verbreiteten Signale, daher auch für die Individualkommunikation. Nach der Judikatur des Bundesverfassungsgerichts ist eine eindeutige Trennung bei der Übertragung von funktechnischen Signalen in eine technische Seite und eine inhaltlich-mediale Seite zu ziehen. Warum dies ausgerechnet bei der Individualkommunikation anders sein soll, ist nicht einsichtig, da Art. 73 Nr. 7 GG selbst nicht in Individualkommunikation und Massenkommunikation unterscheidet [688], sondern lediglich die Verbreitungsarten (Telekommunikation = Signalverbreitung mittels elektromagnetischer Schwingungen bzw. „körperlose Nachrichtenbeförderung"[689]; Post = Inhaltsverbreitung in körperlicher Form). Der verfassungsrechtliche Begriff „Telekommunikation" ist sowohl offen für die Individualkommunikation als auch für die Massenkommunikation mittels elektronischer Übertragungstechnik[690].

Auch der Direktrufentscheidung des Bundesverfassungsgerichts[691] kann entgegen der Ansicht von *Ferger/Junker*[692] nichts anderes entnommen werden, da das Gericht sich in dieser Entscheidung zwar mit Fragen im Zusammenhang mit Techniken auseinanderzusetzen hatte, die lediglich der Individualkommunikation dienten[693]. Letztlich ging es um die Frage, ob gewisse (damals) neue Übertragungstechniken unter den Begriff des Fernmeldewesens subsumiert werden

686 *Stettner*, Rundfunkstruktur, S. 111.
687 BVerfGE 12, 205 (226).
688 *Martenczuk*, ZUM 1999, S. 106.
689 BVerfGE 46, S. 120, Leitsatz 2 und S. 140 ff.
690 *Pestalozza*, in: v.Mangoldt/Klein/Pestalozza, GG, Art. 73 Rn. 467; *Stettner*, in: Dreier, GG, Art. 73 Rn. 31; *Heintzen*, in: v.Mangold/Klein/Stark, GG, Art. 73 Rn. 72. Vgl. zur Einschränkung des Begriffs auf der einfachrechtlichen Ebene Teil 2 I.
691 BVerfGE 46, 120 ff.
692 Vgl. insbesondere DÖV 1981, S. 439
693 *Plagemann*, ZUM 1986, S. 519.

können[694]. Eine Aussage dazu, ob auch inhaltliche Regelungen aufgrund Art. 73 Nr. 7 GG getroffen werden können, findet sich in der Entscheidung hingegen ebenso wenig, wie sonstige Aussagen zur Kompetenzverteilung zwischen Bund und Ländern.[695]

Als Ergebnis kann festgehalten werden: Steht die funktechnische Übertragung von Signalen im Mittelpunkt, ergibt sich diesbezüglich eine Regelungskompetenz des Bundes. Art. 73 Nr. 7 GG erfasst mit dem Begriff „Telekommunikation"[696] nur den Signaltransport, nicht den Inhalt[697]. Dies hat auch für die Individualkommunikation zu gelten[698]. Ein einfachrechtlicher Übermittlungsvorbehalt, wie er sich noch in § 42 Telekommunikationsordnung[699] für die Annahme eines Telegramms findet, kann nur damit begründet werden, dass hier die Post als Dienstleister bei erkennbaren Gesetzesverstößen nicht verpflichtet werden soll, zum Handlanger für den Absender zu werden.

Auch für das zweite Sachgebiet des Art. 73 Nr. 7 GG, das Postwesen, wird nicht behauptet, dass Regelungen des Inhalts der Kommunikation in den Kompetenzbereich des Bundes fallen. Vorschriften in der Postordnung, die die Beförderung von Sendungen mit bestimmten Inhalten ausschließen, dienen ebenso wie der gerade angeführte § 42 TKO nur dem Zweck, den Postdienstleister zu schützen, ohne ihm die Befugnis zu geben, den Inhalt der Sendung zu kontrollieren oder zu bewerten.

---

694 Vgl. insbesondere Leitsatz 2 der Entscheidung (BVerfGE 46, S. 120). Dies erkennen auch *Ferger/Junker* (a. a. O., S. 440, dort Fn. 15) ohne jedoch hieraus die richtigen Schlüsse zu ziehen.

695 Ebenso *Stettner*, Rundfunkstruktur, S. 111 f.; *Plagemann*, ZUM 1986, S. 521; *Ricker/Schiwy*, B, Rn. 238.; *Gabriel-Bräutigam*, S. 42 ff.

696 Der Begriff ist 1994 in das GG eingefügt worden und hat insoweit den Begriff „Fernmeldewesen" ersetzt, ohne dass sich ein inhaltliche Änderung ergab. Vgl. hierzu *Determann*, S. 225 f.

697 *Determann*, S. 224 f.; *Stettner*, in: Dreier, GG, Art. 73 Rn. 31; *Pappi*, S. 137; *Heintzen*, in: v.Mangold/Klein/Stark, GG, Art. 73 Rn. 75.

698 *Kunig*, in: v.Münch/Kunig, GG, Art. 73 Rn. 31; *Ricker/Schiwy*, Rundfunkverfassungsrecht B, Rn. 328; a. A. *Plagemann*, ZUM 1986, S. 521ff.

699 Verordnung über die Bedingungen und Gebühren für die Benutzung der Einrichtungen des Fernmeldewesens (Telekommunikationsordnung – TKO) vom 5. November 1986 (BGBl I. S. 1749). § 42: „Die Deutsche Bundespost kann Telegramme, deren Inhalt erkennbar gegen strafgesetzlichen Vorschriften, das öffentliche Wohl oder die guten Sitten verstößt, zurückweisen oder von der Weiterleitung ausschließen."

3. Art. 73 Nr. 9 GG (Urheber- und Verlagsrecht, gewerblicher Rechtsschutz)

Der Bund hat die ausschließliche Gesetzgebungskompetenz für den gewerblichen Rechtsschutz, das Urheberrecht und das Verlagsrecht. Das Urheberrecht befasst sich mit dem Schutz des geistigen Eigentums und hier vor allem mit dem Schutz von Werken der Literatur, Musik, bildender Kunst und Fotografie. Es knüpft dabei an bereits geschaffene Inhalte an und gewährt hierfür einen Schutzrahmen, der dem Schöpfer des Kommunikationsinhalts eine Rechtsmacht gegenüber weiteren Verwendern zugesteht. Eine Kontrolle, welche Kommunikationsinhalte erstmals geschaffen werden dürfen, kann diesem Rechtskreis nicht entspringen, so dass die Norm für eine Bundeskompetenz in diesem Zusammenhang ausscheidet. Das Verlagsrecht kann sich ebenfalls nicht mit dem Inhalt von Druckwerken befassen, da diese „Presse“ im Sinne des Art. 75 Abs. 1 Nr. 2 GG darstellen. Für Inhaltsregelungen müsste der Bund auf die Rahmenkompetenz dieser Vorschrift zurückgreifen.

Zum Regelungsbereich des gewerblichen Rechtsschutzes gehört auch das Wettbewerbsrecht wie es im Gesetz gegen den unlauteren Wettbewerb (UWG)[700] seinen Niederschlag gefunden hat (die Bundeskompetenz für das Kartellrecht stützt sich auf Art. 74 Abs. 1 Nr. 16 GG, dazu unten). Im Rahmen des Wettbewerbsrechts kann der Bund u. a. unlautere Werbung verbieten (vgl. §§ 1, 3 UWG) und damit Einfluss auf den Inhalt von Kommunikation nehmen[701]. So unterfällt die Entscheidung, ob reine Individualkommunikationsmittel (z. B. Telefon, Fax, E-Mail) von Werbung freizuhalten sind, dem Recht des unlauteren Wettbewerbs[702]. Das Wettbewerbsrecht ist für sich gesehen inhaltlich neutral, es verbietet nicht schlechthin eine bestimmte Werbeaussage. Die Unzulässigkeit eines Kommunikationsinhalts ergibt sich nur, wenn eine Abwägung der Interessen des Kundgebenden mit den Interessen des Empfängers oder eines Mitbewerbers einen Verstoß gegen die Wettbewerbsregeln erkennen lässt.

---

[700] Gesetz gegen den unlauteren Wettbewerb vom 7. Juni 1909 (RGBl. S. 499), zuletzt geändert durch Gesetz vom 13.12.2001 (BGBl. I 3656).

[701] Beispielhaft kann die Werbung für die Firma Benetton angeführt werden, vgl. BVerfGE 102, 347 ff; hierzu *Lange*, AfP 2002, S. 185 ff. Zum Verbot von sog. Fax-Werbung, *Hoeren*, NJW 2002, S. 1521 ff.

[702] Es verstößt gegen die guten Sitten und ist damit gem. § 1 UWG verboten, wenn Telefonanrufe zu Werbezwecken im privaten Bereich benutzt werden, außer der Anrufer hat zuvor ausdrücklich oder konkludent sein Einverständnis mit solchen Anrufen erklärt (*BGH*, NJW 2000, S. 2677). Hingegen kann es nicht unterbunden werden, wenn ein Telefongespräch aufgrund der besonderen Gebührenvereinbarung (Gebührenfreiheit) durch Werbung unterbrochen wird (*BGH*, NJW 2002, S. 2038).

4. Art. 73 Nr. 10 b und c GG (Verfassungsschutz, Bekämpfung internationaler Kriminalität)

Die Wortlautauslegung des Art. 73 Nr. 10 b und c GG ergibt, dass ein Tätigwerden im Vorfeld von bestimmten kriminellen oder terroristischen Handlungen geregelt werden soll. „Schutz“ der freiheitlich demokratischen Grundordnung oder gegen gefährdende kriminelle Bestrebungen erreicht man, indem bereits vor entsprechenden Handlungen Kenntnis hiervon gewonnen wird. Dies lässt sich zum einen durch das Aufspüren von Tatsachen, besser aber noch durch die Kenntnis entsprechender Absprachen erreichen. Die Beobachtung von Personen und deren Kommunikation bildet damit einen zentralen Punkt dieses Regelungsbereichs. Auch die zuletzt mit dem Terrorismusbekämpfungsgesetz[703] den nachrichtendienstlichen Sicherheitsbehörden übertragenen Aufgaben sollen ein Durchleuchten des geistig-agitatorischen Umfelds terroristischer Gewalt ermöglichen[704]. Das Ziel der Beobachtung der Kommunikation ist hier deutlich erkennbar. Wie weit die Kompetenzen im Bereich der Terrorismusbekämpfung reichen, ist allerdings nicht ganz geklärt. Der Bund stützt sich für das Terrorismusbekämpfungsgesetz insgesamt auf Art. 73 Nr. 10 b und c GG[705]. Für die vorliegende Abhandlung reicht die Feststellung, dass der Bund aufgrund der genannten Vorschriften Regelungen für die Beobachtung elektronischer Kommunikation erlassen kann.

Da jeweils einzelne Personen von der Beobachtung betroffen sind, können die Kompetenzen aus Art. 73 Nr. 10 b und c GG lediglich im Bereich der elektronischen Individualkommunikation Bedeutung erlangen.

5. Art. 74 Abs. 1 Nr. 1 GG (Strafrecht, Bürgerliches Recht)

Für den Bereich der elektronischen Kommunikation stellen sich das Strafrecht, das Strafverfolgungsrecht und das Bürgerliche Recht als *Querschnittskompetenzen/ Nebenkompetenzen* dar, die keine umfassende Regelungsbefugnis für den Bereich der elektronischen Kommunikation beinhalten und damit den Ländern keine Hauptkompetenz streitig machen können. Gleichwohl kann der Bund (Einzel-)Regelungen im Bereich der elektronischen Kommunikation treffen, die sich dann auf den Inhalt dieser Kommunikation beziehen können. Diese Regelungen stellen sich als „allgemeine Gesetze“, als Schranken für die Kommunikation dar und sind daher am Maßstab des Art. 5 Abs. 2 GG zu messen[706].

---

[703] Vgl. oben Teil 3 I 5.
[704] *Baldus*, ZRP 2002, S. 400.
[705] BT-Drs. 14/7386, S. 88; kritisch *Baldus*, ZRP 2002, S. 400 ff.
[706] Siehe oben Teil 4 IV 2.

Mit den Strafnormen erlässt der Bund auch Normen, die den Jugendschutz berühren[707]. Daher wird als Kompetenz für Jugendschutzgesetze in der Regel neben Art. 74 Abs. 1 Nr. 7 GG (dazu sogleich unten) auch Art. 74 Abs. 1 Nr. 1 GG zitiert[708].

Aufgrund der Gesetze zur Strafverfolgung, die ebenfalls der Kompetenz für das Strafrecht unterfallen, steht dem Bund das Recht zur Regelung der Überwachung der elektronischer Individualkommunikation zu.

6. Art. 74 Abs. 1 Nr. 7 GG (öffentliche Fürsorge)

Dass Art. 74 Abs. 1 Nr. 7 GG, der die „öffentliche Fürsorge“ als Regelungsmaterie des Bundes benennt, im Bereich der elektronischen Kommunikation Bedeutung erlangen kann, ergibt sich aus dem nicht auf den ersten Blick erkennbaren Umstand, dass hier auch die Regelungskompetenz für den Jugendschutz angesiedelt sein soll[709].

Das Grundgesetz misst dem Jugendschutz im Kommunikationsbereich als Pflichtaufgabe des staatlichen Gesetzgebers einen hohen Stellenwert zu[710]. Der Jugendschutz bei den elektronischen Medien stellt in der gegenwärtigen Situati-

---

707 *Liesching*, S. 250 f.; *Albrecht/Hotter*, S. 23 ff.

708 Vgl. BT-Drs. 14/9013, S. 17; vgl. auch *Liesching*, ZUM 2002, S. 869 ff.

709 *Altenhain*, in: Roßnagel, Recht der Multimediadienste, Teil 9, Einl GjS Rn.17; *Dörr/Cole*, Jugendschutz in den elektronischen Medien, S. 20; *Liesching*, S. 256 f.; BT-Drs. 14/9013, S. 17. Nach *Bethge* (in: BLM (Hrsg.), Symposion Medienrecht 2001, S. 67) handelt es sich beim Jugendschutz hingegen um einen kompetenzrechtlichen Querschnittsbegriff, der sich nicht punktgenau und lupenrein einer bestimmten Sachmaterie zuordnen lasse.
Eine Verortung der Jugendschutzkompetenz des Bundes bei Art. 74 Abs. 1 Nr. 7 GG erscheint nicht zwingend, da sie sich aus der Zusammenschau der Art. 74 Abs. 1 Nrn. 1, 7 und 11 GG ergeben soll (Vgl. BVerwGE 85, 169 (176) = NJW 1990, S. 3288; BT-Drs. 14/9013, S. 17). Die Diskussion um die Bundeskompetenz für den Jugendschutz wird gleichwohl hier geführt, da das Bundesverfassungsgericht diese Vorschrift als Kompetenznorm für das GjSM herangezogen hat und dieses Gesetz – bzw. das das GjSM ablösende Jugendschutzgesetz - inmitten steht, wenn es um bundesrechtlichen Jugendschutz in Medien und bei der sonstigen elektronischen Kommunikation geht (BVerfGE 31, 112 (117); vgl. auch BVerwGE 19, 94; 23, 112 (113): das Bundesverwaltungsgericht schiebt aber Art. 74 Abs. 1 Nr. 1 GG (Strafrecht) nach, die Kompetenz aus Nr. 11 (Wirtschaft) bleibt dahingestellt). Die von den Gerichten angegebenen unterschiedlichen Kompetenznormen für das GjSM, bzw. den Jugendschutz mögen schon ein Hinweis sein, dass eine exakte Verortung erst nach einer eingehenden Prüfung erfolgen kann.

710 *Altenhain*, in: Roßnagel, Recht der Multimediadienste, Teil 9, Einl GjS Rn. 21; *Gödel*, in: Löffler, Presserecht, JSchutz BT Rn. 1; *Bethge*, in: BLM (Hrsg.), Symposion Medienrecht 2001, S. 66.

on, insbesondere nach dem Amoklauf eines 19-jährigen in einem Gymnasium in Erfurt, einen Kernpunkt in der öffentlichen Diskussion dar, und so ist auch die Kompetenz zum Erlass von Regelungen in diesem Bereich von erheblicher Bedeutung[711]. Während ein für Bund *und* Länder geltender Jugendmedienschutz-Staatsvertrag, der für alle „Telemedien" (außer Rundfunk) hätte Geltung beanspruchen sowie einen einheitlichen Ordnungsrahmen und Mindeststandards schaffen sollen, über das Entwurfsstadium nicht hinaus kam[712], sind seit 1. April 2003 das Jugendschutzgesetz des Bundes und der Jugendmedienschutz-Staatsvertrag der Länder in Kraft[713]. Die Regelung des Jugendschutzes in den „Telemedien" und im Rundfunk bleibt damit nach einer hart umkämpften Einigung mit dem Bund – kompromissweise – den Ländern vorbehalten[714], wobei auf der Grundlage des Jugendschutzgesetzes durch die Bundesprüfstelle getroffene Entscheidungen in diesen Bereich hineinwirken.

Für die Kommunikation allgemein, einschließlich des Rundfunks, stellt sich der Jugendschutz als explizit genannte Schranke im Sinne des Art. 5 Abs. 2 GG dar. Auch für den Bereich des Rundfunks ist darüber hinaus nicht zweifelhaft, dass der Bund aufgrund seiner Kompetenzen Grundrechtsschranken aufbauen darf[715] (vgl. Urheberrecht, Art. 73 Nr. 9 GG). Es stellt sich allerdings die Frage, ob der Bund aufgrund Art. 74 Abs. 1 Nr. 7 GG überhaupt eine Kompetenz zum Erlass von Jugendschutzregelungen für die elektronische Kommunikation behaupten kann. Die Frage ist schwierig; die derzeitigen Tätigkeiten der Gesetzgeber macht sie spannend zugleich. Manche Untersuchungen gehen gleichwohl äußerst knapp über diese Frage hinweg[716] und weisen dem Bund unter Heranziehung des Art. 74 Abs. 1 Nr. 7 GG eine wie auch immer geartete Kompetenz für Regelungen des Jugendschutzes im Kommunikationsbereich zu.

---

[711] Der Bundeskanzler berief einen runden Tisch der Rundfunkintendanten ein. Allenthalben wird über die Verschärfung der Jugendschutzgesetze diskutiert. Vgl. *Liesching*, S. 1 f.; *Waldenberger*, MMR 2002, S. 413 f.

[712] *Kloepfer*, Informationsrecht, § 13 Rn. 21 u. 68.

[713] Siehe oben Teil 3 I 11 und II 5.

[714] Vgl. BT-Drs. 14/9013, S. 24; kritisch zur Länderkompetenz *Liesching*, ZUM 2002, S. 868 ff.; *Krempl*, Umstrittener Jugendschutz – Gesetzesänderungen stoßen auf Ablehnung, c't, Ausgabe 14/02 vom 01.07.2002, S. 80 f.

[715] BVerfGE 12, 205 (240 f.); *Gersdorf*, in: Prinz/Peters, FS Engelschall, S. 168.

[716] Vgl. etwa bei *Determann*, S. 239, der eine Bundeskompetenz lediglich bejaht; ebenso *Liesching*, S. 256 f.; *Ricker/Schiwy*, Rundfunkverfassungsrecht, B, Rn. 32 allerdings nur für den Rundfunk; *Jarass/Pieroth*, GG, Art. 73 Rn. 17; *Gersdorf*, in: Prinz/Peters, FS Engelschall, S. 168 f.; *Bullinger*, JZ 1996, S. 390; *Dörr/Cole*, Jugendschutz in den elektronischen Medien, S. 20; *Altenhain*, in: Roßnagel, Recht der Multimediadienste, Teil 9, Einl GjS Rn. 17 mit Hinweis auf den Verfassungsgeber; *Liesching*, ZUM 2002, S. 873.

Sieht man sich auf der anderen Seite die Fülle an Literatur an[717], die sich – vor in Kraft treten des Jugendschutzgesetzes und bereits davor vor Einfügung des § 1 Abs. 3 Satz 2 GjSM[718] – mit der Frage beschäftigte, ob das Gesetz über die Verbreitung jugendgefährdender Schriften und Medieninhalte (GjSM: im Folgenden Jugendmedienschutzgesetz) auf Rundfunksendungen Anwendung finden kann, so verwundert die Knappheit der Aussagen. Auch beim Streit um die Anwendbarkeit des Jugendmedienschutzgesetzes auf Rundfunksendungen ging es um die Frage, ob der Bund hier überhaupt aus seiner primär auf Art. 74 Abs. 1 Nr. 7 GG gestützten Jugendschutzkompetenz eine Kompetenz gerade für den Rundfunk herleiten kann. Die überwiegende Ansicht geht dahin, dass der Jugendschutz im Rundfunk (hier: Rundfunk im einfachrechtlichen Sinn) eine größere Sachnähe zur Gesetzgebungsmaterie Rundfunk aufweise und daher von den Ländern zu regeln sei[719]. Dieser Auffassung ist zumindest im Ergebnis zuzustimmen. Hinsichtlich der Begründung ergeben sich jedoch Zweifel, da eine umfassende Untersuchung, inwieweit Art. 74 Abs. 1 Nr. 7 GG eine Kompetenz für den Jugendmedienschutz hergibt, nicht durchgeführt[720] und die Frage der Kompetenzen für den Rundfunk auf der zweiten Prüfungsebene (Sachzusammenhang) entschieden wurde, ohne die erste Ebene (Kompetenzumfang des Art. 74 Abs. 1 Nr. 7 GG) ausreichend zu durchleuchten. Vereinzelte kritische Fragestellungen zur Gesetzgebungskompetenz des Bundes in Sachen Jugendschutz blieben die Ausnahme[721].

[717] *Beisel/Heinrich*, NJW 1996, S. 491 ff; *Brockhorst-Reetz*, S. 90 ff.; *Gabriel-Bräutigam*, S. 170 ff.; *Herkströter*, AfP 1994, S. 133 ff.; *Landmann*, NJW 1996, S. 3309 ff.; *Meyer-Hesemann*, DVBl. 1986, S. 1181 ff.; *Ory*, ZUM 1986, S. 123 ff.; *ders.*, NJW 1987, S. 2967 ff.; *Reinwald*, ZUM 1997, S. 450 ff.; *Weides*, NJW 1987, S. 224 ff.

[718] „Schriften im Sinne dieses Gesetzes sind nicht Rundfunksendungen nach § 2 des Rundfunkstaatsvertrages sowie inhaltliche Angebote bei Verteildiensten und Abrufdiensten, soweit die redaktionelle Gestaltung zur Meinungsbildung für die Allgemeinheit im Vordergrund steht, nach § 2 Mediendienste-Staatsvertrag (...).“. Die Änderung erfolgte durch Art. 6 des Gesetzes zur Regelung der Rahmenbedingungen für Informations- und Kommunikationsdienste (IuKDG) vom 22. Juli 1997 (BGBl. I S. 1870).

[719] *Castendyk*, MDR 1993, S. 192; *Gabriel-Bräutigam*, S. 173 u. 176; *Landmann*, NJW 1996, S. 3309; *Ory*, AfP 1990, S. 178; *Schulz*, MMR 1998, S. 183, *Gödel*, in: Löffler, Presserecht, JSchutz BT Rn. 122 u. 130; *Bullinger*, JZ 1996, S. 390; *Bethge*, in: BLM (Hrsg.), Symposion Medienrecht 2001, S. 68; *ders.*, DÖV 2002, S. 681. Dies wird zum Teil dadurch begründet, dass es sich bei den Jugendschutzregelungen für den Rundfunk um Ausgestaltung des Freiheitsbereichs handele, die nur die Länder vornehmen könnten. Siehe dazu Teil 4 III 1 e cc.

[720] *Gabriel-Bräutigam* weist z. B. in ihrer Untersuchung lediglich auf den Zuständigkeitsbereich „öffentliche Fürsorge“ hin (S. 176) ohne die Vorschrift des Art. 74 Abs. 1 Nr. 7 GG auch nur in einer Fußnote zu erwähnen.

[721] *Herkströter*, AfP 1992, S. 24, der starke Bedenken gegen die Gesetzgebungskompetenz des Bundes erhebt, weil hier „über den Umweg des Strafrechts ein Zugriff auf das Pressewesen und den Buchdruck erfolgt“.

Der Bund hat weiter durch die Herausnahme von Rundfunk und Mediendiensten aus dem Anwendungsbereich des Jugendmedienschutzgesetzes und wiederum in der Diskussion um das seit 1.4.2003 geltende Jugendschutzgesetz[722] nochmals deutlich gemacht[723], dass er sich grundsätzlich auch in diesem Bereich für die Regelungen des Jugendschutzes zuständig sieht[724]. Die Frage nach dem Umfang des Kompetenztitels aus Art. 74 Abs. 1 Nr. 7 GG stellt sich weiterhin für alle Kommunikationsarten, die sich elektronischer Übertragungstechniken bedienen und nicht eindeutig als Rundfunk oder Telemedien klassifiziert werden können[725]. Nicht durchsetzen konnte sich dabei die Meinung, dem Bund fehle die Gesetzgebungskompetenz für den Bereich des Jugendschutzes bereits deshalb, weil es sich hierbei um Polizeirecht handele[726]. Dieser Ansatz ist in der Literatur und Rechtsprechung nicht weiter verfolgt worden[727].

Eine Gesetzgebungskompetenz „Jugendschutz" wird dem Bund in den Art. 70 ff. GG nicht explizit zugewiesen. Art. 74 Abs. 1 Nr. 7 GG selbst spricht lediglich von öffentlicher Fürsorge[728]. Als öffentliche Fürsorge wird im allgemeinen die Unterstützung Hilfsbedürftiger in Notlagen durch die öffentliche Hand verstanden[729]. Der Begriff ist allerdings „nicht eng" auszulegen[730], so dass auch präventive Maßnahmen, die die Entstehung einer Hilfsbedürftigkeit abwenden sol-

---

[722] S. oben Teil 3 I 11.

[723] Vgl. etwa BT-Drs. 14/9013, S. 17.

[724] Nach *Altenhain*, in: Roßnagel, Recht der Multimediadienste, Teil 9, Einl GjS Rn. 18, stehe dem Bund auch bei den Informations- und Kommunikationsdiensten die Gesetzgebungskompetenz für den Jugendschutz zu.

[725] Vgl. etwa zur Ausweitung des Schriftenbegriffs des vormals geltenden § 1 Abs. 3 GjSM *Reinwald*, ZUM 1997, S. 450 ff. Der Begriff der Schriften ist durch die Begriffe „Trägermedien" und „Telemedien" ersetzt. Unabhängig von diesen Begriffen regelt der Bund den Jugendschutz bei der elektronischen Kommunikation beim elektronischen Versand (§ 1 Abs. 4 JuSchG) und beim elektronischen Verbreiten, etwa per E-Mail, (§ 1 Abs. 2 Satz 2 JuSchG). Allein die Verbreitung durch Rundfunk ist ausgenommen.

[726] *Bettermann*, AöR 83 (1958), S. 100, der seine Ausführungen auf das JÖSchG bezieht; *Bauer*, JZ 1965 S. 42.

[727] Vgl. dazu *Pestalozza*, in: v.Mangoldt/Klein/Pestalozza, GG, Art. 74 Rn. 336.

[728] Auch Art. 74 Abs. 1 Nr. 1 (Strafrecht) und Nr. 11 (Wirtschaft) GG ist kein Hinweis auf den Jugendschutz zu entnehmen.

[729] *Degenhart* in: Sachs, GG, Art. 74 Rn. 32 m.w.N.; *Kunig*, in: v.Münch/Kunig, GG, Art. 74 Rn. 32; *Stettner*, in: Dreier, GG, Art. 74 Rn. 42. Vgl. zum allgemeinen Sprachgebrauch Brockhaus, Stichwort „Fürsorge": „Unterstützung aus kollektiven Mitteln bei individueller Notlage, die nicht durch Selbsthilfe oder Leistungen anderer Unterhaltungspflichtiger behoben werden kann."

[730] BVerfGE 88, 203 (329); *Seifert/Hömig*, GG, Art. 74 Rn. 7; *Stettner* in: Dreier, GG, Art. 74 Rn. 42 m.w.N.; kritisch *Kunig*, in: v.Münch/Kunig, GG, Art. 74 Rn. 32; *Maunz*, in: Maunz/Dürig, GG, Art. 74 Rn. 111; gegen eine weite Fassung der Vorschrift *Bettermann*, AöR, 83 (1958), S. 96, der die Jugendschutzkompetenz des Bundes ablehnt, da es sich um Sicherheitsrecht handele. Die Ausführungen beziehen sich jedoch auf das JÖSchG.

len, unter den Begriff subsumiert werden können[731]. Dies erscheint folgerichtig, da die Vermeidung von Notlagen sowohl durch präventive Maßnahmen als auch durch notwendige Unterstützung möglich ist und die präventiven Maßnahmen für alle Beteiligten in der Regel die milderen Mittel darstellen, da sie die Notlagen erst gar nicht entstehen lassen[732]. Einer solchen Ausweitung wohnt jedoch immer auch die Gefahr inne, dass sich die Kompetenznorm aus sich selbst heraus nur schwer abgrenzen lässt und nicht mehr eindeutige Aussagen hinsichtlich ihres Umfangs zulässt[733].

Festzustellen ist dabei, dass der Jugend(medien)schutz nicht dem Bereich der Vermeidung einer (eingetretenen) Notlage zuzurechnen ist und damit allenfalls eine Präventivmaßnahme im Rahmen des Art. 74 Abs. 1 Nr. 7 GG bilden kann. „Sein vorrangiges Ziel ist, den Eintritt von Gefahren zu verhindern (...)". Der Jugendschutz bedarf dabei seinerseits „wirkungsvoller Präventivmaßnahmen, um erkannte Gefahrenquellen auszuschalten."[734] Somit kann sich Jugendschutz als Teil der öffentlichen Fürsorge darstellen und unter Art. 74 Abs. 1 Nr. 7 GG subsumiert werden, wenn dieser letztlich der Beseitigung oder Vermeidung von Hilfsbedürftigkeit bzw. Notlagen dient. Dies setzt eine zweistufige Prüfung voraus. Zum einen muss herausgearbeitet werden können, welche Art von Hilfsbedürftigkeit durch die öffentliche Fürsorge vermieden werden soll, um zu klären, ob der Jugendschutz hierfür eine geeignete Präventivmaßnahme darstellen kann, und zum zweiten, ob es eine derart enge Verknüpfung zwischen dem Jugendschutz als Präventivmaßnahme und dem zu erreichenden Ziel gibt, die es rechtfertigt, den Jugendschutz gerade demjenigen zuzuschlagen, der auch die konkreten Maßnahmen bei Eintritt der Hilfsbedürftigkeit regeln kann.

Will man sich der Frage nach der Gesetzgebungskompetenz für den Jugendschutz im Rahmen des Art. 74 Abs. 1 Nr. 7 GG nähern, so mag auch ein Blick auf die weiteren Sachgebiete nützlich sein, die sich mit Kindern und Jugendlichen befassen und als deren kompetenzielle Grundlage Art. 74 Abs. 1 Nr. 7 GG angesehen wird: die Jugendfürsorge und die Jugendpflege[735]. Unter Jugendfürsorge sind alle Maßnahmen zu verstehen, die sich auf gefährdete, kranke, verwahrloste oder gestrauchelte Kinder und Jugendliche beziehen. Hier ist eine Notlage bereits eingetreten. Damit ist der Kernbereich des Art. 74 Abs. 1 Nr. 7 GG berührt; eine Zuordnung zur öffentlichen Fürsorge ist unstreitig. Die Jugendpflege will das körperliche, geistige und sittliche Wohl aller Jugendlichen

[731] BVerfGE 22, 180 (212); 88, 203 (329 f.); *BVerfG*, NJW 2003, S. 49.
[732] Im Ergebnis ebenso *Kunig*, in: v.Münch/Kunig, GG, Art. 74 Rn. 34.
[733] *Maunz*, in: Maunz/Dürig, GG, Art. 74 Rn. 115.
[734] BVerfGE 30, 336 (350).
[735] BVerfGE 22, 180 (212); *Pestalozza*, in: v.Mangoldt/Klein/Pestalozza, GG, Art. 74 Rn. 326.

fördern; eine Notlage braucht hier noch nicht eingetreten sein. Der Jugendschutz als Drittes wehrt den Gefahren, die die Umwelt für die Jugend bereithält, durch Ge- und Verbote an die Jugend, vor allem aber an die Umwelt selbst[736]. Sowohl die Jugendpflege als auch der Jugendschutz sind Vorsorgemaßnahmen. Für beide Sachgebiete war und ist daher umstritten, ob sie sich unter den Begriff der öffentlichen Fürsorge einordnen lassen[737].

Um den Jugendschutz – und auch den Jugendmedienschutz als besonderen Teil des Jugendschutzes – in die öffentliche Fürsorge einordnen zu können, ist zunächst zu klären, welche Notlagen Art. 74 Abs. 1 Nr. 7 GG meint, denn nur zur Vermeidung dieser Notlagen kann dem Bund eine Gesetzgebungskompetenz für Vorschriften zur Prävention zustehen. Den Kommentierungen zu Art. 74 GG ist zu entnehmen, dass der Hilfsbedürftige sich primär in einer wirtschaftlichen Notlage befinden müsse[738] (Beispiel: Sozialhilfe). Sieht man sich die Vorgängerbestimmungen der Norm aus der Weimarer Reichsverfassung[739] an, so weisen diese ebenfalls auf eine wirtschaftlich-finanzielle Notlage hin, die durch die erlassenen Gesetze bekämpft werden soll. Die Präventivmaßnahmen müssen sich dann ebenfalls auf die Vermeidung einer letztlich wirtschaftlich-finanziellen Notlage beziehen. Die Vermeidung gesundheitlicher Schäden kann mit den Präventivmaßnahmen nicht angestrebt werden. Unter Art. 74 Abs. 1 Nr. 7 GG können nur solche gesetzliche Regelungen fallen, bei denen fürsorgerische Ziele (Maßnahmen gegen die allgemeine Hilfsbedürftigkeit) im Vordergrund stehen[740].

Die zu beseitigende Notlage muss nicht zwangsläufig finanzieller Natur sein, denn Behinderte sind wegen ihrer Behinderung hilfsbedürftig, Säuglinge, Kinder, Jugendliche und Senioren wegen ihres Alters. Darüber hinaus soll Hilfsbedürftigkeit auch dann vorliegen, wenn die Persönlichkeitsentwicklung einer Person gefährdet ist (Jugendhilfe als Gesamtheit der Maßnahmen, die der Jugendwohlfahrt dienen, und zwar Jugendfürsorge und Jugendpflege). Regelungen in

---

736 *Pestalozza*, in: v.Mangoldt/Klein/Pestalozza, GG, Art. 74 Rn. 341; *Oeter*, in: v.Mangold/Klein/Starck, GG, Art. 74 Rn. 75 f..

737 *Pestalozza*, in: v.Mangoldt/Klein/Pestalozza, GG, Art. 74 Rn. 338; *Oeter*, in: v.Mangold/Klein/Starck, GG, Art. 74 Rn 75.

738 *Oeter*, in: v.Mangold/Klein/Starck, Art. 74 Rn. 67, dies gilt vor allem für die traditionelle Sichtweise der öffentlichen Fürsorge.

739 Insbesondere: Art 7 Nr. 5 WRV (Armenwesen und Wandererfürsorge), Nr. 7 (Mutterschafts-, Säuglings-, Kinder- und Jugendfürsorge), Nr. 9 (Schutz der Arbeiter und Angestellten), Nr. 11 (Fürsorge für die Kriegsteilnehmer und ihrer Hinterbliebenen); vgl. hierzu *Pestalozza*, in: v.Mangoldt/Klein/Pestalozza, Art. 74 Rn. 308 ff; *Oeter*, in: v.Mangold/Klein/Starck, GG, Art. 74 Rn. 65.

740 *Maunz*, in: Maunz/Dürig, GG, Art. 74 Rn. 115.

diesem Bereich gelten dann bereits als Präventivmaßnahmen[741] und stellen sich somit schon als Annex zum eigentlichen Kernbereich dar.

Hat man geklärt, welches Regelungsziel mit der öffentlichen Fürsorge verfolgt wird, ist zu erörtern, wie hier der Jugendschutz als Präventivmaßnahme zur Unterstützung dieser Ziele eingesetzt werden kann. Dabei ist einsichtig, dass mit Jugendschutzregelungen eine Hilfsbedürftigkeit, die sich aus dem Alter, der Behinderung oder einer besonderen Lebenslage (z.B. Schwangerschaft, Krankheit) ergibt, nicht vermieden werden kann. Für diese Ziele der öffentlichen Fürsorge kann der Jugendschutz daher nicht als Präventivmaßnahme herangezogen werden. Des Weiteren kann nicht akzeptiert werden, dass mit dem Jugendschutz als Präventivmaßnahme eine weitere Präventivmaßnahme im Rahmen des Art. 74 Abs. 1 Nr. 7 GG (etwa einer Jugendpflegemaßnahme) vermieden werden soll, denn dies würde die Gefahr in sich bergen, dass der Anwendungsbereich des Art. 74 Abs. 1 Nr. 7 GG nicht mehr abgrenzbar bleibt.

Um die Bedeutung des Jugendschutzes als Präventivmaßnahme richtig erfassen zu können, ist auch ein Blick auf die Ziele des Jugendschutzes zu werfen. Der Jugendschutz soll durch das Unterbinden des Kontakts zu jugendgefährdenden Verhaltensweisen oder des Konsums jugendgefährdender Medieninhalte eine sozialethische Desorientierung[742] bzw. Begriffsverwirrung[743] verhindern[744]. Damit soll in einer Entwicklungsphase des Menschen, in der sozialrelevante Verhaltensmuster Dritter besonders intensiv übernommen werden[745], ein „Abgleiten" des Jugendlichen in die Gewalt- und Deliktsbereitschaft, den Drogenkonsum, der Spielsucht oder allgemein der Verwahrlosung vermieden und die allgemeine Wertvorstellung unserer Gesellschaft erhalten werden[746]. Nach der Auffassung *Altenhains* ist das zu schützende Rechtsgut die Entwicklung zu einer Persönlichkeit, die sich eigenverantwortlich innerhalb der sozialen Gemeinschaft frei entfaltet[747]. Dabei ist immer im Auge zu behalten, dass die eigentliche Aufgabe des Jugendschutzes die staatliche Unterstützung der im Lichte des Art. 6 GG zu gewährleistenden elterlichen Erziehung bleiben muss. Nach dem Bundesverfassungsgericht ist daher Ziel des Gesetzes über die Verbreitung jugend-

---

741 *Kunig*, in v.Münch/Kunig, GG, Art. 74 Rn. 32 und 34; *Stettner*, in: Dreier, GG, Art. 74 Rn. 42.

742 *Isensee/Axer*, S. 33 f.

743 *Brockhorst-Reetz*, S. 11; vgl. insgesamt *Gödel*, in: Löffler, Presserecht, JSchutz BT Rn. 15 ff; *Schraut*, S. 44.

744 Umfassend *Altenhain*, in: Roßnagel, Recht der Multimediadienste, Teil 9, Einl GjS Rn. 18

745 *Schorb*, in: BLM (Hrsg.), Symposion Medienrecht 2001, S. 20 f.

746 Wertorientierter Ansatz, vgl. bei *Altenhain*, in: Roßnagel, Recht der Multimediadienste, Teil 9, Einl GjS Rn. 33 f.

747 *Altenhain*, in: Roßnagel, Recht der Multimediadienste, Teil 9, Einl GjS Rn. 34

gefährdender Schriften (und Medieninhalte) „Störungen des grundrechtlich gewährleisteten Erziehungsrechts der Eltern vorzubeugen“[748].

Setzt man diese allgemeinen Ziele des Jugendschutzes in Beziehung zu den Zielen der öffentlichen Fürsorge, nämlich der Verhinderung von Notlagen und der Hilfe für Bedürftige, zeigt sich, dass es nur wenige Überschneidungspunkte gibt. Ist Fernziel des Jugendschutzes die Vermeidung der Neigung zu Gewalt- bzw. Deliktsbereitschaft und damit die Vermeidung von Straftaten, so kann nicht argumentiert werden, es gehe um die Prävention im Rahmen des Art. 74 Abs. 1 Nr. 7 GG. Die Vorbeugung von (allgemeinen) Straftaten unterfällt dem Polizeirecht.[749] Gleiches gilt für die Gefahr der Rauschgiftsucht, wenn man die strafrechtliche Seite betrachtet. Rückt man hingegen die körperlichen und seelischen Gefahren in den Mittelpunkt, so bildet der Jugendschutz eine Präventivmaßnahme im Bereich der Gesundheitsvorsorge. Dies gilt auch bei der Vermeidung von Spielsucht, wobei hier ein nicht zu verkennender wirtschaftlicher Aspekt (Schutz vor Verarmung) hinzutritt. Die Wertvorstellungen unserer Gesellschaft werden schließlich primär in der Familie und der Schule[750] vermittelt. Diese Ziele des Jugendschutzes haben damit eines gemeinsam: Eine Verbindung des Jugendschutzes als flankierende Maßnahme zu den genannten Zielen der öffentlichen Fürsorge im oben dargestellten Sinne ist auf den ersten Blick nicht zu erkennen.

Die Gefahren, denen mit dem Jugendschutz begegnet werden soll, bergen jedoch immer auch eine wirtschaftliche Komponente in sich. Tritt Gewaltbereitschaft, Rauschgift- oder Spielsucht, allgemeine Verwahrlosung oder Wertverlust ein, so führt dies in nicht seltenen Fällen dazu, dass Jugendliche in ihrem späteren Leben in der einen oder anderen Form auch auf finanzielle Unterstützung angewiesen sein werden. Damit wird wieder ein Zusammenhang mit der Regelungsmaterie öffentlicher Fürsorge erkennbar und insofern kann der Jugendschutz auch hier als Präventivmaßnahme wirken.

Ist somit geklärt, in welchem Bereich der Jugendschutz auch als Vorsorgemaßnahme für die öffentliche Fürsorge denkbar ist, so ist nach der engen Verknüpfung zwischen Präventivmaßnahme und Kernziel zu suchen. Wegen der Weite

---

[748] BVerfGE 83, 130 (140).

[749] Vgl. Art. 2 Nr. 1 Bayerisches Landesstraf- und Verordnungsgesetz. Die Ansicht *Altenhains* (in: Roßnagel, Recht der Multimediadienste, Einl. GjS Rn. 17), dass dem Bund selbst spezialpolizeirechtliche Materien zugewiesen seien und er damit auch zur Gefahrenabwehr regelungsbefugt sei, kann dann nicht greifen, wenn es um die Vermeidung *allgemeiner* Straftaten geht.

[750] Vgl. Art. 1 Abs. 1 Satz 2 und Art. 2 Abs. 1 Bayerisches Gesetz über das Erziehungs- und Unterrichtswesen (BayEUG).

und Konturlosigkeit der Vorschrift, sowie aufgrund der Tatsache, dass Präventivmaßnahmen nur einen Annex darstellen, muss dabei ein Kausalzusammenhang zwischen Jugendschutz als präventiver Maßnahme und einer Notlagenvermeidung aufgezeigt werden können. Anderenfalls könnte mit dem Argument der Prävention in weite Bereiche des Lebens eingegriffen werden und die Annexkompetenz, die als Ausnahmetatbestand in den Rahmen der Art. 70 ff. integriert werden muss, könnte ungeahnte Ausmaße annehmen[751]. Ein Zusammenhang wird auch vom Bundesverfassungsgericht selbst gefordert, wenn es darlegt, dass die Kompetenz nur solche Vorbeugemaßnahmen erfassen kann, die so eng mit der Hilfe oder Vorbeugung für konkrete Notlagen oder Gefährdung zusammenhängen, dass sie sich nicht sinnvoll davon trennen lassen[752]. Wie ein solch möglicher Kausalzusammenhang für den Jugendmedienschutz begründet werden kann, ist nicht ganz einfach[753]. Es mag sein, dass Schriften, Fernsehsendungen oder Internetseiten mit jugendgefährdendem Inhalt die Entwicklung von Kindern und Jugendlichen negativ beeinflussen können. Ob hieraus aber gerade eine – finanzielle – Notlage für den jeweiligen Betroffen erwächst, ist nicht zwingend und allenfalls mittelbar denkbar, wenn weitere Faktoren hinzutreten[754]. Psychische Störungen mit weit reichenden Auswirkungen, die sich dann eventuell auch in einer finanziellen Notlage niederschlagen können, sind viel wahrscheinlicher. Diese Fragen sind jedoch dann im Rahmen der Gesundheitsvorsorge zu beantworten, was wiederum den Kompetenzbereich der Art. 74 Nr. 19 und 19 a GG berührt, im Übrigen Sache der Länder ist. Ein enger Kausalzusammenhang, wie er hier gefordert ist, lässt sich indes schwer erkennen. Ein Blick auf die verwandten Sachgebiete könnte weiterführen. Sieht man sich z. B. den Bereich der Jugendfürsorge an, bei dem es darum geht, gefährdeten, kranken oder verwahrlosten Kindern und Jugendlichen zu helfen, so wird ein Kausalzusammenhang zwischen den Hilfsmaßnahmen und dem Ziel, finanzielle Hilfsbedürftigkeit im weiteren Leben des jungen Menschen zu vermeiden, erkennbar. Der eingetretene Zustand (z. B. der Verwahrlosung) beeinflusst bei weiterem ungehinderten Verlauf die wirtschaftliche Leistungsfähigkeit des Betroffenen und macht ihn auf Dauer bedürftig. Dem kann durch gezielte Maßnahmen der Jungendfürsorge (z. B. Erziehungsbeistand, Erziehungshilfe, Fürsorgeerziehung) wirkungsvoll entgegengewirkt werden.

---

[751] Eine sichere Prävention für spätere wirtschaftliche Notlagen stellt z. B. eine solide Schulausbildung dar. Niemand würde der Idee verfallen, dem Bund deshalb für das Schulwesen eine Gesetzgebungskompetenz zuzugestehen; vgl. auch *Oeter*, in: v.Mangold/Klein/Stark, GG, Art. 74 Rn. 75.

[752] BVerfGE 22, 180 (213); *Oeter*, in: v.Mangold/Klein/Stark, GG, Art. 74 Rn. 75 f..

[753] Zweifelnd insoweit auch *Degenhart* in: Sachs, GG, Art. 74 Rn. 33.

[754] Es ist daher auch immer nach der typisierten Schutzperson (gefestigt oder labil) zu fragen. Siehe hierzu *Brockhorst-Reetz*, Repressive Maßnahmen zum Schutz der Jugend, S. 14.

Der Jugendschutz, wie ihn der Bund vormals mit dem Jugendmedienschutzgesetz und nunmehr mit dem Jugendschutzgesetz verstanden haben will, setzt hingegen noch eine Stufe früher an. Durch die Regelungen sollen die Jugendlichen erst gar nicht in die Lage geraten, dass sie auf Jugendfürsorge und später auf die allgemeine Fürsorge angewiesen sind. Auf dieser vom eigentlichen Ziel entfernteren Stufe soll der rechtliche Rahmen geschaffen werden, der Kinder und Jugendliche vom Kernbereich der von Art. 74 Abs. 1 Nr. 7 GG geregelten Lebenssachverhalte fernhalten soll. Wie weit sich dieser zweite Schritt oder dieser zweite Schutzwall vom Kern entfernen darf, ist nun hier genau das Problem. Dieses Problem lässt sich nur sachgerecht lösen, wenn man eine Kausalkette fordert, die die Präventivmaßnahmen eng an die Kernkompetenz des Art. 74 Abs. 1 Nr. 7 GG knüpft.

In einer aktuellen Entscheidung zur Neuregelung der Altenpflege macht das Bundesverfassungsgericht Ausführungen zur Gesetzkompetenz nach Art. 74 Abs. 1 Nr. 7 GG[755]. Die Materie der öffentlichen Fürsorge sei nach Aussage des Gerichts nicht nur „auf Hilfsmaßnahmen bei wirtschaftlichen Notlagen oder bei akuter Hilfsbedürftigkeit beschränkt, sondern schließt daneben sowohl vorbeugende Maßnahmen zur Verhinderung künftiger Hilfsbedürftigkeit (...) ein, *soweit dies im Interesse fürsorgerischer Ziele erforderlich ist*“[756]. Die Verknüpfung der präventiv wirkenden Maßnahme mit den „klassischen“ Zielen der Fürsorge wird hier deutlich erkennbar, insbesondere wenn das Gericht im vorhergehenden Satz darlegt, dass der Begriff der öffentlichen Fürsorge auch neue Lebenssachverhalte umgreife, „wenn sie nur in ihrem wesentlichen Strukturelementen dem Bild entsprechen, das durch die «klassische Fürsorge» geprägt ist“[757]. Das Bundesverfassungsgericht hat weiter einen wie hier angesprochenen Zusammenhang zwischen Präventivmaßnahme und Kernkompetenz des Art. 74 Abs. 1 Nr. 7 GG ansatzweise auch für die Jugendpflege eingefordert, wenn es ausführt: „Jugendpflegerische Maßnahmen (...) scheinen zwar keine Maßnahmen der Fürsorge für einen Hilfsbedürftigen oder Gefährdeten zu sein. Vergegenwärtigt man sich aber die mannigfachen Anpassungsschwierigkeiten, die manche Jugendliche bei der Einordnung in die Gesellschaft haben, ohne dass man sie deshalb bereits als gefährdet bezeichnen kann, so erkennt man, dass unter Umständen eine Zusammenführung mit anderen jungen Menschen (...) diese Anpassungsschwierigkeit überwinden hilft, dadurch eine spätere Gefährdung des Jugendlichen ausschließt und künftige Fürsorgemaßnahmen überflüssig macht.[758]“ Mit dieser losen[759] Verknüpfung begründet das Gericht die Gesetzge-

[755] *BVerfG*, NJW 2003, S. 41 ff.
[756] *BVerfG*, NJW, 2003, S. 49. Hervorhebung nur hier.
[757] *BVerfG*, NJW, 2003, S. 49.
[758] BVerfGE 22, 180 (213).

bungskompetenz des Bundes bei der Jugendpflege. Dass dabei eine lockere Verbindung zwischen Präventivmaßnahme und Kernbereich bei Art. 74 Abs. 1 Nr. 7 GG nicht zu überzeugen vermag, ist auch dem Schrifttum zu entnehmen, das immer (noch) auf die verfassungsrechtliche Unsicherheit in diesem Bereich hinweist[760]. Die Forderung nach einer strengen Kausalkette hätte mehr überzeugt und zu Rechtssicherheit beigetragen.

Beim Jugendmedienschutz nach dem Jugendschutzgesetz sind hinsichtlich einer Kausalkette folgende Überlegungen anzustellen: Das mit den Jugendschutzregelungen verbotene Verhalten (eines Jugendlichen oder eines Dritten) muss allgemein eine negative Beeinflussungsmöglichkeit auf Jugendliche[761] haben (Jugendgefährdung)[762]. Die Beeinflussungen müssen zu einer Entwicklungsstörung beim Jugendlichen führen. Diese Entwicklungsstörung muss derart gravierend sein, dass beim Jugendlichen die Gefahr besteht, für den weiteren Verlauf seines Lebens nicht ausreichend – wirtschaftlich – für sich selbst sorgen zu können. Dabei folgt beim Konsum von Medieninhalten auf den ersten Schritt nicht zwingend der zweite[763] und auf den zweiten nicht zwingend der dritte, da nach der allgemeinen Lebenserfahrung noch weitere Umstände eintreten müssen, um den Jugendlichen „vom rechten Weg abzubringen". Der erste periodische Sicherheitsbericht der Bundesregierung vom Juli 2001 führt dazu aus: „Über die Auswirkung von Gewaltdarstellung in den Medien wird eine höchst kontroverse Debatte geführt. (...) Die Frage der Medienwirkung muss (...) im Kontext der

---

[759] BVerfG (a. a. O.): „.. unter Umständen (...) überwinden hilft ..."; *Oeter*, in: v.Mangold/ Klein/Stark, GG, Art. 74 Rn. 75 spricht vom äußerst vermittelt konstruierbarem Zusammenhang.

[760] Vgl. *Degenhart*, in: Sachs, GG, Art. 74 Rn. 33; *Pestalozza*, in: v.Mangoldt/Klein/Pestalozza, GG, Art. 74 Rn. 338.

[761] In diesem Zusammenhang darf darauf hingewiesen werden, dass z.B. Gewaltdarstellungen in den Medien nicht nur auf Kinder und Jugendliche ein negative Wirkung, sondern auch auf Erwachsene haben können; siehe hierzu *Brockhorst-Reetz*, Repressive Maßnahmen zum Schutz der Jugend, S. 10.

[762] Das Gesetz zum Schutz der Jugend in der Öffentlichkeit (JÖSchG) und das Gesetz über die Verbreitung jugendgefährdender Schriften und Medieninhalte (GjSM) verwenden den Begriff der *Jugendgefährdung*. Das GjSM kennt den Begriff der (einfachen) *sittlichen Jugendgefährdung*, die darin besteht, dass der Minderjährige, der infolge seines Alters noch keine festen Begriffe von seinem Verhältnis zur Gemeinschaft, zur Rechts- und Sittenordnung entwickeln konnte, der Gefahr einer Fehlentwicklung ausgesetzt wird dergestalt, dass infolge der Gefährdung falsche Begriffe über das, was erlaubt und unerlaubt ist, in ihm entstehen können (BVerwGE 23, 104 (115); 25, 318 – Leitsatz; 39, 197 (198)). Darüber hinaus ist eine *schwere Jugendgefährdung* gegeben, wenn die Befürchtung besteht, dass die sittliche Entwicklung von Kindern und Jugendlichen in besonders erheblichem Umfang beeinträchtigt wird.

[763] Hier kommt es auch darauf an, welchen (strengen) Maßstab man anlegt. Vgl. hierzu BVerwGE 25, 318 (321); 39, 197 (205).

emotionellen Biographie, der Lebenslage und der subjektiven Verarbeitung gesehen werden. (...) Letztlich leisten Gewaltdarstellungen in den Medien wohl nur dort einen eindeutigen Beitrag zur Gewaltentwicklung, wo das alltägliche reale Leben bereits als aggressiv erfahren wird und eine Gewaltbasis geschaffen hat. Medien allein machen wohl nicht kriminell; Medienwirkungen können sich jedoch zu anderen Ursachen von Gewalt hinzu addieren."[764] Für die Frage der Auswirkungen von Medien auf die ungestörte sexuelle Entwicklung von Kindern und Jugendlichen dürften diese Aussagen ebenfalls zutreffen. Der Bereich des Jugendschutzes bewegt sich daher so lose um das mit dem Jugendmedienschutz verknüpfte Ziel des Art. 74 Abs. 1 Nr. 7 GG, dass von einem notwendigen engen Zusammenhang nicht mehr gesprochen werden kann. Dass der Jugendmedienschutz nur eine sehr vage Verbindung zur öffentlichen Fürsorge herzustellen vermag, ist auch erkennbar, wenn man sich die Zeitpunkte der Diskussionen um eine Verschärfung der Jugendmedienschutzgesetze ansieht. Bemerkenswert ist nämlich, dass nicht die auftretende Armut bei Kindern und Jugendlichen, sondern Straftaten in erheblichem Umfang, die ein Jugendlicher im Zusammenhang mit dem Konsum Gewalt verherrlichender Medien begeht, Auslöser der Debatten sind[765].

Trotz dieser zu fordernden Kausalkette, die für den Jugendmedienschutz nicht zufrieden stellend aufgezeigt werden kann, ist es (noch) allgemeine Meinung, Jugendmedienschutz primär auf Art. 74 Abs. 1 Nr. 7 GG zu stützen[766]. In diesem

---

[764] Bundesministerium des Inneren, Erster periodischer Sicherheitsbericht, Berlin, Juli 2001, Kurzfassung S. 28. Zur Wirkungsforschung *Altenhain*, in: Roßnagel, Recht der Multimediadienste, Teil 9, Einl GjS Rn. 39 ff. Vgl. zur Medienwirkung bereits die Ausführungen in BVerfGE 83, 130 (141 f.).

[765] Vgl. die Zeitungsberichte nach dem Amoklauf in Erfurt. Dazu *Waldenberger*, MMR 2002, S. 413; „Keine Horrorfilme mehr für Kinder", in: die tageszeitung vom 22.7.2002, S. 14; „Kaum Chancen für Gesetz gegen Horrorfilme im Kinderzimmer" in: dpa-Mitteilung vom 25.7.2002.
Aus dem Nachbarland Frankreich: „900 harte Pornos pro Monat – Ein Mord nach dem Vorbild des Horrorfilms „Scream" hat in Frankreich den Jugendschutz alarmiert", in: die tageszeitung vom 24.7.2002, S. 18. Zur Sicht des Bundesgesetzgebers bei der Änderung des Jugendschutzrechts BT-Drs. 14/9013, S. 16: „Der Katalog der schwer jugendgefährdenden Trägermedien, die Kraft Gesetzes indiziert sind, wird insbesondere im Hinblick auf Gewaltdarstellungen erweitert."

[766] *Landmann*, NJW 1996, S. 3309 (zieht weiter Art. 74 Nr. 1 – Strafrecht – und Art. 74 Nr. 11 – Recht der Wirtschaft – heran); *Meyer-Hesemann*, DVBl. 1986, S. 1183; *Gabriel-Bräutigam*, S. 176; *Herkströter* AfP 1992, S. 24, der für das GjS zusätzlich Art. 74 Nr. 1 GG als Kompetenznorm heranzieht; *Weides*, NJW 1987,S. 230; *Ory*, ZUM 1986, S. 126; *Isensee/Axer*, Jugendschutz im Fernsehen, S. 69; *Kröger/Moos*, ZUM 1997, S. 469, *Gersdorf*, in: Prinz/Peters, Festschrift Engelschall, S. 169; *Schulz*, MMR 1998, S. 183; differenzierend *Bethge*, in: BLM (Hrsg.), Symposion Medienrecht 2001, S. 65 u. 67 f.; *ders.*, DÖV 2002, S. 681.

Zusammenhang wird regelmäßig eine Entscheidung des Bundesverfassungsgerichts zitiert, die aus dem Jahre 1971 datiert[767]. Das Bundesverfassungsgericht hat mehrfach zur Gesetzgebungszuständigkeit des Bundes für das Jugendmedienschutzgesetz (GjS bzw. GjSM) Stellung genommen. In einer ersten Entscheidung zu §§ 6 Abs. 1, 5 Abs. 2 und 21 Abs. 1 GjS in der Fassung vom 09.06.1953 lässt es in bemerkenswerter Weise dahinstehen, ob sich eine Gesetzgebungskompetenz auch aus Art. 74 Nr. 7 und Nr. 11 GG ergibt[768]. Die Gesetzgebungskompetenz des Bundes wurde aus der Sachnähe des GjS zum Strafrecht gesehen. In seiner Entscheidung aus dem Jahr 1971 zu § 15 Abs. 1 GjS in der Fassung vom 29.04.1961 hat das Bundesverfassungsgericht eine Gesetzgebungskompetenz des Bundes dann aus Art. 74 Nr. 7 GG explizit bejaht. Ob diese Entscheidung jedoch die ihr – insbesondere auch bei den neuen Medien und Kommunikationsarten – beigemessene Bedeutung tatsächlich hat, muss bezweifelt werden, da ihr eine umfassende Auseinandersetzung mit dem Thema nicht zu entnehmen ist. Entnommen werden kann ihr lediglich die knappe Aussage, dass der Bund die Gesetzgebungszuständigkeit „zur Regelung der Materie „Verbreitung jugendgefährdender Schriften“ hat“[769]. Der Entscheidung ist hingegen nicht zu entnehmen, ob sich damit die Regelungen des GjS kompetenzrechtlich auf Inhalte elektronischer Kommunikation beziehen können, denn das Gericht hatte sich zum damaligen Zeitpunkt lediglich mit „körperlichen“ Schriften auseinander zusetzen.

Das Bundesverwaltungsgericht[770] hat sich der Entscheidung des Bundesverfassungsgerichts angeschlossen und sieht die Gesetzgebungskompetenz des Bundes in Art. 74 Nr. 7 und Nr. 1 GG. In seiner Entscheidung aus dem Jahr 1990[771], die letztlich zu einem Wiederaufkeimen der Diskussion im Schrifttum geführt hat[772], nimmt das Bundesverwaltungsgericht nur mehr kurz zur Frage der Gesetzgebungskompetenz des Bundes für das GjS Stellung: Die Gesetzgebungskompetenz ergebe sich „wie sonst allgemein beim Jugendschutz aus Art. 74 Nr. 1, 7 und 11 GG“[773].

---

767 BVerfGE 31, 113 ff.; bemerkenswert ist, dass BVerfGE 11, 234 (237) – allerdings für die Strafnormen des GjS – noch allein auf Art. 74 Nr. 1 GG verweist.
768 BVerfGE 11, 234.
769 BVerfGE 31, 113 (117).
770 BVerwGE 23, 112 (113).
771 BVerwGE 85, 169 ff.
772 *Herkströter*, AfP 1992, S. 23; *Beisel/Heinrich*, NJW 1996, S. 492; gegen sie *Landmann*, NJW 1996, S. 3309;
Castendyk, MDR 1993, S. 192; gegen ihn *Siegert*, MDR 1993, S. 415.
773 BVerwGE 85, 169 (176). So auch die Sicht des Bundesgesetzgebers zum neuen Jugendschutzgesetz, vgl. BT-Drs. 14/9013, S. 17.

Folgt man der Ansicht des Bundesverfassungsgerichts, dass dem Bund eine Gesetzgebungskompetenz für den Jugendschutz und für den Jugendmedienschutz über Art. 74 Abs. 1 Nr. 7 GG (evtl. in Verbindung mit Nrn. 1 und 11) zuzugestehen ist und hierfür keine weitere Kompetenznorm (z. B. aus Art. 75 Abs. 1 Nr. 2 GG) – zusätzlich – herangezogen werden muss, so wäre für den Bund eine umfassende Jugendschutzkompetenz in Bezug auf Inhalte – gleich ob gedruckt oder sonst verbreitet – zu bejahen, da das Gefährdungspotenzial für die Jugendlichen und die Zielrichtung der Regelungen[774] in allen Fällen gleich ist. Letztlich wäre mit dieser Argumentation aber auch eine Kompetenz des Bundes im Bereich des Rundfunks anzunehmen[775], da die Frage des Sachzusammenhangs nicht mehr zu stellen wäre, wenn ein eindeutiger Kompetenztitel vorliegt. Auf die Sachnähe kann es nämlich nicht ankommen, wenn ein Regelungsgebiet eindeutig einer Norm der Art. 73, 74 oder 75 GG zugeordnet werden kann. Eine Beschränkung einer anderen Kompetenznorm – hier des Art. 70 Abs. 1 GG – ist dann von der Verfassung gewollt. Es muss daher überraschen, wenn diese Konsequenzen aus den Entscheidungen des Bundesverfassungsgerichts nicht gezogen werden. Vielmehr wird beim Rundfunk eine Zuständigkeit des Bundes aus kompetenzrechtlichen Gründen gerade abgelehnt[776]. Art. 74 Abs. 1 Nr. 7 GG beinhaltet demnach keine umfassende Jugendschutzkompetenz. Das Bundesverfassungsgericht führt selbst aus, dass „namentlich für den Jugendschutz (...) in den Rundfunkgesetzen Sorge zu tragen sein" wird[777]. Diese Ansicht wird durch eine weitere Entscheidung des Bundesverfassungsgerichts unterstützt. In seiner Entscheidung zum Schwangerschaftsabbruch[778] macht das Gericht eine deutliche Einschränkung für die Kompetenz aus Art. 74 Abs. 1 Nr. 7 GG: Strukturelle Einwirkungen auf andere Kompetenzbereiche (die dem Bund nicht oder nur partiell offen stehen) erlaube Nr. 7 nicht. Eine solche strukturelle Einwirkung läge aber vor, wenn der Bund Jugendschutzregelungen im Rundfunk treffen würde, da dann eine von ihm geschaffene Aufsichtsbehörde über die Einhaltung der Regelungen wachen würde und nicht mehr die nach Landesrecht geschaffenen Landesrundfunk- und Landesmedienanstalten. Eine Einwirkung kann sich dabei durch das neue Jugendschutzgesetz ergeben, da Entscheidungen der Bundesprüfstelle auf die Zulässigkeit von Rundfunksendungen Einfluss haben. Evtl. werden die einschlägigen Vorschriften verfassungskonform eng auszulegen sein.

---

[774] *Pestalozza*, in: v.Mangoldt/Klein/Pestalozza, GG, Art. 74 Rn. 342 spricht vom selben „Eingriffsziel".

[775] So konsequent *Liesching*, S. 257; *Determann*, S. 239; *Beisel/Heinrich*, NJW 1996, S. 492 f; *Pestalozza*, in: v.Mangoldt/Klein/Pestalozza, GG, Art. 74 Rn. 342; *Oeter*, in: v.Mangoldt/Klein/Starck, Art. 74 Rn. 67 u. 76; *Schraut*, S. 26; a. A. *Bethge*, DÖV 2002, S. 681.

[776] Vgl. die Ausführungen oben.

[777] BVerfGE 57, 295 (326).

[778] BVerfGE 88, 203 (330); in diese Richtung auch *Altenhain*, in: Roßnagel, Recht der Multimediadienste, Teil 9, Einl Rn. 18 f.; a. A. *Bethge*, in: BLM (Hrsg.), Symposion Medienrecht 2001, S. 66 ff.

Als Zwischenergebnis zur Ansicht des Bundesverfassungsgerichts kann daher festgehalten werden, dass sich Art. 74 Abs. 1 Nr. 7 GG keine umfassende Jugendschutzkompetenz des Bundes entnehmen lässt. Die zu klärende Frage lautet daher, wie weit die Jugendschutzkompetenz des Bundes nach dieser Ansicht bei der elektronischen Kommunikation reicht. Für den Rundfunkbereich wird über die Argumentation des Sachzusammenhangs die Kompetenz des Bundes relativ einfach beschränkt. Der Rundfunk lebt nun mal von seinen Inhalten und Vorschriften zum Jugendschutz haben hierauf wesentlichen Einfluss. Damit trifft der Jugendschutz auf einen Kernbereich der Regelungsmaterie für den Rundfunk. In vergleichbarer Weise wird bei den Mediendiensten im Sinne des Mediendienste-Staatsvertrages argumentiert und die Kompetenz der Länder bejaht[779]. Dem kann man insbesondere dann zustimmen, wenn man die Mediendienste unter den verfassungsrechtlichen Rundfunkbegriff subsumiert[780] oder aber die Gesetzgebungskompetenz der Länder für alle Massenkommunikationsmittel, die fernmeldetechnisch verbreitet werden, uneingeschränkt bejaht[781]. Letzteres konzediert nunmehr auch der Bund, wenn er ausführt, dass die „Regulierung der Medieninhalte bei den elektronischen Medien überwiegend in die Kompetenz der Länder fällt“[782]. Für die elektronische Massenkommunikation scheint die Frage der Zuständigkeit daher zugunsten der Länder beantwortet, und es ergibt sich im Ergebnis das gleiche Bild, wie mit der oben gefundenen Argumentation, dass dem Bund keine Kompetenz für den Jugendmedienschutz zusteht: Art. 74 Abs. 1 Nr. 7 GG eröffnet dem Bund keine Gesetzgebungskompetenz für Inhaltsregelungen bei der elektronischen Massenkommunikation[783].

Problematisch erscheint bei Berücksichtigung der bisherigen Rechtsprechung des Bundesverfassungsgerichts die Kompetenzfrage bei Sachverhalten, die nicht eindeutig unter den verfassungsrechtlichen Rundfunkbegriff[784] subsumiert werden können oder bei denen die Zuordnung zur Massenkommunikation zweifelhaft ist. Als Beispiel kann man einen Faxabruf bilden, über den neonazistische, Gewalt verherrlichende oder pornographische Texte oder Bilder abgerufen wer-

[779] *Knothe*, AfP 1997, S. 498; *Schulz*, MMR 1998, S. 183.

[780] So z. B. *Gounalakis*, ZUM 2003, S. 191 These 8; *Eberle*, ZUM 1995, S. 254; *Hoffmann Riem*, AfP 1996, S. 15; *Pieper/Wiechmann*, ZUM 1995, S. 82 ff.; *Klöck*, CR 1999, S. 459; *Holznagel*, ZUM 1999, S. 427; *Kuch*, ZUM 1997, S. 227; *Gersdorf*, AfP 1995, S. 570 f; *Kloepfer*, Informationsrecht, § 3 Rn. 93 u. 130; *Schulz*, Reformbedarf beim Telekommunikationsgesetz, S. 8; *Schulz/Jürgens*, S. 28; *Braml*, S. 177; wohl auch *Flechsig*, CR 1999, S. 331f., der alle „massenkommunikativen“ Dienste dem Rundfunk zuschlagen will; *Schulze-Fielitz*, AfP 1998, S. 453.

[781] *Gersdorf*, in: Prinz/Peters, FS Engelschall, S. 176; *Determann*, S. 447, wenn es sich um Dienst mit Bedeutung für die öffentliche Meinungsbildung handelt.

[782] BT-Drs. 14/9013, S. 13.

[783] *Gersdorf*, in: Prinz/Peters, FS Engelschall, S. 178.

[784] Dazu unten Teil 6.

den können. Hier stellt sich die Frage, ob dieser Fall noch in die oben dargestellte Rechtsprechung einbezogen werden kann. Der Bundesgesetzgeber geht davon aus, dass die Verbreitung von jugendgefährdenden Medieninhalte per E-Mail (z. B. als angehängte Datei) oder per Fax in seinen Zuständigkeitsbereich falle und zwar unabhängig davon, ob es sich um Individualkommunikation oder Kommunikation mit Öffentlichkeitsbezug handelt[785]. Zwar wird ein Fax-Dienst in der Regel zur Individualkommunikation genutzt, werden jedoch – wie im Beispiel – die Inhalte einer breiten Öffentlichkeit angeboten, ist die Zurechnung zur Massenkommunikation bzw. Kommunikation mit Öffentlichkeitsbezug zu bejahen. Im Ergebnis kann daher nichts anders gelten, als wie oben bei Rundfunk und Mediendiensten. Auch hier sind die Länder regelungsbefugt.

Es bleibt die Frage, wie es bei der Individualkommunikation im engeren Sinn aussieht. Jugendschutz bei der Individualkommunikation? Die Frage lässt stutzen, denn zurecht erweitert man sie unwillkürlich: Wie soll denn das aussehen? Das Bundesverfassungsgericht hat hierzu noch keine Aussagen getroffen, da die Entscheidungen zum Rundfunk bzw. zu den „körperlichen" Schriften jeweils Sachverhalte mit Öffentlichkeitsbezug zum Inhalt hatten. Schlussfolgerungen aus den oben genannten Judikaten lassen sich deshalb für die (echte) Individualkommunikation nicht ziehen. Es sollen stattdessen allgemeine Überlegungen angestellt werden.

Regelungen zum Jugendschutz scheiden bei der Individualkommunikation nicht von vorneherein verfassungsrechtlich aus, da die Schranken des Art. 5 Abs. 2 GG auch für diese gelten[786]. Letztlich würde man aber mit präventiven Jugendschutzvorschriften (wohl gemerkt keine Strafnormen, für die sich die Regelungskompetenz aus Art. 74 Abs. 1 Nr. 1 GG ergibt !) die Inhalte von privatem Informationsaustausch mittels Telekommunikationstechnik regeln müssen[787]. Jugendschutz hat jedoch die Aufgabe, Kinder und Jugendliche vor schädlichen Einflüssen *in der Öffentlichkeit* zu schützen. Es geht nicht darum, in der Privatsphäre die Erziehung von Kindern durch Maßnahmen des Jugendmedienschutzes zu beeinflussen[788]. Daher darf staatlicher Jugendmedienschutz nur dort zum Einsatz kommen, wo Massenkommunikation bzw. Kommunikation mit Öffentlichkeitsbezug inmitten steht[789]. Individualkommunikation ist inhaltlichen Regelungen generell und speziell zur Verpflichtung auf Grundsätze des Jugendschut-

---

[785] Vgl. § 1 Abs. 2 JuSchG, dazu BT-Drs. 14/9013, S. 18.
[786] *Bethge*, in: Sachs, GG, Art. 5 Rn. 136.
[787] Ablehnend *Pappi*, S. 145, allerdings hält *Pappi* eine Nebenkompetenz für Jugendschutz hier möglich (S. 148), dies erscheint nicht konsequent.
[788] *Ory*, AfP 1990, S. 179; vgl. auch BVerfGE 83, 130 (140). Einem solchen Vorgehen stünde auch das in Art. 6 GG garantierte Erziehungsrecht der Eltern entgegen.
[789] *Ory*, AfP 1990, S. 179.

zes nicht zugänglich[790]. Klammert man mit dieser Ansicht den Jugendschutz bei der Individualkommunikation insgesamt aus, so bleibt dem Bund für Jugendschutzregelungen bei der elektronischen Kommunikation keine Gesetzgebungskompetenz übrig. Für die Kommunikation mit Öffentlichkeitsbezug sind die Länder zuständig, für die Individualkommunikation sind Jugendschutzregelungen generell nicht zulässig[791].

7. Art. 74 Abs. 1 Nr. 11 (Recht der Wirtschaft)

Nach Art. 74 Abs. 1 Nr. 11 GG steht dem Bund die konkurrierende Gesetzgebungskompetenz für das „Recht der Wirtschaft" zu. Diese umfasst nach h. M. alle Vorschriften, die das wirtschaftliche Leben und die wirtschaftliche Betätigung als solche regeln. Der Tatbestand ist dabei weit zu fassen; es ist nicht lediglich am Klammerzusatz („Bergbau, Industrie, Energiewirtschaft, Handwerk, Gewerbe, Handel, Bank- und Börsenwesen, privates Versicherungswesen") festzuhalten. Der Bund stützt sich beim Erlass des Informations- und Kommunikationsdienste-Gesetzes vornehmlich auf Art. 74 Abs. 1 Nr. 11 GG[792]. Da Kommunikationsinhalte sich prima vista nicht unter die konkreten Klammerzusätze des Art. 74 Abs. 1 Nr. 11 GG subsumieren lassen, muss geprüft werden, ob sie sich dem Schwerpunkt nach als wirtschaftlicher Sachverhalt darstellen. Dabei ist zu beachten, dass es vorliegend nur um die Kommunikations*inhalte* gehen soll.

---

790 *Scherer*, Der Staat Bd. 22 (1983), S. 349.

791 Für die nicht-elektronische Kommunikation sei am Rande angemerkt, dass die Kompetenz des Bundes hier leichter zu begründen ist. Denn bei „Schriften" im engeren Sinn handelt es sich um Presseerzeugnisse. Hier ist trotz der Zweifel, ob Jugendmedienschutz als präventive Maßnahme unter den Begriff der „Fürsorge" subsumiert werden kann, eine Kompetenz des Bundes mindestens über oder in Verbindung mit Art. 75 Nr. 2 GG zu bejahen, denn die Jugendschutzvorschriften können auch Teil des Rahmens für Presseerzeugnisse sein. Richtigerweise müssen dann als Kompetenznormen für das GjSM die Art. 74 Abs. 1 Nr. 7 und Art. 75 Abs. 1 Nr. 2 GG zusammen zitiert werden und der Bund hätte im Widerspruch zu seinen bisherigen Aussagen doch bereits von seiner Kompetenz aus Art. 75 Nr. 2 GG Gebraucht gemacht. Die Kombination zweier oder mehrer begrenzter Bundeszuständigkeiten ist stets möglich, aber nicht auf Kosten der ungeschriebenen Länderzuständigkeiten (*Pestalozza*, in: v.Mangoldt/Klein/Pestalozza, GG, Art. 74 Rn. 353).

792 Vgl. die Gesetzesbegründung, BT-Drucks. 13/7385, S. 17. Daneben werden als Gesetzgebungskompetenz noch Art. 73 Nr. 9 GG (gewerblicher Rechtschutz, Urheberrecht), Art. 74 Abs. 1 Nr. 1 GG (Strafrecht) und Art. 74 Abs. 1 Nr.7 GG (Jugendschutz) angeführt. Vgl. *Röger*, ZRP 1997, S. 207; *Koenig*, MMR 1998, Beilage zu Heft 12, S. 3. Der Bund hat bereits früher versucht aufgrund seiner Wirtschaftskompetenz Regelungen im Medienbereich zu erlassen. So wurde in den sechziger Jahren Seitens des Bundes erwogen, zum Schutz der wirtschaftlichen Grundlagen der Presse den öffentlich-rechtlichen Rundfunk die Ausstrahlung von Werbung durch Bundesgesetz zu untersagen (BT-Drs. 4/3156), vgl. dazu *Gabriel-Bräutigam*, S. 128 ff. ; *Gersdorf*, in: Prinz/Peters, FS Engelschall, S. 171; *Knothe*, AfP 1997, S. 494f.; *Trafkowski*, Medienkartellrecht, S. 231 f.

Eine wirtschaftliche Betätigung mag bei der *Übermittlung* von Inhalten zweifellos gegeben sein. Wie jedoch bereits oben bei Art. 73 Nr. 7 GG herausgearbeitet wurde, kann nicht unbedingt von der Kompetenz zur Regelung der Verbreitung von Kommunikationsinhalten auch auf die Kompetenz für Regelungen bzgl. der Inhalte ausgegangen werden. Greift man auf die Aussagen zu Art. 73 Nr. 7 GG zurück, so muss die Kompetenz nach Art. 74 Abs. 1 Nr. 11 GG von der technischen Seite her weiter eingeschränkt werden, da Fragen hinsichtlich der technischen Verbreitung der Telekommunikation gerade Art. 73 Nr. 7 GG unterfallen.

Bei der Zuordnung von Multimediadiensten steht auch in der Wissenschaft die Wirtschaftskompetenz des Bundes im Zentrum der Betrachtungen[793]. Dies folgt aus der Ansicht, dass es sich hierbei um „wirtschaftliche Telekommunikation" handele[794]. Zur Abgrenzung der Kompetenzen von Bund und Länder sei auf den Regelungsschwerpunkt abzustellen[795]. Habe ein Multimediadienst schwerpunktmäßig wirtschaftliche Dimensionen, dann sei der Bund zuständig, werde dagegen ein Multimediadienst geregelt, der vor allem meinungsrelevant ist[796], dann sei die Kompetenz der Länder einschlägig[797]. Der Rundfunk wird beispielsweise als mediales Forum politischer und kultureller Meinungsbildung von der wirtschaftlich orientierten überindividuellen Kommunikation abgegrenzt, die unter dem Schutz der wirtschaftlichen Freiheit stehe. Vernachlässigt wird dabei zum einen, dass auch die privaten Rundfunkveranstalter aus wirtschaftlichen Überlegungen heraus senden[798]. Darüber hinaus muss man sich vergegenwärtigen, wo die tatsächlichen Problemfelder der sog. neuen Medien, insbesondere digitales Fernsehen und Internet, liegen. Diese sind zum Teil technischer Natur (Stichwort: Ausbau der Kabelinfrastruktur, freier Zugang zu den technischen Verbreitungswegen), zum anderen bereiten die Inhalte der neuen elektronischen Kommunikation Sorgen (Stichwort: Kinderpornographie[799], neonazistische Propaganda[800], Gewaltdarstellungen[801])[802]. Während die technischen Fragen als wirt-

---

[793] *Scherer*, AfP 1996, S. 219; vgl. Hinweise bei *Klöck*, CR 1999, S. 459; *Knothe*, AfP 1997, S. 494; *Gounalakis*, Konvergenz der Medien, S. 50 und 111; *Kloepfer*, Informationsrecht, § 3 Rn. 94; *Hesse*, Rundfunkrecht, 2. Kap. Rn. 20; *Trafkowski*, Medienkartellrecht, S. 231 f.

[794] *Bullinger*, JZ 1996, S. 389; ähnlich *Dittmann*, in: Dittmann/Fechner/Sander, Symposion Oppermann, S. 39; *Gounalakis*, Konvergenz der Medien, S. 111; *Scholz*, Das Teilnehmerentgelt, S. 42, der dies mit der Privatisierung der Telekommunikation begründet.

[795] *Degenhart*, in: Sachs, GG, Art. 74 Rn. 41.

[796] Zum Meinungsrelevanzkriterium unten Teil 6.

[797] *Trafkowski*, Medienkartellrecht, S. 231 f.

[798] Vgl. *Bethge*, DÖV 2002, S. 675 ff.

[799] Vgl. nur *Hörnle*, NJW 2002, S. 1008 ff.

[800] *Bremer*, MMR 2002, S. 147 ff.; *Holznagel/Kussel*, MMR 2001, S. 347 ff.; *Schuster/Müller/Drewes*, MMR 2002, Beilage zu Heft 3, S. 5; *Vielhaber*, MMR 2001, Beilage zu Heft 9, S. 16 ff. Vgl. die Darstellung in: Bundesamt für Verfassungsschutz (Hrsg.), Rechtsextremistische Bestrebungen im Internet, Köln 2000, abrufbar unter www.verfassungsschutz.de.

[801] Vgl. Berichterstattung über den Amoklauf von Erfurt vom April 2002.

schaftlicher Sachverhalt betrachtet werden können, der kompetenzrechtlich aber in den Bereich des Art. 73 Nr. 7 GG fällt, liegt der Schwerpunkt bei den problematischen Inhalten gerade nicht im wirtschaftlichen Bereich. Nach *Röger* sehe auch der Bund das Internet eigentlich als Bildungs-, da Informations- und Kommunikationsinstrument an, wenn er das Projekt „Schulen ans Netz" initiiert und fördert, weil damit wohl nicht der elektronische Geschäftsverkehr gefördert werden solle[803]. Die Berufung auf die Wirtschaftskompetenz sei daher „scheinheilig". *Waldenberger* merkt unter Bezugnahme auf die Entstehungsgeschichte der Multimediagesetze an, dass der Gesetzgeber bei seinen Aktivitäten in erster Linie bestimmte rechtswidrige oder jugendgefährdende inhaltliche Aussagen im Blickfeld gehabt habe[804].

Kommunikationsinhalte als wirtschaftlichen Sachverhalt darzustellen fällt schwer, auch wenn eingangs darauf hingewiesen wurde, dass das Wesen der Informationsgesellschaft darin bestehe, dass Information zur Ware wird. Es mag sein, dass zwar gerade die Übermittlung von Inhalten den gewerblichen Hauptzweck eines Unternehmens ausmacht (z. B. Datenbankservice eines Presseverlages, Verkauf und Übermittlung von Software auf elektromagnetischem Weg, Angebote von Computerspielen im Netz[805]), der wirtschaftliche Sachverhalt spiegelt sich jedoch im zur Verfügung stellen des Inhalts wider. Der übermittelte Inhalt selbst ist hingegen meist wirtschaftlich neutral[806]. Bei den Regelungen für die Wirtschaft aufgrund der allgemeinen Kompetenz aus Art. 74 Abs. 1 Nr. 11 GG (Industrie, Handwerk, Gewerbe, Handel) geht es in der Regel nicht darum, *welches* Produkt bzw. *welcher* Inhalt erstellt wird, sondern *wie* dies zu geschehen habe, d. h. unter welchen Rahmenbedingungen er erstellt werden kann. Das Recht der Wirtschaft umfasst solche regulierenden Normen, die sich in irgendeiner Form auf die Erzeugung, Herstellung und Verteilung von Gütern des wirtschaftlichen Bedarfs beziehen[807]. Die wirtschaftlichen Rahmenbedingungen, die der Bund aufgrund Art. 74 Abs. 1 Nr. 11 GG erlassen kann, beziehen sich primär auf den Produktions- und Verteilungsprozess, nicht auf den produzierten Inhalt, daher können sie auch für Rundfunkunternehmen Geltung beanspru-

---

802 *Köster/v.Bonin*, ZUM 1997, S. 821, *Gercke*, ZUM 2002, S. 284; *Kloepfer*, Informationsrecht, § 1 Rn. 45 u. § 13 Rn. 2; *Waldenberger*, MMR 1998, S. 127; *Wimmer*, ZUM 1999, S. 436; *Mayer*, NJW 1996, S. 1786. Vgl. nur Bundesministerium des Inneren, Erster periodischer Sicherheitsbericht, Berlin, Juli 2001, Kurzfassung S. 17, 28 u. 67; *Bartsch/Marquart*, Grundwissen Kommunikation, S. 152.

803 *Röger*, ZRP 1997, S. 208.

804 *Waldenberger*, MMR 1998, S. 126 f. mit Hinweis auf BT-Drs. 13/7385, S. 20.

805 Vgl. zum Spiel „Counterstrike" SZ am 22.05.2002, S. 3; *Stratmann*, Uneindeutiger Jugendschutz – Counterstrike kommt nicht auf den Index, in: FAZ vom 17.5.2002, S. 11.

806 *Pappi*, S. 139.

807 BVerfGE 8, 143 (Leitsatz 1 u. S. 148ff.):

chen[808]. *Pappi* spricht insoweit von der Nebenkompetenz des Bundes für die wirtschaftlichen Aspekte der Informations- und Kommunikationsdienste[809]. Ein Kommunikationsinhalt kann jedoch für sich nicht regelungsbedürftig im Sinne des allgemeinen Wirtschaftsrechts sein. Die „inhaltliche Neutralität“ der (allgemeinen) Wirtschaftskompetenz ergibt sich auch daraus, dass das Grundgesetz für bestimmte Wirtschaftsgüter gesonderte Kompetenzen vorsieht. Für gefährliche Wirtschaftsgüter gibt es Spezialermächtigungen in Art. 74 Abs. 1 Nr. 4 a GG (Waffen und Sprengstoff), Art. 74 Abs. 1 Nr. 11 a GG (Kernenergie), Art. 74 Abs. 1 Nr. 19 (Verkehr mit Arzneimittel, Betäubungsmittel und Gifte), Art. 74 Abs. 1 Nr. 20 GG (Genussmittel, Bedarfsgegenstände)[810]. Auch in Art. 74 Abs. 1 Nr. 11 GG selbst werden einzelne Wirtschaftszweige genannt, die nach ihren erstellten Erzeugnissen (Bergbau, Energiewirtschaft) oder nach der erstellten Dienstleistung (Bank-, Börsen und Versicherungswesen) d. h. nach dem erstellten „Produkt“ unterschieden werden. Kommt es auf das Produktions*ergebnis* an, so zeigt das Grundgesetz, dass hierfür einzelne Regelungen in den Kompetenznormen möglich sind. Im Umkehrschluss ist daraus abzuleiten, dass Art. 74 Abs. 1 Nr. 11 GG im Übrigen nur die Produktionsbedingungen und nicht das Produktionsergebnis einbeziehen will. Für Informations- und Kommunikationsdienste bedeutet dies, dass das Wirtschaftsrecht auch für sie nur Rahmenbedingungen hinsichtlich der Inhaltsproduktion aber nicht des Kommunikationsinhalts selbst aufstellen kann.

Mit dieser Argumentation ist nicht ausgeschlossen, dass Art. 74 Abs. 1 Nr. 11 GG auch selbst als Kompetenz für kommunikationsinhaltliche Regelungen angesehen werden kann, wenn die in der Vorschrift selbst genannten Wirtschaftszweige anhand ihres Produktions*ergebnisses* unterscheidbar sind und ein Kommunikationsinhalt das angesprochene Produktionsergebnis von Bergbau, Energie, Bank-, Börsen- oder Versicherungswesen darstellt. Die Kompetenz für die Inhaltsvorgaben besteht hier aufgrund der *besonderen* Wirtschaftskompetenz des Bundes, die sich aus dem Produktionsergebnis ableitet. Ein solches Produktionsergebnis kann aber auch ein Kommunikationsinhalt sein. Die Vermittlung etwa über das Internet stellt dann nur einen weiteren Verbreitungsweg für einen festgelegten Inhalt dar. Dies ist beispielsweise bei einem Börsenprospekt zur erstmaligen Platzierung einer Aktie an der Börse, der elektronisch übermittelt wird (z. B. durch Herunterladen der Datei über das Internet), der Fall. Der Inhalt bezieht sich auf einen wirtschaftlichen Sachverhalt (Börsenplatzierung), für den der Bund eine spezielle Wirtschaftskompetenz aufweisen kann (Börsenwesen) Die weiteren wirtschaftlichen Handlungen (Aktienorder, Börsenerstnotiz, Haftungsfragen) stehen hiermit in einem derart engen Verhältnis, weil sie durch den

[808] *Determann*, S. 240 f.; *Bremer*, in: Bremer/Esser/Hoffmann, S. 26.
[809] *Pappi*, S. 140.
[810] Vgl. unten Teil 5 I 8.

Börsenprospekt gerade vorbereitet und damit vorweggenommen werden und der Inhalt des Börsenprospekts in den weiteren Handlungen derart fortwirkt (z.B. Prospekthaftung), dass nur eine einheitliche Regelung für den gesamten Vorgang und damit auch für den Inhalt der übermittelten Information sinnvoll denkbar ist. Als weiteres Beispiel kann insgesamt der Bereich des Telebanking angeführt werden (vgl. § 2 Abs. 2 Nr. 1 TDG), da die übertragenen Daten gerade zur wirtschaftlichen Betätigung gesendet werden und das Bankwesen in Art. 74 Abs. 1 Nr. 11 GG explizit genannt ist[811].

Besteht die Information dagegen nur aus wirtschaftlich relevanten Daten und Fakten, ohne dass eine weitere (wirtschaftliche) Handlung damit zwingend verbunden ist (z. B. Datenbankübermittlung eines auf Wirtschaftsnachrichten spezialisierten Presseunternehmens), so ergibt sich keine Notwendigkeit, den Inhalt der Übermittlungen mit Regelungen gerade aus dem Bereich des Wirtschaftsrechts zu überziehen. Art. 74 Abs. 1 Nr. 11 GG kann hierfür gerade keine Kompetenz abgeben. Daher sind Informationeninhalte über Verkehrs-, Wetter-, Umwelt-, und allgemeine Börsendaten (z. B. Aktienkurse) nicht auf Grundlage der Kompetenz des Art. 74 Abs. 1 Nr. 11 GG für Regelungen zugänglich (vgl. aber § 2 Abs. 2 Nr. 2 TDG)[812].

Dem gegenüber vertritt *Gersdorf* die Ansicht, dass das Angebot eines Reisebüros im Internet primär Ausdruck der Gewerbefreiheit sei[813]. Dem ist insoweit zuzustimmen, als auf die Tatsache abgestellt wird, *dass* ein Angebot ausgestrahlt wird. Stellt man aber auf die Frage ab, *wie* das Angebot aussieht, tritt der Aspekt Gewerbefreiheit zurück. Entwickelt man das Beispiel *Gersdorfs* dahingehend fort, dass das Reisebüro vornehmlich Reisen nach Patthaya (Thailand) an allein stehende (um es auf die Spitze zu treiben – pädophile) Herren vermittelt und das Internetangebot eine dementsprechende Aufmachung aufweist, so wird deutlich, dass der wirtschaftliche Aspekt bei der Beurteilung dieses Angebots rasch hinter andere Fragestellungen zurücktreten kann[814]. Es wird zwar weiterhin ein Inhalt übertragen, der natürlich auch auf wirtschaftliche Betätigung abzielt (Abschluss eines Reisevertrages), aber hierauf kann es nicht maßgeblich ankommen, denn (private) Rundfunkveranstalter senden auch aus wirtschaftlichen Überlegungen heraus[815]. Der Inhalt ist dabei jeweils unabhängig von den damit verfolgten wirt-

---

[811] So z. B. *Röger*, ZRP 1997, S. 208 f.

[812] Ob Kommunikationsinhalte überhaupt für Inhaltsregelungen zugänglich sind, ist auf der Ebene der Grundrechte, nicht aber auf der Ebene der Kompetenzen zu entscheiden.

[813] *Gersdorf*, in: Prinz/Peters, FS Engelschall, S. 175; *Röger* (ZRP 1997, S. 209) bejaht eine Kompetenz aus Art. 74 Abs. 1 Nr. 11 GG für elektronische Verkaufs- und Versandhauskataloge.

[814] Ein Beispiel eines Versandhandels mit rechtlich bedenklichen Gegenstände zeigt *Wimmer*, ZUM 1999, S. 436, auf.

[815] *Gersdorf*, in: Prinz/Peters, FS Engelschall, S. 174

schaftlichen Zielen zu bewerten. Das Argument, es erfolge eine gewerbliche Handlung, kann keine Rechtfertigung für eine sonst rechtlich verbotene Inhaltsübermittlung hergeben. Sind Inhalte rechtlich unbedenklich, so ist kein Grund ersichtlich, sie mit wirtschaftsrechtlichen Normen zu überziehen. Sind sie rechtlich bedenklich, bietet aber gerade das allgemeine Wirtschaftsrecht keine angemessenen Mittel, um hierauf zu reagieren.

Koenig bezieht insbesondere den wirtschaftlichen Verkehr in die Kompetenz des Bundes ein, wenn die Kommunikation zu Abschlüssen von Rechtsgeschäften führt, d. h., dass nicht nur Angebote gemacht, sondern auch Verträge ohne „Medienbruch" geschlossen werden[816]. Allerdings birgt dies keine sinnvolle Abgrenzung in sich, da es rein zufällig wäre, ob jemand nur die Angebote betrachtet, oder durch seine Bestellung einen Vertragsabschluss herbeiführt. Darüber hinaus ist der Kommunikationsinhalt immer der gleiche, ob man nun ohne Medienbruch zum Vertragsschluss gelangt oder ob ein Vertragsschluss nur unter Zuhilfenahme eines anderen Mediums möglich ist. Die Ansicht *Koenigs* verkennt weiter, dass sich die verschiedenen Kommunikationsvorgänge des „wirtschaftlichen Verkehrs" nicht sinnvoll verbinden lassen, ohne dass damit verfassungsrechtliche Problemkreise entstehen. Sieht man sich das bei *Koenig* genannte Beispiel der WebTV-Verkaufsveranstaltung an[817], so erkennt man leicht zwei voneinander unabhängige und deshalb zu trennende Kommunikationsvorgänge. Zum einen werden Angebote an eine Vielzahl von Nutzern gemacht. Hierbei liegt sog. Massenkommunikation vor, denn die Inhalte richten sich an eine unbegrenzte Öffentlichkeit. Ergreift der Nutzer aufgrund der gesehenen Darstellung die Initiative und bestellt ein Produkt (ohne Medienbruch via Internet oder mit Medienbruch per Telefon), so liegt hierin ein gesondert zu betrachtender Vorgang der Individualkommunikation, denn der Besteller will seinen Kommunikationsinhalt nur einem bestimmten Adressaten (dem Verkäufer) zukommen lassen und – im Gegensatz zum WebTV-Betreiber – gerade nicht, dass eine unbestimmte Vielzahl von Personen hiervon Kenntnis erhält. Würde man nun beide Vorgänge einheitlich als „wirtschaftlich relevante Individualkommunikation" ansehen, so würde sich für die Verbreitung des WebTV-Angebots (Massenkommunikation !) ein grundrechtlicher Schutz etwa aus Art. 10 Abs. 1 GG eröffnen, obwohl das Unternehmen durch seine Handlung gerade zu erkennen gibt, dass der Kommunikationsinhalt der Öffentlichkeit präsentiert werden soll und daher die Vertraulichkeit der Kommunikation keines Schutzes bedarf.

Bedeutung kann Art. 74 Abs. 1 Nr. 11 GG allerdings im Bereich der Werbung in den elektronischen Kommunikationsmedien erlangen. Sowohl in den Homepages von Internetbanken (Börsenkurse !) als auch im Rundfunk findet Werbung

[816] *Koenig*, MMR 1998, Beilage zu Heft 12, S. 3 f.
[817] *Koenig*, MMR 1998, Beilage zu Heft 12, S. 4.

statt. Hier kann als Leitlinie folgendes festgestellt werden: Geht es um einzelne Produkte, deren Produktion und Verteilung vom Bund aufgrund seiner (speziellen) Wirtschaftskompetenz geregelt werden kann (z. B. Bank-, oder Versicherungsdienstleistungen, Tabak, Plutonium, Arzneimittel, sonstige umweltgefährdende Stoffe, siehe dazu sogleich unten), so muss ihm auch zugestanden werden, die Werbung für solche Produkte zu regeln und zwar unabhängig vom Verbreitungsweg[818]. Somit können sich Werberegelungen des Bundes auch auf den Bereich des Rundfunks, für den die Länder regelungsbefugt sind, beziehen. Geht es dagegen nicht um einzelne Produkte, sondern die Umstände der Werbung (Ort, Zeit, Aufmachung), so muss der Bund auf eine gesonderte Kompetenz zurückgreifen können. Art. 74 Abs. 1 Nr. 7 GG sowie die Kompetenzen für besondere Wirtschaftsgüter reichen hierfür grundsätzlich nicht aus.

Als Ergebnis ist daher festzuhalten, dass sich Art. 74 Abs. 1 Nr. 11 GG für bestimmte Bereiche nutzbar machen lässt, um eine Bundeskompetenz für Inhaltsvorgaben zu bejahen. Dies allerdings nicht, weil es eine allgemeine „wirtschaftliche Telekommunikation" gäbe, sondern weil Kommunikation teilweise so eng mit explizit in Art. 74 Abs. 1 Nr. 11 GG genannten Gütern oder Dienstleistungen verbunden ist, dass hieraus eine Regelungskompetenz gerechtfertigt erscheint. Die Regelungskompetenz für einzelne Wirtschaftsgüter zieht die Regelungskompetenz, wie diese Wirtschaftsgüter in die allgemeine Kommunikation mit einbezogen werden sollen, nach sich.

8. Kompetenzen für besondere Wirtschaftsgüter

Für gefährliche Wirtschaftsgüter sieht das Grundgesetz in seinen Kompetenznormen Spezialermächtigungen vor: Art. 74 Abs. 1 Nr. 4 a GG – Waffen und Sprengstoff, Art. 74 Abs. 1 Nr. 11 a GG – Kernenergie, Art. 74 Abs. 1 Nr. 19 – Verkehr mit Arzneimittel, Betäubungsmittel und Gifte, Art. 74 Abs. 1 Nr. 20 GG – Genussmittel, Bedarfsgegenstände. Im Rahmen dieser Kompetenzen kann der Bund den Verkehr mit diesen Gütern und Stoffen regulieren. Es wäre ein eigenartiges Ergebnis, wenn dem Bund damit nicht auch die Kompetenz zustünde, Regelungen hinsichtlich der Werbung für diese Güter zu erlassen. Sonst könnte der Bund zwar den Warenverkehr untersagen, nicht jedoch die Werbung für gerade diese Waren. So ist es zu verstehen, dass der Bund ein Werbeverbot für Tabakerzeugnisse auch im Rundfunk erlassen kann, obwohl er hier den Inhalt von Rundfunk reguliert, wofür in der Regel die Länder zuständig sind.

Begründen lässt sich die Regelungskompetenz des Bundes für den Kommunikationsinhalt hier mit der ursprünglichen Formel des Bundesverfassungsgerichts

---

818 Vgl. unter Teil 5 I 7.

zum sog. „Sachzusammenhang“[819]. Hierzu führte das Gericht aus: „Ein sog. Sachzusammenhang vermöchte vielmehr eine Zuständigkeit nur dann zu stützen, wenn eine dem Bund ausdrücklich zugewiesene Materie verständlicherweise nicht geregelt werden kann, ohne dass zugleich eine nicht ausdrücklich zugewiesene Materie mitgeregelt wird, wenn also ein Übergreifen in nicht ausdrücklich zugewiesene Materien unerlässliche Voraussetzung für die Regelung einer der Bundesgesetzgebung zugewiesenen Materie“ ist.[820] Im Übrigen kann auf die bei Art. 74 Abs. 1 Nr. 11 GG gemachten Aussagen verwiesen werden.

9. Art. 74 Abs. 1 Nr. 16 GG (Kartellrecht)

Kartellrechtsverfahren können insofern auf den Kommunikationsinhalt von Betroffenen Auswirkungen haben, als damit die Übernahme von Medien (z. B. Presse oder Rundfunkunternehmen) und damit deren Kommunikationsinhalte untersagt werden kann. Die inhaltsregulierende Kraft des Kartellrechts wurde im Verfahren Liberty Media deutlich. Das US-amerikanische Unternehmen Liberty Media beabsichtigte den Kauf von Breitbandkabelnetzen der Deutschen Telekom AG, um darüber auch eigene Inhalte anzubieten. Das Kartellamt untersagte den Erwerb, weil es befürchtete, dass Liberty Media Inhalte Dritter aufgrund seiner dann marktbeherrschenden Stellung nicht oder nicht diskriminierungsfrei weiterleiten würde[821].

Bei der elektronischen Kommunikation wird dem Rundfunk eine Sonderstellung im Kartellrecht zugesprochen. Das Bundesverfassungsgericht hat für den Bereich des privaten Rundfunks ein dem Pressewesen vergleichbares, auf die Eigengesetzlichkeiten des Wettbewerbs vertrauendes Marktmodell bereits in der dritten Rundfunkentscheidung[822] abgelehnt und statt dessen dem Rundfunkgesetzgeber (den Ländern !) die Gestaltung einer positiven Ordnung auferlegt, „welche sicherstellt, dass die Vielfalt der bestehenden Meinungen im Rundfunk in möglichster Breite und Vollständigkeit Ausdruck findet und dass auf diese Weise umfassende Information geboten wird.“[823] Und auch im Niedersachsen-Urteil hat das Bundesverfassungsgericht festgestellt, dass in privatem Rundfunk ein „Grundstandard gleichgewichtiger Vielfalt“ gewährleistet sein muss[824]. Damit ist der Rundfunk dem Anwendungsbereich des Art. 74 Abs. 1 Nr. 16 GG

[819] BVerfGE 3, 407 ff.
[820] BVerfGE 3, 407 (423).
[821] Der Beschluss kann unter www.bundeskartellamt.de/fusionen2002 abgerufen werden. Vgl. dazu auch *Roßnagel/Hilger*, MMR 2002, S. 445 ff.
[822] BVerfGE 57, 295.
[823] BVerfGE 57, 295 (322)
[824] BVerfGE, 73, 118 (157 ff.)

grundsätzlich entzogen. Für den verbleibenden Anwendungsbereich im Rahmen der elektronischen Massenkommunikation kommt es daher entscheidend darauf an, was unter dem verfassungsrechtlichen Rundfunkbegriff[825] zu verstehen ist und ob die positive Ordnung, d. h. Ausgestaltungsregelungen, für den gesamten Umfang des Rundfunks im verfassungsrechtlichen Sinne gilt[826].

Da kartellrechtliche Fragen naturgemäß nur höchst mittelbaren Einfluss auf den Kommunikationsinhalt zeitigen, wird auf die Zuständigkeiten im Medienkartellrecht hier nicht weiter eingegangen[827].

10. Art. 75 Abs. 1 Nr. 2 GG (Recht der Presse)

Art. 75 Abs. 1 Nr. 2 GG verleiht dem Bund die Rahmenkompetenz für den Bereich der Presse. Die überwiegende Ansicht in der Literatur geht dahin, dass der Begriff der Presse, der in Art. 5 Abs. 1 Satz 2 GG und Art. 75 Abs. 1 Nr. 2 GG den gleichen Bedeutungsgehalt hat, sich durch die stoffliche Verkörperung der Presse auszeichnet[828]. Damit scheint eine Gesetzgebungskompetenz des Bundes für die elektronische, d. h. die unkörperliche Kommunikation auszuscheiden. Im Übrigen hätte der Bund nur eine Rahmenkompetenz.

II. Der Vorrang der Länderkompetenzen gem. Art. 72 Abs. 2 GG

Die vorgestellten Normen lassen nur für einen begrenzten Bereich eindeutige Kompetenztitel des Bundes zur Regelung von Kommunikationsinhalten erkennen. Darüber hinaus ist zu beachten, dass es sich hier teilweise um Regelungen der konkurrierenden Gesetzgebung handelt, die die Länder nicht generell vom Erlass eigener Regelungen ausschließen würden. Im Bereich der konkurrierenden Gesetzgebung besitzt der Bund nur dann Gesetzgebungsbefugnisse, wenn zusätzlich die Voraussetzungen des Art. 72 Abs. 2 GG vorliegen. Das gleiche gilt für die Inanspruchnahme von Rahmengesetzgebungskompetenzen durch den Bund (Art. 75 Abs. 1 GG). Art. 72 Abs. 2 GG hat im Zuge der Verfassungsänderung im Jahre 1994[829] eine neue Prägung und Konturierung erfahren. Die Bedürfnisklausel des Art. 72 Abs. 2 GG a. F. wurde durch eine Erforderlichkeitsklausel ersetzt. Danach kann der Bund eine konkurrierende Gesetzgebungsbefugnis nur dann für sich reklamieren, wenn eine bundesgesetzliche Regelung zur

[825] Dazu unten Teil 6 III.
[826] Dazu bereits oben Teil 4 X 1.
[827] Vgl. dazu *Trafkowski*, Medienkartellrecht; *ders.*, K&R 2002, S. 62 ff.
[828] Im Einzelnen und zur Gegenmeinung unten Teil 6.
[829] 42. Gesetz zur Änderung des Grundgesetzes vom 27.10.1994 (BGBl. I S. 3146).

Wahrung der Rechts- und Wirtschaftseinheit im gesamtstaatlichen Interesse erforderlich ist. Dies ist insbesondere dann nicht der Fall, wenn die Länder eine bundeseinheitliche Regelung treffen können[830], wie dies etwa mit dem Mediendienste-Staatsvertrag erfolgt ist. Die Voraussetzungen des Art. 72 Abs. 2 GG liegen nach Ansicht der Literatur daher bei den Regelungen für die „neuen Kommunikationsdienste" nicht vor, so dass dem Bund insoweit keine konkurrierende Gesetzgebungsbefugnis zustehen könne[831]. Da es denkbar erscheint, dass die Länder alle im Zusammenhang mit dem Inhalt der elektronischen Kommunikation auftretenden Fragestellungen bundeseinheitlich mit Staatsverträgen regeln können[832], scheitert eine Gesetzgebungskompetenz des Bundes letztlich an Art. 72 Abs. 2 GG, wenn es sich um die konkurrierende Gesetzgebung handelt. Zum Teil wird allerdings vertreten, dass Art. 72 Abs. 2 GG einer Bundesregelung nicht entgegenstehe, da die Länder zumindest zur Regelung von Telediensten nicht tätig geworden seien[833].

Das Bundesverfassungsgericht hat sich in seinem Urteil vom 24.10.2002[834] im Rahmen der Überprüfung des Gesetzes über die Berufe in der Altenpflege erstmals umfassend mit Art. 72 Abs. 2 GG auseinandergesetzt. Unmissverständlich bringt das Gericht seinen Respekt vor der Entscheidung des verfassungsändernden Gesetzgebers für eine Stärkung der legislativen Länderkompetenzen zum Ausdruck[835]. Wörtlich führt es hierzu aus: „Die Entstehungsgeschichte des Art. 72 Abs. 2 GG n. F. belegt, dass der verfassungsändernde Gesetzgeber mit der Neufassung des Art. 72 Abs. 2 GG sowie der Einrichtung eines speziellen verfassungsgerichtlichen Verfahrens gem. Art. 93 Abs. 1 Nr. 2 a GG das Ziel verfolgt hat, die Position der Länder zu stärken und zugleich eine effektive verfas-

---

[830] *Stettner*, in: Dreier, GG, Art. 72 Rn. 18; *Pieroth*, in: Jarass/Pieroth, GG, Art. 72 Rn. 7; *Gersdorf*, in: Prinz/Peters, FS Engelschall, S. 180; a. A. *Degenhart*, in: Sachs, GG, Art. 72 Rn. 15; *Pestalozza*, in: v.Mangold/Klein/Pestalozza, GG, Art. 72 Rn. 372.

[831] *Gersdorf*, in: Prinz/Peters, FS Engelschall, S. 179.; *Knothe*, AfP 1997, S. 495; wohl auch *Kloepfer*, Informationsrecht, § 3 Rn. 130. A. A. der Bundesgesetzgeber in BR-Drs. 966/96, S. 19: „Die besondere Bedeutung der Informations- und Kommunikationstechnologie für den Wirtschaftsstandort Deutschland und ihre grenzüberschreitenden Wirkungen machen einheitliche Rahmenbedingungen unabdingbar notwendig. Die Regelung durch Bundesgesetz ist deshalb zur Wahrung der Rechts- und Wirtschaftseinheit im gesamtstaatlichen Interesse erforderlich (Art.72 Abs. 2 GG)."

[832] Als weiteres Beispiel kann hier auch die Diskussion um den Jugendmedienschutz-Staatsvertrag gesehen werden. Nach *Altenhain* (in: Roßnagel, Recht der Multimediadienste, Teil 9, Einl GjS Rn. 19) führe allerdings die Tatsache, dass die Länder (bei der gegenwärtigen Rechtslage !) für bestimmte Medien Jugendschutzregelungen erlassen hätten nicht zur Rechtseinheit bei allen Medien. Diese könne nur durch ein Bundesgesetz herbeigeführt werden.

[833] *Braml*, S. 179.

[834] *BVerfG*, NJW 2003, S. 41 ff.

[835] *Jochum*, NJW 2003, S. 29.

sungsgerichtliche Überprüfung sicherzustellen. In der Grundgesetzänderung kann eine klare Anweisung des verfassungsändernden Gesetzgebers an das Bundesverfassungsgericht gesehen werden, seine bisherige, als korrekturbedürftig bewertete Rechtsprechung zu ändern."[836]

Im Ergebnis werden die in Art. 72 Abs. 2 GG genannten Tatbestandsmerkmale restriktiv konkretisiert[837]. Besondere Bedeutung wird dabei vom Bundesverfassungsgericht dem Merkmal der „Herstellung gleichwertiger Lebensverhältnisse" beigemessen und klargestellt, dass hierunter nicht „einheitliche Lebensverhältnisse" zu verstehen seien[838]. „Das Erfordernis der «Herstellung gleichwertiger Lebensverhältnisse» ist nicht schon dann erfüllt, wenn es nur um das in Kraft setzen bundeseinheitlicher Regelungen geht. Dem Bundesgesetzgeber ist ein Eingreifen auch dann nicht erlaubt, wenn lediglich eine Verbesserung der Lebensverhältnisse in Rede steht."[839] Die Auslegung der ersten Zielvorgabe lege dabei zugleich den Grund für die Konkretisierung der anderen Ziele, auf die sich das Erforderlichkeitskriterium beziehe. Dabei geben weder die Zielvorgaben der Rechts- und Wirtschaftseinheit noch das Tatbestandsmerkmal des gesamtstaatlichen Interesses dem Bundesgesetzgeber die Erlaubnis, ausschließlich zur Verfolgung von sonstigen Gemeinwohlinteressen oder auch nur mit dem allgemeinen Ziel einer Verbesserung der Lebensverhältnisse tätig zu werden[840].
Darüber hinaus wird „ein von verfassungsgerichtlicher Kontrolle freier gesetzgeberischer Beurteilungsspielraum hinsichtlich der Voraussetzungen des Art. 72 Abs. 2 GG" verneint[841]. Im Hinblick auf diese eindeutig restriktive Rechtsprechung des Bundesverfassungsgerichts zu Art. 72 Abs. 2 GG ist zu erwarten, dass sich auch im Kommunikationsbereich eine Gesetzgebungskompetenz des Bundes nur mehr schwer begründen lassen wird. Insofern ist den Stimmen der Literatur zu folgen, die die Voraussetzungen des Art. 72 Abs. 2 GG bei den neuen Kommunikations- und Informationsdiensten nicht anerkennen.

---

836 *BVerfG*, NJW 2003, S. 50. Zur Sicht des Gesetzgebers zur bisherigen Rechtsprechung des Bundesverfassungsgerichts zu Art. 72 Abs. 2 a. F. GG zitiert das Bundesverfassungsgericht (NJW 2003, S. 51) die BT-Drs. 12/6633, S. 8 und BR-Drs. 886/93, S. 16 f.: „Die Bedürfnisklausel des bisherigen Art. 72 Abs. 2 ist durch die Rechtsprechung des Bundesverfassungsgerichts zu einem rein politischen Ermessenstatbestand reduziert worden. Der Schutzzweck der Bedürfnisklausel ist dadurch geschwächt. Die Voraussetzungen für die Inanspruchnahme der konkurrierenden Gesetzgebungskompetenz sollen konzentriert, verschärft und präzisiert werden, mit dem Ziel, die als unzureichend empfundene Justiziabilität der Bedürfnisklausel durch das Bundesverfassungsgericht zu verbessern." Als Beispiel für die alte Rechtsprechung des Bundesverfassungsgericht BVerfGE 2, 213 (224).

837 *Jochum*, NJW 2003, S. 29.

838 *BVerfG*, NJW 2003, S. 52.

839 *BVerfG*, NJW 2003, S. 50.

840 *BVerfG*, NJW 2003, S. 50.

841 *BVerfG*, NJW 2003, S. 50, vgl. auch S. 53.

III. Art. 87 f GG (Post und Telekommunikation)

Art. 87 f Abs. 1 GG enthält die Kompetenz für ein Bundesgesetz zur Gewährleistung von flächendeckenden, angemessenen und ausreichenden Dienstleistungen in den Bereichen Postwesen und Telekommunikation [842]. Die Vorschrift ist im Zusammenhang mit Art. 73 Nr. 7 GG zu sehen. Während die letztgenannte Vorschrift die Regelungskompetenz hinsichtlich der technischen Einrichtung und Parameter für die Signalübertragung gewährt, soll mit Art. 87 f GG die Grundlage geschaffen werden, dass solche technischen Einrichtungen flächendeckend zur Verfügung stehen und die Bevölkerung ausreichend mit Telekommunikationsdienstleistungen versorgt wird[843]. Der Begriff der Telekommunikation kann in den beiden Vorschriften nur inhaltsgleich verstanden werden[844]. Damit ergibt sich auch aus Art. 87 f GG keine Regelungskompetenz des Bundes für die Inhalte der übertragenen Signale[845]. Zum Teil wird Art. 87 f GG in der Literatur bemüht, um dem Bund eine Kompetenz für solche Kommunikationsdienste zuzugestehen, die auf technischen Übertragungswegen verbreitet werden, soweit sie nicht als „Rundfunk" einem eigenen Rechtsregime unterliegen[846]. Argumentiert wird hier – wie oben bei Art. 73 Nr. 7 GG, mit dem Art. 87 f GG im Zusammenhang steht – , dass schon immer die Dienste der Individualkommunikation, vor allem der Telefondienst, als Annex des technischen Fernmeldewesens verstanden worden seien, das in der legislativen und administrativen Kompetenz des Bundes liege. Weiter wird argumentiert, dass wegen der grundsätzlichen Inhaltsfreiheit der Individualkommunikation der Schwerpunkt des gesetzgeberischen Sachzusammenhangs auf der Seite der technischen Bundeskompetenz für die Telekommunikation liege und nicht bei den inhaltlichen, medienrechtlichen Länderkompetenzen[847].

Diese Argumente sind bereits bei Art. 73 Nr. 7 GG erörtert und abgelehnt worden. Zur Vermeidung von Wiederholungen wird daher nach oben verwiesen[848].

---

842 Vgl. Telekommunikationsgesetz (TKG) vom 25 Juli 1996 (BGBl. I S. 1120) zuletzt geändert durch Gesetz vom 7. März 2002 (BGBl. I S. 1533). Das TKG hat als Gesetzeszweck die Gewährleistung von flächendeckenden Dienstleistungen. Vgl. *Manssen*, Telekommunikations- und Multimediarecht, Teil C § 1 Rn. 8; *Uerpmann*, in: v.Münch/Kunig, GG, Art. 87f Rn. 6.

843 *Kloepfer*, Informationsrecht, § 3 Rn. 121.

844 *Pappi*, S. 137; vgl. auch *Uerpmann*, in: v.Münch/Kunig, GG, Art. 87f Rn. 5; *Degenhart*, in: Sachs, GG, Art. 73 Rn. 35; sowie BVerfGE 12, 205 (248) für die damals geltende Rechtslage.

845 *Pappi*, S. 137; a. A. *Bullinger/Mestmäcker*, S. 163 ff; *Bullinger*, AfP 1996, S. 4.

846 *Bullinger*, AfP 1996, S. 4.

847 *Bullinger*, AfP 1996, S. 4 dort Fn. 44.

848 Teil 5 I 2.

IV. Zusammenfassend: Die Sichtweise für die traditionelle und bislang vorherrschende elektronische Kommunikation und für die neuen Kommunikationsmöglichkeiten

Die vorangegangenen Untersuchungen der Kompetenznormen des Bundes haben gezeigt, dass dem Bund für Regelungen, die den Inhalt von elektronischer Kommunikation betreffen, nur im Rahmen des Art. 74 Nr. 1 GG (Strafrecht und bürgerliches Recht), des Verfassungsschutzrechts, des Rechts der auswärtigen Angelegenheiten einschließlich des Außenwirtschaftsverkehrs sowie in engen Grenzen im Rahmen des Art. 74 Abs. 1 Nr. 11 (Wirtschaft) und der Zuständigkeiten für die speziellen Wirtschaftsgüter Handlungsspielräume eröffnet sind. Es sollen daher nochmals anhand der bislang vorherrschenden Kommunikationsmöglichkeiten über elektronische Datenübertragungstechnik – massenkommunikativer Rundfunk und individuelle (Telefon-) Kommunikation – sowie im Hinblick auf neue Kommunikationsmöglichkeiten die maßgeblichen Gesichtspunkte herausgestellt werden, um anschließend (Teil 6) die Situation für die neuen elektronischen Kommunikationsmöglichkeiten unter Heranziehung ausgewählter Abgrenzungskriterien nochmals zu erörtern.

1. Rundfunk

Es ist ständige Rechtsprechung des Bundesverfassungsgerichts und einhellige Meinung in der Literatur, dass Rundfunk als „jedenfalls *auch* kulturelles Phänomen“[849] in den Bereich der Gesetzgebungsbefugnis der Länder fällt (Art. 30, 70 GG). Insbesondere Regelungen, die die inhaltliche Ausrichtung von Rundfunksendungen betreffen, stellen den Kernbereich der Kompetenz dar. Damit liegt für den Rundfunk die Hauptkompetenz bei den Ländern. Der Bund kann selbst nur in höchst beschränktem Maße Regelungen in diesem Bereich treffen. Voraussetzung hierfür ist, dass dem Bund eine Gesetzgebungsmaterie zugewiesen ist, die auch für den Rundfunk Bedeutung haben kann und dass die Kompetenz der Länder nicht ausreicht, um unter dem Gesichtspunkt des *Sachzusammenhangs* die Regelungen selbst zu treffen. Letztlich verbleibt dem Bund für den Bereich des Inhalts nur eine Regelungsbefugnis über das Strafrecht und das bürgerliche Recht sowie hinsichtlich von Werbung für Wirtschaftsgüter, zu deren Regelungen sich der Bund auf besondere Zuständigkeiten berufen kann.

2. Sprachkommunikation via Telefon

Eine juristische Diskussion, wer für den Inhalt der Sprachtelefonie zuständig ist, wurde bislang noch nicht explizit geführt, da die Individualkommunikation we-

---

[849] BVerfGE 12, 205 (229). Hervorhebung im Original.

gen der Güterabwägung im Rahmen von Art. 5 Abs. 1 Satz 1 , Abs. 2 GG grundsätzlich keiner Regulierung zugänglich ist[850]. Dieses Ergebnis folgt aus den oben geführten Betrachtungen der Grundrechte. Hinsichtlich der Überwachung und Beobachtung ist einhellige Meinung, dass dem Bund durch das Recht zur Regelung des Strafrechts, des Strafverfolgungsrechts sowie des Verfassungsschutzes die Kompetenz hierzu zustehe. Dies konnte bestätigt werden. Im Übrigen wird die Ansicht vertreten, dass der Bund regelungsbefugt sei, weil die elektronische Individualkommunikation einen Annex der (technischen) Telekommunikation darstelle, für die er die Gesetzgebungskompetenz besitzt. Es konnte jedoch nachgewiesen werden, dass diese Ansicht kompetenzrechtlich nicht haltbar ist.

3. Neue Kommunikationsmöglichkeiten

Hier herrscht im Schrifttum noch erhebliche Unsicherheit vor. Die von Teilen der Literatur für den Bund herangezogenen Kompetenztitel entpuppen sich bei genauerem Hinsehen als „inhaltlich schwach", d. h. außer mit der bei der Sprachkommunikation via Telefon gefundenen Kompetenzen zur Beobachtung der Individualkommunikation, die auch bei den neuen Kommunikationsarten heranzuziehen sind, kann der Bund hier nichts ins Feld führen. Mittlerweile kann es als herrschende Meinung angesehen werden, dass dem Bund für die Massenkommunikation außer Randkompetenzen (Strafrecht, Urheberrecht) keine Regelungsbefugnis zusteht. Insofern ergibt sich für die neuen Kommunikationsmöglichkeiten hier eine Sichtweise wie beim Rundfunk.

---

850 *Ory*, AfP 1990, S. 179.

Teil 6: Die Problemdarstellung für die neuen Arten von elektronischer Kommunikation

Während beim Rundfunk als Massenmedium, das beim Erlass des Grundgesetzes in Form des Hörfunks technisch verfügbar war – die öffentliche Ausstrahlung begann 1923[851] –, die Kompetenzverteilung seit der ersten Rundfunkentscheidung des Bundesverfassungsgerichts[852] unzweifelhaft ist (gleiches gilt schon wegen der eindeutigen Regelung im Grundgesetz für die nichtelektronische Presse), wurde eine Regelungskompetenz für die individuelle Kommunikation (Sprachtelephonie, „elektronischer Post" beim Btx oder E-Mail) trotz durchaus vorhandenen Problemmaterials selten diskutiert[853]. Soweit erkennbar wird derzeit der sog. Telefonsex (0190er-Nummern) bislang nicht unter inhaltlichen Gesichtspunkten (Jugendschutz) diskutiert, sondern allenfalls im zivilrechtlichen Bereich, wenn die Frage zu beantworten ist, ob Telefongebühren etwa wegen Sittenwidrigkeit von Telefon-Sex zu entrichten sind[854]. Allerdings ist bei diesem Beispiel schon zweifelhaft, ob es sich überhaupt noch um echte Individualkommunikation handelt, da solche „Dienste"[855] der breiten Öffentlichkeit angeboten werden und sich die Kommunikationspartner in der Regel nicht kennen. Entscheidend wird sein, ob man auf den „Empfängerhorizont" und die dort erfolgende individuelle Nutzung abstellt oder etwa eine gleichzeitige Verbreitung an die Öffentlichkeit verlangt. Auf solche Kriterien wird im Einzelnen noch einzugehen sein.

---

[851] Vgl. *Ricker/Schiwy*, Rundfunkverfassungsrecht, A Rn. 23.

[852] BVerfGE 12, 205.

[853] Vgl. oben Punkt Teil 4 III 2.; *Ory*, AfP 1990, S. 179; *Schulz*, ZUM 1996, S. 495: „Sofern ein inhaltlich ausgestaltende Regulierung von individiualkommunikativen Diensten angesichts Art. 5 Abs. 1 GG überhaupt in Betracht kommt, ... ";*Ferger/Junker*, DÖV 1981, S. 441: „...weitgehend nicht in Anspruch genommene Kompetenz ..."; *Pappi*, S. 147 sieht eine grundsätzliche Unzulässigkeit für die inhaltsbezogenen Regulierung von Individualkommunikation. Für die Verbreitung von Pornographie per E-Mail s. *Hörnle*, NJW 2002, S. 1008 ff.

[854] Vgl. *BGH*, Urteil vom 22.11.2001, abgedruckt in ZUM-RD 2002, S. 138 ff. = K&R 2002, S. 142 ff, mit Anmerkung *Schmittmann* K&R 2002, S. 145 f, dort auch umfangreiche Nachweise der Rechtsprechung. S. auch das Beispiel zur schweizerischen Telekomgesellschaft PTT bei *Eberle*, in: Prinz/Peters, FS Engelschall, S. 157. Vgl. aber § 1 Abs. 2 der FernmeldeO vom 25.8.1921 (RGBl. S. 1207), der die Nutzung des öffentlichen Fernsprechnetzes zu Mitteilungen, „deren Inhalt gegen die Gesetze verstoßen oder dem öffentlichen Wohl oder der Sittlichkeit zuwiderläuft" verbot. Vgl. auch die ähnliche Formulierung in § 42 Telekommunikationsverordnung vom 5.11.1986 (BGBl I. S. 1749) für den Telegrammdienst.
Die Versendung pornographischer Schriften per E-mail an einen ausgewählten Empfänger, der damit einverstanden ist, ist nicht strafbar, insbesondere liegt kein Verstoß gegen das TDG vor, vgl. *Hörnle*, NJW 2002, S. 1012. Zur Frage, ob hier eine „Verbreitung" von Schriften i. S. d. Strafrechts vorliege siehe oben Teil 3 I 1.

[855] *BGH*, K&R 2002, S. 142 (143), sieht sie als Teledienste i. S. d. Teledienstegesetzes.

Die Dank der digitalen Technik nunmehr neuen Kommunikationsarten lassen sich aus verschiedenen Gründen nicht so einfach in das bisherige Schema – Rundfunk einerseits und Individual(Tele-)kommunikation andererseits – einpassen[856]. Dieser Vielfalt der Nutzungsformen elektronischer Kommunikation korrespondieren die besonderen Schwierigkeiten bei der kompetenziellen Zuordnung der neuen Kommunikationsmöglichkeiten[857]. Wie bereits mehrfach erwähnt, sind diese Möglichkeiten der elektronischen Kommunikation erst nach Erlass des Grundgesetzes technisch möglich geworden. Der Verfassungsgesetzgeber konnte daher nicht wissen, dass Regelungen für diesen Bereich erforderlich werden. Zum anderen passen die neuen Kommunikationsarten nicht zwangsläufig zu den bisherigen. Insbesondere eine Zuordnung zu den Bereichen Massenkommunikation und Individualkommunikation wird zusehends schwieriger. Diese hat damit zu tun, dass sich das Kommunikationsverhalten durch die neuen Techniken und mit dem Aufkommen neuer inhaltlicher Angebote insgesamt stark verändert hat und weiter verändern wird[858]. Die Gesetzgebungskompetenz für die Regulierung von Multimedia lässt sich vor diesem Hintergrund nur schwer bestimmen[859]. Der Gesetzgeber will den Bereich der elektronischen Kommunikation gleichwohl nicht ungeregelt lassen. Sowohl Bund als auch die Länder sehen vielfältige Gefahren sowohl *für* die freie elektronische Kommunikation (z. B. Investitionssicherheit der Betreiber der Infrastruktur, Missbrauch von Zugangsmonopolen), als auch *durch* die elektronische Kommunikation selbst (insbes. Daten-, Ehren-, Urheberrechts- und Jugendschutz)[860]. Im letzteren Fall stehen Fragen des Kommunikationsinhalts im Raum, die im Rahmen dieser Abhandlung zu untersuchen sind.

Will man Regelungen für den Bereich der neuen elektronischen Kommunikation treffen, so hat man anhand der geltenden Verfassung die neuen Dienste den entsprechenden Regelungen zuzuordnen. Während sich dies für die Eröffnung eines grundrechtlichen Schutzes relativ leicht bewerkstelligen lässt[861], indem man einzelnen Grundrechten einen Auffangcharakter zuweist, treten bei der Frage nach

---

856 *Schroeder*, ZUM 1994, S. 472; *Pieper*, ZUM 1995, S. 553; *Hesse*, Rundfunkrecht, 2. Kap. Rn. 20.

857 Vgl. oben Teil 5. *Gersdorf*, in: Prinz/Peters, FS Engelschall, S. 175; *Heintzen*, in: v.Mangold/Klein/Starck, GG, Art. 73 Rn. 73.

858 Vgl. *Hamm/Hart*, Kommunikationsordnung 2010, S. 47 ff.; Siehe bereit in der Einleitung.

859 S. bereits Teil 5.

860 Vgl. zum Regelungsbedarf *Roßnagel*, NJW 1998, S. 1; *ders.*, in: Roßnagel, Recht der Multimediadienste, Teil 1 Einf Rn. 9 ff; *Grzeszick*, AöR 123 (1998), S. 184 f; *Scherer*, AfP 1996, S. 214; *Hoffmann-Riem*, RuF 1995, S. 125, 130; *Warnke*, in: Roßnagel, Recht der Multimediadienste, Teil 4, MDStV, § 1 Rn. 24; *Eberle*, in: Prinz/Peters, FS Engelschall, S. 155.

861 Vgl. oben Punkt 3.3 und 3.4.; a. A. wohl *Bullinger*; JZ 1996, S. 386, der einen „umfassenden Territorialkonflikt" hinsichtlich des Schutzbereichs der einzelnen Grundrechte sieht.

den Gesetzgebungszuständigkeiten erhebliche Unsicherheiten auf. Das Problem, neue Kommunikationsarten, die über gebräuchliche Breitbandverteilnetze verbreitet werden, sowie die Kommunikation mittels eines weltumspannenden Netzwerks von verbundenen Computern und der über dieses Netz laufenden Daten zu regeln, ist zwischenzeitlich mittels des Informations- und Kommunikationsdienste-Gesetz[862] des Bundes und des Mediendienste-Staatsvertrages[863] der Länder gelöst worden. Wie in Teil 5 verdeutlicht wurde, enthält das Grundgesetz in seinem Kompetenzteil keine zweifelsfreien Aussagen für die Zuständigkeit zur Regelung von Inhaltsfragen bei allen Arten der elektronischen Kommunikation[864]. Mit dem Teledienstegesetz als Teil des Informations- und Kommunikationsdienste-Gesetzes setzte der Bund gleichwohl (mittelbar) Inhaltsregelungen in Kraft[865]. Im Folgenden soll daher untersucht werden, ob trotz der bei den Kompetenznormen gefundenen Ergebnisse dem Bund eine weitergehende Kompetenz zur Setzung inhaltsbezogener Normen zugesprochen werden kann.

Eine erneute Diskussion der Gesetzgebungsbefugnisse trotz der bereits durchgeführten Durchsicht der Art. 70 ff. GG hinsichtlich Aussagen zu Kommunikationsinhalten, erscheint zwar als Widerspruch zur Aussage, dass Kompetenzkonflikte allein anhand der Art. 70 ff. GG zu lösen sind. Dies allerdings nur vordergründig, da aufgrund der nicht eindeutigen Aussagen der Art. 70 ff. GG sowie des Verfassungsgrundsatzes des länder- bzw. bundesfreundlichen Verhaltens[866] sich ergeben kann, dass die Kompetenzen hinsichtlich der Kommunikationsinhalte aufgrund anderer Kriterien zugeteilt werden müssen sowie Kompromisslösungen zu suchen sind. Letztlich können neue Kriterien als Auslegungshilfen bei den Art. 70 ff. GG angesehen werden, um die Lebenssachverhalte im Zusammenhang mit der elektronischen Kommunikation einzelnen Kompetenznormen zuordnen zu können.

I. Der Streit beim Informations- und Kommunikationsdienste-Gesetz und Mediendienste-Staatsvertrag

Obwohl das Informations- und Kommunikationsdienste-Gesetz und der Mediendienste-Staatsvertrag nunmehr seit über fünf Jahren in Kraft sind, konnte die Frage der Gesetzgebungszuständigkeiten bislang nicht zufriedenstellend gelöst werden. Zum Teil wird hier das „Grundübel des Rechts der neuen Kommunika-

---

862 BGBl. I 1997, 1870. Oben Teil 3 I 8.
863 Oben Teil 3 II 2.
864 *Paulweber*, AfP 1999, S. 445.
865 *Gounalakis/Rhode*, K&R 1998, S. 323; *Koenig/Loetz*, CR 1999, S. 438.
866 Vgl. dazu bereits BVerfGE 12, 205 (248 ff.).

tionsmedien"[867] gesehen. Insbesondere die Regelungen des Bundes rufen Skepsis hervor[868]. Mit dem Teledienstegesetz (TDG als Art. 1 des Informations- und Kommunikationsdienste-Gesetz) wurde vom Bund ein konzeptionell dem Mediendienste-Staatsvertrag vergleichbares Regelwerk geschaffen; die Regelungen des Teledienstegesetzes und des Mediendienste-Staatsvertrags wurden zwischen Bund und Länder abgestimmt[869]. Die Aufteilung der Zuständigkeiten zwischen Bund und Ländern war von Anfang an umstritten und fragwürdig[870] und blieb in der Literatur nicht ohne Diskussion[871]. Auch die Rechtsprechung weist auf die „zweifelhafte Abgrenzung der Gesetzgebungskompetenzen" hin[872]. Selbst die Gesetzgebungsorgane waren sich über die Verfassungsmäßigkeit ihres Handelns nicht ganz sicher. Die Aufteilung geschah daher aufgrund einer Absprache zwischen Bund und Ländern[873], wobei erkennbar die Abgrenzung zwischen der Individualkommunikation und der Massenkommunikation sowie der verfassungsrechtliche Rundfunkbegriff aufgriffen wurden, um die Kompetenzen aufzuteilen: die neuen Formen der elektronischen Massenkommunikation regeln die Länder mit dem Mediendienste-Staatsvertrag, die elektronische Kommunikation mit individuellem Charakter der Bund mit dem Teledienstegesetz. In der Literatur herrscht bislang noch keine einhellige Meinung darüber, ob dieses Handeln rechtens war. Während zum einen versucht wird, die einfachgesetzlichen Regelungen hinzunehmen und verständlich zu machen[874], wird auch noch nach Erlass der Gesetze die Kompetenzproblematik angesprochen[875]. Die kritischen Stimmen überwiegen[876].

---

[867] *Pappi*, S. 131; ähnlich auch *Gersdorf*, in: Prinz/Peters, FS Engelschall, S. 165.

[868] *Pappi*, S. 149 ff.; *Gounalakis/Rhode*, K&R 1998, S. 322 f.; *Martenczuk*, ZUM 1999, S. 107 f.; *Klöck*, CR 1999, S. 461 hält Teile des TDG für „mit der grundgesetzlichen Kompetenzordnung nicht vereinbar und verfassungswidrig."; vor Erlass des IuKDG bereits *Scherer*, AfP 1996, S. 219; *Röger*, ZRP 1997, S. 209. Andererseits hält *Depenheuer*, AfP 1997, S. 672 dort Fn. 58, den Mediendienste-Staatsvertrag zum Teil für verfassungswidrig.

[869] *Roßnagel*, in: ders., Recht der Multimediadienste, Teil 1, Einf 1 Rn. 40 f.

[870] Vgl. *Roßnagel*, in: ders., Recht der Multimediadienste, Teil 1, Einf Rn. 101; *Stettner*, in: Dreier, GG, Art.73 Rn. 32; *Schulze-Fielitz*, AfP 1998, S. 448.

[871] *Gounalakis*, Konvergenz der Medien, S. 54.

[872] *OLG München*, NJW 2001, S. 3554 (linke Spalte unten).

[873] Vgl. hierzu umfassend *Roßnagel*, Einf. 1 Rn. 13-39; *Pappi*, S. 127 ff.

[874] *Engel-Flechsig/Tettenborn/Maennel*, NJW 1997, S. 2981 ff.; *Engel-Flechsig*, ZUM 1997, S. 231 ff.; *Gounalakis*, NJW 1997, S. 2993 ff.; *Kröger/Moos*, AfP 1997, S. 675 ff. *Köster/v.Bonin*, ZUM 1997, S. 821 ff.; *Waldenberger*, MMR 1998, S. 124 ff.

[875] *Gounalakis/Rhode*, K&R 1998, S. 321; *Martenczuk*, ZUM 1999, S. 104 ff.; *Waldenberger*, MMR 1998, S. 127 ff.; *Paulweber*, AfP 1999, S. 445 dort insbes. Fn. 59; *Braml*, S. 168 ff.

[876] *Knothe*, AfP 1997, 494 ff; *Scherer*, AfP 1996, 213 (218); *Heyl*, ZUM 1998, 115 (118); *Pappi*, S. 149 f.; *Röger*, ZRP 1997, S. 207.

Der Streit der gesetzgebenden Körperschaften Bund und Länder um die Gesetzgebungskompetenzen musste dabei von Anfang an nicht überraschen. Blickt man in der Entwicklung der elektronischen Kommunikation ein paar Jahre zurück, wird man auf einen Streit treffen, der zwar nicht die gleichen Ausmaße annahm, was den Umfang der Aufarbeitung durch die juristische Literatur angeht, jedoch einige Parallelen enthält[877]: die Regelungen für den Bildschirmtext (Btx). Die Länder erließen hierfür den Bildschirmtext-Staatsvertrag[878].

Die im Verhältnis zu den Regelwerken Teledienstegesetz und Mediendienste-Staatsvertrag geringere Aufmerksamkeit ist allein darauf zurückzuführen, dass bei Einführung von Btx noch niemand vom „Daten-“ oder „Informationshighway“[879], von „digitaler Revolution“ oder von „Multimedia“[880] gesprochen hat und Btx im Gegensatz zum World Wide Web nicht zu einem Medium der Massen geworden ist. Juristisch gesehen waren die Probleme damals so anspruchsvoll wie heute beim Teledienstegesetz und Mediendienste-Staatsvertrag. Drei Textbeispiele, die man – leicht verändert – in jede Abhandlung über das Verhältnis von Teledienstgesetz und Mediendienste-Staatsvertrag einfügen könnte, mögen dies verdeutlichen:

„Mediengesetze, die eine für die neuen elektronischen Kommunikationsdienste passende Regelung erstreben, stehen vor einer schwierigen Aufgabe. Denn das rechtliche Verständnis und die Rechtsordnung sind bisher weitgehend auf die herkömmliche Massenkommunikation durch Rundfunk und Presse sowie auf die reine Individualkommunikation nach Art des Fernsprechens eingestellt.“[881]
„Der Staatsvertrag über Bildschirmtext (...) ist ein verfassungsrechtlich in mehrfacher Hinsicht problematischer Kompromiss, der in rechtlich nur schwach geregelten (überwiegend nicht formalisierten) und wenig transparenten Verfahren ausgehandelt worden ist. Gekennzeichnet waren die Auseinandersetzungen um den Staatsvertrag durch Kompetenzstreitigkeiten innerhalb der Bundesregierung sowie zwischen der Deutschen Bundespost und den Ländern.“[882]
„Für die gegenwärtige bei den neuen elektronischen Medien anstehenden Probleme der Bund-Länder-Kompetenztrennung besagt dieses Ergebnis (Art. 73 Nr. 7 GG ist nur bei der elektronischen Massenkommunikation auf den sendetechnischen Bereich beschränkt; bei der Individualkommunikation ergebe sich aus der

[877] *Braml*, S. 41 f.
[878] Staatsvertrag über den Bildschirmtext vom 18.3.1983, Bad.Württ.GBl. S. 700, BayGVBl S. 538.
[879] *Holznagel*, ZUM 1996, S. 16; ähnlich *Eberle*, ZUM 1995, S. 249.
[880] vgl. *Hoffmann-Riem*, RuF 1995, S. 125. Der Begriff „Multimedia“ ist von der Gesellschaft für deutsche Sprache zum Wort des Jahres 1995 gekürt worden.
[881] *Bullinger*, NJW 1984, S. 387.
[882] *Scherer*, NJW 1983, S. 1832 f.

Vorschrift eine Total-Kompetenz des Bundes, der Verf.) *allerdings nur theoretisch sehr viel, denn in der praktischen Anwendung dieser Kompetenzabgrenzung zwischen Individual- und Massenkommunikation zeigt sich sehr schnell, dass diese Trennungslinie nur scheinbar eine leichte Abgrenzung ermöglicht. Bei näherem Hinsehen wird schnell deutlich, dass im Einzelfall keineswegs klare Unterscheidungskriterien zur Hand sind – zumal wenn diese Kriterien für die Funktion als Kompetenzabgrenzungsmerkmal tauglich sein sollen.* "[883]

Bereits bei Einführung des Bildschirmtextes wurde diskutiert, ob es sich um Individualkommunikation, Massenkommunikation oder um eine Kommunikationsform „sui generis"[884] handelt und ob er dem Rundfunk oder der Presse zugeordnet werden könne[885]. Fragen, die auch für die – heutzutage – neuen Informations- und Kommunikationsdienste gestellt werden (dazu Teil 6 II.). Auch zu Beginn des Bildschirmtextes wurde erörtert, wie er verfassungsrechtlich einzuordnen sei, wer hierfür kompetenziell Regelungen erlassen dürfe[886], vor allem, wer den Jugendschutz als inhaltliche Komponente regeln darf[887]. Während bei Btx letztlich die Länder (allein !) die entsprechenden Regelungen erlassen haben, sind diese nunmehr mit dem Bund überein gekommen, die Kompetenzen für die „neuen Medien" aufzuteilen. Schon allein dies muss überraschen, denn die Kompetenznormen des Grundgesetzes erhielten in der Zwischenzeit keine derart geänderte Fassung, die eine gegenüber dem Bildschirmtext-Staatsvertrag andere Sichtweise hätte rechtfertigen können. Darüber hinaus wurde Btx auch als Instrument der Individualkommunikation angesehen[888], für deren Regelung nunmehr der Bund zuständig sein soll. Der Btx-Staatsvertrag ist auch nie Gegenstand eines verfassungsrechtlichen Organstreitverfahrens gewesen[889]. Auch

---

[883] *Ferger/Junker*, DÖV 1981, S. 443.

[884] *Tettinger*, JZ 1984, S. 406; kritisch dazu *Scherer*, NJW 1983, S. 1834; *Ory*, AfP 1990, S. 180; so jetzt *Pappi*, S. 70 ff., S. 145. Der Begründung zum Btx-Staatsvertrag ist zu entnehmen, dass Bildschirmtext ein neues Medium sei, das weder der „Presse" noch dem „Rundfunk" zugeordnet werden könne. Vgl. dazu *Gabriel-Bräutigam*, S. 22 und 37, dort Fn. 104; *Vieweg*, ZUM 1985, S. 420.

[885] *Bullinger*, NJW 1984, S. 388; *Scherer*, Der Staat, Bd. 22 (1983), S. 349; *Lachmann*, NJW 1994, S. 407; *Ory*, AfP 1996, S. 107; *Gabriel-Bräutigam*, S. 21, 36 ff; *Paptistella*, DÖV 1978, S. 750 ff.

[886] *Ferger/Junker*, DÖV 1981, S. 448 halten beispielsweise Vorgängervorschriften zum Btx-Staatvertrag aus kompetenzrechtlichen Gründen für verfassungswidrig (Zusammenfassung Punkt 4.); vgl. auch *Bullinger/Mestmäcker*, S. 156; *Bullinger*, NJW 1984, S. 386; *Scherer*, NJW 1983, S. 1832 f.; *ders.*, Der Staat, Bd. 22 (1983), S. 348 ff; *Vieweg*, ZUM 1985, S. 420.

[887] Vgl. *Ory*, AfP 1990, S. 178 ff.

[888] *Ricker/Schiwy*, Rundfunkverfassungsrecht, B Rn. 241; *Scherer*, AfP 1996, S. 217, *Ory*, AfP 1990, S. 179; *Herrmann*, Rundfunkrecht, § 2 Rn. 26; *Gabriel-Bräutigam*, S. 37; in diese Richtung *Degenhart*, in: Sachs, GG, Art. 73 Rn. 37.

[889] *Knothe*, AfP 1997, S. 495.

dies verwundert, wenn man sich die jetzige Aufteilung betrachtet, die das Ergebnis harter Verhandlungen zwischen Bund und Ländern darstellt.

Die Regelungen des Btx-Staatsvertrages wurden in der Literatur auch als geeignet angesehen als Vorlage für das Recht der neuen Informations- und Kommunikationsdienste herangezogen zu werden[890]. Es ist nur konsequent, wenn die Regelungen des Mediendienste-Staatsvertrages als Fortentwicklung des Btx-Staatsvertrages – begrenzt allerdings auf den Bereich der Massenkommunikation – gelten[891]. Neuerdings wird auch von Seiten des Bundesgesetzgebers eingeräumt, dass die Regulierung von Inhalten bei den elektronischen (Massen-) Medien überwiegend in den Kompetenzbereich der Länder falle[892].

II. Die bisherigen Lösungsansätze zur Abgrenzung und Kompetenzzuweisung

Die bislang vorherrschende Unsicherheit bzgl. der Gesetzgebungszuständigkeiten im Bereich der Kommunikation unter Zuhilfenahme elektronischer Technik führte zu verschiedenen Versuchen, eine gütliche Kompetenzaufteilung zwischen Bund und Ländern zu erreichen, da ein offen ausgetragener Streit zwischen Bund und Ländern den Zielen der Regelungen, u. a. eine inhaltlich „saubere" Kommunikation zu gewährleisten (Stichwort: Jugendschutz) und Sicherheit für Investoren zu schaffen, zuwider gelaufen wäre. Dabei wird verständlicherweise immer wieder der Versuch unternommen, neue Kommunikationsmöglichkeiten mit bereits bekannten zu vergleichen oder solche Begriffe zur Anwendung bringen zu können, mit denen im verfassungsrechtlichen Kontext schon gearbeitet wurde, um damit Rechtssicherheit zu er- bzw. behalten[893]. Im Folgenden werden die Versuche aufgezeigt, die neuen Kommunikationsformen anhand von bisher verwendeten Begriffen bzw. Begriffspaaren wie der Massen- und Individualkommunikation (unten 1.) sowie Rundfunk und Presse (unten 2.) kompetenzrechtlich in den Griff zu bekommen[894]. Darüber hinaus wird untersucht, welche Rolle das Kriterium der Meinungsrelevanz des Kommunikationsinhalts bei der Kompetenzabgrenzung spielen kann (unten 3.).

Die folgende Darstellung, die von einer Dreiteilung der Versuche ausgeht, neue Kommunikationsmöglichkeiten kompetenzrechtlich fassbar zu machen, darf

[890] *Kresse/Heinze*, AfP 1995, S. 578; ähnlich *Eberle*, in: Prinz/Peters, FS Engelschall, S. 155.
[891] *Knothe*, AfP 1997, S. 495; *Kröger/Moos*, AfP 1997, S. 677; *dies.*, ZUM 1997, S. 464; *Kuch*, ZUM 1997, S. 228; vgl. auch § 23 Abs. 3 MDStV.
[892] BT-Drs. 14/9013, S. 13.
[893] *Ory*, AfP 1996, S. 107; *Determann*, S. 220 f.
[894] Vgl. *Determann*, S. 222; vgl. auch *Trafkowski*, Medienkartellrecht, S. 211 ff.

nicht darüber hinwegtäuschen, dass die einzelnen Begriffe niemals losgelöst von den übrigen behandelt werden. Immer gibt es Verbindungen zwischen den Abgrenzungskriterien. So lehnt sich die Einteilung in Massenkommunikation und Individualkommunikation an die Zuständigkeiten beim Rundfunk als „sicheren Hafen" an. Aufgegriffen wird hier vor allem das Merkmal des Rundfunksbegriffs[895] der „Bestimmung für die Allgemeinheit". Die Arbeit mit dem Kriterium der Meinungsrelevanz basiert ebenfalls auf dem verfassungsrechtlichen Rundfunkbegriff. Die Meinungsrelevanz spielt beim Begriffsmerkmal der rundfunkmäßigen „Darbietung" eine Rolle. Seine Meinungsmacht entfaltet der Rundfunk wiederum als Vorgang der Massenkommunikation[896]. In diesem Zusammenhang spielt auch eine Rolle, dass die Kommunikation in den Massenmedien traditionell als wesentlich bedeutsamer für die öffentliche Meinungsbildung angesehen wird, als die Individualkommunikation[897].

Man trifft letztlich auf eine Gemengelage von verschiedenen Begriffen, die dem Versuch, eine übersichtliche Darstellung zu erreichen, abträglich wäre und auf deren Eingehen mit der Aufteilung deshalb vermieden werden soll. Schon hier kann festgehalten werden, dass im Rahmen der Diskussion der Begriff des Rundfunks, als das bisher verbreitetste und meistgenutzte elektronische Kommunikationsmedium, herausragende Bedeutung erlangt hat[898]. So lassen sich anhand der im Folgenden dargestellten Einteilungsversuche letztlich die Merkmale des verfassungsrechtlichen Rundfunkbegriffs wiedererkennen.

1. Die Einteilung in Massenkommunikation und Individualkommunikation

Trotz der zentralen Bedeutung des verfassungsrechtlichen Rundfunkbegriffs soll zuerst der Abgrenzungsversuch anhand der Begriffe Massenkommunikation und Individualkommunikation dargestellt werden, da u. a. mit ihnen der einverständliche Kompromiss zwischen Bund und Ländern beim Informations- und Kommunikationsdienste-Gesetz und beim Mediendienste-Staatsvertrag gerechtfertigt wurde[899]. Diese Einteilung geht von der Vorstellung aus, dass elektronische

---

[895] dazu unten Teil 6 II. 2.

[896] *Gounalakis*, Konvergenz der Medien, S. 54.

[897] *Determann*, S. 108 f.; *Trafkowski*, Medienkartellrecht, S. 212.

[898] *Ricker/Schiwy*, Rundfunkverfassungsrecht, B Rn. 237; *Schulze-Fielitz*, AfP 1998, S. 448, 452 f.; *Determann*, S. 222; *Funke*, in: Prinz/Peters, FS Engelschall, S. 144 f.; *Eberle*, in: Prinz/Peters, FS Engelschall, S. 155; *ders.*, ZUM 1995, S. 254; *Gersdorf*, Rundfunkbegriff, S. 14; *Trafkowski*, Medienkartellrecht, S. 212.

[899] Vgl. insbesondere: § 3 Abs. 2 Nr. 1 TDG („... im Bereich der Individualkommunikation ..."); § 2 Abs. 1 MDStV („... an die Allgemeinheit gerichteten ..."); *Grzeszick*, AöR 123 (1998), S. 188 f.; *Kuch*, ZUM 1997, S. 225 ff; *Hochstein*, NJW 1997, S. 2979; *Schuster*, in:

Massenkommunikation in den Gesetzgebungsbereich der Länder fällt und der Bund für Regelungen der Individualkommunikation zuständig ist[900]. Folgt man dieser Ansicht, wird man die derzeitige Rechtslage im Hinblick auf das Teledienstegesetz und den Mediendienste-Staatsvertrag als unproblematisch bzw. mehr noch als folgerichtig, weil verfassungsmäßig, ansehen. Allerdings sei hier auf den unterschiedlichen Ansatz der Gesetzeswerke hingewiesen, der letztlich auch auf einfachrechtlicher Ebene zu Abgrenzungsschwierigkeiten führt[901]. Während Teledienste durch ihre „individuelle Nutzung" definiert werden, richten sich Mediendienste an die „Allgemeinheit", d. h. die Dienste werden einmal von Seiten des Nutzers/Empfängers, einmal von Seiten des Sendenden aus betrachtet[902].

Worauf kann sich nun diese Ansicht stützen? Das Grundgesetz lässt in Art. 5 Abs. 1 durch allgemeine Verbürgungen in Satz 1 und die besondere Nennung von Massenmedien in Satz 2 zunächst selbst eine gewisse Abstufung zwischen Individualkommunikation und Massenkommunikation erkennen[903]. Somit ist die Nähe der elektronischen Massenkommunikationsmittel zum Medium „Rundfunk" – der klassischen „Säule" der freien individuellen und öffentlichen Meinungsbildung durch elektronische Medien – nicht von der Hand zu weisen[904]. Der Rundfunk ist selbst Massenmedium; regelungsbefugt für den Inhalt sind die Länder. Erkennbar wird bei der Einteilung der Gesetzgebungskompetenzen auf das Kriterium der „Bestimmung für die Allgemeinheit" des Rundfunkbegriffs abgestellt[905]. Eine Nähe zum Rundfunk bietet weiter die Verortung sämtlicher neuer Massenmedien hinsichtlich ihres grundrechtlichen Schutzes, der ihnen durch Art. 5 Abs. 1 Satz 2 GG gewährt wird (vgl. Teil 4 II.). Sieht man sich die in Art. 5 Abs. 1 Satz 2 GG genannten Massenmedien an, setzt die neuen Medien hinzu und schlägt gedanklich eine Brücke zu den Kompetenznormen des Grundgesetzes, wird man erkennen, dass dem Bund lediglich für die Presse eine (Rahmen-) Gesetzgebungskompetenz zugestanden wird. Diese kann als „Außen-

---

Beck'scher TKG-Kommentar, § 3 Rn. 21 a; *Braml*, S. 178; *Klöck*, CR 1999, S. 458; *Kloepfer*, Informationsrecht, § 13 Rn. 4; *Knothe*, AfP 1997, S. 495; *Kröger/Moos*, AfP 1997, S. 676.

900 *Bullinger/Mestmäcker*, S. 144; *Gersdorf*, Rundfunkbegriff, S. 85 und 103; *Forger/Junker*, DÖV 1981, S. 439; *Kröger/Moos*, AfP 1997, S. 680; *Gounalakis*, Konvergenz der Medien, S. 53; *ders.* zitiert in Wallraf, AfP 1996, S. 262; *Grzeszick*, AöR 123 (1998), S. 189; *Degenhart*, in: Sachs, GG, Art. 73 Rn. 37; *Koenig*, MMR 1998, Beilage zu Heft 12, S. 3; *Schulz/Jürgens*, S. 28.

901 *Schulz*, Reformbedarf beim Telekommunikationsgesetz, S. 8.

902 *Roßnagel*, in: ders., Recht der Multimediadienste, Teil 1, Einf Rn. 44.

903 *Tettinger*, JZ 1984, S. 405; *Jarass*, AfP 1998, S. 134; *Gersdorf*, Rundfunkbegriff, S. 86; *ders.*, in: Prinz/Peters, FS Engelschall, S. 173; *Schulze-Fielitz*, AfP 1998, S. 452; *Daufeldt*, S. 33. Dazu bereits oben Teil 4 III 1 h.

904 Ähnlich *Flechsig*, CR 1999, S. 332.

905 *Klöck*, CR 1999, S. 459.

seiter" vernachlässigt werden, da allein bei ihr der Rezipient die Information auf einem dauerhaften Informationsträger (Papier, CD-ROM, Videoband) erhält, wohingegen bei den übrigen Medien die Informationen nur auf der Leinwand (Film) oder dem Bildschirm (Fernsehen, Internet) sichtbar und im Übrigen akustisch wahrnehmbar gemacht werden. Es spricht daher aufgrund dieser einfachen Überlegungen einiges dafür, die neuen Massenkommunikationsmittel dem Regelungsbereich der Länder zuzuschlagen. Insoweit ergibt sich ein stimmiges, wenn auch schlichtes Bild.

Hinsichtlich der Individualkommunikation gibt es nun keine Aufzählung wie bei Art. 5 Abs. 1 Satz 2 GG. Ein gedanklicher Brückenschlag zu den Kompetenznormen des Grundgesetzes bietet keine Erhellung. Für die Individualkommunikation gibt es nicht wie bei den Massenmedien mit der Presse einen Anknüpfungspunkt in den Kompetenznormen, insbesondere wenn man mit dem oben gefundenen Ergebnis die Kompetenz aus Art. 73 Nr. 7 GG auf den technischen Bereich der elektronischen Kommunikation beschränkt und Art. 74 Abs. 1 Nr. 11 GG (Recht der Wirtschaft) als grundsätzlich unbeachtlich für den Kommunikationsinhalt außer Betracht lässt. Es bleibt damit nur ein Umkehrschluss zu dem oben gefundenen Ergebnis, dass Massenkommunikation in den Regelungsbereich der Länder fällt. Damit kann Individualkommunikation dem Regelungsbereich des Bundes zugeschlagen werden. Ob allerdings ein Umkehrschluss zulässig ist, erscheint zweifelhaft, denn dies würde bedeuten, dass man von einem festen Kompetenzrahmen für die Länder ausgeht und alles Übrige dem Bund zuschlägt. Dies widerspricht der Grundstruktur des Art. 70 Abs. 1 GG.

Die Literatur arbeitet daher teilweise auch nicht mit einem Umkehrschluss zur Regelungskompetenz bei der Massenkommunikation, sondern lehnt sich bei der Zuordnung der Individualkommunikation zum Regelungsbereich des Bundes an die – oben abgelehnte – Ansicht an, dass dem Bund aus Art. 73 Nr. 7 GG eine Kompetenz für die elektronische Individualkommunikation zustehe[906]. Weiter greift diese Ansicht auf das Kriterium der Meinungsrelevanz zurück[907]. *Bullinger* nennt die neuen Medien „Forumsmedien", wenn sie nicht der Meinungsbildung dienen[908]. Sie unterfallen dann nicht der Hauptkompetenz der Länder für den Rundfunk, da sie nicht wie dieser einen „Faktor" der öffentlichen Meinungsbildung darstellen. Dies gelte insbesondere für die Individualkommunika-

---

906 *Tettinger*, JZ 1984, S. 407; *Bullinger/Mestmäcker*, S. 145 f.; *Bullinger* zitiert in *Wallraf*, AfP 1996, S. 261; *Ricker/Schiwy*, Rundfunkverfassungsrecht, B Rn. 238; *Pappi*, S. 22; *Ferger/Junker*, DÖV 1981; S. 439; *Degenhart*, in: Sachs, GG, Art. 73 Rn. 37; *Gounalakis*, ZUM 2003, S. 183.Vgl. oben Teil 5 I 1.
907 *Gounalakis*, ZUM 2003, S. 183.
908 *Bullinger*, ZUM 1996, S. 756; *Bullinger/Mestmäcker*, S. 151.

tion[909]. Auch wird die Individualkommunikation in Bezug zur Gesetzgebungskompetenz des Bundes für die Wirtschaft (Art. 74 Abs. 1 Nr. 11 GG) gebracht[910], was durchaus für Telebanking seine Richtigkeit haben mag, aber schon bei E-Mail nicht schlüssig begründet werden kann.

Darüber hinaus wird durch den angeblichen „Expansionsdrang" des Rundfunkbegriffs auch die individuelle Äußerungsfreiheit nach Art. 5 Abs. 1 Satz 1 GG in ihrer Teilausprägung einer Freiheit der Individualkommunikation als gefährdet angesehen. Die Eingliederung sämtlicher elektronischer Kommunikation, die nicht zweifelsfrei individuell geprägt ist, in den Rundfunkbegriff als Massenkommunikationsmittel, verweigere der Individualkommunikation die Teilhabe an der technischen Entwicklung, die auch ihr zustehen müsse und nicht nur dem Rundfunk vorbehalten sein könne[911]. Zum Schutz der Individualkommunikation wird daher versucht, neue Dienste aus dem Rundfunkbegriff herauszufiltern, um die Individualkommunikation zum einen nicht von der technischen Entwicklung abzuschneiden und die neuen Dienste zum anderen nicht dem strengen Regime der Rundfunkregulierung zu unterwerfen. *Gabriel-Bräutigam* greift in diesem Zusammenhang die frühere Argumentation *Bullingers* auf, der die Unterscheidung in Massenkommunikation und Individualkommunikation als bedeutsam ansieht, um die erforderlichen unterschiedlichen Wege zur Durchsetzung der Freiheitsgewährleistungen der Art. 5 Abs. 1 Sätze 1 und 2 GG zu ermöglichen. Während im Bereich der Individualkommunikation der Inhalt den Kommunikationspartnern völlig freigestellt sei – abgesehen von den allgemeinen Gesetzen – wurde und wird der durch das Massenkommunikationsmittel Rundfunk übertragene Inhalt insoweit reglementiert, als eine Ausgewogenheit der Inhalte gefordert wird[912]. Gleichzeitig soll mit der Abgrenzung der Individualkommunikation eine Zuständigkeit des Bundes für entsprechende Regelungen einhergehen[913]. Diese Ansicht übersieht aber, dass Art. 5 Abs. 1 GG selbst keine Kompetenznorm darstellt[914] und sich die Zuordnung der Individualkommunikation zum Regelungsbereich des Bundes somit auf irgendeine Weise auf Kompetenznormen des Grundgesetzes stützen lassen muss.

Angemerkt sei noch, dass die Einteilung in Massenkommunikation und Individualkommunikation nicht nur für die Gesetzgebungskompetenzen bedeutsam sein soll, sondern dass auch die Frage, wann Ausgestaltungsgesetze zulässig

[909] *Bullinger*, ZUM 1996, S. 756; *ders.*, JZ 1996, S. 391.
[910] Gounalakis, *Konvergenz der Medien*, S. 53; *Schulze-Fielitz*, AfP 1998, S. 452.
[911] *Bullinger*, JZ 1996, S. 387; *ders.*, AfP 1996, S. 4.
[912] *Gabriel-Bräutigam*, S. 38 mit Hinweis auf *Bullinger*; ähnlich *Scherer*, AfP 1996, S. 217.
[913] *Bullinger*, JZ 1996, S. 391; *Gounalakis*, Konvergenz der Medien, S. 53; *Scherer*, AfP 1996, S. 217.
[914] Vgl. BVerfGE 12, 205 (242).

sind, anhand dieser Unterscheidung zu treffen ist[915]. Im Folgenden wird die Tauglichkeit der beiden Begriffe als Abgrenzungskriterien untersucht.

a) Die Begriffe Massenkommunikation und Individualkommunikation im Grundgesetz

Zwar lassen sich Art. 5 Abs. 1 Sätze 1 und 2 GG sowie Art. 10 Abs. 1 GG Bezüge zu den Begriffen Massenkommunikation und Individualkommunikation entnehmen[916], jedoch finden sich die Begriffe selbst nicht in der Verfassung. *Gersdorf* kritisiert diesen Ansatz wegen eines erheblichen Verlustes an Rechtssicherheit, da mit Begriffen gearbeitet werde, die sich nicht unmittelbar aus dem Grundgesetz ableiten lassen[917]. Die Kategorien der Individual- und Massenkommunikation ließen sich in inhaltlicher und struktureller Hinsicht praktisch beliebig interpretieren und durch Zwischenformen ergänzen (dazu unten). Der relativen Unschärfe der Begriffe korrespondiere eine Unsicherheit bei der Einordnung der neuen Telekommunikationsdienste in das Verfassungsgefüge der Gewährleistung des Art. 5 Abs. 1 GG[918]. Für die Frage, ob die beiden Begriffe im Rahmen der Kompetenznormen Bedeutung erlangen können, hängt es maßgeblich davon ab, wie trennscharf eine Abgrenzung dieser Begriffe möglich ist.

b) Der Begriff Massenkommunikation und die Abgrenzung zur Individualkommunikation

Damit die Einteilung in Massenkommunikation und Individualkommunikation in Bezug auf die Kompetenznormen zu praktikablen Ergebnissen führen kann, muss letztlich die eindeutige Zuordnung aller elektronischen Kommunikation zu diesen beiden Kommunikationsformen gewährleistet sein[919]. Es soll daher untersucht werden, inwiefern die Definitionen der Ausgangsbegriffe, insbesondere des Begriffs Massenkommunikation eindeutige Zuordnungen zulassen.

Eine Äußerung kann an einen Einzelnen gerichtet sein, an einen bestimmten oder auch an einen beliebigen Personenkreis. Der erstgenannte Sachverhalt wird allgemein als Individualkommunikation, der letztgenannte als Massenkommuni-

---

[915] *Schulz*, ZUM 1996, S. 487 ff; vgl. oben Teil 4 IV 1.
[916] *Gersdorf*, in: Prinz/Peters, FS Engelschall, S. 173; *Schulz*, ZUM 1996, S. 487 f.; *Gabriel-Bräutigam*, S. 19; *Tettinger*, JZ 1984, S. 405.
[917] *Gersdorf*, Rundfunkbegriff, S. 86 f.
[918] *Gersdorf*, Rundfunkbegriff, S. 86.
[919] *Gersdorf*, Rundfunkbegriff, S. 86

kation bezeichnet[920]. Die Einordnung des zweitgenannten Sachverhaltstypus wird u. a. davon abhängig gemacht, ob der Äußernde die Adressaten individualisiert hat oder nicht[921]. Massenkommunikation wird nach der Definition von *Maletzke* als jene Form der Kommunikation angesehen, bei der Aussagen öffentlich (d. h. ohne begrenzte und personell definierte Empfängerschaft) durch technische Verbreitungsmittel (Medien) indirekt (also bei räumlicher, zeitlicher oder raum-zeitlicher Distanz zwischen den Kommunikationspartnern) und einseitig (d. h. ohne Rollenwechsel zwischen Aussagendem und Aufnehmendem) an ein disperses Publikum (also des persönlichen Kontakts entbehrend) vermittelt werden[922]. Für die elektronische Kommunikation werden dabei zwei Merkmale als bedeutsam angesehen: die Möglichkeit des Rollenwechsels und die Öffentlichkeit der Kommunikation[923]. Von Individualkommunikation könne in Abgrenzung zur Massenkommunikation nur dann gesprochen werden, wenn ein doppelter Rollenwechsel möglich sei, bei dem der (Erst-)Empfänger dem (Erst-) Sendenden antworten und dieser wieder an den (Erst-)Empfänger rückantworten kann[924]. Die Definition der Massenkommunikation aus dem Jahre 1963 stößt in diesem Punkt zunehmend auf Kritik, da selbst das klassische elektronische Massenkommunikationsmittel Rundfunk sich anschickt „interaktiv" zu werden und damit eine zweiseitige Kommunikation entsteht (Rollentausch)[925]. Auf der anderen Seite ist ein Rollentausch bei der Individualkommunikation nicht zwingend, denn nicht jeder Kommunikationspartner muss von sich aus Informationen senden; es reicht, wenn diese von einem der Partner ausgehen und der andere nur „empfängt". Eine solche einseitige Individualkommunikation kann etwa bei der Bestellung in einem „elektronischen Kaufhaus" per Mausklick vorliegen, wenn man den Bestellvorgang richtigerweise getrennt vom „elektronischen Warenhauskatalog" betrachtet (dazu unten).

Als zweites maßgebliches Kriterium für die Abgrenzung von Massenkommunikation und Individualkommunikation wird der Öffentlichkeitsbezug der Kommunikation gesehen[926]. Um von Individualkommunikation sprechen zu können, muss es dem Kommunikator möglich sein bei seiner Äußerung auf die individuellen Persönlichkeiten der Angesprochenen einzugehen[927]. Im Gegensatz hierzu reicht es bei der Massenkommunikation aus, dass der Inhalt an Dritte gerichtet

---

[920] *Degenhart*, in: Sachs, GG, Art. 73 Nr. 33.
[921] Vgl. *Determann*, S. 108.
[922] *Maletzke* (Hrsg.), Psychologie der Massenkommunikation, S. 28 ff.
[923] *Schulz*, ZUM 1996, S. 489; *Gabriel-Bräutigam*, S. 36; *Braml*, S. 50 f.
[924] *Schulz*, ZUM 1996, S. 489; *Kuch*, ZUM 1997, S. 226.
[925] *Klöck*, CR 1999, S. 458; BT-Drs. 14/8649, S. 4; vgl. auch *Braml*. S. 57.
[926] *Gersdorf*, in: Prinz/Peters, FS Engelschall, S. 173; *Schulz*, ZUM 1996, S. 489; *Gabriel-Bräutigam*, S. 36; ähnlich *Gounalakis*, ZUM 2003, S. 184.
[927] *Schulz*, ZUM 1996, S. 490.

ist, zu denen der Sendende keinen persönlichen Kontakt, weder im Zeitpunkt des Aussendens noch vorab, unterhält oder unterhalten hat.

Bei den neuen Kommunikationsdiensten, die vor allem über das Internet Verbreitung finden, handelt es sich im Wesentlichen um Angebote, die einer breiten Masse zugänglich sind. Dem Sendenden ist es dabei in der Regel nicht wichtig, wer sein Angebot nutzt. Auch die Registrierung vor der Nutzung dient in der Regel nicht dazu, dass der Sendende auf die individuelle Persönlichkeit des Nutzers eingeht, denn der übertragene Inhalt ist vorgefertigt und wird nicht an die Bedürfnisse des Einzelnen angepasst. Die Registrierung dient vielfach nur der Statistik und der besseren Vermarktbarkeit des Angebots oder aber dem Aufbau einer Nutzerdatenbank. Telefon(ansage)dienste und Faxabrufdienste sind ebenfalls für jedermann abrufbar und richten sich damit an die Öffentlichkeit.

Auffällig ist, dass sich das Teledienstegesetz und der Mediendienste-Staatsvertrag nicht gleichermaßen an den genannten Kriterien orientieren, sondern den Öffentlichkeitsbezug der Kommunikation an einer individuellen Nutzung (so Teledienstegesetz) bzw. am Angebot an die Allgemeinheit (so Mediendienste-Staatsvertrag) messen. Offensichtlich ist, dass die Gesetze hier die Frage nach dem Öffentlichkeitsbezug und damit nach dem Vorliegen von Massenkommunikation von unterschiedlichen Standpunkten aus beantworten möchten. Erkennbar ist dabei auch, dass sich der Mediendienste-Staatsvertrag mit der Formulierung „Angebot an die Allgemeinheit" näher an den Begriff des Öffentlichkeitsbezugs anlehnt.

Als Zwischenergebnis kann festgehalten werden, dass eine Einteilung der neuen elektronischen Kommunikationsarten in Massenkommunikation und Individualkommunikation anhand der bisherigen Definitionen schwierig ist, dass dies aber daran liegen kann, dass die Kriterien nicht sauber angewendet werden. Es ist damit zu untersuchen, ob die neuen Übertragungstechniken zu einer Grauzonen geführt haben, die mit den beiden Begriffen nicht fassbar ist.

c) Die Verwischung der Grenzen zwischen Massenkommunikation und Individualkommunikation durch die technischen Neuerungen

Früher ließen sich die weitgehend verteilenden Massenmedien Presse und Rundfunk von der Individualkommunikation während persönlicher Begegnungen oder per Telefon mit der oben gefundenen Definition von Massenkommunikation abgrenzen. Heute gehen Kommunikationsformen nahtlos ineinander über: Telefonauskünfte auf Abruf wie die altbekannte Zeitansage wurden diversifiziert.

Abhörbar sind nunmehr Wetter-, Kino-, und Theaterspielpläne.[928] Einen ebenfalls vielfältigen Service bieten Fax-Abrufdienste an. Vom Reisewetter bis zu Aktienanalysen lassen sich hier die unterschiedlichsten Informationen abrufen. Schwer einzuordnen sind darüber hinaus Zuschauerbeteiligungen im Fernsehen, wenn der Telefonanrufer (Individualkommunikation) mit dem Moderator spricht und die Fernsehöffentlichkeit zuhört (Massenkommunikation). Die herkömmliche Unterscheidung von Individual- und Massenkommunikation scheint nach Stellungnahmen in der Literatur bei den modernen Informations- und Kommunikationstechnologien mit der wachsenden Zahl der Anwendungen fließenden Übergängen gewichen[929]. So sei für die Kommunikation über das Internet eine einheitliche Aufteilung bereits heute nicht mehr möglich: Inhaltlich werden sowohl reine Textmitteilungen als auch bewegte Bilder mit Ton übermittelt, und dies geschehe sowohl in Form der Individualkommunikation als auch der Massenkommunikation[930]. Eine Abgrenzung etwa danach, ob ein doppelter Rollenwechsel zwischen Kommunikator und Rezipient stattfindet, erscheine beliebig und wenig aussagekräftig[931]. Ebenso wenig könne in Zeiten des Übergangs zu Universalnetzen noch sinnvoll danach unterschieden werden, ob baum- oder sternförmige Verteil- bzw. Abrufstrukturen bestehen[932]. Schließlich könnten auch neue Einteilungsversuche die Mischformen des Internet nicht erfassen. So gehe die Differenzierung nach „massenkommunikativen" Verteil- bzw. Zugriffsdiensten einerseits und „individualkommunikativen" Abruf- und Vermittlungsdiensten andererseits an den technischen Realitäten vorbei. Einen Abrufdienst stelle beispielsweise jede Homepage im World Wide Web (WWW) dar. Sie könne von jedermann, auch von vielen Benutzern gleichzeitig, abgerufen werden, wenn die Serverkapazität ausreicht. Wenn Dritte auf einer Homepage Nachrichten hinterlassen und hierauf automatisch eine Antwort erhalten, finde ein doppelter Rollenwechsel zwischen Kommunikator und Rezipient statt, was nach der bisherigen Betrachtung für eine Individualkommunikation sprechen würde. Ein per elektronischer Adressenliste (Mailing-List) automatisch versandter Kommunikationsinhalt wäre hingegen ein Verteildienst, was die Annahme von Massenkommunikation rechtfertigen würde. Es sei jedoch nicht ein-

[928] *Hochstein*, NJW 1997, S. 2978.

[929] So BT-Drs. 13/4800, S. 3; *Degenhart*, ZUM 1998, S. 333; vgl. die Darstellungen zu Online-Diensten bei *Rath-Glawatz*, AfP 1998, S. 263 und *Eberle*, in: Dittmann/Fechner/Sander, Symposion Oppermann, S. 151; *Schuster*, in: Beck'scher TKG-Kommentar, § 3 Rn. 21a; *Spindler*, in: Roßnagel, Recht der Multimediadienste, § 2 Rn. 19; *Klöck*, CR 1999, S. 458; *Kloepfer*, Informationsrecht, § 1 Rn. 15 u. 62; *Schulze-Fielitz*, AfP 1998, S. 448; *Schoch*, AfP 1998, S. 255.

[930] *Grzeszick*, AöR 123 (1998), S. 188; vgl. die Darstellung in: *Groebel/Konert*, Fernsehen und Internet: Neue Risiken, neue Regulierungsfragen, LfR-Dokumentation Band 21, Düsseldorf S. 2002, S. 8; ähnlich *Trafkowski*, Medienkartellrecht, S. 227.

[931] So aber *Kuch*, ZUM 1997, S. 226; *Schulz*, ZUM 1997, S. 489.

[932] *Determann*, S. 109.

zusehen, warum die Homepage nur aufgrund ihrer technischen Konzeption als Abrufdienst Individualkommunikation darstellen und damit für die öffentliche Meinungsbildung als weniger relevant gelten soll, während die Mailing-List, deren Produkte von den Empfängern vielleicht sowieso gleich gelöscht werden, als Massenkommunikationsmittel besonders relevant für die Meinungsbildung anzusehen sein soll. Unterscheiden ließe sich formal, ob einzelne Äußerungen an die Allgemeinheit oder nur an ausgewählte Empfänger gerichtet werden. Allgemein zugängliche Abrufdienste und adressenlose Verteilkampagnen wären danach als Massenkommunikation anzusehen. Dabei wird jedoch bereits die Einschränkung gemacht, individuell adressierte Werbebriefe müssten auch dann als Individualkommunikation angesehen werden, wenn ihr Inhalt nicht weiter individualisiert ist. Derartige Unterscheidungen seien aber wenig aussagekräftig und kaum praktikabel, da sich bei der elektronischen Kommunikation die individualisierte Adressierung, z. B. von Werbesendungen, ohne weiteres automatisch vornehmen lasse[933]. Ohne dass eine bewusste menschliche Entscheidung getroffen wurde, würden Zielgruppen und ihre E-Mail-Adressen automatisch ermittelt und die Sendungen entsprechend dirigiert. Ein Eingehen auf die individuelle Persönlichkeit des Angesprochenen müsste daher verneint werden. Die Grenzen zwischen Massenkommunikation und Individualkommunikation würden auch bei Angeboten auf Abruf, die nicht der Allgemeinheit, sondern durch Verschlüsselung nur den Mitgliedern einer geschlossenen Benutzergruppe zugänglich gemacht werden, verschwimmen. Zum Teil handele es sich tatsächlich um nichtöffentliche Kommunikation, z. B. Nachrichtenaustausch unter Mitgliedern eines Unternehmens, eines Vereins oder einer politischen Partei. Zum Teil handele es sich aber nur um Abrechungsmodalitäten oder eine Maßnahme, um bestimmte Interessenten ablehnen zu können. Die Differenzierung zwischen Massenkommunikation und Individualkommunikation habe nach alledem insbesondere im Internet ausgedient[934]. Ein weiteres Indiz hierfür sei die Konvergenz der Medien. Die bisher nach Medien getrennten Kommunikationsbereiche gehen aufgrund der Verwendung der digitalisierten Datenübertragungstechnik ineinander über[935]. Für das technische Übertragungsmedium (z. B. Glasfaserkabel) spiele es keine Rolle, ob die übertragenen Daten am Endgerät einen Film, eine Homepage, ein Musikstück oder einen Gesprächsteil produzieren[936].

Die damit geltend gemachten Bedenken gegen die Verwendung der Begriffe Massenkommunikation und Individualkommunikation sind nachvollziehbar. Eine Verwischung der Grenzen zwischen Individualkommunikation und Massenkommunikation erfolgt darüber hinaus vollends, wenn man, so wie dies der-

---

[933] Vgl. *Determann*, Kapitel 1, Teil 1, B. III.
[934] *Depenheuer*, AfP 1997, S. 670.
[935] *Scholz*, Teilnehmerentgelt, S. 16
[936] *Gounalakis*, Konvergenz der Medien, S. 63 f.

zeit weitgehend geschieht, unterschiedliche Ansatzpunkte für die Abgrenzung auswählt[937]. Sieht man sich das Teledienstegesetz und den Mediendienste-Staatsvertrag an, so lässt sich bereits an der Wortwahl einzelner Vorschriften erkennen, dass hier zwei unterschiedliche Ansatzpunkte gewählt wurden, was letztlich zu weiteren Abgrenzungsschwierigkeiten führt. Das Teledienstegesetz geht an die „neuen Medien" aus der Sicht des Nutzers heran (... „individuelle Nutzung" ...)[938], wohingegen der Mediendienste-Staatsvertrag die dort geregelten Mediendienste aus der Sicht des Anbieters definiert (... „an die Allgemeinheit gerichteten" ...)[939]. Soll der Kreis der Adressaten/Nutzer als Abgrenzungskriterium erhalten bleiben, ist zuerst einmal eine eindeutige Sichtweise zu definieren. Stellt man auf den Nutzer ab, so wird man bei der überwiegenden Zahl der Angebote elektronischer Kommunikation auf eine individuelle Nutzung stoßen und geneigt sein, den Dienst der Individualkommunikation zuzuschreiben. Sieht man sich die gleichen Angebote aus der Sicht des Sendenden an, lässt sich i. d. R. dessen Intention erkennen, das Angebot an möglichst viele Nutzer zu übermitteln, da hiervon sein wirtschaftlicher Erfolg abhängt. Aus der Sicht des Sendenden rücken sich solche Dienste daher in die Nähe der Massenkommunikation[940]. Letztlich wird ein und derselbe Vorgang von zwei Seiten betrachtet. Fraglich ist damit, von welcher Seite er betrachtet werden muss, um zu Ergebnissen zu gelangen, die eine Einbeziehung der Begriffe in die verfassungsrechtliche Auslegung rechtfertigen können. Richtigerweise wird auf den Sendenden abgestellt[941], da es sonst keine Massenmedien gäbe. Auch die Tageszeitung und die Nachrichtensendungen im Rundfunk werden individuell genutzt[942]. Bei beiden liegt unstreitig Massenkommunikation vor. Auch beim Rundfunk wird das Merkmal „an die Allgemeinheit gerichtet" aus der Sicht des Sendenden bestimmt. Es ist immer auf die Konzeption des Dienstes abzustellen, die nur aus der Sicht des Diensteanbieters richtig verstanden werden kann[943]. Der Nutzer des Dienstes erscheint in den Überlegungen insoweit, als gefragt werden muss, ob sich der Kommunikationsinhalt allein an einen Einzelnen richtet, oder ob darüber hinaus noch die Nutzung durch andere vorgesehen ist. Von Seiten des Kommunikators kommend lassen sich letztlich eindeutige Aussagen für die Zuordnung eines Dienstes oder einer Kommunikationsart treffen. Bietet der Kommunikator seinen Kommunikationsinhalt in einer Form an, die die Nutzung

[937] Vgl. *Knothe*, AfP 1997, S. 495 f; *Braml*, S. 178; *Kröger/Moos*, AfP 1997, S. 676 u. 680; *Gounalakis*, Konvergenz der Medien, S. 53 f.; *Heyl*, ZUM 1998, S. 117 f.; *Pappi*, S. 21.
[938] Vgl. § 2 Abs. 1 TDG.
[939] Vgl. § 2 Abs. 1 Satz 1 MDStV.
[940] *Klöck*, CR 1999, S. 458.
[941] Siehe bereits oben bei der Begriffsdefinition „Massenkommunikation"; i. E. ebenso *Gersdorf*, in: Prinz/Peters, FS Engelschall, S. 173; *Jarass*, Online-Dienste und Funktionsbereich des Zweiten Deutschen Fernsehens, S. 11.
[942] Vgl. *Pappi*, S. 21.
[943] *VG Saarbrücken*, ZUM 1995, S. 645.

durch eine Vielzahl von Personen ermöglicht, so liegt ein Öffentlichkeitsbezug vor. Schickt er seine Kommunikationsinhalte nur an einen abgegrenzten Personenkreis, so fehlt es an einem Öffentlichkeitsbezug der Kommunikation. Fraglich bleibt aber, welche Anforderungen an die Individualisierung des beteiligten Personenkreises im Einzelnen zu stellen sind, wenn dies die Zuordnung zur Massenkommunikation ausschließen soll[944]. Entscheidend kann dabei nicht sein, ob der Kommunikator seine Inhalte aus wirtschaftlichen Gründen nur bestimmten (zahlenden) Rezipienten zukommen lassen will (z. B. Pay-TV), sondern ob er den Inhalt grundsätzlich an alle aussenden will. Als einzig handhabbares Unterscheidungsmerkmal zwischen Individualkommunikation und Massenkommunikation bei Pay-Angeboten wird daher die Vertriebsform der Kommunikation angesehen, also auch hier die Sicht des Sendenden in den Mittelpunkt gestellt[945]. Ausgangspunkt bei der Frage nach dem Öffentlichkeitsbezug ist demnach der Wille des Äußernden, da der Rezipient immer eine individuelle Nutzung der Kommunikation bezweckt [946]. Eine Ansicht, die bei den neuen Kommunikationsmöglichkeiten darauf abstellt wie individuell ein Dienst *genutzt* werden kann[947], führt daher nicht zu eindeutigen Aussagen[948]. Auch der Fernsehzuschauer nutzt das Fernsehen individuell: Er entscheidet was er sehen will und wann er fernsehen will[949]. Dass das Programm dabei vorgegeben wird, scheint eine Abgrenzung nicht zu rechtfertigen. Der Inhalt aller übrigen neuen Dienste wird in der einen oder anderen Weise ebenfalls durch den Sendenden vorgegeben[950]. Infolgedessen ist das Kriterium der Massenkommunikation bei allen neuen Diensten erfüllt, wenn der Kommunikationsinhalt nicht auf bestimmte und bekannte Nutzer zugeschnitten ist, da eine unbestimmte Vielzahl von Empfängern auf einheitliche Informationen zurückgreifen können. Zwar kann der Nutzer den Zeitpunkt und die Reihenfolge individuell bestimmen, auf den Inhalt hat er keinen Einfluss, da er nur unter bereits vorgefertigten Elementen auswählen kann[951]. Selbst bei einfachen Datenübermittlungen (Wetter, Börse) liegt ein redaktioneller Akt vor, da vor der Übertragung entschieden werden muss, welche Daten Verbreitung finden sollen. Insbesondere auf die Frage, wann etwas gesendet wird, kann es nicht entscheidend ankommen, sondern auf den gleichför-

[944] *Hoffmann-Riem*, AfP 1996, S. 10.

[945] *Kröger/Moos*, AfP 1997, S. 680; a. A. *Braml*, S. 51: danach könne Kommunikation nur öffentlich sein, wenn der Empfänger tatsächlich freien Zugang zu einem Medium habe. Dies sei aber aus Sicht des Empfängers zu bestimmen.

[946] I. E. ebenso *Ferger/Junker*, DÖV 1981, S. 444; a. A. *Braml*, S. 51.

[947] Vgl. etwa *Degenhart*, ZUM 1998, S. 343.

[948] *Kröger/Moos*, AfP 1997, S. 680; *Trafkowski*, Medienkartellrecht, S. 212.

[949] Vgl. BVerfGE 74, 297 (352), *Gounalakis*, Konvergenz der Medien, S. 29.

[950] *Gersdorf*, Rundfunkbegriff, S. 26 u. 142; *ders.*, in: Prinz/Peters, FS Engelschall, S. 173; *Kuch*, ZUM 1997, S. 227; *Schulz*, ZUM 1996, S. 492, *Pieper/Wiechmann*, ZUM 1995, S. 89; a. A. *Funke*, in: Prinz/Peters, FS Engelschall, S. 146.

[951] *Pieper/Wiechmann*, ZUM 1995, S. 89; *Gersdorf*, in: Prinz/Peters, FS Engelschall, S. 173.

migen Inhalt der Kommunikation. Auch im Rahmen der Auslegung des Rundfunkbegriffs hat sich die Meinung durchgesetzt, dass die Gleichzeitigkeit des Empfangs kein ausschlaggebendes Kriterium sein kann[952]. Diese Ansicht wirkt sich auch auf die neuen elektronischen Informations- und Kommunikationsdienste aus, weil der Rundfunk als „Urvater" der elektronischen Massenkommunikation angesehen werden kann[953].

Der mit dieser Sichtweise verbundene Begriff von Öffentlichkeit erfasse nach einer Ansicht in der Literatur mehr Kommunikationsarten und grenzt damit die Individualkommunikation schärfer ein, als der der Adressierung an die Allgemeinheit im Rahmen des Rundfunkbegriffs[954]. Letztlich wird alles zur Massenkommunikation gerechnet, was nicht eindeutig Individualkommunikation ist, weil sich etwa die Kommunikationspartner kennen oder aber persönlich gegenüber stehen[955]. Dies hat wegen der damit verbundenen kompetenzrechtlichen und ausgestaltungsrechtlichen Konsequenzen zu Bestrebungen geführt, die Begriffe Massenkommunikation und Individualkommunikation aufzuweichen. So wird der Begriff der Massenkommunikation in neuerer Zeit durch andere Begriffe abgelöst, mit deren Hilfe die Einteilungs- und Zuteilungsarbeit versucht wird. So wird u. a. für Teleshopping, aber auch für Rundfunk, der Begriff der „überindividuellen Kommunikation" verwendet[956]. Hier scheint das Bestreben zu sein, den Fokus bei den neuen Formen der elektronischen Kommunikation auf der Individualkommunikation zu belassen oder ihn dorthin zu richten, um auf diese Weise die Kompetenzen des Bundes in den Vordergrund zu rücken. So wird auch die Sicht der Bundesregierung deutlich von dem Bestreben geprägt den Begriff der Massenkommunikation in diesem Bereich zurückzudrängen. Danach handele es sich bei den neuen Formen der elektronischen Kommunikation um Individualkommunikation und erweiterte Formen der Individualkommunikation, wobei vielfältige Übergangsformen zwischen Individualkommunikation und Massenkommunikation festzustellen seien. Ein massenkommunikativer Charakter im herkömmlichen Sinn ließe sich den Eigenschaften der neuen Dienste grundsätzlich nicht entnehmen. Denkbar sei aber, dass Formen der Massenkommunikation (z.B. Rundfunk) individuell über die neuen Informations- und Kommunikationsdienste zur Verfügung stehen[957]. So sei elektronischer Versandhandel und Telebanking der Individualkommunikation zuzurechnen, da

---

[952] BVerfGE 74, 297 (352); *Gersdorf*, in: Dittmann/Fechner/Sander, Symposion Oppermann, S. 157. Dazu unten beim Rundfunkbegriff.

[953] Vgl. *Stettner*, Rundfunkstruktur, S. 14, der den Begriff „Rundfunk" mit der „elektronischen Massenkommunikation" gleichgesetzt hat, was zum damaligen Zeitpunkt sicher noch richtig war.

[954] *Schulz*, ZUM 1996, S. 490. Zum Rundfunkbegriff unten.

[955] Vgl. *Gounalakis*, ZUM 2003, S. 184.

[956] *Bullinger*, JZ 1996, S. 388.

[957] BT-Drs. 13/4800, S. 5.

durch den Bestellvorgang ein Rollenwechsel möglich sei[958]. Diesen Aussagen kann aber nur zum Teil zugestimmt werden. In der Regel wird die Bank oder das Versandunternehmen ein Angebot an die Allgemeinheit richten und seine Dienste und Produkte anpreisen. Der Inhalt wird einseitig vorgegeben und richtet sich an eine unbestimmte Vielzahl von Personen. Entscheidet sich der Adressat zum Kauf eines Produkts oder zur Nutzung einer Dienstleistung (z. B. Banküberweisung), so beginnt er seinerseits einen Kommunikationsvorgang, der dann allerdings nur an einen bestimmten Adressaten gerichtet ist. Betrachtet man diesen Vorgang richtigerweise isoliert, so stellt er sich als Individualkommunikation dar. Der Adressat dieses Kommunikationsvorgangs (Bank, Versandhandelsunternehmen) kann hinsichtlich dieses Kommunikationsinhaltes reagieren und ihn ggf. mit Zustimmung des Absenders auch abändern (Diese Möglichkeit wird dem Nutzer bei den von der Bank oder dem Versandunternehmen vorgegebenen Inhalten nicht eingeräumt !). Insofern kann hier auch von einem echten Rollenwechsel gesprochen werden.

Gounalakis möchte die Abgrenzung durch die Einteilung in Individualkommunikation und Massenkommunikation verlassen und den Unterschied, auf dem Teledienstegesetz und Mediendienste-Staatsvertrag beruhen, an der Meinungsrelevanz festmachen[959]. Es sei darauf abzustellen, ob ein Dienst eine massenkommunikative oder individualkommunikative Wirkung habe. Dies wiederum sei daran zu messen, ob nur ein oder mehrere Rollenwechsel zwischen Anbieter und Nutzer stattfinden und welchen Grad der Individualisierung der in Rede stehende Dienst aufweist. In normativer Hinsicht sei zu berücksichtigen, ob bei einem Dienst die „redaktionelle Gestaltung" zur Meinungsbildung im Vordergrund stehe. Begründet wird dies mit der Anknüpfung an die Vorgaben des Art. 5 Abs. 1 Satz 2 GG. Letztlich lässt *Gounalakis* damit aber wieder die Unterscheidung von Individualkommunikation und Massenkommunikation in die Abgrenzung der Gesetzgebungskompetenzen einfließen. Trotz dieser Widersprüchlichkeit wird zumindest erkennbar, dass *Gounalakis* die Unterscheidung ebenfalls aus der Sicht der Diensteanbieter und nicht der Nutzer entwickelt[960].

Zusammenfassend kann festgehalten werden, dass die Kriterien Massenkommunikation und Individualkommunikation erst dann (wieder) im Rahmen verfassungsrechtlicher Exegese verwendbar sind, wenn sie selbst eine zeitgemäße Überarbeitung erhalten haben, da ihre Anwendung aufgrund der fortschreitenden Technik Probleme in sich birgt. Grundvoraussetzung für ein sinnvolles Arbeiten mit diesen Begriffen ist dabei ein einheitlicher Standpunkt für die Bewertung neuer Kommunikationsarten. Dieser kann nur in der Sicht des Kommunikators liegen. Die Diskussion um die Abgrenzung von Massenkommunikation und In-

958 Vgl. § 2 Abs. 2 Nr. 1 und 5 Teledienstgesetz.
959 *Gounalakis*, Konvergenz der Medien, S. 54.
960 Ebenso *ders.*, ZUM 2003, S. 184.

dividualkommunikation ließe sich darüber hinaus in Teilbereichen besser nutzbar machen, wenn man die einzelnen Kommunikationsvorgänge aufsplittet und nicht in jeder Antwort auf ein visuelles Angebot auf dem Bildschirm einen „Rollenwechsel" innerhalb eines einheitlichen Kommunikationsvorgangs sehen will[961]. Wie oben gezeigt, wird es in der Regel einen Kommunikator geben, der seine Inhalte an eine Vielzahl von Personen richten will, wohingegen der andere Kommunikationspartner, der zwar genau auf diesen Inhalt reagiert, seinen Inhalt nur an einen – nämlich an den ursprünglichen Kommunikator – richten will. Eine Vermengung der beiden Ebenen muss zwangsläufig zu einer Verwischung der Begriffe Individualkommunikation und Massenkommunikation führen und weiten Interpretationsmöglichkeiten Tür und Tor öffnen und sollte daher vermieden werden. Trennt man die Kommunikationsvorgänge, so wird nochmals deutlich, dass es für die Einordnung immer auf die Sicht des Sendenden ankommt.

Insgesamt muss beim gegenwärtigen Stand der Diskussion gesagt werden, dass die Begriffe Massenkommunikation und Individualkommunikation als nicht geeignet erscheinen, eine so verantwortungsvolle Aufgabe wie die Abgrenzung von Gesetzgebungszuständigkeiten zu leisten. Auf die zweite Frage, ob denn der Bund tatsächlich die Zuständigkeit für Regelungen der Individualkommunikation in inhaltlicher Sicht habe, enthalten diese Kriterien keine Antworten. Die Frage ist im Übrigen mit den bisherigen Ergebnissen, insbesondere im Teil 5, abzulehnen.

2. Die Zuordnung neuer Kommunikationsmöglichkeiten zum Rundfunk bzw. zur Presse: Die Ausweitung des Rundfunkbegriffs und die "elektronische" Presse

Es wurde bereits diskutiert (Teil 4 II.), ob das Festhalten an den einzelnen in Art. 5 Abs. 1 Satz 2 GG genannten Begriffen bei der zu beobachtenden Veränderung in der realen Kommunikationswelt noch sachgerecht erscheint. Wie dargestellt, wird in der Literatur das Thema „Kommunikationsverfassung" behandelt. Da eine solche jedoch durch das Bundesverfassungsgericht noch nicht entwickelt wurde, ist auch bei der Zuteilung von Gesetzgebungskompetenzen mit den in Art. 5 Abs. 1 Satz 2 GG genannten Medien zu arbeiten. Neben dem Begriff des Rundfunks stand dabei auch der Begriff der Presse am Anfang der Überlegungen zur Einordnung der neuen Dienste in das Regelungsgefüge, insbesondere bei den Kompetenznormen, im Zentrum der Betrachtungen[962]. Nach

---

[961] In diese Richtung auch *Braml*, S. 51.

[962] Vgl. *Degenhart*, ZUM 1998, S. 342; *Gersdorf*, Rundfunkbegriff, S. 143 ff.; *ders*., in: Prinz/Peters, FS Engelschall, S. 169 f.; *Funke*, in: Prinz/Peters, FS Engelschall, S. 146 f.;

Stammler sei das Medienrecht bislang vom Dualismus zwischen Presse- und Rundfunkrecht geprägt[963]. Neben den Überlegungen zur Kommunikationsverfassung kreist nun allerdings die Diskussion bei den Gesetzgebungskompetenzen überwiegend um den Rundfunkbegriff[964]. In diesem Zusammenhang wird vertreten, dass die Übermittlung sämtlicher für die Allgemeinheit geeigneten und bestimmten Darbietungen, also aller für die öffentliche Meinungsbildung relevanten Daten, unter Benutzung elektromagnetischer Schwingungen Rundfunk darstellen, wenn sie nicht der Presse zuzuordnen seien[965]. Somit wird eine Beschreibung des Rundfunkbegriffs vom Umfang des Pressebegriffs abhängig gemacht. *Bullinger/Mestmäcker* betrachten dagegen nur den Rundfunkbegriff und gewähren dem Bund eine Gesetzgebungskompetenz für die „nichtrundfunkmäßige Telekommunikation", ohne dabei auf den Pressebegriff weiter einzugehen.[966] Die Zuordnung neuer Kommunikationsdienste zum Rundfunk- oder Pressebegriff wird in der Literatur für das Internet zum Teil aber auch insgesamt abgelehnt, da es sich hierbei um eine eigene „Internetfreiheit" handele.[967]

Bei der Zuordnung neuer Kommunikationsarten zum Rundfunk bzw. zur Presse geht man den sichersten Weg, da die Gesetzgebungszuständigkeiten verfassungsgerichtlich geklärt sind und auch innerhalb der Rechtswissenschaft kein Diskussionsbedarf besteht: Rundfunk ist Ländersache und für die Zuständigkeit der Presseregelungen enthält das Grundgesetz in seinen Kompetenznormen eine eindeutige Regelung. Würde man es schaffen, alle neuen elektronischen Kommunikationsmöglichkeiten entweder unter den Rundfunkbegriff oder den Pressebegriffe zu subsumieren, so würde sich auf einen Schlag die Frage der Gesetzgebungszuständigkeiten erledigen, da dann eine einhellig akzeptierte Verteilung auf der gesicherten Grundlage der Verfassung vorliegen würde. „Der Streit um den Rundfunkbegriff (...) ist daher zugleich ein Streit um die Aufteilung der Regulierungskompetenzen zwischen Bund und Ländern"[968]. Es verwundert daher nicht, dass dem Rundfunkbegriff in der Literatur erhebliche Aufmerksamkeit geschenkt wird. Im Rahmen der rechtlichen Betrachtung, Beschreibung und

Scherer, AfP 1996, S. 217; *Schroeder*, ZUM 1994, S. 472; *Paptistella*, DÖV 1978, S. 750 für Btx; *Pieper/Wiechmann*, ZUM 1995, S. 86.

963 *Stammler*, ZUM 1995, S. 105.

964 Vgl. *Gersdorf*, in: Prinz/Peters, FS Engelschall, S. 169 f.; kritisch *Schulz*, ZUM 1996, S. 487;

965 *Gersdorf*, Rundfunkbegriff, S. 148; *Pieper/Wiechmann*, ZUM 1995, S. 89, die allerdings eine elektronische Presse nicht anerkennen (a. a. O., S. 86).

966 *Bullinger/Mestmäcker*, S. 152; ähnlich *Degenhart*, in: Sachs, GG, Art. 73 Rn. 37; *Bullinger*, AfP 1996, S. 4; a. A. *Heintzen*, in: v.Mangold/Klein/Starck, GG, Art. 73 Rn. 72.

967 *Mecklenburg*, ZUM 1997, S. 530.

968 *Hoffmann-Riem*, AfP 1996, S. 9; ähnlich *Hesse*, BayVBl. 1997, S. 135; *Dittmann*, in: Dittmann/Fechner/Sander, Symposion Oppermann, S. 38; *Determann*, S. 406; *Schulz*, ZUM 1996, S. 487.

Einordnung von neuen elektronischen Kommunikationsarten stellt er einen zentralen Begriff dar. Mit ihm wird immer wieder versucht neue Kommunikationsmöglichkeiten rechtlich in den Griff zu bekommen[969]. Für den Rundfunk läge nicht nur die Ausgestaltung des Grundrechts in der Hand der Länder, sondern auch, so wird vertreten, die Grundrechtsbeschränkung[970]. Dabei muss allerdings gesehen werden, dass dies ein einseitiges Unterfangen darstellt. Können neue Dienste und Kommunikationsarten nicht unter den Rundfunkbegriff und auch nicht unter den Pressebegriff subsumiert werden, so kann hieraus nicht unbedingt eine gesicherte Erkenntnisse für die Gesetzgebungszuständigkeiten gewonnen werden. Die Frage, was für das gelten soll, was nicht dem Rundfunkbegriff oder dem Pressebegriff unterfällt, können diese nämlich gerade nicht beantworten.

a) Die Hintergründe bei der Diskussion um den Rundfunkbegriff

Bei der Einteilung der elektronischen Kommunikation spielen auch nichtverfassungsrechtliche Hintergründe eine Rolle. So will man gewisse Kommunikationsformen (z.B. Datendienste, Datenbankrecherche) gerade dem Pressebereich zuschlagen, um sie dem strengen Regime des Rundfunkrechts zu entziehen. Hier werden Parallelen zur Abgrenzung zwischen Massenkommunikation und Individualkommunikation sichtbar. Auch dort besteht die Tendenz, Dienste und Kommunikationsmöglichkeiten als Individualkommunikation zu qualifizieren, um eine Gesetzgebungskompetenz des Bundes zu bejahen und vom Rundfunkbegriff loszukommen. Bei der hier vorgestellten Diskussion geht es daher nicht nur um die Frage: Rundfunk oder Presse im Sinne des Grundgesetzes?, sondern vielmehr darum, welche Auswirkungen die Zuordnung für die Kommunikationsarten auf der Rechtsfolgenseite hätte[971]. Insbesondere private Medienunternehmer haben ein Interesse daran, neue Formen der elektronischen Kommunikation vom verfassungsrechtlichen Rundfunkbegriff auszuklammern, um der „Ritterrüstung“[972] des Rundfunkrechts zu entgehen. Andererseits haben die öffent-

[969] Vgl. nur: *Bullinger*, NJW 1984, S. 385 ff.; *ders.*, AfP 1996, S. 1 ff.; *Gersdorf*, AfP 1995, S. 565 ff., *ders.*, Rundfunkbegriff; *ders.* in: Dittmann/Fechner/Sander, Symposion Oppermann, S. 137 ff.; *Hoffmann-Riem*, AfP 1996, S. 9 ff.; *Janik*, AfP 2000, S. 7 ff.; *Jarass*, AfP 1998, S. 133 ff.; *Klöck*, CR 1999, S. 459 ff.; *Kresse/Heinze*, AfP 1995, S. 574 ff.; *Paptistella*, DÖV 1978, S 495 ff. und S. 750 ff.; *Pieper*, ZUM 1994, S. 555 ff.; *Pieper/Wiechmann*, ZUM 1995, S. 82 ff.; *Ricker*, NJW 1997, S. 3199 ff; *Schulz*, ZUM 1996, S. 487.

[970] *Gersdorf*, in: Prinz/Peters, FS Engelschall, S. 167 ff.

[971] *Bermanseder*, ZRP 1997, S. 330; *Engel*, in: Hoffmann-Riem/Vesting, Perspektiven der Informationsgesellschaft, S. 158 f.; *Gersdorf*, in: Dittmann/Fechner/Sander, Symposion Oppermann, S. 138 f.; *Determann*, S. 407; *Klöck*, CR 1999, S. 459.

[972] Diesen Begriff verwendet *Bullinger*, AfP 1996, S. 2; *Klöck*, CR 1999, S. 459 spricht von „rundfunkrechtlicher Zwangsjacke“.

lich-rechtlichen Rundfunkanstalten ein Interesse an einem weiten Rundfunkbegriff[973]. Ein solcher würde für sie ein weites Betätigungsfeld im Online-Bereich ermöglichen[974]. Die Bundesländer haben ebenfalls Interesse an einer weiten Interpretation des Rundfunkbegriffs, da ihnen damit eine Gesetzgebungskompetenz zustehen würde[975]. *Gersdorf* moniert bei dieser Diskussion zu Recht die zu starke Vermengung von Tatbestand und Rechtsfolge[976].

Die „begriffsjuristische Fokussierung“[977] auf den (verfassungsrechtlichen) Rundfunkbegriff ist aber nicht nur damit zu verstehen, dass man eine eindeutige Kompetenzzuweisung erhält, wenn man einen neuen Kommunikationsdienst unter den Begriff subsumieren kann. Denn umgekehrt soll es nach dem Kompromiss von Bund und Ländern beim Informations- und Kommunikationsdienste-Gesetz und Mediendienste-Staatsvertrag auch gehen: alles was nicht Rundfunk ist, unterfällt der Kompetenz des Bundes[978]. Mit dieser Argumentation kehrt man aber Art. 70 Abs. 1 GG in sein Gegenteil. Es würde bedeuten, dass man von einem festen Kompetenzrahmen der Länder ausgeht und dem Bund eine Residualkompetenz zuweist. Art. 70 Abs. 1 GG enthält jedoch eine andere Aussage: dem Bund werden ausdrücklich Kompetenzen zugewiesen und den Ländern verbleibt es, alles zu regeln, was nicht unter die Zuweisungen fällt.

b) Der verfassungsrechtliche Rundfunkbegriff

Das Grundgesetz enthält selbst keine nähere Beschreibung, was unter Rundfunk zu verstehen ist. Trotz zahlreicher Entscheidungen hat auch das Bundesverfassungsgericht eine präzise und abschließende Definition dessen, was unter den Begriff des Rundfunks im Sinne des Art. 5 Abs. 1 Satz 2 GG zu fassen ist, bisher nicht gegeben[979]. Innerhalb der höchstrichterlichen Rechtsprechung wird

---

[973] Vgl. zur Diskussion *Schoch*, AfP 1998, S. 253 ff.

[974] Vgl. *Eberle*, ZUM 1995, S. 249 ff.; *ders.* AfP 1998, S. 272 ff.; *Determann*, S. 406; *Flechsig*, CR 1999, S. 332; *Gersdorf*, in: Dittmann/Fechner/Sander, Symposion Oppermann, S. 137; *Kresse/Heinze*, AfP 1995, S. 575; *Pieper/Wiechmann*, ZUM 1995, S. 92.

[975] *Kresse/Heinze*, AfP 1995, S. 575.

[976] *Gersdorf*, in: Dittmann/Fechner/Sander, Symposion Oppermann, S. 138 f.; ähnlich *Jarass*, AfP 1998, S. 134; *Klöck*, CR 1999, S. 459f.

[977] Der Ausdruck stammt von *Hoffmann-Riem*, AfP 1996, S. 9; *Bullinger/Mestmäcker* (S. 41) sprechen von grundrechtlichem Rundfunkmonismus.

[978] So ist die intensive Arbeit der Länderarbeitsgruppe mit der sog. Negativ-Liste (abgedruckt in: Tendenz, Magazin für Funk und Fernsehen der Bayerische Landeszentrale für neue Medien, Ausgabe III 1995, S. 39) zu verstehen, vgl. *Kuch*, ZUM 1997, S. 226; *Holznagel*, ZUM 1999, S. 431 f.; *Pieper*, ZUM 1995, S. 556; *Flechsig*, CR 1999, S. 332.

[979] *Schoch* (AfP 1998, S. 258) erkennt hierin einen „juristischen Offenbarungseid“, wenn einem Zentralbegriff in der verfassungsrechtlichen Diskussion eine Schlüsselrolle zuerkannt wird und niemand eigentlich über den Begriffsinhalt Bescheid wisse.

vielmehr betont, dass für die Bestimmung des Schutzumfangs die Einbeziehung des von der Norm jeweils geschützten Sozialbereichs maßgeblich sei. In seinem Baden-Württemberg-Beschluss führt das Bundesverfassungsgericht dazu aus: „Inhalt und Tragweite verfassungsrechtlicher Begriffe und Bestimmungen hängen (auch) von ihrem Normbereich ab; ihre Bedeutung kann sich bei der Veränderung in diesem Bereich wandeln."[980] Entscheidendes Kriterium für die Konkretisierung des verfassungsrechtlichen Rundfunkbegriffs sei hierbei die Funktion des Rundfunks zur Gewährleistung einer freien individuellen und öffentlichen Meinungsbildung[981]. Im Hinblick auf die technischen Veränderungen stellt das Bundesverfassungsgericht fest: „Der verfassungsrechtliche Rundfunkbegriff lässt sich nicht abschließend definieren. Sein Gehalt kann sich vielmehr bei tatsächlichen Veränderungen in dem von Art. 5 Abs. 1 Satz 2 GG geschützten Sozialbereich wandeln. Soll die Rundfunkfreiheit unter den Bedingungen raschen technischen Wandels ihre normative Kraft bewahren, dann darf bei der Bestimmung von Rundfunk nicht nur an eine bereits eingeführte Technik angeknüpft werden. Andernfalls könnte sich die grundrechtliche Gewährleistung nicht auf jene Bereiche erstrecken, in denen gleichfalls die Funktion des Rundfunks, wenn auch mit neuen Mitteln, erfüllt würde."[982]

Diesen Aussagen entnimmt das Schrifttum die Formel von einem dynamischen und entwicklungsoffenen Rundfunkbegriff[983]. Weiter gibt das Bundesverfassungsgericht Hinweise darauf, was die Merkmale des Rundfunkbegriffs sind: danach liege Rundfunk dann vor, wenn Sendungen gleichen Inhalts an eine unbestimmte Anzahl von Zuschauern und Zuhörern verbreitet werden und der Teilnehmer Auswahlentscheidungen durch Ein- und Ausschalten treffe[984]. Als Grundlage für den immer noch nicht abschließend definierten Rundfunkbegriff können der Rechtsprechung des Bundesverfassungsgerichts damit immerhin folgende Merkmale entnommen werden[985]:
- die fernmeldetechnische Übertragung von Kommunikationsinhalten
- die Bestimmung an die Allgemeinheit
- und die Übertragung einer Darbietung aller Art.

[980] BVerfGE 74, 297 (350); *Hesse*, BayVBl. 1997, S. 135; *Hoffmann-Riem*, AfP 1996, S. 10.
[981] BVerfGE 83, 238 (302); 74, 297 (350 f.); hierzu *Gersdorf*, Rundfunkbegriff, S. 90.
[982] BVerfGE 83, 238 (308), *Hesse*, BayVBl. 1997, S. 135.
[983] Vgl. nur *Eberle*, ZUM 1995, S. 254; *Jarass*, AfP 1998, S. 133; *Hartstein/Ring/Kreile/Dörr/Stettner*, RStV, § 2 Rn. 4; *Schulze-Fielitz*, AfP 1998, S. 452.
[984] BVerfGE 74, 297 (352).
[985] *Michel*, ZUM 1998, S. 351 ff; *Hoffmann-Riem*, AfP 1996, S. 10; *Janik*, AfP 2000, S. 8; ähnlich *Gersdorf*, Rundfunkbegriff, S. 91; *ders.* AfP 1995, S. 569; *Dörr*, in: Dittmann/ Fechner/Sander, Symposion Oppermann, S. 124; *Hartstein/Ring/Kreile/Dörr/Stettner*, RStV, § 2 Rn. 5 ff; *Schroeder*, ZUM 1994, S. 475 ff.; *Schulze-Fielitz*, AfP 1998, S. 452; *Ricker*, ZUM 2001, S. 29; ders., NJW 1997, S. 3199 f.; *Klöck*, CR 1999, S. 460 zieht noch das Merkmal „Veranstaltung und Verbreitung" hinzu.

Im Folgenden sollen diese Kriterien auch im Hinblick auf die neuen Informations- und Kommunikationsdienste dargestellt werden. In seiner Baden-Württemberg-Entscheidung[986] führt das Bundesverfassungsgericht zur Vergleichbarkeit von Rundfunk und „rundfunkähnlicher Kommunikation“ aus, dass die Punkte, die unter dem Blickwinkel des Art. 5 Abs. 1 GG allein entscheiden könnten, der Inhalt der Sendungen und die am Kommunikationsprozess Beteiligten sind[987]. Damit wird das Merkmal der Darbietung und die Bestimmung für die Allgemeinheit herausgehoben. Schwierigkeiten bei der Konkretisierung der genannten drei Merkmale bestehen insbesondere bei der Festlegung, was den Kern einer Darbietung ausmacht. Bei der Auslegung der ersten beiden Merkmale bestehen hingegen weniger weitgehende unterschiedliche Ansichten in der Literatur.

Voraussetzung für die Adressierung an die Allgemeinheit ist die Verbreitung der Kommunikationsinhalte an einen nicht im Vorhinein festgelegten Personenkreis[988]. Adressat ist die beliebige Öffentlichkeit. Dieser Begriff wurde bei den Abgrenzungskriterien Massenkommunikation und Individualkommunikation behandelt. Im Rahmen des verfassungsrechtlichen Rundfunkbegriffs wird diskutiert, ob sich auch so genannte Abrufdienste, bei denen der Empfänger die zeitliche Komponente der Inhaltsübermittlung frei entscheiden kann, an die Allgemeinheit richten[989], obwohl das Bundesverfassungsgericht bereits entschieden hatte, dass die Differenzierung zwischen Verteil- und Abrufdiensten unbeachtlich sei und statt dessen allein die publizistische Funktion des jeweiligen Dienstes als relevantes Kriterium für die Qualifizierung als Rundfunk angesehen werden muss[990]. Bei der Frage, ob sich ein Abrufdienst an die Allgemeinheit richtet, ist, wie allgemein bei der Bestimmung des Öffentlichkeitsbezugs der Kommunikation, auf den Willen des Sendenden abzustellen[991]. Will der Kommunikator bei den Abrufdiensten die Kommunikationsinhalte – etwa aus wirtschaftlichen Überlegungen heraus – von einer unbestimmten Vielzahl von Personen rezipiert wissen, liegt das Merkmal der Richtung an die Allgemeinheit vor[992]. Darüber

[986] BVerfGE 74, 297 ff.

[987] BVerfGE 74, 297 (352).

[988] BVerfGE 74, 297 (352): „... unbestimmte Vielzahl von Zuschauern und Hörern ...“.

[989] *Dörr*, in: Dittmann/Fechner/Sander, Symposion Oppermann, S. 125; *Degenhart*, ZUM 1998, S. 341; *Kresse/Heinze*, AfP 1995, S. 575; *Gounalakis*, Konvergenz der Medien, S. 113 f.; ablehnend *Funke*, in: Prinz/Peters, FS Engelschall, S. 146.

[990] BVerfGE 74, 297 (350 ff.); zustimmend *Eberle*, ZUM 1995, S. 254.

[991] S. dazu bereits oben II 1 c.

[992] *Gounalakis*, Konvergenz der Medien, S. 113. Abrufdienste sind nach heute nahezu allgemeiner Auffassung mit der Rechtsprechung des Bundesverfassungsgerichts nicht grundsätzlich aus dem verfassungsrechtlichen Rundfunkbegriff ausgeklammert, so *Schulz/Jürgens*, S. 41 f. m. w. N.

hinaus wird auch bei Abrufdiensten der Kommunikationsinhalt allein vom Sendenden vorgegeben. Der Rezipient kann nur auf das Zugriff nehmen, d. h. nur das abrufen, was der Anbieter an Inhalten bereitstellt[993]. Demgegenüber vertritt *Ricker* mit Blick auf die Nutzung von Online-Angeboten im Internet, dass bei diesen lediglich eine „invitatio ad offerendum" vorliege und damit nicht der Verteilung, sondern dem Zugriff des einzelnen Rezipienten die entscheidende Bedeutung zuzumessen sei[994]. Damit seien Abrufdienste der Individualkommunikation zuzuordnen und könnten keinen Rundfunk darstellen. Nach *Gersdorf* führe es hingegen ins verfassungsrechtliche Abseits, wenn man auf den Rezipienten und dabei auf die Gleichzeitigkeit des Informationskonsums abstelle[995]. *Degenhart* wiederum hebt gerade die Gleichzeitigkeit des Empfangs als Kriterium zur Abgrenzung hervor[996]. Nach seiner Ansicht würde sich der Nutzer, der den Inhalt einer Rundfunksendung im Internet zu einem späteren Zeitpunkt anschaut, daneben noch weitere Informationen individuell abrufen. Wegen dieser erweiterten Auswahlmöglichkeiten nicht nur in zeitlicher, sondern auch inhaltlicher Sicht, würden letztlich nicht Sendungen gleichen Inhalts verbreitet. Damit würde die Beteiligung am Kommunikationsprozess eine andere sein als bei herkömmlichen Rundfunkprogrammen[997]. *Funke* stellt darauf ab, ob der Rezipient mehr als nur einschalten muss, um das Informationsangebot zu erhalten. Sobald eine über das Ein- und Ausschalten hinausgehende Selektionsmöglichkeit bestehe und eine individuelle Zusammenstellung gewünschter Informationen ermöglicht werde, liege Individualkommunikation vor[998]. Letztlich entscheidend muss sein, dass meinungsrelevante Inhalte einer unbestimmten Vielzahl von Nutzern zur Verfügung gestellt werden, denn ob und wie die Inhalte genutzt werden, hat der Sendende nie selbst in der Hand. Zum Merkmal der Gleichzeitigkeit von Ausstrahlung und Empfang hat das Bundesverfassungsgericht ausgeführt, dass es hierauf nicht ankomme, solange die Anforderungen der Allgemeinheit des Adressatenkreises und der publizistisch relevanten Inhalte verwirklicht sind[999]. Zum Teil wird beim Rundfunkbegriff in der Literatur vertreten, dass das Begriffsmerkmal der Adressierung an die Öffentlichkeit für die Zuordnung neuer

---

[993] So bereits *Gersdorf*, Rundfunkbegriff, S. 26.
[994] *Ricker*, ZUM 2001, S. 29; *ders.*, NJW 1997, S. 3200.
[995] *Gersdorf*, in: Dittmann/Fechner/Sander, Symposion Oppermann, S. 157; *ders.*, in: Prinz/Peters, FS Engelschall, S. 173; i. E. ebenso *Braml*, S. 56; vgl. auch *Kresse/Heinze*, AfP 1995, S. 576; *Klöck*, CR 1999, S. 458.
[996] *Degenhart*, MMR 1998, S. 138; ebenso *Herrmann*, Rundfunkrecht, § 2 Rn. 16 f.; *Bullinger/Mestmäcker*, S. 57 f.; *Funke*, in: Prinz/Peters, FS Engelschall, S. 146 f.; vgl. aber BVerfGE 74, 297 (351 f.).
[997] A. A. *Pieper/Wiechmann*, ZUM 1995, S. 89; *Eberle*, ZUM 1995, S. 254; *Gersdorf*, Rundfunkbegriff, S. 134 ff.
[998] *Funke*, in: Prinz/Peters, FS Engelschall, S. 146.
[999] BVerfGE 74, 297 (351 f.).

Dienste nicht mehr geeignet sei[1000] oder dass man die „Allgemeinheit" nicht mehr brauche, weil die Grenze zwischen Massenkommunikation und Individualkommunikation zunehmend an Bedeutung verlieren würde[1001]. Diesen Aussagen wurde bereits oben entgegengetreten und dargestellt, dass aus der Sicht des Sendenden eine zutreffende Beurteilung des Öffentlichkeitsbezugs der Kommunikation auch weiterhin möglich ist.

Eine fernmeldetechnische Übermittlung liegt vor, wenn die Kommunikationsinhalte mittels elektromagnetischer Schwingung oder mittels Glasfasertechnik übertragen werden[1002]. *Ricker* schränkt allerdings auch hier ein und will nur den klassischen „Rund"-Funk, d. h. den Verteilfunk in die rundfunktechnische Übertragung einbeziehen[1003]. Dagegen stehen die Aussagen des Bundesverfassungsgerichts zur Offenheit des Rundfunkbegriffs vor allem im Hinblick auf die technische Entwicklung.

Das Merkmal der Darbietung wird als Kernstück des verfassungsrechtlichen Rundfunkbegriffs angesehen[1004]. Hinsichtlich der Auslegung des Tatbestandmerkmals der Darbietung beim Rundfunkbegriff existieren jedoch unterschiedliche Auffassungen. So diskutiert man darüber, ob der übertragene Kommunikationsinhalt allein meinungsrelevant sein muss[1005], oder ob hier eine redaktionelle Informationsaufbereitung stattgefunden haben muss[1006], um von Rundfunk im verfassungsrechtlichen Sinne sprechen zu können. Die Vertreter der ersten Meinung stellen die mit der Rundfunkübertragung einhergehende Meinungsmacht heraus und erkennen eine rundfunkmäßige Darbietung nur an, wenn die übermittelten Inhalte eine gewisse publizistische Relevanz aufweisen und somit zur

---

[1000] *Bermanseder*, ZRP 1997, S. 331.
[1001] *Engel-Flechsig/Maennel/Tettenborn*, NJW 1997, S. 2981.
[1002] *Hartstein/Ring/Kreile/Dörr/Stettner*, RStV, § 2 Rn. 4 ff.
[1003] *Ricker*, NJW 1997, S. 3201; *ders.*, ZUM 2001, S. 30
[1004] *Gersdorf*, Rundfunkbegriff, S. 92; *Janik*, AfP 2000, S. 15; *Degenhart*, ZUM 1998, S. 340; *Kresse/Heinze*, AfP 1995, S. 578; *Daufeld*, S. 35; *Gounalakis*, ZUM 2003, S. 184.
[1005] So z. B. *Bermanseder*, ZRP 1997, S. 331; *Daufeldt*, S. 35; *Hartstein/Ring/Kreile/Dörr/Stettner*, RStV, § 2 Rn. 8; *Hochstein*, NJW 1997, S. 2978; *Gersdorf*, AfP 1995, S. 569; *Dörr*, in: Dittmann/Fechner/Sander, Symposion Oppermann, S. 125; *Klöck*, CR 1999, S. 460; *Gounalakis*, ZUM 2003, S. 184; BVerfGE 31, 314 (325 f.).
[1006] In diesem Sinne *Jarass*, AfP 1998, S. 134 f.; *ders.*, Online-Dienste und Funktionsbereich des Zweiten Deutschen Fernsehen, S. 13; *Kloepfer*, Informationsrecht, § 13 Rn. 15; *Libertus*, K&R 2000, S. 121; *Michel*, ZUM 1998, S. 351; *Kibele* S. 57; *Trafkowski*, Medienkartellrecht, S. 215; vgl. auch die Darstellung in *VG Saarbrücken*, ZUM 1995, S. 645; wohl auch BVerfGE 97, 298 (310), hier führt das Gericht zum Begriff „Programm" aus, ein solches liege vor, bei einer auf längere Dauer angelegten planmäßigen und strukturierten Abfolge von Sendungen und Beiträgen.

öffentlichen Meinungsbildung bestimmt oder zumindest geeignet sind[1007]. Seinen besonderen Einfluss auf den Meinungsbildungsprozess erreicht der Rundfunk durch seine Breitenwirkung, seine Aktualität und seine Suggestivkraft[1008]. Dabei wird in der Literatur die Zuordnung der neuen Dienste zum Rundfunk anhand der Bedeutung des Dienstes für die öffentliche Meinungsbildung beurteilt[1009]. Das Bundesverfassungsgericht sieht den Rundfunk nicht nur als „Medium", sondern auch als „Faktor" der öffentlichen Meinungsbildung[1010] und stellt bei dieser Aussage erkennbar auf die Meinungsrelevanz der dargebotenen Inhalte im Rundfunk ab. Teilweise wird dieses Merkmal sehr weit gefasst. Danach liege eine rundfunkrechtlich relevante Darbietung nur dann nicht mehr vor, wenn der Inhalt zur öffentlichen Meinungsbildung weder bestimmt noch geeignet sei[1011]. Dies spricht für einen weiten Rundfunkbegriff, da jeder Sendeinhalt für die freie Meinungsbildung geeignet sein kann[1012].

Die Gegenmeinung stellt mehr auf die Vermittlungsfunktion des Rundfunks im Prozess der freien Meinungsbildung ab. Anknüpfungspunkt für die Annahme einer Darbietung ist hiernach die Art und Weise der Informationsaufbereitung, die eine planvolle redaktionelle Zusammenstellung und Gestaltung unterschiedlicher Inhalte und Informationen zu einem umfassenden Kommunikationsangebot voraussetzt. Nach dieser Auffassung sei dem Kriterium der Meinungsmacht weniger große Bedeutung beizumessen, da die Rundfunkfreiheit ohnehin nur Äußerungen erfasse, die sich an die Allgemeinheit richteten und ferner die öffentliche Meinungsbildung jeden beliebigen Sachbereich erfassen könne. Demnach würde – nach der ersten Meinung – bereits eine potenzielle Relevanz der Darbietung für den Meinungsbildungsprozess für eine Einordnung unter den Rundfunkbegriff genügen[1013], was jedoch so ungenau wäre, dass es als Abgrenzungskriterium nicht tauge. Folglich komme es im Rahmen einer Einordnung entscheidend auf die „redaktionelle Darbietung" und somit auf die Art und Weise der Informationsaufbereitung an[1014]. Rundfunk erfordere somit die Einflussnahme auf den Programminhalt durch ein Rundfunkunternehmen, welches die einzelne Darbietung in ein größeres Kommunikationsangebot einbettet. Wo eine

---

[1007] *Hoffmann-Riem*, AfP 1996, S. 11; *Braml*, S. 47 f.; *Hartmann/Ring/Kreile/Dörr/Stettner*, RStV, § 2 Rn. 8;
[1008] BVerfGE 90, 60 (87).
[1009] *Dittmann*, in: Dittmann/Fechner/Sander, Symposion Oppermann, S. 21; *Eberle*, ZUM 1995, S. 249ff.; *Bermanseder*, ZRP 1997, S. 332; *Janik*, AfP 2000, S. 8.
[1010] BVerfGE 12, 205 (260).
[1011] Vgl. *Ricker*, ZUM 2001, S. 29 m.w.N.
[1012] *Bremer*, in: Bremer/Esser/Hoffmann, S. 29.
[1013] So *Hoffmann-Riem*, AfP 1996, S. 12; kritisch deshalb *Degenhart*, ZUM 1998, S. 342; *ders.* MMR 1998, S. 138.
[1014] *Jarass*, AfP 1998, S. 134 f.; *ders.*, Online-Dienste und Funktionsbereich des Zweiten Deutschen Fernsehens, S. 13.

solche redaktionelle Gestaltung durch den Sendenden nicht gegeben ist, könne keine „rundfunkmäßige Meinungsmacht" vorliegen. Das Plädoyer für einen Wandel des Rundfunkbegriffs im Sinne einer funktionalen Neubestimmung will nicht mehr nur auf die Allgemeinheit des durch die gesendeten Darbietungen aller Art zur öffentlichen und individuellen Meinungsbildung angesprochenen Adressatenkreis (im Gegensatz zu geschlossenen Benutzergruppen), sondern auf die Faszinationskraft eines gesamthaft verketteten, kontinuierlich ablaufenden Gesamtprogramms abstellen. Dies hat zur Folge, dass gestückelte, individuell abrufbare, zeitbeliebig konsumierbare Produkte begrifflich (allenfalls) der Presse zuzuordnen seien, jedenfalls aber wie alle sonstigen privatwirtschaftlichen Kommunikationsdienste aus dem Rundfunkbegriff grundsätzlich herausfallen sollen[1015]. Mit dieser Argumentation sollen die (derzeitigen) Angebote des Internet nicht in den Gewährleistungsbereich der Rundfunkfreiheit fallen[1016]. Allerdings übersieht diese Ansicht, dass zukünftig auch ein dem klassischen Fernsehprogramm vergleichbares Angebot über das Internet verbreitet werden kann, was eine Einschränkung der gemachten Aussagen notwendig macht. Nach *Degenhart* muss die besondere Wirkungsmacht rundfunkmäßiger audiovisueller Kommunikation als Ansatz für die tatbestandliche Abgrenzung des Rundfunkbegriffs zugrundegelegt werden[1017]. Nur wenn mit rundfunkspezifischen Mitteln Informationsinhalte verbreitet werden und diese Verbreitung wegen ihrer rundfunkspezifischen Wirkungsweise (gesteigerte Suggestivkraft durch Bewegtbild) von besonderer Relevanz für die freie Meinungsbildung ist und deshalb ein besonderes Schutzerfordernis für den Kommunikationsvorgang insgesamt auslöst, kann von Rundfunk gesprochen werden. Abgestellt wird dabei auf die Programmfunktion des herkömmlichen Rundfunks.

Bei Betrachtung der dargestellten Kriterien und den dazu vertretenen Meinungen ist festzuhalten, dass in allen Fällen ein erheblicher Interpretationsspielraum eröffnet ist, so dass die Bestimmung dessen, was Rundfunk ist, immer unklarer und damit umstrittener wird[1018]. *Schulze-Fielitz* schlägt deshalb vor, nur insoweit mit dem Rundfunkbegriff zu arbeiten, als alles das ausgegrenzt wird, was eindeutig nicht diesem unterfallen kann, weil ein Dienst offenkundig keinerlei Meinungsrelevanz oder massenkommunikative Bedeutung haben kann und plä-

---

[1015] *Bullinger*, AfP 1996, S. 6 ff.; *Ory*, AfP 1996, S. 105 ff.; *Gersdorf*, AfP 1995, S. 565 ff.; *ders.*, Rundfunkbegriff, S. 147f.; *ders.*, in: Dittmann/Fechner/Sander, Symposion Oppermann, S. 142; *Degenhart*, MMR 1998, S. 138.

[1016] *Braml*, S. 58 f.; a. A. *Jarass*, Online-Dienste und Funktionsbereich des Zweiten Deutschen Fernsehens, S. 21 f., der im ZDF Online Angebot ein Angebot verschiedenartiger Informationen, die in einem Gesamtangebot systematisch eingebettet sind, erkennt.

[1017] *Degenhart*, ZUM 1998, S. 340; *ders.*, MMR 1998, S. 138; ähnlich *Betzler*, in: Dittmann/Fechner/Sander, Symposion Oppermann, S. 158 ff.

[1018] *Gersdorf*, Rundfunkbegriff, S. 98; *Schulze-Fielitz*, AfP 1998, S. 453; *Kloepfer*, Informationsrecht, § 13 Rn. 16.

diert insgesamt für einen weiten Rundfunkbegriff[1019]. Als herrschende Meinung im Schrifttum kann heute angesehen werden, dass massenmediale elektronische Kommunikation, wie sie insbesondere im Mediendienste-Staatsvertrag geregelt ist, dem verfassungsrechtlichen Rundfunkbegriff unterfällt[1020].

c) Der Pressebegriff des Grundgesetzes

Der Begriff der Presse wird vom Grundgesetz ohne nähere Bestimmung in Art. 5 Abs. 1 Satz 2 GG („Pressefreiheit") und in der Regelung der Rahmengesetzgebung des Art. 75 Abs. 1 Nr. 2 GG („die allgemeinen Rechtsverhältnisse der Presse") gebraucht. Das Bundesverfassungsgericht hatte sich zwar – ebenso wie auf dem Gebiet des Rundfunkwesens – in mehreren Entscheidungen mit presserechtlichen Fragen auseinander zu setzen, ohne jedoch den Pressebegriff abschließend zu definieren.

Heute verbreitet fast schon jeder Zeitungs- und Zeitschriftenverlag seine gedruckten Produkte auch als „elektronische Presse" im Internet. Die Erscheinungsformen der „elektronischen Presse" sind dabei mindestens ebenso vielfältig, wie das Spektrum der gedruckten Presse[1021]. Dabei werden nicht nur die Online-Ausgaben des gedruckten Exemplars verbreitet, sondern auch Texte, die ausschließlich im Internet veröffentlicht werden. Dies alles macht deutlich, dass der verfassungsrechtliche Pressebegriff nicht zu Unrecht in die Diskussion um die Gesetzgebungszuständigkeiten bei den neuen elektronischen Kommunikations- und Informationsdiensten eingebracht wurde[1022].

Der Begriff Presse, wie ihn die Verfassung (Art. 5 Abs. 1 Satz 2 und 75 Abs. 1 Satz 1 Nr. 2 GG) verwendet, ist ein Sammelbegriff und umfasst das Pressewesen in seiner Gesamtheit. Dazu gehören sowohl die in der Presse tätigen Personen

---

[1019] *Schulze-Fielitz*, AfP 1998, S. 453; *Pieper/Wiechmann*, ZUM 1995, S. 92; *Eberle*, ZUM 1995, S. 254; *Gersdorf*, Rundfunkbegriff, S. 149 ff.; *Hoffmann-Riem*, AfP 1996, S. 9 ff.; *Mann*, in: Wilke/Imhof, Multimedia, S. 363; für eine engen Rundfunkbegriff dagegen *Ricker*, ZUM 2001, S. 29 ff, der insbesondere die technische Verbreitung und das Merkmal der Allgemeinheit eingrenzt. *Bullinger*, AfP 1996, S. 1 ff; *ders.*, ZUM 1996, S. 751 ff.; *Depenheuer*, AfP 1997, S. 672; *Degenhart*, MMR 1998, S. 138.

[1020] So z. B. *Eberle*, ZUM 1995, S. 254; *Hoffmann-Riem*, AfP 1996, S. 15; *Pieper/Wiechmann*, ZUM 1995, S. 82 ff.; *Klöck*, CR 1999, S. 459; *Holznagel*, ZUM 1999, S. 427; *Kuch*, ZUM 1997, S. 227; *Gersdorf*, AfP 1995, S. 570 f; *Kloepfer*, Informationsrecht, § 3 Rn. 93 u. 130; *Schulz*, Reformbedarf beim Telekommunikationsgesetz, S. 8; *Schulz/Jürgens*, S. 28; *Braml*, S. 177; wohl auch *Flechsig*, CR 1999, S. 331f., der alle „massenkommunikativen" Dienste dem Rundfunk zuschlagen will; *Schulze-Fielitz*, AfP 1998, S. 453.

[1021] *Waldenberger/Höß*, AfP 2000, S. 237.

[1022] *Trafkowski*, Medienkartellrecht, S. 228.

wie auch der technische, wirtschaftliche und organisatorische Apparat der einzelnen Presseunternehmen, vor allem aber das Presseerzeugnis[1023]. Beim Presseerzeugnis ist vom umfassenden Begriff des Druckwerks auszugehen. Nicht nur die periodischen Druckwerke in der Form der Zeitungen und Zeitschriften, sondern alle mittels eines Massenvervielfältigungsverfahrens hergestellten und zur Verbreitung bestimmten Druckwerke wie Schriften und bildliche Darstellungen (mit und ohne Schrift) besprochene Tonbänder, Schallplatten, Videobänder, Compact Disc, DVD, CD-ROM, Filmstreifen und Filmkassetten fallen hierunter. Presseprodukte werden durch Vervielfältigung mittels mechanischer oder chemischer Mittel verbreitet[1024]. Es wird nicht auf den Inhalt abgestellt, sondern auf die Herstellungsmethode der Massenvervielfältigung[1025]. Indem der Pressebegriff auf die technische Seite der Herstellung und Verbreitung von Presseprodukten abhebt, ergibt sich auf den ersten Blick als Kennzeichen der Presse bzw. genauer des Presseprodukts, dass es sich um die Herstellung und Vervielfältigung *verkörperter* Massenvervielfältigungen handeln muss. Diese Frage ist jedoch eingehender zu untersuchen.

d) Die Abgrenzung von Rundfunk und Presse – der technische Ansatz

Das Bundesverfassungsgericht hat den Rundfunkbegriff dynamisiert, indem es ihn offen für neue Techniken und Erscheinungsformen machte[1026]. Für die Presse soll ebenfalls eine Entwicklungsgarantie gelten[1027]. Bei der Abgrenzung „Rundfunk-Presse" wird nun ein weiteres Element des verfassungsrechtlichen Rundfunkbegriffs in das Zentrum der Betrachtungen gestellt: der technische Verbreitungsvorgang. Bei der Abgrenzung zwischen Rundfunk und Presse als Massenmedien wird nach überwiegender Auffassung auf den unterschiedlichen technischen Verbreitungsvorgang abgestellt[1028]. Die Art der Verbreitung sei Merkmal

[1023] *Ricker*, Handbuch des Presserechts, 1. Kap. Rn. 6.
[1024] BVerfGE 39, 159 (164); *Wendt*, in: v.Münch/Kunig, GG, Art. 5 Rn. 30.
[1025] *Ricker*, Handbuch des Presserechts, 1. Kap. Rn. 8.
[1026] BVerfGE 73, 118, (154); 74, 297 (350); 83, 238
[1027] *Waldenberger/Höß*, AfP 2000, S. 237; *Bullinger*, AfP 1996, S. 3; *ders.*, in: Löffler, Presserecht, Einl. Rn. 4; *Bullinger/Mestmäcker*, S. 41, dort Fn. 62; *Tettinger*, JZ 1984, S. 405 f. m.w.N.; *Flechsig*, CR 1999, S. 333; *Paptistella*, DÖV 1978, S. 752.
[1028] BVerfGE 83, 238 (313); *Jarass*, AfP 1998, S. 136; *ders.*, Online-Dienste und Funktionsbereich des Zweiten Deutschen Fernsehens, S. 15; *Jarass/Pieroth*, GG, Art. 5 Rn. 29; *Daufeld*, S. 40 f.; *Kuch*, ZUM 1997, S. 228; *Scherer*, AfP 1996, S. 218; *ders.*, Der Staat Bd. 22 (1983), S 363; *ders.*, NJW 1983, S. 1835; *Hoffmann-Riem*, AfP 1996, S. 12; *Ricker*, Handbuch des Presserechts, 1. Kap. Rn. 9 und 12. Kap. Rn. 6 a; *Klöck*, CR 1999, S. 460; *Ory*, AfP 1996, S. 107; *Paptistella*, DÖV 1978, S. 752; *Gounalakis*, Konvergenz der Medien, S. 56; *ders.*, ZUM 2003, S. 181: *Schulze-Fielitz*, AfP 1998, S. 452; *Trafkowski*, Medienkartellrecht, S. 211 u. 229; *Pieper/Wiechmann*, ZUM 1995, S. 86 und 91; *Mayer*, NJW 1996, S. 1788. Nach *Kloepfer* (Informationsrecht § 13 Rn. 18) orientiert sich der Begriff der Presse an dem

des verfassungsrechtlichen Rundfunkbegriffs. Über sie erfolge die Abgrenzung zu den anderen in Art. 5 Abs. 1 Satz 2 GG genannten Massenmedien[1029]. Danach fielen in verkörperter Form an die Allgemeinheit gerichtete Kommunikationsinhalte unter den Pressebegriff. Alle Inhalte, die unverkörpert durch elektromagnetische Schwingungen per Antenne, Satellit oder Kabel an eine unbestimmte Allgemeinheit verbreitet werden, wären Rundfunk. Der Großteil der neuen Medien ginge nach dieser auf technische Äußerlichkeiten abstellenden Einteilung als „rundfunkähnliche Dienste" im Rundfunkbegriff auf[1030].

Dieses Ergebnis wird aus verschiedenen Gründen abgelehnt. Zum einen sei die Anwendung der geltenden einfachgesetzlichen rundfunkrechtlichen Regelungen auf alle Online-Dienste nicht praktikabel, die – auch mit dem Institut der Entwicklungsgarantie des Bundesverfassungsgerichts für den öffentlich-rechtlichen Rundfunk – auf die neuen Medien übertragen zu werden drohen. Die meisten Anbieter neuer Online-Dienste wären technisch, redaktionell und finanziell überfordert, wenn sie etwa die Grundsätze der Programmvielfalt beachten müssten, die Fernsehveranstaltern auferlegt sind und nach Art. 5 Abs. 1 Satz 2 Alt. 2 GG verfassungsrechtlich geboten sein sollen. Darüber hinaus ähneln neue Textdienste in ihrer Aufmachung mehr einem Presseerzeugnis als einer Rundfunksendung.

Zum Teil wird in der Literatur die eingesetzte Übertragungstechnik als ungeeignet angesehen, den Rundfunk von der Presse abzugrenzen. So soll es nach *Gersdorf* heute gesicherter Befund sein, dass bei der Abgrenzung von Presse und Rundfunk die eingesetzte Übertragungstechnik kein geeignetes Kriterium sei, beide verfassungsrechtlich gewährleisteten Freiheitsbereiche voneinander abzuschichten. Danach unterfalle nicht jede meinungsrelevante Nachricht, die mittels Telekommunikationseinrichtungen transportiert werde, der Rundfunkfreiheit[1031]. Argumentiert wird dabei, dass sich auch die Abgrenzung zwischen Rundfunk als Vorgang der Massenkommunikation von der Individualkommunikation nicht mehr an der Technik festmachen lasse. Sprachtelefonie und Rundfunk werden technisch ähnlich verbreitet, unter anderem durch terrestrische Hörfunksender und Mobilfunkanlagen sowie über Kabelnetze. Telefon- und Kabelfernsehnetze sind zwar noch unterschiedlich strukturiert, nämlich mit Stern- und Baumstruk-

---

des verkörperten Druckwerks, hinsichtlich des grundrechtlichen Schutzbereichs bestehe aber auch bei der elektronischen Presse ein große Nähe zur Pressefreiheit.

[1029] BVerfGE 83, 238 (313).

[1030] So *Hoffmann-Riem*, AfP 1996, S. 9; *Pieper/Wiechmann*, ZUM 1995, S. 82; *Hesse*, BayVBl. 1997, S. 134ff.

[1031] *Gersdorf*, in: Dittmann/Fechner/Sander, Symposion Oppermann, S. 141; *ders.*, Rundfunkbegriff, S. 145; *ders.*, in: Prinz/Peters, FS Engelschall, S. 175; ähnlich *Hoffmann-Riem*, AfP 1996, S. 13; *Janik*, AfP 2000, S. 14; *Braml*, S. 45; *Degenhart*, ZUM 1998, S. 340; *Bullinger*, AfP 1996, S. 5 ff.

tur. Die Telekommunikationsunternehmen arbeiten aber bereits an der Zusammenschaltung und Umgestaltung der Netze. Über das Breitbandkabelnetz sollen zukünftig auch Telefondienstleistungen angeboten werden. Mit der Verbreitungsweise lasse sich hier nur noch kurze Zeit eine Trennlinie ziehen. Die Grenzen zwischen Individual- und Massenkommunikation würden ebenfalls zunehmend verschwimmen[1032]. Das Abstellen auf die Verbreitungstechnik erscheine deshalb insgesamt als ungeeigneter Weg der Abgrenzung. Das entscheidende Abgrenzungskriterium wird daher in der erhöhten Suggestivkraft des Rundfunk gegenüber der Presse gesehen. Dies führt zum unten dargestellten funktionellen Abgrenzungsansatz.

Andererseits wird anerkannt, dass ein technischer Ansatz zur Abgrenzung von Rundfunk und Presse den Vorteil bietet, dass er für klare Verhältnisse sorgt und hilft, zumeist schwierige Abgrenzungsprobleme und die Entstehung von Rechtsunsicherheiten zu vermeiden[1033]. Immerhin könnte man mit dem technischen Ansatz den Pressebegriff eng auf Druckwerke begrenzen, körperlose Massenkommunikation unter die Film- oder Rundfunkfreiheit fassen und auf eine Abgrenzung zwischen den beiden verzichten. Dies würde – wie bereits dargelegt – zumindest klare Abgrenzungskriterien enthalten.

e) Die Abgrenzung von Rundfunk und Presse – der funktionale Ansatz

Neben dem technischen Ansatz wird ein funktionaler Ansatz diskutiert, der von der Frage ausgeht, ob ein „Multimediadienst" funktionell ein traditionelles Kommunikationsmittel ablöst oder ergänzt und so im Wege der „Funktionsnachfolge" an dessen verfassungsrechtlicher Freiheitsgarantie teilhat[1034]. Mit diesem Ansatz wird die Pressefreiheit ins Zentrum der Betrachtungen gerückt, da die „elektronische Presse" die gleiche Funktion erfülle, wie die gedruckte Presse. Die „neuen Medien" werden als „elektronischer Kiosk" bezeichnet[1035]. Die Nutzung erfolge wie bei der Nutzung von Presseerzeugnissen.

[1032] *Determann*, S. 408; *Gersdorf*, Rundfunkbegriff, S. 145. Siehe bereits oben.

[1033] *Gersdorf*, Rundfunkbegriff, S. 144.

[1034] *Bullinger*, NJW 1984, S. 390, *ders.*, JZ 1996, S. 387; *Degenhart*, ZUM 1998, S. 342; *Stadler*, MMR 2002, S. 343; *Gersdorf*, Rundfunkbegriff, S. 145; wohl auch *Bethge*, in: Sachs, GG, Art. 5 Rn. 88; *Braml*, S. 44 und 176. Siehe *VG Saarbrücken*, ZUM 1995, S. 644; *Jarass*, Online-Dienste und Funktionsbereich des Zweiten Deutschen Fernsehens, S. 16; in dieser Richtung tendiert auch *Kloepfer*, Informationsrecht, § 15 Rn. 6, der allerdings gleichwohl die „elektronische Presse" als Mediendienst ansieht. Dies wäre inkonsequent, denn bei Mediendiensten handelt es sich um Rundfunk im verfassungsrechtlichen Sinne.

[1035] *Knothe*, AfP 1997, S. 496.

Aufgabe des funktionalen Ansatzes ist es, die Bedeutung des Merkmals der fernmeldetechnischen Verbreitung des verfassungsrechtlichen Rundfunkbegriffs – welches letztlich für alle elektronische Kommunikation zu bejahen wäre – zu neutralisieren. Nach dieser Auffassung sind nur diejenigen Multimediadienste funktional dem klassischen Rundfunk und der traditionellen verfassungsrechtlichen Rundfunkgarantie mit ihrer Ausgewogenheitspflege zuzuordnen, die als planhaft ablaufende Fernseh- oder Hörfunkprogramme für jedermann verbreitet werden, sei es über das Internet, andere Kabelnetze oder drahtlos. Dazu sollen annexweise auch solche neuartigen Dienste zu rechnen sein, die rundfunkgleich den Teilnehmer in eine virtuelle Welt einbetten und gesamthaft beeinflussen[1036]. Nach einer weiteren Ansicht, die allerdings auch auf die Funktion der elektronischen Kommunikation abstellt, wird die erhöhte Suggestivkraft des Rundfunks gegenüber der Presse hervorgehoben. Diese besondere suggestive Wirkung des Rundfunks werde in erster Linie durch Ton- und Bewegtbildsendungen vermittelt[1037]. Sofern Ton- und Bewegtbildsendungen keine untergeordnete Funktion in den neuen Diensten einnähmen, seien diese Rundfunk.

Die Auffassung, dass die Zuordnung von neuen Kommunikationsmöglichkeiten zum Rundfunk bzw. zur Presse anhand ihrer Funktion abzugrenzen sei, kann sich ebenfalls auf Aussagen des Bundesverfassungsgerichts zu „Neuen Medien“ stützen. Zunächst hatte sich das Gericht im Baden-Württemberg-Beschluss[1038] mit dem Verhältnis von „Neuen Medien“ zum Rundfunkbegriff auseinander zu setzen und verschiedene Abruf- und Zugriffsdienste für Text, Ton und Bewegtbild in das Rundfunkregulierungssystem einzuordnen. In seiner Begründung berief sich das Gericht vor allem auf technische Argumente . Weil sich die „Neuen Medien“ auf die gleiche Übertragungstechnik wie der Rundfunk stützen, handele es sich nach Aussage des Gerichts um Rundfunk[1039]. Diese Sichtweise hat das Bundesverfassungsgericht im Urteil zum WDR-Gesetz[1040] aufgegeben. Für die Frage der Abgrenzung von Rundfunk und Mediendiensten und damit für die Einordnung der „Neuen Medien“ komme es vielmehr darauf an, dass diese *funktionell* an die Stelle des klassischen Rundfunks träten oder nicht[1041]. Wenn damit die Zuordnung der einzelnen Dienste unter Berücksichtigung der typischen Funktion des Rundfunks zu erfolgen habe, kann auch die Presse einschlägig werden, wenn die „Neuen Medien“ – so wie oben dargestellt – deren Funktion übernähmen. Wird allerdings nur auf die Funktion der neuen Kommunikations-

---

[1036] *Bullinger*, JZ 1996, S.388.
[1037] *Gersdorf*, in: Dittmann/Sander/Fechner, Symposion Oppermann, S. 141; *ders.*, Rundfunkbegriff, S. 146 ff.
[1038] BVerfGE 74, 297 ff.
[1039] BVerfGE 74, 297 (351f.)
[1040] BVerfGE 83, 238 ff.
[1041] BVerfGE 83, 238 (302f.)

arten und deren Vergleichbarkeit mit der Funktion von Presse oder Rundfunk abgestellt, erscheint dieses Abgrenzungskriterium nicht aussagekräftig. Denn wenn man mit dem Bundesverfassungsgericht auf die typische *Funktion* des Rundfunks abstellt und diese in der besonderen Einflussnahme auf die individuelle und öffentliche Meinungsbildung sehen will[1042], so muss man zugestehen, dass dies gerade auch die typische Funktion der Presse ist, denn beide Medien dienen der individuellen und öffentlichen Meinungsbildung. Die angeführte „Breitenwirkung, Aktualität und Suggestivkraft“[1043] des Rundfunks bezieht sich auf die *Wirkungsweise*, die ihn gerade zum „Medium und Faktor„ der öffentlichen Meinungsbildung macht, nicht aber auf die verfassungsrechtlich vorgesehen Funktion. Zu einem anderen Ergebnis gelangt man, wenn man – ebenfalls mit dem Bundesverfassungsgericht – anerkennt, dass der Rundfunk seinen „klassischen Auftrag“ im Rahmen des Rundfunkprogramms im herkömmlichen Sinne erfüllt[1044], denn damit wäre lediglich die Ausstrahlung eines Gesamtprogramms als Rundfunk zu begreifen. Einzelne Internetseiten würden aus dem Rundfunkbegriff herausfallen. Damit würden aber alle Dienste, die meinungsrelevante Themen einzeln, d. h. nicht in einem gesamthaft ablaufenden Programm, anbieten, keinen Rundfunk im verfassungsrechtlichen Sinne darstellen; Fernsehtext und vergleichbare Dienste wären dann anders zu qualifizieren.

Weiter können sich die Anhänger eines funktionalen Ansatzes auf die Aussagen des Bundesverfassungsgerichts zu sog. programmbegleitenden Druckwerken[1045] stützen. Zwar geht hier das Gericht davon aus, dass die Abgrenzung von Presse und Rundfunk prinzipiell von dem gewählten Verbreitungsmittel abhänge, dies bedeute jedoch nicht, dass die Nutzung eines bestimmten Mediums stets nur in den Schutzbereich einer einzigen der in Art. 5 Abs. 1 Satz 2 GG genannten Freiheitsverbürgung fallen könne. Und ebenso wenig habe die Zuordnung dieses Mediums zu einem bestimmten Grundrechtstatbestand zur Folge, dass die Zuordnung eines anderen Mediums zu dem selben Grundrechtstatbestand von vorneherein ausgeschlossen sei[1046]. Mit diesen Aussagen wurden programmbezogene Druckwerke von öffentlich-rechtlichen Rundfunkanstalten dem Bereich der Rundfunkfreiheit zugeordnet. Mit einem Umkehrschluss sollen damit aber auch mittels elektronischer Kommunikationstechnik verbreitete Texte der Presse zugeordnet werden können, wenn diese funktional ein Druckwerk ersetzten oder ergänzten[1047]. Gleichzeitig wird diese Auffassung insoweit eingeschränkt, als Teletexte, die einen Bezug zu einem Rundfunkprogramm oder einem Rund-

---

1042 Vgl. BVerfGE 83, 238 (302); 74, 297 (350); 12, 205 (259ff.)
1043 Vgl. BVerfGE 90, 60 (87).
1044 Vgl. BVerfGE 90, 60 (90).
1045 Vgl. BVerfGE 83, 238 (312f.)
1046 BVerfGE 83, 238 (313).
1047 *Bethge*, in: Sachs, GG, Art. 5 Rn. 88.

funkveranstalter aufweisen und programmbegleitende, -unterstützende oder – ergänzende Daten enthalten, dem Rundfunk zugesprochen werden[1048]. Damit wird die Abgrenzung jedoch wieder mit einer Beliebigkeit belastet, da keine klare Linie erkennbar ist. Programmergänzungen können ein weites Feld darstellen[1049].

Der funktionale Ansatz hilft daher nur weiter, wenn er entweder mit dem technischen Ansatz verbunden wird, oder aber auf die Darstellungsform des Kommunikationsinhaltes (Texte, Bewegtbilder) sowie auf die Art der Rezeption des Kommunikationsinhalts (Lesen, Anschauen) abgestellt wird. Mit Letzterem würde man die Abgrenzung auf die Aussage reduzieren: alles was man lesen kann, ist Presse. Schwieriger wird es schon, wenn Bilder in den Text eingearbeitet sind. Zum Rundfunk würde es dann vollends werden, wenn es sich dabei um Bewegtbilder handelt. Eine trennscharfe Abgrenzung wird sich daher mit dem funktionalen Ansatz auch hier nicht erreichen lassen. Aus Gründen der Rechtssicherheit, der in weiten Teilen der Literatur das Wort geredet wird, muss man sich dem technischen Ansatz anschließen[1050].

3. Das Meinungsrelevanz-Kriterium

Meinungs(bildungs)relevanz bedeutet, dass ein Kommunikationsinhalt Einfluss auf die öffentliche Meinungsbildung haben kann. Die Abgrenzung nach dem Meinungsrelevanz-Kriterium besagt vereinfachend Folgendes: Alle öffentlich verbreiteten Kommunikationsdienste, die meinungsrelevant sind, d. h. zur Meinungsbildung des Rezipienten beitragen können oder sollen, fallen wegen ihrer Vergleichbarkeit mit dem Rundfunk in den Regelungsbereich der Länder, falls ihnen nicht sowieso die Zuordnung zum verfassungsrechtlichen Rundfunkbegriff gewährt werden muss. Bei Kommunikationsdiensten, denen man eine Meinungsrelevanz absprechen muss, wäre hingegen der Bund für die Regulierung zuständig[1051]. Letzteres gelte insbesondere für die wirtschaftlich-kommerzielle Telekommunikation wegen Art. 74 Abs. 1 Nr. 11 GG. So sieht § 2 Abs. 2 Nr. 2 Teledienstegesetz vor, dass Informations- und Kommunikationsdienste nicht Teledienste im Sinne des Bundesgesetzes sind, wenn bei ihnen die „redaktionel-

[1048] *Gersdorf*, Rundfunkbegriff, S. 146.
[1049] So auch *VG Saarbrücken*, ZUM 1995, S. 644.
[1050] So *Gounalakis*, ZUM 2003, S. 181; *Jarass*, Online-Dienste und Funktionsbereich des Zweiten Deutschen Fernsehens, S. 17; *Daufeldt*, S. 41.
[1051] Vgl. *Gersdorf*, in: Prinz/Peters, FS Engelschall, S. 178; *Gounalakis*, Konvergenz der Medien, S. 54 und 111; *Trafkowski*, Medienkartellrecht, S. 212, 214; *Gounalakis*, ZUM 2003, S. 183; *VG Düsseldorf*, Beschluss vom 19.12.2002, MMR 2003, S. 206.

le Gestaltung zur Meinungsbildung für die Allgemeinheit im Vordergrund steht“[1052].

Auch das Meinungsrelevanz-Kriterium ist letztlich im Zusammenhang mit der Diskussion über den verfassungsrechtlichen Rundfunkbegriff zu begreifen. Als Merkmal des Rundfunkbegriffs wurde in Rechtsprechung und Literatur neben der Bestimmung für die Allgemeinheit und die Verbreitung mit fernmeldetechnischen Übertragungsmedien der Begriff der Darbietung herausgearbeitet. Dabei stehen sich zwei Ansichten, wann eine Darbietung vorliegt, gegenüber. Nach einer Ansicht ist dabei als Merkmal der Darbietung die Meinungsrelevanz, d. h. die Eignung und Bedeutung des Kommunikationsinhalts für die öffentliche Meinungsbildung heranzuziehen. Dies wurde bei der Darstellung des verfassungsrechtlichen Rundfunkbegriffs ausgeführt[1053].

Vorgeschlagen wird nun, auch für die neuen Kommunikationsarten eine Abgrenzung nach der Wirkungsweise der unterschiedlichen elektronischen Medien vorzunehmen[1054]. *Gounalakis* begründet dies mit einem funktionalen Rundfunkbegriff[1055]. Danach seinen alle neuen Kommunikationsdienste wie Rundfunk zu behandeln, wenn sie in Bezug auf die Meinungsrelevanz eine dem Rundfunk vergleichbare Funktion aufweisen. Damit wird das Meinungsrelevanzkriterium in zweifacher Hinsicht zu Abgrenzungszwecken herangezogen. Zum einen wird innerhalb des verfassungsrechtlichen Rundfunkbegriffs anhand der Meinungsrelevanz des Kommunikationsinhalts bzw. der Kommunikationsdarstellung entschieden, ob der „strenge“ Rundfunkstaatsvertrag oder der Mediendienste-Staatsvertrag Anwendung findet[1056]. Die Notwendigkeit ausgestaltender Regelungen wird anhand der Meinungsrelevanz des betreffenden Angebots gemessen[1057]. Zum Zweiten wird nun im Zuge der Diskussion über die Gesetzgebungskompetenzen bei den neuen Kommunikationsarten der Begriff der Meinungsrelevanz aufgegriffen und als Abgrenzungskriterium aufbereitet[1058].

Stütze findet auch dieser Einteilungsversuch anhand des Meinungsrelevanzkriteriums wieder in der Rechtsprechung des Bundesverfassungsgerichts. In seiner

---

[1052] Vgl. auch § 2 Abs. 4 Nr. 3 TDG.

[1053] S. oben Teil 6 II 2 a.

[1054] *Determann*, S. 409; vgl. auch § 2 Abs. 2 Nr. 2, Abs. 4 Nr. 3 TDG: „... redaktionelle Gestaltung ...“.

[1055] *Gounalakis*, ZUM 2003, S. 184.

[1056] *Hochstein*, NJW 1997, S. 2979; *Janik*, AfP 2000, S. 10 und 15; vgl. auch *Dittmann*, in: Dittmann/Sander/Fechner, Symposion Oppermann, S. 32 ff.; *Schulz/Jürgens*, S. 41.

[1057] *Schulz*, ZUM 1996, S. 487; *Kresse/Heinze*, AfP 1995, S. 578; *Gounalakis*, ZUM 2003, S. 186 ff.

[1058] *Bullinger*, AfP 1996, S. 1 ff; ablehnend *Schulz* ZUM 1996, S. 493; *Trafkowski*, Medienkartellrecht, S. 212 ff.

Niedersachsen-Entscheidung hat das Gericht angedeutet, dass im Rundfunkrecht eine abgestufte Regulierung je nach dem Ausmaß der Beeinflussung der Meinungsbildung durch den jeweiligen Dienst möglich sei[1059]. Die Ausführungen bezogen sich dabei auf die einfachrechtlichen Anforderungen bei der Weiterverbreitung ausländischer Rundfunkprogramme. Damit hat das Gericht die Möglichkeit angedeutet, allgemein diejenigen Massenmedien, die zwar eine gewisse, im Einzelfall aber stark variierende Bedeutung für die Meinungsbildung erreichen, bei denen aber nicht mehr von einer „Meinungsmacht" gesprochen werden kann, weniger strengen Anforderungen zu unterstellen, als solche Dienste, die zu den prägenden Faktoren der öffentlichen Meinungsbildung zählen. Dieser Gedanke wird nun fortentwickelt und für die Abgrenzung der Gesetzgebungskompetenzen nutzbar zu machen versucht.

Allerdings lässt sich mit einer Aussage des Bundesverfassungsgerichts auch gegen das Meinungsrelevanz-Kriterium als Abgrenzungsmerkmal argumentieren. In inhaltlicher Hinsicht hat das Gericht wiederholt klargestellt, dass es (beim Rundfunk) innerhalb des Schutzbereiches von Art. 5 Abs. 1 Satz 2 GG keine Hierarchie der Inhalte gebe: Unterhaltungsprogramme, Spielfilme, Dokumentationen genießen ebenso wie Nachrichten und politische Magazine den Schutz des Art. 5 Abs. 1 Satz 2 GG[1060], der alle Gedankeninhalte umfasst, die geeignet sind meinungsbildend auf den Adressaten zu wirken. Dabei wurde nicht auf das Maß der Meinungsrelevanz abgestellt. Eine irgendwie gegebene Möglichkeit der öffentlichen Meinungsbildung reiche aus. Dies kann aber bei fast allen Inhalten der elektronischen Kommunikation festgestellt werden. Nach den tragischen Ereignissen in Erfurt wird man insbesondere auch Computerspiele, die nicht auf festen Medien (z.B. CD-ROM) vertrieben, sondern auch im Internet verbreitet werden, als meinungsbildend ansehen müssen[1061].

Sinnvoll kann die Anwendung des Meinungsrelevanzkriteriums nur sein, wenn es aussagekräftig genug für die Zuordnung von elektronischer Kommunikation im Rahmen der Gesetzgebungskompetenzen ist, d. h., wenn geklärt werden kann, wann Dienste meinungsrelevant sind und wann nicht. Hierzu wird auch auf die Ausführungen zum verfassungsrechtlichen Rundfunkbegriff zurück zu greifen sein, da hier mit dem Kriterium schon längere Zeit im Rahmen des Merkmals „Darbietung" argumentiert wird.

[1059] BVerfGE 73, 118 (202).

[1060] BVerfGE 57, 295 (319); 59, 231 (257); 73, 118 (152); 74, 297 (323).

[1061] Das bevorzugte Spiel des Täters von Erfurt („Counterstrike") wurde im Internet verbreitet. Dazu: *Mocek*, Angriff aus der Cyber-Welt, Counterstrike, das Killer-Spiel, das der Mörder von Erfurt so liebte: „Wir sehen uns als Sportler, nicht als Kämpfer" in: SZ vom 21.03.2002, S. 3. Vgl. aber § 2 Abs. 2 Nr. 4 TDG: Angebote zur Nutzung von Telespielen.

Das Meinungsrelevanzkriterium verspricht bei der Abstufung innerhalb des verfassungsrechtlichen Rundfunkbegriffs insofern Sachgerechtigkeit, als dabei versucht wird, auf die faktische Bedeutung eines neuen Mediums für die Informations- und Kommunikationsfreiheit abzustellen. Allerdings haften dem Kriterium der Meinungsrelevanz auch einige Schwächen an. So herrscht weder Einigkeit über die Wirkungsweise der einzelnen neuen Medien, noch darüber, wie die Wirkungsweise abstrakt zu bewerten sein soll[1062]. Die Wirkungsweise eines neuen Mediums ist bei seiner Einführung auch schwer vorherzusagen[1063]. Im einfachrechtlichen Bereich stellt die Darbietung das alleinige Abgrenzungskriterium für Rundfunk und Mediendienste dar, denn beide teilen die rundfunktechnische Übertragung und die Adressierung an die Allgemeinheit. Diese Überlegungen wurden insbesondere in § 20 Abs. 2 Satz 1 RStV umgesetzt. Danach unterliegen Mediendienste, die wegen ihrer besonderen Aufmachung dem Rundfunk i. S. d. einfachgesetzlichen Definition anzusehen sind, den Bestimmungen des Rundfunkstaatsvertrages. Auf der anderen Seite wird in § 20 Abs. 3 RStV für den so genannten „Bagatellrundfunk“, also Rundfunk, der nicht in erheblichem Maße der öffentlichen Meinungsbildung dient, ein vereinfachtes Zulassungsverfahren ermöglicht.

Da sich zukünftig ein Großteil der grundrechtlich geschützten Freiheitsbetätigungen „im Netz“ vollziehen wird und diese Form der Freiheitsentfaltung von mehr oder minder ausgeprägter Relevanz für den öffentlichen Meinungsbildungsprozess sein dürfte, könnte man *Gersdorf* zustimmen, dass die Rundfunkfreiheit zu einem „Supergrundrecht“ mutieren könnte, das den anderen Grundrechten die Luft zum Atmen nähme, wollte man alle für die öffentliche Meinungsbildung relevanten und auf elektromagnetischem Wege transportierten Daten dem verfassungsrechtlichen Rundfunkbegriff zuschlagen, sofern sie keine Presse seien[1064]. Die „Darbietung“ als Tatbestandmerkmal des Rundfunkbegriffs dürfte insoweit nur einen unzureichenden Schutz gegen eine solche Ausuferung des sachlichen Anwendungsbereiches der Rundfunkfreiheit bieten, da nur wenige Ausnahmefälle denkbar sind, in denen die entsprechenden Daten für die öffentliche Meinungsbildung irrelevant sind[1065]. Diese Aussage mag dann richtig sein, wenn man sich der oben dargestellten Meinung anschließt, dass es für eine rundfunkmäßige Darbietung ausreiche, wenn der übertragene Inhalt zur öffentlichen Meinungsbildung geeignet sei. *Jarass* merkt in der Diskussion zum verfassungsrechtlichen Rundfunkbegriff andererseits an, dass man vorsichtig mit der

[1062] Vgl. *Schulz*, ZUM 1996, S. 492. Dieser Arbeit gehen *Schulz/Held/Kops* in ihrer Untersuchung nach. Vgl. ZUM 2001, S. 634.
[1063] *Ring*, ZUM 1998, S. 359ff.
[1064] *Gersdorf*, in: Dittmann/Fechner/Sander, Symposion Oppermann, S. 142; vgl. auch *Bullinger/Mestmäcker*, S. 154.
[1065] *Gersdorf*, in: Dittmann/Fechner/Sander, Symposion Oppermann, S. 142.

These sein müsse, Kommunikation, die nur in geringem Maße der öffentlichen Meinungsbildung diene oder keine publizistische Relevanz besitze, nicht als Rundfunk einzustufen[1066].

Übertragen auf die vom Rundfunkbegriff losgelöste Diskussion um die Meinungsrelevanz als Abgrenzungskriterium für die Gesetzgebungskompetenzen bedeutet dies, dass eine klare Trennlinie, ab wann ein Kommunikationsinhalt noch meinungsrelevant ist oder nicht, nicht gezogen werden kann[1067]. Einen festen Maßstab „Meinungsrelevanz" gibt es nicht. Damit eröffnet auch das Relevanzkriterium aufgrund seines schwach ausgeprägten Bestimmtheitsgrades dem Rechtsanwender erhebliche Wertungs- und Gestaltungsspielräume[1068] und erscheint als Abgrenzungskriterium ebenfalls wenig brauchbar[1069].

III. Zusammenfassung bei den Abgrenzungskriterien

Der verfassungsrechtliche Rundfunkbegriff bietet aufgrund seiner Offenheit und geringen Trennschärfe nur unzureichende Abgrenzungskriterien, um „Neue Medien" bzw. so genannte rundfunkähnliche Kommunikationsdienste dem Rundfunkbegriff zuordnen oder von diesem abtrennen zu können[1070]. Auf der Suche nach geeigneten Kriterien für die Abgrenzung von Rundfunk und „Neuen Diensten" ist eine endgültige Lösung noch nicht gefunden[1071]. Darüber hinaus bietet der Begriff keine Hilfe bei der Zuordnung von Individualkommunikation zu den Gesetzgebungskompetenzen. Die Grenzen von Massenkommunikation und Individualkommunikation scheinen durch die Verwendung der neuen, digitalen Technik zu verwischen. Dies gilt besonders, wenn man nicht sorgfältig die einzelnen Handlungen im Rahmen von Kommunikationsvorgängen voneinander trennt und Angebote an die Öffentlichkeit sowie die hierauf erfolgenden individualkommunikative Antwort als einheitlichen Vorgang der „wirtschaftlichen Kommunikation" bezeichnet.

Bei der Arbeit mit den Begriffen Massenkommunikation, Rundfunk, Presse und Meinungsrelevanz bzw. meinungsrelevanter Kommunikation bleibt auch ungelöst, was es für Konsequenzen haben soll, wenn die neuen Kommunikationsmöglichkeiten nicht diesen Begriffen zugeordnet werden können. Ein Umkehr-

---

1066 *Jarass*, AfP 1998, S. 134. Dazu bereits oben.
1067 Ähnlich *Bermanseder*, ZRP, 1997, S. 332.
1068 *Daufeldt*, S. 39.
1069 Ebenso *Janik*, AfP 2000, S. 11 für die einfachgesetzliche Unterscheidung von Rundfunk und Mediendiensten.
1070 Ebenso *Janik*, AfP 2000, S. 9; *Schulz/Jürgens*, S. 40.
1071 *Bermanseder*, ZRP 1997, S. 332.

schluss ist im Rahmen der Gesetzgebungskompetenzen verfassungsrechtlich wegen Art. 70 Abs. 1 GG nicht zulässig, wenn damit ein fester Kompetenzrahmen für die Länder eingeführt wird. Diese Begriffe wirken daher nur einseitig rechtssichernd. Fällt z. B. die neue elektronische Kommunikation nicht unter den Begriff des Rundfunks oder der Presse, kann der Bund aus diesem Befund nicht automatisch eine Gesetzgebungskompetenz für sich herleiten[1072]. Dies gilt auch und insbesondere für den Bereich der sog. Individualkommunikation. Das Bundesverfassungsgericht hat in seinem ersten Rundfunkurteil[1073] ausdrücklich klargestellt: „Das Grundgesetz geht bei der Ordnung der Gesetzgebungskompetenzen von Bund und Ländern vom Grundsatz der Länderkompetenz aus (...). In der Regel können daher Gesetzgebungsbefugnisse des Bundes nur auf eine ausdrückliche Verleihung durch das Grundgesetz gestützt werden. Bei Zweifeln über die Zuständigkeit des Bundes spricht keine Vermutung zugunsten einer Bundeskompetenz. Die Systematik des Grundgesetzes erfordert vielmehr eine strikte Interpretation der Art. 73 ff. GG."[1074] Darüber hinaus wäre auch bei Anwendung der genannten Abgrenzungskriterien Art. 72 Abs. 2 GG zu beachten, der durch das Bundesverfassungsgericht eine restriktive Auslegung erfahren hat.

Als Ergebnis kann festgehalten werden, dass die Verwendung der dargestellten Begriffspaare nicht zu dem gewünschten Ergebnis führen kann, die Abgrenzung der Gesetzgebungskompetenz im Bereich der elektronischen Kommunikation zu leisten. Es ist auch bei ihrer Anwendung kein Grund ersichtlich, dem Bund zusätzlich eine über die in Teil 5 gefundenen Zuständigkeiten hinausgehende Gesetzgebungskompetenz im Bereich der elektronischen Individualkommunikation zuzusprechen. Daher ist ein Lösungsweg zu beschreiten, der auch für die Fragen der Gesetzgebungskompetenz bei der Individualkommunikation zu Rechtssicherheit führt, weil er auch das berücksichtigt, was nicht unter die in diesem Kapitel behandelten Begriffe wie Massenkommunikation, Rundfunk, Presse und meinungsrelevante Kommunikation fällt. Die Frage nach der Gesetzgebungskompetenz für Kommunikationsinhalte ist daher aufgrund einer von den einzelnen Kompetenznormen und den einzelnen Abgrenzungskriterien losgelösten Ebene neu zu überdenken.

[1072] *Gersdorf*, in: Prinz/Peters, FS Engelschall, S. 174 für den Bereich der Presse; *Stettner*, in: Dreier, GG, Art. 73 Rn. 31; *Röger*, ZRP 1997, S. 209.
[1073] BVerfGE 12, 205 ff.
[1074] BVerfGE 12, 205 (228).

Teil 7: Neuer Lösungsansatz für die Kompetenzabgrenzung

Der Blick auf die anzuwendenden Kompetenznormen bietet für Regelungen, die den Inhalt von elektronischer Kommunikation betreffen, keine abschließenden und eindeutigen Aussagen[1075]. Erkennbar ist, dass das grundgesetzliche Kompetenzgefüge den Ländern eine umfassende Gesetzgebungskompetenz zur inhaltsbezogenen Regelung von massenmedialer elektronischer Kommunikation zuweist[1076]. Zweifelhaft bleibt weiterhin der Bereich der elektronischen Individualkommunikation. Nach *Pappi* komme weder dem Bund noch den Ländern eine Hauptkompetenz für entsprechende Regelungen zu[1077]. Begründet wird dies mit den grundrechtlichen Aussagen, dass Individualkommunikation grundsätzlich Inhaltsregelungen verfassungsrechtlich nicht zugänglich sei, weder für Bestimmungen des Bundes noch der Länder. Für die Beobachtung der Kommunikation ist allerdings aufgrund Art. 10 Abs. 1 und 2 GG die elektronische Individualkommunikation nicht regelungsfrei. Darüber hinaus ist nicht zu verkennen, dass auch Kommunikationsmöglichkeiten, die nicht eindeutig Massenkommunikation sind, rechtlich problematische Inhalte übertragen und daher Regelungen für diesen Bereich notwendig machen können.

Die Versuche, mittels eingeführter und bisher verwendeter Begriffe und Abgrenzungskriterien zu einer verfassungsrechtlich tragfähigen Zuordnung zu den Kompetenzbereichen von Bund und Ländern zu kommen, führten nicht zur gewünschten und erforderlichen Rechtssicherheit in diesem Bereich. Es soll ausgehend von der Bedeutung der Kommunikation für die Gesellschaft und den Aussagen des Grundgesetzes hierzu ein neuer Lösungsweg diskutiert werden, der die Frage der Gesetzgebungskompetenzen für die elektronische Kommunikation umfassend, d. h. losgelöst von einzelnen bestehenden Kommunikationsmöglichkeiten und –formen behandelt.

I. Die Bedeutung der Kommunikation im Gefüge des Grundgesetzes

Wie die Darstellung der für die Kommunikation insgesamt und für die elektronische Kommunikation im Besonderen geltenden Grundrechtsnormen gezeigt hat[1078], verwendet das Grundgesetz einen nicht unerheblichen Aufwand darauf, Kommunikation vor staatlichem Einfluss, aber auch vor Gefahren, die dem Freiheitsbereich von Dritter Seite drohen, zu schützen. Im Wesentlichen geht es

[1075] *Trafkowski*, Medienkartellrecht, S. 232.
[1076] Ebenso *Pappi*, S. 148.
[1077] *Pappi*, S. 148.
[1078] Oben Teil 4.

dabei auch um den Schutz des Kommunikationsinhalts vor staatlichem Zugriff und Einflussnahme. Dies geschieht vor allem vor dem Hintergrund der herausragenden Bedeutung, die Kommunikation in einem modernen Gemeinwesen für den Einzelnen und die Gesellschaft hat. Das Bundesverfassungsgericht führt aus: „Freie Meinungsbildung als Voraussetzung sowohl der Persönlichkeitsentfaltung als auch der demokratischen Ordnung vollzieht sich in einem Prozess der Kommunikation ...“[1079]. Persönlichkeitsentfaltung durch Kommunikation setzt dabei auf der einen Seite die Freiheit voraus, Meinungen zu äußern und zu verbreiten, auf der anderen Seite die Freiheit, geäußerte Meinungen zur Kenntnis zu nehmen, sich zu informieren. Indem Art. 5 Abs. 1 GG Meinungsäußerungs-, Meinungsverbreitungs- und Informationsfreiheit als Grundrechte gewährleiste, suche die Vorschrift zugleich diesen Prozess verfassungsrechtlich zu schützen. Dabei ist festzuhalten, dass der grundrechtliche Schutz der Kommunikation in das Grundgesetz implantiert wurde, als noch niemand von der Informations- und Wissensgesellschaft gesprochen hat. Wie viel mehr Bedeutung kommt dem Schutz der Kommunikation damit in der nachindustriellen Gesellschaft zu?[1080]

Der hohe Rang der Kommunikationsfreiheiten ist auch in der Auslegung des Art. 5 Abs. 1 GG durch das Bundesverfassungsgericht seit dem Lüth-Urteil[1081] anerkannt. Im Lüth-Urteil hat es die Meinungsfreiheit als eine der „vornehmsten Menschenrechte überhaupt“ bezeichnet, das „in gewissem Sinne die Grundlage jeder Freiheit überhaupt sei“[1082]. Art. 5 Abs. 1 GG ist Teil des in der Menschenwürde wurzelnden elementaren Rechts auf Denkfreiheit, auf die individuell-private Befriedigung von geistiger Neugier, Wissensdurst und Mitteilungsbedürfnis und auf mitmenschliche Kommunikation[1083]. Die Rechtsprechung betont die systematische Nähe von Art. 5 Abs. 1 GG zu Art. 1 Abs. 1 GG (Menschenwürde) und Art. 2 Abs. 1 GG (Allgemeines Persönlichkeitsrecht)[1084]. Die verschiedenen wirkungsmächtigen Kommunikationsfreiheiten konstituieren einen

---

1079 BVerfGE 90, 60 (87); vgl. auch *Kloepfer*, Informationsrecht, § 3 Rn. 8.

1080 Vgl. *Mayer*, NJW 1996, S. 1788: „Was aber, wenn in Zukunft die Straßenecke, verstanden als physischer Ort der sozialen Interaktivität zunehmend unüblich wird, und soziale Interaktion sich zunehmend im Cyberspace abspielt?“.

1081 BVerfGE 7, 198.

1082 BVerfGE 7, 198 (208).

1083 *Schulze-Fielitz*, in: Dreier, GG, Art. 5 I,II, Rn. 28.

1084 BVerfGE 33, 1 (17); 57, 170 (177 ff.). Dies wird insbesondere deutlich bei der Unterbindung von privater Kommunikation. Private Briefe eines Strafgefangenen an seine Eltern bzw. Verlobte dürfe auch dann nicht zurückgehalten werden, wenn sie Beleidigungen der Anstaltsleitung oder des verurteilenden Gerichts enthalten: derartige Mitteilungen fallen in „einen unantastbaren Bereich privater Lebensführung (...), der der Einwirkung öffentlicher Gewalt entzogen ist (BVerfGE 35, 35 (39))“.

sozialen, von Art. 5 Abs. 1 GG geschützten Kommunikationsprozess[1085]. Nicht nur für die einzelnen Mitglieder der Gesellschaft, sondern auch für den freiheitlich-demokratischen Verfassungsstaat insgesamt geht das Bundesverfassungsgericht in gefestigter Rechtsprechung von einem überragenden Rang der Kommunikationsgrundrechte aus[1086]. Das Grundrecht auf freie Meinungsäußerung wird für eine freiheitlich demokratische Staatsordnung als schlechthin konstituierend angesehen. Eine Einschränkung bedarf grundsätzlich einer Rechtfertigung durch hinreichend gewichtige Gemeinwohlbelange oder schutzwürdige Rechte und Interessen Dritter[1087]. Für Rundfunk und Presse wurde dies ebenfalls dem Grundgesetz entnommen[1088]. Das Grundgesetz weist weiter „den in Art. 10 Abs. 1 GG garantierten Grundrechten des Brief-, Post- und Fernmeldegeheimnisses hohen Rang zu."[1089]

Eine weitere, in der bisherigen Untersuchung noch nicht in Erscheinung getretene Norm des Grundgesetzes im Zusammenhang mit den Grundrechten unterstreicht nochmals die Bedeutung freier Kommunikation für die Demokratie: Art. 18 GG. Die Norm regelt die Verwirkung von Grundrechten. „Art. 18 GG dient der Abwehr von Gefahren, die der freiheitlich-demokratischen Grundordnung durch individuelle Betätigung drohen können. Er richtet sich gegen den Einzelnen, der Kraft seiner Fähigkeiten und der ihm zur Verfügung stehenden Mittel eine um der Erhaltung der Verfassung willen zu bekämpfende Gefahr schafft (...)"[1090]. Von den insgesamt sieben in Art. 18 GG genannten Freiheitsrechten des Grundgesetzes (dabei werden die Meinungsfreiheit mit der Pressefreiheit sowie die Brief-, Post- und Fernmeldefreiheit zusammengefasst !) befassen sich vier unmittelbar mit Kommunikation (Art. 5 Abs. 1, 5 Abs. 3, 8 und 10 GG); die Vereinigungsfreiheit (Art. 9 Abs. 1 GG) hat ebenfalls einen starken Kommunikationsbezug[1091]. Das deutliche Übergewicht der in Art. 18 GG genannten kommunikationsbezogenen Grundrechte zeigt die Macht und die Gefährlichkeit von Kommunikation sowie die Möglichkeit, wie man sie auch für bestimmte Zwecke einsetzen und missbrauchen kann, um gerade die freiheitlich-demokratische Grundordnung unsere Gesellschaft zu zerstören. Indem das Grundgesetz selbst die Gefahr, die mit freier, von staatlicher Seite ungehinderter Kommunikation für eine demokratische Gesellschaft einhergehen kann, erkennt und die entsprechenden Gegenmaßnahmen hierfür vorsieht, nämlich die Aberkennung von

[1085] BVerfGE 57, 295 (319 f.); 83, 238 (295 f.)
[1086] BVerfGE 7, 198 (208).
[1087] St. Rspr., vgl. BVerfGE 102, 347 (363); 20, 56 (97).
[1088] BVerfGE 12, 205 (260).
[1089] BVerfGE 67, 157 (171).
[1090] BVerfGE 38, 23 (24).
[1091] Vgl. auch *Gröschner*, in: Dreier, GG, Art. 18 Rn. 17 und 21; *Krebs*, in: v.Münch/Kunig, Art. 18 Rn. 7

Grundrechten, spiegelt sich hier auf eindrucksvolle Weise die Bedeutung von Kommunikation für das freie menschliche Zusammenleben in einer Demokratie wider.

Ein zusätzlicher Hinweis auf die Bedeutung der Kommunikation und der Inhalte derselben, ist der auch auf europäischer Ebene geführten Diskussion um die Frage des Zugangs des einzelne Bürgers zu den neuen elektronischen Diensten zu entnehmen. Diskutiert wird hier vor allem der Umfang der Verpflichtung des Staates, den Zugang zu den Diensten für die Öffentlichkeit zu gewährleisten[1092]. Festzuhalten ist damit, dass der Kommunikation und den Kommunikationsfreiheiten im Rahmen des Grundgesetzes eine überragende Bedeutung zukommt.

II. Die Gegenüberstellung der Grundrechtsnormen und der Kompetenztitel

Die Grundrechte sind nach der im vorangegangenen Kapitel (Teil 7 I.) dargestellten Wertentscheidung nicht nur Abwehrrechte des Bürgers gegen den Staat, sondern auch objektive Prinzipien, die als verfassungsrechtliche Grundentscheidung für alle Bereiche des Rechts gelten[1093]. Damit können aus den Aussagen der Grundrechte Rückschlüsse für die Auslegung der Kompetenznormen gezogen werden, auch wenn das Bundesverfassungsgericht deutlich gemacht hat, dass Art. 5 GG selbst keine Kompetenznorm darstellt, sondern lediglich denjenigen bindet, der die Veranstaltung von Rundfunksendungen zu regeln habe[1094]. *Bullinger/Mestmäcker* werfen die Frage auf, ob die Wechselbezüglichkeit von materiellen Garantien und Regelungskompetenzen im Falle einer Veränderung des Schutzbereichs materieller Verfassungsgarantien nicht dazu führe, dass sich der Anwendungsbereich der entsprechenden Gesetzgebungskompetenzen verschiebe[1095]. Für Fragen nach der Kompetenzabgrenzung könne vor allem Art. 5 Abs. 1 Satz 2 GG herangezogen werden[1096]. Von den dort genannten Massenmedien finde sich lediglich die Presse in Art. 75 Abs. 1 Nr. 2 GG wieder. Hieraus wird der Schluss gezogen, dass die übrigen genannten Massenmedien gerade nicht in den Kompetenzbereich des Bundes fallen[1097]. Wenn man zutreffend auch

---

[1092] Vgl. dazu *Tettenborn*, K&R 1998, S. 159 – Tagungsbericht der 5. Europäischen Medienministerkonferenz des Europarates. *Schoch*, VVDStRL Band 57 (1998), S. 200 ff.; *Stettner*, in: Merten/Schmidt/Stettner, FS Knöpfle, S. 357 f. und 363 ff.; *Mecklenburg*, ZUM 1997, S. 530 und 540; *Mayer*, NJW 1996, S. 1788.

[1093] BVerfGE 7, 198 (204 f.); *Grimm*, NJW 1995, S. 1697.

[1094] BVerfGE 12, 205 (242).

[1095] *Bullinger/Mestmäcker*, S. 136, heben dies insbesondere hervor, um mit dem Begriff der „elektronischen Presse" eine Ausweitung des Schutzbereichs der Pressefreiheit zu rechtfertigen.

[1096] So auch BVerfGE 12, 205 (228).

[1097] *Trafkowski*, Medienkartellrecht, S. 226.

alle sonstigen denkbaren Massenkommunikationsmittel hinsichtlich ihres grundrechtlichen Schutzes in Art. 5 Abs. 1 Satz 2 GG verortet, so muss folgerichtig auch die Gesetzgebungskompetenz für diese Massenmedien den Ländern zugesprochen werden. Dies kann heute schon als herrschende Meinung angesehen werden.

Problematisch bleibt auch hier die Zuständigkeit für die Regulierung, Beobachtung und Bewertung der Individualkommunikation bzw. der Kommunikation, die nicht eindeutig der Massenkommunikation zugeordnet werden kann[1098]. Diese neuen Kommunikationsmöglichkeiten finden ihren grundrechtlichen Schutz vornehmlich in Art. 5 Abs. 1 Satz 1 GG und Art. 10 Abs. 1 GG. Schlägt man hier eine Brücke zu den Kompetenznormen des Grundgesetzes, so wird man lediglich für Art. 10 Abs. 1 GG eine passenden Brückenpfeiler in den Art. 74 Abs. 1 Nr. 1 GG und Art. 73 Nr. 10 Buchst. a und b GG finden und damit ein Zuständigkeit des Bundes für einen sehr eingeschränkten Bereich (Beobachtung bzw. Überwachung des Fernmeldeverkehrs zu eng definierten Zwecken) begründen können.

Die Diskussion um die Kommunikationsverfassung (Teil 4 II.) zeigt andererseits deutlich, dass im Zuge der Ausweitung der Kommunikationsmöglichkeiten nach einer Vereinheitlichung des Schutzes all dieser Kommunikationsmöglichkeiten gesucht wird, da eine Einteilung und unterschiedliche Behandlung ab einem gewissen Punkt der Differenzierung nicht mehr leistbar sein wird. Sollte eine Kommunikationsverfassung zukünftig aufgestellt werden, so hätte dies bei Beibehaltung des oben gefundenen Argumentationsmusters zur Zuständigkeit der Massenkommunikationsmittel zur Folge, dass sämtliche übertragenen Kommunikationsinhalte der Gesetzgebungszuständigkeit der Länder unterfallen, soweit nicht aus einzelnen Kompetenznormen eine Zuständigkeit des Bundes begründbar ist (s. dazu Teil 5). Die maßgebliche Bedeutung der Massenkommunikationsmittel für die Bildung der öffentlichen Meinung und damit für den freiheitlich-demokratischen Staat lässt es gerechtfertigt erscheinen, die Regelungskompetenz für die Individualkommunikation der Regelungskompetenz für die Massenkommunikation hinzuzuschlagen.

III. Das „Sachgebiet" Kommunikation (-sinhalte) im Grundgesetz

Im Folgenden soll erörtert werden, ob es sich bei „Kommunikation" um ein eigenständiges Sachgebiet im Rahmen des Grundgesetzes handelt, das einer eigenständigen Kompetenzordnung zugänglich ist. Dabei soll beim Begriff der

[1098] Vgl. auch *Trafkowski*, Medienkartellrecht, S. 230 f.

Kommunikation nur die inhaltliche Seite betrachtet werden, denn bei jeder Art der elektronischen Kommunikation ist zwischen dem Inhalt und den Übertragungswegen zu unterscheiden[1099].

Für verfassungsrechtliche Kompetenznormen gelten grundsätzlich die üblichen Auslegungsregeln[1100]. Das Grundgesetz wird wie die einfachen Gesetze nach dem objektiven Willen des Gesetzgebers (hier des Verfassungsgebers) interpretiert. Der objektive Wille, d. h. der im Grundgesetz zum Ausdruck gekommene Wille, wird im Wege der grammatikalischen, systematischen, teleologischen und historischen Auslegung bestimmt[1101]. Speziell für die Auslegung verfassungsrechtlicher Kompetenznormen hat das Bundesverfassungsgericht die üblichen Auslegungsmaximen weiter konkretisiert. Das Gericht zieht einerseits die Verfassungstradition und die kompetenzielle Kontinuität heran; andererseits versucht es, die grundgesetzlichen Kompetenznormen gegenüber neuen Entwicklungen und Kompetenzfragestellungen offen zu halten. Bei Materien, die der Verfassungsgeber als entwicklungsmäßig und ordnungspolitisch weitgehend abgeschlossen vorfand, tendiert das Bundesverfassungsgericht zu einer eher traditionellen/historischen Auslegung. Eine eher offene Auslegung ist indessen in Bereichen zu beobachten, in denen eine technische oder soziale Entwicklung stattfindet[1102]. Eine solche technische und soziale Entwicklung ist aber durch die Schaffung der neuen Kommunikationsmöglichkeit eingetreten. Dies lässt die Annahme eines Kompetenzsachgebietes „Kommunikation“ zumindest nicht an den bisherigen Einteilungen scheitern. Die Überlegungen zur Kommunikationsverfassung deuten auch darauf hin, dass das Grundgesetz in seinem Grundrechtsteil einem Sachgebiet „Kommunikation“ nicht entgegensteht.

Darüber hinaus gilt das Auslegungskriterium der Vermutung der Zuständigkeit der Länder[1103]. Dies macht deutlich, dass neue Lebenssachverhalte als eigenes Sachgebiet zusammengefasst und als Ganzes den Ländern zur Regelung zugewiesen werden können. Allerdings wird hierzu in der Literatur bei den „Neuen Medien“ vertreten, dass dem Bund nicht jede Gesetzgebungskompetenz mit der Begründung streitig zu machen sei, dass nach Art. 70 Abs. 1 GG die Länder allein zuständig wären, nur weil das Grundgesetz die Multimediadienste nicht unter den Materien der Bundesgesetzgebung erwähne[1104].

[1099] *Gounalakis*, Konvergenz der Medien, S. 97.
[1100] *Stettner*, in: Dreier, GG, Art. 70 Rn. 24; *Degenhart*, in: Sachs, GG, Art. 70 Rn. 46.
[1101] *Stettner*, in: Dreier, GG, Art. 70 Rn. 26 ff.
[1102] *Scholz*, Teilnehmerentgelt, S. 42; *Degenhart*, in: Sachs, GG, Art. 70 Rn. 49.
[1103] BVerfGE 12, 205 (228).
[1104] *Bullinger*, JZ 1996, S. 390.

Die Feststellung einer Landesgesetzgebungskompetenz mit dem Argument, es handele sich um ein eigenes, neues Sachgebiet, erfordert es, hinsichtlich des Regelungsgegenstandes einen thematischen Kern[1105] zu isolieren, der nicht sinnvoll durch bundesstaatliche Querschnittsgesetzgebung normiert werden kann. Wenn darüber hinaus Landeskompetenzen davon abhängig gemacht werden, dass das Grundgesetz einen Oberbegriff für die entsprechende Thematik kennt, so ist dies abzulehnen. Nach *Pappi* sei es selbstverständlich, dass das Grundgesetz als mittlerweile über fünfzigjähriges Verfassungswerk nicht über Oberbegriffe zu erst kürzlich in Erscheinung getretenen Lebenssachverhalte verfügen kann, zu denen auch die Informations- und Kommunikationsdienste zu rechnen sind. Die Forderung nach grundgesetzlicher Bekanntheit eines Lebensbereichs als Voraussetzung für eine Länderkompetenz würde zu einer Versteinerung der Bereiche führen[1106]. Die Tragweite der tatsächlichen Änderungen in allen Lebenszusammenhängen rechtfertigt es, bei Multimedia von einem „neuen Kontinent" zu sprechen[1107]. Regulierung von Kommunikation kann bei einer Konvergenz der Medien nicht mehr auf das Verbreitungsmedium abstellen; vielmehr ist an den übermittelten Inhalten selbst anzuknüpfen[1108]. Für den Kommunikationsinhalt bieten aber die mit den Kompetenzzuweisungen im Grundgesetz dem Bund zustehenden Querschnittskompetenzen keine geeigneten Handlungsmöglichkeiten. Wie ausgeführt wurde, sind gerade die Inhalte neuer Kommunikationsmöglichkeiten problematisch, hierfür eröffnet aber z. B. die Wirtschaftskompetenz des Bundes keine geeignete Handhabe.

Determann[1109] lehnt die Herleitung von besonderen Sachgebieten für die Ländergesetzgebung grundsätzlich ab, da dies den Vorgaben der Art. 70 ff. GG widerspreche. Die Abgrenzung der Gesetzgebungskompetenz von Bund und Ländern habe von der in den Art. 70 ff GG vorgegebenen Systematik der begrenzten Einzelzuständigkeiten des Bundes auszugehen. Der Ansicht *Determanns* ist grundsätzlich zuzustimmen, jedoch soll hier der Frage nach einem Sachgebiet „Kommunikationsinhalt" nicht nachgegangen werden, um damit für die Länder einen festen Kompetenzrahmen zu entwickeln, sondern um allgemein aufzuzeigen, dass sich ein solches Sachgebiet aus dem Grundgesetz und der Lebenswirklichkeit entwickeln lässt. Erst danach wird die Frage aktuell, wer hierfür Kompetenzen in Anspruch nehmen kann. Im Übrigen wäre mit dem Argument *Determanns* mit den oben gefundenen Ergebnissen eine (Haupt-) Kompetenz des Bundes für Kommunikationsinhalte abzulehnen.

[1105] *Pappi*, S. 144.
[1106] *Pappi*, S. 144 f.
[1107] *Engel-Flechsig*, ZUM 1997, S. 233.
[1108] *Gounalakis*, Konvergenz der Medien, S. 64.
[1109] *Determann*, S. 221 f.

Für ein Sachgebiet „Kommunikation" spricht letztlich auch die Bedeutung, die diese für das menschliche (Zusammen-) Leben einnimmt. Hier kann auf die Ausführungen zur Bedeutung der Kommunikation verwiesen werden. Nachdem der Bund hier nur in Randbereichen Kompetenzen für sich aus den Art. 70 ff. GG ableiten kann, spricht vieles dafür, den Ländern die Hauptkompetenz zu belassen. Dies gilt erst recht, wenn man die elektronische Kommunikation als Grundlage für eine neue technische und soziale Entwicklung anerkennt.

IV. Die Kommunikation als Teil der Kulturhoheit der Länder

Die Gesetzgebungszuständigkeit der Länder für den Rundfunk wird überwiegend nicht mit der Subtraktionsmethode im Rahmen der Art. 70 ff. GG dargestellt, wonach der Bund nur Regeln kann, was ihm in diesen Vorschriften zugestanden wird, und der Rundfunk hier eben nicht aufgeführt ist[1110]. Teilweise kann man auch einen „positiven" Ansatz lesen, wonach es sich bei Rundfunk um eine kulturelle Veranstaltung handele und dieser daher unter die Kulturhoheit der Länder falle[1111]. Nach *Scholz* ressortieren Rundfunk und Fernsehen nach wie vor in ihrem verfassungsrechtlich-kompetenzrechtlichen Kontext der (den Ländern vorbehaltenen) Kulturhoheit[1112]. Rundfunk und Fernsehen figurierten unverändert als Tatbestände eines „Kultur"-Begriffs, der indessen längst allzu eng geworden sei. Denkt man in diese Richtung weiter und versucht – trotz der in Art. 70 Abs. 1 GG festgeschriebenen, entgegenstehenden Prüfungsreihenfolge – einen festen Kompetenzrahmen der Länder im Umfeld ihrer Kulturhoheit zu entwickeln, ist zuerst einmal der Begriff der Kultur näher zu untersuchen. Mit Kultur (lat. cultura = Pflege (des Körper und des Geistes); Landbau) wird im weitesten Sinne alles bezeichnet, was der Mensch geschaffen hat, was also nicht naturgegeben ist[1113]. In einem engeren Sinne bezeichnet Kultur die Handlungsbereiche, in denen der Mensch auf Dauer angelegte und den kollektiven Sinnzusammenhang gestaltende Produkte, Produktionsformen, Verhaltensweisen und Leitvorstellungen hervorzubringen vermag. Einen eher weiten Kulturbegriff vertritt das Bundesverfassungsgericht in einer frühen Entscheidung. Danach sei Kultur die „Gesamtheit der innerhalb einer Gemeinschaft wirkenden geistigen Kräfte, die sich unabhängig vom Staate entfalten und ihren Wert in sich tra-

[1110] Vgl. *Hesse*, Rundfunkrecht, 2. Kap. S. 4 f.

[1111] *Gounalakis*, Konvergenz der Medien, S. 39; *Kloepfer*, Informationsrecht, § 3 Rn. 130 u. § 14 Rn. 28; Vgl. BVerfGE 92, 203 (238); 12, 205 (229); Nach *Pieper* (ZUM 1995, S. 553) liegt dem Rundfunk eine Doppelnatur zugrunde. Zum eine sei er ein kulturelles Phänomen der demokratischen Meinungsbildung. Daneben sei er aber auch Dienstleistung; *Scholz*, AfP 1995, S. 358. Vgl. *Bullinger/Mestmäcker*, S. 158.

[1112] *Scholz*, AfP 1995, S. 358.

[1113] Brockhaus, Band 12, S. 612.

gen“[1114]. Allerdings lässt sich aus den Ansätzen in den Urteilen des Bundesverfassungsgerichts, in denen dieses zum Kulturbegriff Stellung nimmt, nicht sinnvoll ein griffiger Kulturbegriff herleiten, da die Äußerungen des Gerichts jeweils aus dem Zusammenhang gerissen werden und eine Begriffsbestimmung daher nicht gelingen kann[1115].

Die Vieldeutigkeit des Begriffs Kultur lässt sich anhand von vier unterschiedlich in Erscheinung tretenden Bedeutungsebenen darstellen: die Ebene praktischen Handels, auf der Kultur sowohl den nützlichen als auch den pfleglichen Umgang mit der Natur bezeichnet, die Ebene der rituellen Verehrung von Gottheiten, die Ebene der individuellen und gruppenspezifischen Bildung und die Ebene der sozialen Beziehung. Besonders bei den beiden letztgenannten Ebenen wird erkennbar, dass Kommunikation hierfür eine Grundbedingung ist, denn ohne Kommunikation zwischen den einzelnen Mitgliedern einer Gesellschaft kann sich keine Bildung, keine Ausprägung von Umgangsformen, keine Zusammengehörigkeit entwickeln, die wiederum Voraussetzung für die Entwicklung einer Kultur(-gesellschaft) ist. Die Glaubens-, Bekenntnis- und Gewissensfreiheit sowie die freie Meinungsäußerung und die Freiheit von Kunst, Wissenschaft, Presse und Rundfunk sind damit notwendige Garantien jedes Kulturstaates[1116].

Sieht man sich an, was den Ländern derzeit unter dem Begriff „Kulturhoheit“ als dem „Kernstück der Eigenstaatlichkeit“ zugestanden wird, so sind dies vor allem folgende Bereiche: Schul-, Hochschul- und Erziehungswesen, Rundfunk bzw. Medien, Kunst, Theater[1117]. Nicht zu verkennen ist dabei jeweils ein starker Kommunikationsbezug der Regelungsbereiche. Weder der Schul- noch der Hochschulbereich, geschweige denn Rundfunk und Medien, Kunst und Theater kommen ohne Kommunikation aus. Die Vermittlung von geistigen Inhalten ist gerade wesentlicher Bestandteil all dieser Lebensbereiche. Dieser Befund deckt sich auch mit den in der sog. Kulturstaatsdebatte der Rechtswissenschaft gefundenen Definitionen, die sich grob in einen engen und einen weiten Kulturbegriff einteilen lassen. Der weitere Kulturbegriff fasst Kultur als Summe der Kommunikationsprozesse auf, die für den Einzelnen in seiner Gemeinschaft identitätsstiftend sind. Durch die Kultur soll der Mensch zu einer individuellen, unverwechselbaren Person geformt werden. Der weite Kulturbegriff versteht Kultur als „Inbegriff aller Lebensformen, Wertvorstellungen und Verhaltensweisen innerhalb der Gesellschaft“. Der enge Kulturbegriff dagegen greift aus dem menschlichen Dasein, Wirken und Werden einen Ausschnitt heraus und versteht

[1114] BVerfGE 10, 20 (36); ähnlich *Schweiger*, in: Nawiasky/Schweiger/Knöpfle, Teil V, Art. 3 Rn. 13.
[1115] *Daufeldt*, S. 83.
[1116] *Schweiger*, in: Nawiasky/Schweiger/Knöpfle, Teil V, Art. 3 Rn. 13.
[1117] *Hufen*, BayVBl. 1985, S. 1, *Schmidt*, ZUM 1989, S. 264.

unter Kultur gewisse geistig-schöpferische Betätigungen des Menschen. Wissenschaft, Bildung und Kunst zählen unbestreitbar dazu[1118]. Die Kommunikationsbezogenheit der Kultur ist auch in dieser Debatte nicht zu verkennen.

Zwar weisen Kommunikationsdienste wie Rundfunk und Internetdienste neben dem kulturellen Bereich auch einen dienstleistungstypischen Charakter auf (dies wird insbesondere von der EU-Kommission betont, um eine Anwendbarkeit des EG-Vertrages auf Rundfunk zu begründen). Medien sind damit einerseits wirtschaftliche Ware und Dienstleistung[1119] und damit Teil des allgemeinen Wirtschaftssystems; inhaltlich betrachtet als Ware „Information" sind sie jedoch zugleich der Kultursphäre zugehörig[1120]. Wesen, Gepräge, Zustand, Funktion und Funktionsweise einer Kultur bilden sich stets in engstem Zusammenhang mit den Medien heraus, in denen kulturelles Geschehen sich vollzieht. Kultur ist ohne Medien und damit auch ohne Kommunikation nicht denkbar[1121].

Die Kulturhoheit der Länder ergibt sich aus Art. 30, 70 GG, da das Grundgesetz dem Bund auf kulturellem Gebiet nur geringe Kompetenzen einräumt[1122]. Das Bundesverfassungsgericht führt dazu aus: „Rundfunk ist jedenfalls auch ein kulturelles Phänomen. Soweit kulturelle Angelegenheiten überhaupt staatlich geregelt werden können, steht die Regelungskompetenz nach Art. 70 ff. GG den Ländern zu, wenn nicht besondere Bestimmungen des Grundgesetzes Begrenzungen oder Ausnahmen zugunsten des Bundes vorsehen"[1123]. Dem Bund steht die ausschließliche Gesetzgebung für das gewiss kulturrelevante Urheberrecht und für die auswärtigen Angelegenheiten zu, denen die gesamte auswärtige Kulturpolitik zugerechnet wird[1124]. In Art. 75 Abs. 1 Nr. 6 GG kommt der Begriff der Kultur zumindest vor. Der Inhalt der Norm (Schutz des deutschen Kulturgutes gegen Abwanderung in das Ausland) ist aber viel zu spezifisch, als dass daraus über diesen engen Zweck hinausgehende Kompetenzen abgeleitet werden können[1125]. Daneben enthalten Art. 74 Abs. 1 Nr. 13 GG (Regelung der Ausbildungsbeihilfen und die Förderung der wissenschaftlichen Forschung), die bis-

---

[1118] Daufeldt, S. 83 f. m. w. N.

[1119] Vgl. die in der Einleitung gegebene Definition von der „Informationsgesellschaft". *Kloepfer* (Informationsrecht, § 1 Rn. 55) verweist auf die Information als Wirtschaftsgut; Daufeldt, S. 96 ff.

[1120] *Stammler*, ZUM 1995, S. 110; *Kloepfer*, Informationsrecht, § 1 Rn. 55.

[1121] *Engell/Vogel*, in: Pias/Vogel/Engell/Fahle/Neitzel, Kursbuch Medienkultur, S. 8.

[1122] Dazu *Kunig*, in: v.Münch/Kunig, GG, Art. 70 Rn. 11; *Schweiger*, in: Nawiasky/Schweiger/Knöpfle, Teil V, Art. 3 Rn. 14.

[1123] BVerfGE 92, 203 (238).

[1124] *Hufen*, BayVBl. 1985, S. 4.

[1125] Vgl. Gesetz vom 27.Oktober 1994 (BGBl. I. S. 3146). Hierin wurde das Sachgebiet aus der konkurrierenden Gesetzgebung herausgenommen (Art. 74 Nr. 5 GG alte Fassung) und der Rahmengesetzgebung zugeschlagen.

lang nicht wahrgenommene Rahmengesetzgebungskompetenz über die allgemeinen Rechtsverhältnisse der Presse (Art. 75 Abs. 1 Nr. 2 GG) und die Rahmengesetzgebungskompetenz für die allgemeinen Grundsätze des Hochschulwesens (Art. 75 Abs. 1 Nr. 1 a GG) einen kulturrechtlichen Einschlag. Aus diesen in Betracht kommenden Punkte lässt sich jedoch kein Gesamtkonzept ableiten, das der Kulturhoheit der Länder entgegengehalten werden könnte[1126]. Die Aufhebung von Art. 74 Nr. 5 GG a. F. und die Umwandlung in eine Rahmenkompetenz zeigt, dass die Länderkompetenz im Kulturbereich gestärkt werden sollte.

Billigt man damit den Ländern eine umfassende Kulturhoheit zu, so ist damit die Kompetenz zur Regelung der Kommunikation, soweit sie nicht ausdrücklich im Grundgesetz dem Bund zugewiesen ist, als notwendige Basis jeder Kulturentwicklung Ländersache[1127]. Da das Grundgesetz in seinen Kompetenznormen den Kommunikationsinhalt nur sehr begrenzt zur Gesetzgebungsmaterie des Bundes erklärt, sind die Länder grundsätzlich für die Regulierung, Beobachtung und Bewertung von Inhalten (elektronischer) Kommunikation zuständig.

Würde man den Kulturbegriff im Kommunikationsbereich nicht umfassend verstehen, sondern auf den Rundfunk beschränken, so besteht die Gefahr, dass die Länder bei fortschreitender Differenzierung der elektronischen Kommunikation kompetenzrechtlich abgehängt werden, weil Regelungen, die lediglich am Rundfunk ansetzen, ihren Gegenstand zu verlieren und damit ihr Ziel zu verfehlen drohen.[1128] Eine solche Sichtweise stünde in der Gefahr gegen das Bundesstaatsgebot des Grundgesetzes zu verstoßen.

V. Ergebnis zu Teil 7

Kommunikation kann als eigenes Sachgebiet im Rahmen der Kompetenznormen des Grundgesetzes angesehen werden. Aus diesem Sachgebiet werden dem Bund nur für Regelungen der technischen Seite und im Übrigen nur Regelungen in Randbereichen – speziell bei der Überwachung von elektronischer Individualkommunikation – zugewiesen. Die Hauptkompetenz zur Regelung von Kommunikationsinhalten liegt damit bei den Ländern. Dies folgt auch aus der „Kulturhoheit“ der Länder.

[1126] *Bullinger/Mestmäcker*, S. 158, dort Fn. 457; *Hufen*, BayVBl. 1985, S. 4.

[1127] Im Ergebnis ebenso *Pieper* (ZUM 1995, S. 558), die für eine einheitliche Kommunikationsordnung ein Bund-Länder-Gemeinschaftsaufgabe präferiert, in die die Länder die Kulturhoheit, der Bund die Telekommunikations-, Wirtschafts-, Urheber- und Außenkompetenz einbringen soll.

[1128] So auch *Schulz/Held/Kops*, ZUM Sonderheft 2001, S. 622.

Teil 8: Resümee und der Blick auf ein weiteres Diskussionsfeld – die Aufsichtsstruktur

Die vorliegende Abhandlung hat sich auf den aktuellen verfassungsrechtlichen Ist-Zustand bezogen und dargestellt, welchen Grundrechtsschutz Kommunikationsinhalte vor Beobachtung, Bewertung und Regulierung genießen und wer für den Erlass der entsprechenden einfachrechtlichen Regelungen zuständig ist. Im Bereich der Grundrechte konnte dabei u. a. herausgearbeitet werden, dass die Frage nach einer Kommunikationsverfassung derzeit offen ist. Diese Frage kann aber in Zukunft mehr Bedeutung erlangen, wenn mit der Einordnung neuer Kommunikationsmöglichkeiten in die Schutzbereiche einzelner Grundrechte immer größere Schwierigkeiten auftreten, da eine Abgrenzung der einzelnen Dienste und Kommunikationsmöglichkeiten nicht mehr leistbar ist. Die Abgrenzung von Art. 5 Abs. 1 Satz 1 GG und Art. 5 Abs. 1 Satz 2 GG dürfte hier zu den zentralen Problemfeldern gehören. Bei den sog. Neuen Medien, die im Wesentlichen (derzeit) über das Internet Verbreitung finden, besteht im Schrifttum weiterhin eine erhebliche Unsicherheit hinsichtlich der kompetenzrechtlichen Zuordnung. Das Bundesverfassungsgericht hat hierzu noch keine Aussagen gemacht. Verfassungsrechtlich tragbare Ergebnisse werden von der Literatur zum Teil aus Effektivitätsgründen als überholt bezeichnet, da die Zuständigkeit und Aufsicht allein durch die Länder als nicht zweckmäßig erscheint, die Übertragung der Aufgabe auf den Bund aber gleichzeitig verfassungsrechtliche Bedenken weckt. Die derzeitige verfassungsrechtliche Kompetenzlage lasse eine der Gesetzgebungsmaterie angemessene Lösung kaum zu[1129].
Die Untersuchung hat hier gleichwohl gezeigt, dass der Bund für die Inhalte der elektronischen Kommunikation nur in Randbereichen sowie sehr eingeschränkt Gesetzgebungskompetenzen aufweisen kann und damit den Ländern die Hauptkompetenz zur Regelung von Kommunikationsinhalten zusteht. Lediglich für die Beobachtung der elektronischen Individualkommunikation hat der Bund Hauptkompetenzen. Zu diesem Ergebnis gelangt man, wenn man den ausgetretenen Pfad der Abgrenzungskriterien verlässt und aufgrund der Bedeutung der Kommunikation und ihrer Wechselwirkung mit der menschlichen Kultur die Aussagen des Grundgesetzes zur Gesetzgebungskompetenz in diesem Bereich neu bewertet, dies auch vor dem Hintergrund des Übergangs zur Informationsgesellschaft.

Ein weiterer und bislang noch nicht aufgezeigter Diskussionsschwerpunkt im Zusammenhang mit der elektronischen Kommunikation besteht in der Frage nach der Aufsichtsstruktur sowohl für den technischen Bereich als auch für die

[1129] *Kröger/Moos*, AfP 1997, S. 680; *Paulweber*, AfP 1999, S. 443.

Massenmedien[1130]. Die Konvergenzentwicklung hat weltweit eine intensive Diskussion um die Zukunft der Medien- und Telekommunikationsregulierung ausgelöst[1131]. Dies berührt mittelbar die Frage nach dem Verhältnis von Staat und Kommunikationsinhalt auf der Grundlage des Grundgesetzes. Die Aufsichtsstruktur ist wiederum eng mit der Frage der Gesetzgebungskompetenz verbunden, und soll daher noch als abschließender Punkt angesprochen werden.
Das gegenwärtige kommunikations- und medienrechtliche Ordnungssystem hat seine historischen Wurzeln in der normativen Anknüpfung an einen nicht mehr von allen als aktuell angesehenen Rundfunkbegriff einerseits und in der Tradition staatlicher Telekommunikationsmonopole andererseits. Diese Begrifflichkeiten lösen sich auf, wenn unterschiedliche Medien zusammenwachsen, wenn Text, Bild, Ton und Video zu „Multimedia" verschmelzen und alle Inhalte dieselben Übertragungswege nutzen und mit diversen Endgeräten – von PC bis Mobiltelefon (Stichwort: UMTS) – empfangen werden können. Damit erscheint auch das bisherige Ordnungssystem, welches für die Teilbereiche Übertragungstechnik und Medieninhalte Geltung beansprucht, nicht mehr optimal den Anforderungen der neuen Entwicklung angepasst. Zur Kompensation der Entwicklung auf den Kommunikations- und Medienmärkten entstand in Deutschland eine vielarmige Medienaufsicht: Telekommunikationsgesetz, Informations- und Kommunikationsdienste-Gesetz, Mediendienste-Staatsvertrag und Rundfunkstaatsvertrag bilden den Kern einer noch viel größeren Zahl an Rechtsvorschriften, die die Marktaufsicht und –kontrolle durch eine Vielzahl von Behörden auf Bundes- und Länderebene regeln. Dabei besteht ein wesentlicher Teil der Aufsicht zum Schutz von kommunikationsbezogenen Interessen[1132]. Eine solche zersplitterte Struktur wird umso problematischer, je stärker die Medien inhaltlich

[1130] Vgl. *Glotz*, in: Hamm, Kommunikationsgesellschaft der Zukunft, S. 62 f.; *Gounalakis*, Konvergenz der Medien, S. 135 ff.; *ders*., K&R 1999, S. 541 ff.; *ders*., ZUM 2003, S. 180 ff.; *Hamm/Hart*, Kommunikationsordnung 2010; *Holznagel*, ZUM 1999, S. 435; *ders*., NJW 2002, S. 2531 ff. insb. S. 2356; *Kloepfer*, Informationsrecht, § 3 Rn. 149; *Koenig*, K&R 2000, S. 1 ff; *ders*., MMR 1998, Beilage zu Heft 12; *ders./Roeder*, K&R 1998, S. 417 ff.; *Ladeur*, K&R 2000, S. 171 ff.; *Paulweber*, AfP 1999, S. 439 ff.; *Ring*, Wirtschaft und Verwaltung 1999, S. 191 ff.; *Rossen-Stadtfeld*, ZUM 2000, S. 36 ff.; *Schulz*, Reformbedarf beim Telekommunikationsgesetz; *Schulz/Jürgens*, S. 49 ff., *Trafkowski*, Medienkartellrecht, S. 223 ff. und 281 f.; *ders*., K&R 2002, S. 62 ff.; *Vesting*, K&R 2000, S 168 ff.; Diskussionspapier der Gesamtkonferenz der Landesmedienanstalten zur aktuellen Debatte über eine Reform der Medienordnung in Deutschland (abrufbar unter der Internetadresse: www.alm.de/presse/moreform.doc)
Neuerdings wird auch in der Politik wieder über einen Medien- und Kommunikationsrat als „Super-Medienbehörde" diskutiert, vgl. Focus vom 1.7.2002, S. 164. *Kamps*, Zahnlose Tiger – Die Bundesländer wehren sich gegen die fällige Neuordnung bei der Aufsicht des Privatfunks, Wirtschafswoche vom 4.7.2002, S. 30; vgl. auch Schulz, Reformbedarf beim Telekommunikationsgesetz, S. 10.
[1131] *Holznagel*, NJW 2002, S. 2353.
[1132] *Schulz/Jürgens*, S. 130 ff.

und technisch konvergieren[1133]. Der Versuch, Telekommunikations-Mehrwertdienste, Teledienste, Mediendienste, Rundfunkdienste und „rundfunkähnliche Dienste“ durch exemplarische Aufzählung zu trennen, erweist sich schon heute als praktisch nicht tragfähig. Es muss bedenklich stimmen, wenn die Literatur zu einem nicht unerheblichen Teil damit befasst ist, die Geltungsbereiche der genannten Gesetzeswerke gegeneinander abzugrenzen und hier immer wieder auf die bestehenden Unsicherheiten hinweisen muss[1134]. Andererseits erweise sich nach *Schulz/Jürgens* die derzeitige Regulierung als zu „holzschnitzartig“, um die Vielfalt der Informationsangebote noch angemessen abbilden zu können[1135]. Im Gegensatz zu Stimmen der Literatur, die aufgrund der fortschreitenden Konvergenz der Medien eine einheitliche (meist freiheitliche) Regulierung fordern, unternehmen die beiden Autoren den Versuch, die elektronischen Medien weiter in sog. Diensteklassen einzuteilen[1136], um hieraus den Rahmen der notwendigen Regulierung ableiten zu können.[1137]

Aufgrund der nicht geklärten Zuständigkeiten sowie der zersplitterten Aufsichtsstruktur für alle Bereiche, die für die elektronische Kommunikation eine Rolle spielen, erscheint es nicht verwunderlich, dass nach einer Reform der Aufsichtsstruktur gerufen wird. Dabei werden sowohl Reformvorschläge für die Aufsicht der technischen Übertragungswege (derzeit durch die RegTP) als auch für die Inhalte der Kommunikation erörtert. Im Folgenden werden die Grundzüge der wesentlichen Vorschläge vorgestellt. Da die (Medien-) Aufsichtsstruktur nur mittelbar mit den verfassungsrechtlichen Vorgaben für die Kommunikationsinhalte zusammenhängt, wird auf eine umfassende Auseinandersetzung verzichtet.

In der Diskussion um die Aufsichtsstruktur der Medien werden nach der Funktion der Regelungsbereiche grundsätzlich zwei[1138] horizontal getrennte Ebenen

---

[1133] *Gounalakis*, K&R 1999, S. 544; *Schulz*, Reformbedarf beim Telekommunikationsgesetz, S. 1.

[1134] Vgl. *Koenig/Roeder*, K&R 1998, S. 417; *Rossen-Stadtfeld*, ZUM 2000, S. 46; *Hochstein*, NJW 1997, S. 2979; *Gounalakis*, NJW 1997, S. 2994; *Waldenberger*, MMR 1998, S. 124 ff.; *Trafkowski*, S. 211 ff, 217; *Kloepfer*, Informationsrecht, § 13 Rn. 12 ff. *Schulz*, Reformbedarf beim Telekommunikationsgesetz, S. 3. Vgl. Zweites Strukturpapier zur Unterscheidung von Rundfunk und Mediendiensten der DLM, abgedruckt bei *Bornemann/Lörz*, BayMG, Band 2, Signatur 3.5.6.

[1135] *Schulz/Jürgens*, S. 44.

[1136] *Schulz/Jürgens*, S. 144 ff.; ähnlich *Schulz/Held/Kops*, ZUM 2001, S. 623. Zur Diskussion allgemein, *Holznagel*, NJW 2002, S. 2354.

[1137] Vgl. bereits die Diskussion zur Kommunikationsverfassung, oben Teil 4 II.

[1138] *Gounalakis* (K&R 1999, S. 544) nimmt als dritte Ebene die Wettbewerbsaufsicht in die Diskussion mit auf. Dazu auch *Trafkowski*, Medienkartellrecht, S. 225; *ders.*, K&R 2002, S. 66 f.

unterschieden[1139]. So wird eine Reform der Aufsicht über die technische Infrastruktur und eine Reform der inhaltlich-publizistischen Aufsicht gefordert[1140]. Weitergehende Reformvorschläge sehen darüber hinaus eine Verschmelzung der beiden Ebenen und die Aufsicht durch eine Behörde vor[1141]. Dabei werden drei Strukturen diskutiert: (1) eine bundeseinheitliche Regulierungsbehörde als Bundesbehörde, (2) eine gemeinsame Länderbehörde[1142] und (3) eine Gemeinschaftsaufgabe von Bund und Ländern, die durch eine gemeinsame Behörde wahrgenommen wird[1143].
Aufgrund des Gedankens, bisher getrennte Zuständigkeiten zusammenzuführen, erscheint die letzte Variante, also eine gemeinsame Behörde von Bund und Ländern folgerichtig. Eine solche verstößt jedoch gegen den verfassungsrechtlichen Grundsatz der Eigenverantwortlichkeit bei der Aufgabenwahrnehmung. Das föderale Verwaltungssystem des Grundgesetzes verbietet grundsätzlich ein Mischsystem aus Bundes- und Landesverwaltung. Ausnahmen müssen in der Verfassung selbst vorgesehen sein, woran es im Bereich von Medien und Telekommunikation mangelt[1144].
Einer reinen Länderbehörde stehen die Art. 87 f Abs. 2 Satz 2, 86 GG entgegen. Danach sind die Hoheitsaufgaben in der Telekommunikation in bundeseigener Verwaltung auszuführen. Dies schließt Verwaltungszuständigkeiten der Länder schon begrifflich aus. Im Übrigen müsste der Bund auf Regelungen, die seinem Kompetenzbereich zufallen, verzichten, um den Ländern sowohl die Regelungs-, als auch die Verwaltungsbefugnis zu überlassen[1145]. Für eine reine Bundesbehörde fehlt es schließlich an ausdrücklich angeordneten Verwaltungskom-

---

[1139] Vgl. *Rossen-Stadtfeld*, ZUM 2000, S. 44; *Schulz*, Reformbedarf beim Telekommunikationsgesetz, S. 1.

[1140] *Paulweber*, AfP 1999, S. 444 f.; ähnlich *Vesting*, K&R 2000, S. 169; *Holznagel*, ZUM 1999, S. 435; *ders.*, NJW 2002, S. 2353 f. Vgl. zur inhaltlichen Ebene *Schulz/Jürgens*, S. 141 ff.

[1141] *Gounalakis* (K&R 1999, S. 544, ähnlich, Konvergenz der Medien, S. 137) fordert jeweils eine Behörde für die Bereiche Wettbewerbsrecht, Überwachung der technischen Standards sowie Inhalteskontrolle nach dem Vorbild der US-amerikanischen Aufsicht und der Aufsicht in Kanada. *Trafkowski*, Medienkartellrecht, S. 281 ff., *ders.*, K&R 2002, S. 66, diskutiert ebenfalls die drei genannten Strukturen anhand des Medienkartellrechts.

[1142] *Koenig*, MMR 1998, Beilage zu Heft 12, S. 12; *Gounalakis*, K&R 1999, S. 546 für das Wettbewerbsrecht.

[1143] Vgl. *Gounalakis*, Konvergenz der Medien, S. 135 ff.; *Paulweber*, AfP 1999, S. 444 f.; *Knothe*, AfP 1997, S. 498, dort Fn. 70; *Koenig*, K&R 2000, S. 5 f.; *Rossen-Stadtfeld*, ZUM 2000, S. 43 f.; in diese Richtung auch *Schulz*, Reformbedarf beim Telekommunikationsgesetz, S. 10, der allerdings nur die Zusammenarbeit der selbständig bleibenden einzelnen Regulierer durch einen Regulierungsrat andenkt.

[1144] *Gounalakis*, Konvergenz der Medien, S. 137 f.; *ders.*, K&R 1999, S. 544 u. 546; *Holznagel*, NJW 2002, S. 2356

[1145] *Koenig*, MMR 1998, Beilage zu Heft 12, S. 9; *Gounalakis*, Konvergenz der Medien, S. 136.

petenzen des Bundes im Medienbereich[1146]. Nach dem System der Art. 30 ff., 83 ff. GG, das die verwaltungsmäßige Durchführung der Gesetze grundsätzlich den Ländern zuweist, wäre dies aber zwingende Voraussetzung.

Für alle drei genannten Varianten wäre somit eine Verfassungsänderung notwendig, die zum Teil in der Literatur auch gefordert wird[1147]. Nach *Gounalakis* verstieße die Einführung einer Bundesbehörde dabei gegen das Bundesstaatsprinzip, da den Ländern in nicht unerheblichen Maßen Kompetenzen entzogen würden[1148]. Im Übrigen wird sich für keine der genannten Reformvorschläge eine politische Mehrheit auf Bundes- und Länderebene finden lassen, die eine Verfassungsänderung wahrscheinlich werden ließe[1149].

Trotz der gesamtstaatlichen Bedeutung liegt die Zukunft in diesem Bereich auch nicht zwingend in einer mit Bund-Länder-Staatsvertrag[1150] geregelten Zusammenarbeit, sondern vielmehr darin, dass der Bund mit seinen Gesetzen die Regelungsabsicht der Länder zu den Kommunikationsinhalten flankiert. Im Zeitalter des digitalisierten Datenaustausches besteht ein enormer Regelungsbedarf in den Bereichen des Urheber-, Patent- und Warenzeichenrechts sowie anderer Rechtsgebiete, für die der Bund die Gesetzgebungszuständigkeiten besitzt. Mit dem Signaturgesetz (Art. 3 des Informations- und Kommunikationsdienste-Gesetz) hat der Bund einen richtigen Weg eingeschlagen. Dass den Ländern im Bereich der Regulierung für (Medien-) Kommunikationsinhalte die Hauptkompetenzen zustehen, wurde oben deutlich herausgearbeitet. Würde der Bund dies respektieren, könnte eine am Föderalismusgedanken orientierte Lösung entstehen.
Weiter ist eine einzige Behörde, die sowohl die Regelungen für die technischen Rahmenbedingungen als auch die inhaltlichen Vorgaben überwacht, nicht unbedingt notwendig, um eine effektive Aufsichtsstruktur zu entwickeln. Das Grundgesetz verbietet nicht, dass Landesbehörden und Bundesbehörden zusammenarbeiten. Insofern könnten die gesetzlichen Bestimmungen sehr wohl aufeinander abgestimmt werden und Verpflichtungen zur Zusammenarbeit enthalten, wie etwa einen förmlichen Informationsaustausch, das Recht zur Stellungnahme der jeweils anderen Behörde oder auch einvernehmliche Entschei-

---

[1146] *Gounalakis*, Konvergenz der Medien, S. 135.
[1147] *Depenheuer*, AfP 1997, S. 672; *Koenig/Roeder*, K&R 1998, S. 420; vgl. auch *Knothe*, AfP 1997, S. 498.
[1148] *Gounalakis*, Konvergenz der Medien, S. 135.
[1149] *Rossen-Stadtfeld*, ZUM 2000, S. 44; *Holznagel*, NJW 2002, S. 2356; *Gounalakis*, Konvergenz der Medien, S. 135 und 138; *ders.*, K&R 1999, S. 546; *Kloepfer*, Informationsrecht, § 3 Rn. 149 für die Zusammenlegung der Landesmedienanstalten.
[1150] *Gounalakis/Rhode*, K&R 1998, S. 323.

dungen[1151]. Bei Letzterem ist allerdings im Auge zu behalten, dass dies nicht so weit gehen darf, dass von einer echten Mischverwaltung gesprochen werden muss.

Allein unterschiedliche Gesetzgebungskompetenzen und damit Gesetze unterschiedlicher Gesetzgebungskörperschaften sind kein unüberwindliches Hindernis für eine Rechtsvereinheitlichung, wenn die jeweiligen Gesetze aufeinander abgestimmt sind und einheitlich angewendet werden[1152]. Es verbleiben aber weiterhin Rechtsgebiete, deren Zugehörigkeit zu den verschiedenen Gesetzgebungskompetenzen erhebliche Schwierigkeiten bei der Reform der Aufsichtsstrukturen bereiten könnten. Zu nennen ist etwa das Wettbewerbsrecht, für das die Länder im Bereich des Rundfunks regelungsbefugt sind[1153], im Übrigen aber der Bund die Regelungskompetenz besitzt.

[1151] *Trafkowski*, K&R 2002, S. 66. Vgl. z. B. § 10 der Satzung über die Zugangsfreiheit zu digitalen Diensten gemäß § 53 Abs. 7 Rundfunkstaatsvertrag vom 30.8.2000, abgedr. bei *Bornemann/Lörz* (Hrsg.), BayMG, Band 2 Signatur 3.4.3.

[1152] *Gounalakis*, K&R 1999, S. 543; ähnlich *ders.*, Konvergenz der Medien, S. 139.

[1153] Vgl. dazu *Gounalakis*, K&R 1999, S. 546 f.

„Die Menschheit zur Freiheit zu bringen, das heißt sie zum Miteinanderreden zu bringen"
(Karl Jaspers)[1154]

Abschließende Bemerkung

Die Diskussion um die Aufsichtsstruktur zeigt nochmals deutlich, dass im Bereich der elektronischen Kommunikation einige Fragen nicht gelöst sind. Dies folgt aus den Bestimmungen des Grundgesetzes, die eindeutige Aussagen zu diesem Lebensbereich sowohl im Grundrechts-, im Gesetzgebungskompetenz- als auch im Verwaltungskompetenzteil vermissen lassen. Die unterschiedlichen Interessenslagen führen daher zu differierenden Interpretationen des Verfassungstextes. Die Aufgabe der vorgelegte Untersuchung bestand darin, Problemfelder aufzudecken und Lösungsvorschläge aufzuzeigen. Es steht jedoch zu befürchten, dass allein das Bundesverfassungsgericht letztlich in der Lage sein wird, für Rechtssicherheit und Rechtsfrieden zu sorgen. Damit obliegt es – wie auch bisher – diesem Gericht die Marschrichtung für die Auslegung der Verfassungsbestimmungen im Umfeld der Kommunikationsfreiheiten vorzugeben.

Das derzeitige Arbeitspensum des Gesetzgebers im Bereich der Kommunikationsüberwachung und Medienregulierung sollte Ansporn genug sein, die aufgeworfenen Fragen ernst zu nehmen und bereits vor einer Entscheidung des Bundesverfassungsgerichts nach tragfähigen Lösungen, wie sie hier angeboten sind, zu suchen. Ein „politischer Kuhhandel"[1155] um die Gesetzgebungskompetenzen, wie er beim Erlass des Informations- und Kommunikationsdienste-Gesetzes und des Mediendienste-Staatsvertrags im Jahre 1997 und bei den Jugendschutzregelungen im Jahre 2002 zu beobachten war, sollte zukünftig vermieden werden, auch wenn die Frage, wer die Kommunikationsfreiheit beschränkt, für den einzelnen kommunizierenden Bürger nicht so wichtig erscheint, wie die Frage nach Art und Umfang der Beschränkungen.

Die Besonderheit von Information als geistige Ware, die in ihrer Komplexität Einfluss nimmt auf Einstellungen und Handlungen des Menschen, sowie die Bedeutung der Kommunikation für Mensch und Gesellschaft rechtfertigen nicht nur einen umfassenden grundrechtlichen Schutz und eine restriktive Auslegung der verfassungsrechtlich vorgesehenen Schranken, sondern auch die genaue Prüfung aller in diesem Zusammenhang stehenden Fragen einschließlich der Gesetzgebungskompetenzen. Die rasante technische Entwicklung im Bereich der elektronischen Kommunikation wird für den Gesetzgeber, für die Rechtswissenschaft und die Rechtsprechung noch manch schwierige Aufgabe bereit halten.

1154 * 23.2.1886, † 20.2.1969, Professor für Psychologie und Philosophie in Heidelberg und Basel.

1155 So *Dörr*, in: BLM (Hrsg.), Symposion Medienrecht 2001, S. 113.

Zusammenfassung in Thesen:

1. Die wachsende Bedeutung der mittels elektronischer Übertragungstechnik geführten Kommunikation zwingt den Staat dazu, Gefährdungen, die aus dieser Kommunikation für den Einzelnen oder die Gemeinschaft erwachsen oder die hieraus erkennbar werden, ernst zu nehmen und deren Verwirklichung zu verhindern. Als mögliche Maßnahmen kommen die konkrete Inhaltsvorgabe oder –einschränkung (Regulierung) sowie die Überwachung der Kommunikation in Betracht.

2. Den Bürgern wird mit den Grundrechten ein umfassender Freiheitsbereich für den Inhalt des von ihnen gesendeten bzw. empfangenen Kommunikationsinhalts gewährt. Keines der den Bürgern zustehenden Grundrechte ist jedoch schrankenlos gewährleistet.

3. Bei der Frage nach der Zulässigkeit der Freiheitsbeschränkungen ist zwischen dem grundgesetzlich anerkannten Interesse des Bürgers an der Freiheit der Kommunikation und dem Interesse des Staates, zum Schutz des Gemeinwesens oder Einzelner die Kommunikation zu regulieren oder zu überwachen, abzuwägen. Diese Abwägung hat jeweils im Rahmen der Grundrechtsschranken im Hinblick auf den verbürgten Freiheitsbereich zu erfolgen (Wechselwirkungs-Theorie). Letzteres gilt nicht nur für Art. 5 Abs. 2 GG sondern auch für Art. 10 Abs. 2 GG und Art. 2 Abs. 1 GG. Bei der Berufsfreiheit ist das Interesse der Bürger an der Freiheit der Kommunikation mit anerkannten Gemeinwohlbelangen abzuwägen. Im Rahmen der Verhältnismäßigkeitsprüfung ist ebenfalls auf die Bedeutung dieses Freiheitsbereichs abzustellen.

4. Die für die elektronische Kommunikation relevanten Grundrechtsnormen lassen beim gegenwärtigen Auslegungsstand keine einheitliche Kommunikationsverfassung erkennen. Eine solche könnte sich jedoch aus einer Zusammenschau der einzelnen Normen entwickeln lassen. Für die zukünftige Arbeit mit einer Kommunikationsverfassung spricht dabei die fortschreitende Konvergenz der Übertragungstechnik und die immer individueller werdende Nutzung der Medien, die eine Unterscheidung in massenmediale Kommunikation und Individualkommunikation bereits heute vor Schwierigkeiten stellt.

5. Sowohl für die Abgrenzung der Schutzbereiche der Grundrechtsnormen als auch für die Abgrenzung von Kompetenznormen bleibt trotz der scheinbaren Verwischung der Grenzen der Kommunikationsformen vorerst eine klare Einteilung in Individualkommunikation und Massenkommunikation erforderlich.

6. Bei der Einteilung der elektronischen Kommunikation in Individualkommunikation einerseits und Massenkommunikation andererseits ist der Standpunkt des Sendenden einzunehmen, da der Rezipient bei allen Formen der Kommunikation eine individuelle Nutzung anstrebt und daher aus seiner Sicht eine eindeutige Abgrenzung nicht möglich ist. Individualkommunikation liegt demnach nur vor, wenn der Sendende den Inhalt tatsächlich nur einem bestimmten oder bestimmbaren Empfänger übermitteln will. Darüber hinaus sind einzelne Kommunikationsvorgänge getrennt voneinander zu betrachten. Nicht jede „elektronische Antwort“ auf ein zuvor erhaltenes Angebot macht einen Kommunikationsprozess zur Individualkommunikation, wenn das vorangegangene Angebot an einen nicht genau abgrenzbaren Empfängerkreis gesandt wurde.

7. Eine Vielzahl von Grundrechten bezieht den Prozess und den Inhalt der Kommunikation in den Schutzbereich mit ein. Für den Schutz der elektronischen Kommunikation kommen letztlich die Art. 5 Abs. 1 und 2, Art. 10 Abs. 1, Art. 2 Abs. 1 Satz 1 sowie Art. 12 Abs. 1 GG maßgeblich in Betracht. Diese Grundrechte bieten umfassende subjektive Rechte für den Bürger.

8. Bei der durch Art. 5 Abs. 1 Satz 2 GG geschützten Rundfunkfreiheit ist ein Wandel in der Rechtsprechung des Bundesverfassungsgerichts insofern zu beobachten, als der individualrechtliche Schutzbereich der Norm in den Vordergrund gestellt wird und sich bereits ein Bewerber um eine Rundfunklizenz auf den grundrechtlichen Schutz der Rundfunkfreiheit berufen kann.

9. Bei der Berufsfreiheit ist ebenfalls eine Tendenz in der Rechtsprechung des Bundesverfassungsgerichts zu erkennen, die bisherige und in der älteren Rechtsprechung tolerierte Beschränkung der Werbung von Mitgliedern der freien Berufe nunmehr restriktiv an Art. 12 Abs. 1 GG zu messen. Zulässig ist eine Beschränkung der Außendarstellung nach der neuen Rechtsprechung nur, wenn Gemeinwohlbelange dies erfordern und die Beschränkung insgesamt verhältnismäßig ist.

10. Eine Überschneidung der Schutzbereiche von Art. 10 Abs. 1 GG und Art. 5 Abs. 1 Satz 2 GG ist trotz der sich gegenseitig ausschließenden Bezugsgrößen Individualkommunikation bzw. Massenkommunikation denkbar, wenn die stattgefundene Individualkommunikation zur Vorbereitung eines Presse- oder sonstigen Medienerzeugnisses dient.

11. Die Frage nach einem „elektronischen Vermummungsverbot“ (Verschlüsselungsverbot) ist für Art. 5 Abs. 1 Satz 2 GG und Art. 10 Abs. 1 GG unterschiedlich zu beantworten. Während Massenkommunikation zum einen der

Inhaltsregulierung und unter bestimmten Voraussetzungen (s. These 15) der Ausgestaltung zugänglich ist und damit auch die „Öffnung" des Kommunikationsinhalts für die Aufsichtsbehörde angeordnet werden kann, ist bei der Individualkommunikation eine Verschlüsselung des Inhalts ohne Einschränkung und Öffnungsverpflichtung vom Schutzbereich des Art. 10 Abs. 1 GG umfasst. Hintergrund ist, dass eine Regulierung der Individualkommunikation nur indirekt durch strafrechtliche Verbotsnormen zulässig ist.

12. Art. 2 Abs. 1 GG (Allgemeine Handlungsfreiheit) kann im Rahmen der elektronischen Kommunikation nur dort Bedeutung erlangen, wo es um den Schutz von meinungsfreier Massenkommunikation geht, oder wenn meinungsfreie Individualkommunikation unterbunden werden soll, die darüber hinaus nicht beruflich-geschäftlicher Natur ist. Im Übrigen greifen speziellere Schutzrechte ein.

13. Die Betreiber solcher Medien, die mittels Telekommunikationstechnik verbreitet werden, können sich unmittelbar auf die Kommunikationsgrundrechte auch Dritter Kommunikatoren berufen.

14. Die Betreiber der technisch notwendigen Kommunikationsinfrastruktur können sich grundsätzlich nicht unmittelbar auf die Kommunikationsgrundrechte der Sendenden und der Empfänger des Inhalts berufen. Eine mittelbare Berufung ist jedoch nicht ausgeschlossen.

15. Ein gesetzlicher Ausgestaltungsvorbehalt, wie er für den Rundfunk besteht, ist bei neuen elektronischen Massenkommunikationsformen – unabhängig davon, ob sie dem verfassungsrechtlichen Rundfunkbegriff zugeordnet werden können – immer dann zu bejahen, wenn ihnen zum einen eine überragende Bedeutung für den öffentlichen Kommunikationsprozess in der demokratischen Gesellschaft zuerkannt werden kann und wenn die Freiheit dieses Kommunikationsprozesses ohne ausgestaltendes Gesetz gefährdet wäre.

16. Die Kompetenznormen des Grundgesetzes sehen keine gesonderten Regelungen für den Kommunikationsinhalt vor. Für eine Zuständigkeit des Bundes ist in jedem Einzelfall eine Gesetzgebungskompetenz abzuleiten.

17. Dem Bund steht vor allem im Bereich der Beobachtung der Individualkommunikation die Gesetzgebungskompetenz zu. Darüber hinaus enthält Art. 73 Nr. 7 GG eine umfassende Regelungskompetenz für den technischen Bereich der elektronischen Kommunikation. Eine Regelungsbefugnis für den Kommunikationsinhalt kann Art. 73 Nr. 7 GG nicht entnommen werden.

18. Die Regelungskompetenz für die öffentliche Fürsorge (Art. 74 Abs. 1 Nr. 7 GG) eröffnet dem Bund keine Kompetenz für Jugendschutzregelungen bei der elektronischen Kommunikation.

19. Im Rahmen des Wirtschaftsrechts muss der Bund auf Kompetenzen für gesonderte Wirtschaftsgüter zurückgreifen können, um inhaltsgestaltende Regelungen für den Bereich der elektronischen Kommunikation erlassen zu können. Die Gesetzgebungskompetenz für das allgemeine Wirtschaftsrecht reicht hierzu nicht.

20. Die vom Bundesverfassungsgericht in seiner jüngsten Rechtsprechung vorgenommene restriktive Auslegung des Art. 72 Abs. 2 GG belässt dem Bund im Rahmen der konkurrierenden Gesetzgebung wenig Handlungsspielraum bei der Regulierung des Inhalts elektronischer Kommunikation.

21. Für die Abgrenzung der Gesetzgebungskompetenzen werden vor allem der verfassungsrechtliche Rundfunkbegriff (in Abgrenzung zur elektronischen Presse), die Einteilung in Individualkommunikation und Massenkommunikation und die Meinungsrelevanz des Angebots herangezogen. Angebote mit Meinungsrelevanz, solche die dem Rundfunkbegriff zugeordnet werden können und massenkommunikative Angebote sollen dabei von den Ländern geregelt werden.

22. Da sich die Kriterien Meinungsrelevanz und Massenkommunikation vom verfassungsrechtlichen Rundfunkbegriff ableiten lassen, gilt diesem die weitaus größte Aufmerksamkeit in der wissenschaftlichen Auseinandersetzung. Die Diskussion um den verfassungsrechtlichen Rundfunkbegriff bei den elektronischen Kommunikations- und Informationsdiensten beruht dabei auf der Vorstellung, hiermit eine eindeutige Zuordnung erzielen und kompetenzrechtlich gesicherte Zuständigkeiten erreichen zu können. In dieser Diskussion hat sich bislang insoweit eine herrschende Meinung herausbilden können, als alle massenmediale elektronische Kommunikation dem Rundfunkbegriff zugeordnet wird.

23. Im Übrigen bieten weder der verfassungsrechtliche Rundfunkbegriff noch die anderen untersuchten Kriterien eine trennscharfe Abgrenzung der Zuständigkeiten von Bund und Ländern bei Inhaltsregelungen für die elektronische Kommunikation. Insbesondere lassen sich hieraus keine Gesetzgebungskompetenzen für den Bund ableiten.

24. Kommunikation kann aufgrund der Bedeutung, die ihr vor allem im Rahmen der Grundrechte zuerkannt wird, als eigenständiges Sachgebiet im Gefüge

der Kompetenznormen des Grundgesetzes angesehen werden. Die Länder haben die Hauptkompetenz für das Sachgebiet Kommunikation. Dies folgt primär aus Art. 70 Abs. 1 GG.

25. Neben der Anerkennung eines eigenen Sachgebiets Kommunikation ist der Zuständigkeit der Länder für die Belange der Kultur eine Gesetzgebungskompetenz für den Kommunikationsbereich zu entnehmen.

26. Die Aufsichtsstrukturen für die Regulierung von (massenkommunikativen) Kommunikationsdiensten ist derzeit zersplittert. Sie hat sich an den Gesetzgebungszuständigkeiten zu orientieren. Die Unsicherheit bei der gesetzgeberischen Zuständigkeit behindert die Einrichtung einer sinnvollen Aufsichtsstruktur. Die derzeit diskutierten Reformen der Aufsichtsstrukturen erscheinen ohne vorherige Klärung der Gesetzgebungszuständigkeiten – evtl. verbunden mit einer Verfassungsänderung – wenig erfolgversprechend.

Literaturverzeichnis

Albrecht, Hans-Jörg/Hotter, Imke	Rundfunk und Pornographieverbot, BLM-Schriftenreihe, Band 68, München 2002.
Arndt, Claus	Die Fernmeldekontrolle im Verbrechensbekämpfungsgesetz, NJW 1995, S. 169 ff.
ders.	Zum Abhörurteil des Bundesverfassungsgerichts, NJW 2000, S. 47 ff.
Badura, Peter	Staatsrecht, 2. Auflage, München 1996.
Badura, Peter/Scholz, Rupert (Hrsg.)	Wege und Verfahren des Verfassungslebens, Festschrift für Peter Lerche, München 1993. Zitiert: *Verfasser*, in: Badura/Scholz, FS Lerche, S.
Bäumler, Helmut	TKÜV: Gruß vom Überwachungsstaat oder harmlose Ausführungsbestimmung?, K&R 2001, Heft 1 S. I.
Baldus, Manfred	Nachrichtendienste – Beobachtung völkerverständigungswidriger Bestrebungen, ZRP 2002, S. 400 ff.
Bartsch, Elmar/ Marquart, Tobias	Grundwissen Kommunikation, Stuttgart 1999.
Bauer, Fritz	Grundgesetz und „Schmutz und Schundgesetz", JZ 1965, S. 41 ff.
Bayerische Landeszentrale für neue Medien – BLM (Hrsg.)	BLM-Symposion Medienrecht 1998 – Rundfunkfreiheit in Bayern, BLM-Schriftenreihe, Band 51, München 1999. Zitiert: *Verfasser*, in: BLM (Hrsg.), Symposion Medienrecht 1998, S.

dies.	BLM-Symposion Medienrecht 2001 – Zwischen Intendantenbefugnis und Zensur: Jugendschutz in privaten Rundfunkangeboten in Bayern, BLM-Schriftenreihe, Band 71, München 2002. Zitiert: *Verfasser*, in: BLM (Hrsg.), Symposion Medienrecht 2001, S.
Beisel, Daniel/Heinrich, Bernd	Die Strafbarkeit der Ausstrahlung jugendgefährdender Fernsehsendungen, NJW 1996, S. 491 ff.
Bermanseder, Markus	Wann sind Mediendienste dem Rundfunk zuzuordnen ?, ZRP 1997, S. 330 ff.
Bethge, Herbert	Die Freiheit des privaten Rundfunks, DÖV 2002, S. 673 ff.
Bettermann, Karl August	Bundeskompetenz für Jugendschutz ?, AöR 83 (1958), S. 91 ff.
Bisenius, Jean-Claude/Siegert, Wolf	Multimedia Mobil – Mobile Dienste in digitalen Rundfunk- und Telekommunikationsnetzen. Analysen und Perspektiven, Schriftenreihe der MABB, Band 15, Berlin 2002.
Bock, Matthias/Wöbke, Jörn	Selbstregulierung im Internet – Grundzüge eines neuen Medienrechts, K&R 2001, Supplement S. 11 ff.
Bornemann, Roland	Der Jugendmedienschutz-Staatsvertrag der Länder, NJW 2003, S. 787 ff.
ders./Lörz, Nikolaus (Hrsg.)	Loseblattkommentar zum Bayerischen Mediengesetz, Band 1 und 2, Stand: April 2004, Baden-Baden.
Braml, Claudia	Das Teleshopping und Rundfunkfreiheit, Studien zum deutschen und europäischen Medienrecht, Band 3, Frankfurt a. M. 2000.

Bremer, Eckehard/Esser, Michael/Hoffmann, Martin — Der Rundfunk in der Verfassungs- und Wirtschaftsordnung in Deutschland, Baden-Baden 1992

Bremer, Karsten — Radikal-politische Inhalte im Internet – ist ein Umdenken erforderlich? MMR 2002, S. 147 ff.

Brockhorst-Reetz, Bettina — Repressive Maßnahmen zum Schutze der Jugend im Bereich der Medien Film, Video und Fernsehen, München 1989.

Bullinger, Martin — Multimediale Kommunikation in Wirtschaft und Gesellschaft, ZUM 1996, S. 749 ff.

ders. — Der Rundfunkbegriff in der Differenzierung kommunikativer Dienste, AfP 1996, S. 1 ff.

ders. — Strukturwandel von Rundfunk und Presse, NJW 1984, S. 385 ff.

ders. — Ordnung oder Freiheit für Multimediadienste, JZ 1996, S. 385 ff.

ders. — Rundfunkwerbung im Umbruch der Medien, Zur Regelungsbedürftigkeit der Wirtschaftswerbung öffentlich-rechtlicher Rundfunkanstalten, ZUM 1985, S. 121 ff.

ders./Mestmäcker, Ernst-Joachim — Multimediadienste : Struktur und staatliche Aufgabe nach deutschem und europäischem Recht, Baden-Baden 1997.

Bundesverband deutscher Banken – BdB (Hrsg.) — Banken 2000 – Herausforderung Informationsgesellschaft, Berlin 1999.

ders. — E-Commerce als Bankdienstleistung, Berlin 2001.

Castendyk, Oliver — Jugendschutz im Fernsehen – zweiter Akt, MDR 1993, 192 ff.

Charissé, Peter	Die Rundfunkveranstaltungsfreiheit und das Zulassungsregime der Rundfunk- und Mediengesetze, Frankfurt am Main1999.
ders.	Kabelkommunikation zwischen Rundfunk- und Urheberrecht, K&R 2002, S. 164 ff.
Cremer, Hans-Joachim	Die Reform der Deutschen Welle und die Rundfunkfreiheit, ZUM 1995, S. 674 ff.
Daufeldt, Dirk	Duale Rundfunkordnung im digitalen und europäischen Medienzeitalter, Oberhausen 2002.
Degenhart, Christoph	Medienrecht und Medienpolitik im 21. Jahrhundert, K&R 2000, S. 49 ff.
ders.	Verfassungsfragen neuer elektronischer Medien. Folgewirkungen auf Medienstruktur –und Medienpolitik, BayVBl. 1986, S. 577 ff.
ders.	Rundfunk und Internet, ZUM 1998, S. 333 ff.
ders.	Programmauftrag Internet. Öffentlich-rechtliche Rundfunkanstalten und Online-Dienste, MMR 1998, S. 137 ff.
Depenheuer, Otto	Informationsordnung durch Informationsmarkt, AfP 1997, S. 669 ff.
Derksen, Roland	Strafrechtliche Verantwortung für in internationalen Computernetzen verbreitete Daten mit strafbarem Inhalt, NJW 1997, S. 1878 ff.
Determann, Lothar	Kommunikationsfreiheit im Internet, Baden-Baden 1999.
Deutsche Welle (Hrsg.)	Stellung und Finanzierung des deutschen Auslandsrundfunk, DW-Symposion März 2000, DW-Schriftenreihe Band 2, Berlin 2000.

Di Fabio, Udo	Der Schutz der Menschenwürde durch Allgemeine Programmgrundsätze, BLM-Schriftenreihe Bd. 60, München 1999.
Dittmann, Armin/Fechner, Frank/Sander, Gerald, G.	Der Rundfunkbegriff im Wandel der Medien, Symposion zum 65. Geburtstag von Th. Oppermann, Berlin, 1997. Zitiert: *Verfasser*, in: Dittmann/Fechner/Sander, Symposion Oppermann, S.
Dörr, Dieter	Die verfassungsrechtliche Stellung der Deutschen Welle, München 1998.
ders./Cole, Mark D.	Jugendschutz in den elektronischen Medien – Bestandsaufnahme und Reformabsichten, BLM-Schriftenreihe Band 67, München 2001.
Dreier, Horst (Hrsg.)	Grundgesetz, Kommentar, Band I bis III. München 1996. Zitiert: *Verfasser*, in: Dreier, GG, Art.
Eberle, Carl-Eugen	Neue Übertragungstechniken und Verfassungsrecht, ZUM 1995, S. 249 ff.
Eckhardt, Jens	Telekommunikations-Überwachungsverordnung – Ein Überblick, CR 2001, S. 670 ff.
Emmer, Martin/Kuhlmann, Christoph/Vowe, Gerhard/ Wolling, Jens	Der 11. September – Informationsverbreitung, Medienwahl, Anschlusskommunikation, Media Perspektiven 2002, S. 166 ff.
Engel, Christoph	Inhaltskontrolle im Internet, AfP 1996, S. 220 ff.
ders.	Rundfunk in Freiheit, AfP 1994, S. 185 ff.
Engel-Flechsig, Stefan	Das Informations- und Kommunikationsdienste-Gesetz des Bundes und der Mediendienste-Staatsvertrag der Bundesländer, ZUM 1997, S. 231 ff.

Engel-Flechsig, Stefan/ Maennel,Frithjof A./ Tettenborn, Alexander	Das neue Informations- und Kommunikationsdienste- Gesetz, NJW 1997, S. 2981 ff.
Ferger, Herbert/Junker, Harald	„Neue Medien" und Fernmelderecht, DÖV 1981, S. 439 ff.
Flechsig, Norbert P.	Haftung von Online-Diensteanbietern im Internet, AfP 1996, S. 333 ff.
ders.	Presse- und Rundfunkfreiheit – Von der vierten Gewalt zum fünften Rad im Lichte zunehmender Kommerzialisierung ?, CR 1999, S. 327 ff.
ders.	Virtuelle Anwaltswerbung im Internet, ZUM 1997, S. 98 ff.
Gabriel-Bräutigam, Karin	Rundfunkkompetenz und Rundfunkfreiheit, Baden-Baden, 1990.
Gercke, Marco	Rechtswidrige Inhalte im Internet: eine Diskussion ausgewählter Probleme des Internetstrafrechts unter Berücksichtigung strafprozessualer Aspekte, Köln 2000.
ders.	Die Entwicklung der Rechtsprechung zum Internetstrafrecht in den Jahren 2000 und 2001, ZUM 2002, S. 283 ff.
Gersdorf, Hubertus	Multi-Media: Der Rundfunkbegriff im Umbruch?, AfP 1995, S. 565 ff.
ders.	Die dienende Funktion der Telekommunikationsfreiheiten: Zum Verhältnis von Telekommunikations- und Rundfunkordnung, AfP 1997, S. 424 ff.
ders.	Der verfassungsrechtliche Rundfunkbegriff, HAM-Schriftenreihe Band 11, Hamburg 1995

Gounalakis, Georgios — Der Mediendienste-Staatsvertrag der Länder, NJW 1997, S. 2993 ff.

ders. — Konvergenz der Medien – Sollte das Recht der Medien harmonisiert werden?, Gutachten B für die medienrechtliche Abteilung des 64. Deutschen Juristentages 2002 in Berlin, Typoskript, Stand: 21.02.2002.

ders. — Kommunikationsnetze und –dienste: Konvergenz in der Wettbewerbsaufsicht, K&R 1999, S. 541 ff.

ders. — Regulierung von Presse, Rundfunk und elektronischen Diensten in der künftigen Medienordnung, ZUM 2003, S. 180 ff.

ders./Rhode, Lars — Das Informations- und Kommunikationsdienste-Gesetz, K&R 1998, S. 321 ff.

Gramlich, Ludwig — Kommunikations-Grundversorgung zwischen Markt und Staat, ZUM 1998, S. 365 ff.

Grimm, Dieter — Die Meinungsfreiheit in der Rechtsprechung des Bundesverfassungsgerichts, NJW 1995, S. 1697 ff.

Grzeszick, Bernd — Neue Medienfreiheit zwischen staatlicher und gesellschaftlicher Ordnung; Das Beispiel Internet, AöR 123 (1998), S. 173 ff.

Hamm, Ingrid (Hrsg.) — Kommunikationsgesellschaft der Zukunft, Gütersloh 1997.

Hamm, Ingrid/Hart, Thomas (Hrsg.) — Kommunikationsordnung 2010, Gütersloh 2001.

Hartstein, Reinhard/Ring, Wolf-Dieter/Kreile, Johannes/Dörr, Dieter/Stettner, Rupert — Loseblattkommentar zum Rundfunkstaatsvertrag, Band I und II, München, Stand: Januar 2003.
Zitiert: Hartstein/Ring/Kreile/Dörr/Stettner, RStV, § Rn.

Herkströter, Dirk	Rundfunkfreiheit, Kunstfreiheit und Jugendschutz, AfP 1992, S. 23 ff.
Herrmann, Günter	Rundfunkrecht – Fernsehen und Hörfunk mit neuen Medien, München 1994.
Hesse, Albrecht	Zur aktuellen Entwicklung des Rundfunkrechts, BayVBl. 1997 S. 132 ff. und 165 ff.
ders.	Rundfunkrecht, 2. Aufl., München 1999
ders.	Werbung und Rundfunkfreiheit, ZUM 1987, S. 548 ff.
ders.	Ausgewählte Rechtsprechung mit grundsätzlicher Bedeutung für die Rundfunkordnung in der Bundesrepublik Deutschland, RuF 1998, S. 515 ff.
Heyl, Cornelius v.	Teledienste und Mediendienste nach Teledienstegesetz und Mediendienste-Staatsvertrag, ZUM 1998, S. 115 ff.
Hochstein, Reiner	Teledienste, Mediendienste und Rundfunkbegriff –Anmerkungen zur praktischen Abgrenzung multimedialer Erscheinungsformen, NJW 1997, S. 2977 ff.
Hoeren, Thomas	Die Ahndung unlauterer Faxwerbung durch die Regulierungsbehörde für Telekommunikation und Post, NJW 2002, S. 1521 ff.
Hörnle, Tatjana	Pornographische Schriften im Internet: Die Verbotsnormen im deutschen Strafrecht, NJW 2002, S. 1008 ff.
Hörl, Bernhard	Nachbesserung und Gewährleistung für fehlende Jahr-2000-Fähigkeit von Software, CR 1999, S. 605 ff.
Hoffmann-Riem, Wolfgang	Der Rundfunkbegriff in der Differenzierung kommunikativer Dienste, AfP 1996, S. 9 ff.

ders.	Multimedia-Politik vor neuen Herausforderung, Rundfunk und Fernsehen (RuF) 1995, S. 125 ff.
Hoffmann-Riem, Wolfgang/ Vesting, Thomas (Hrsg.)	Perspektiven der Informationsgesellschaft, Baden-Baden 1995. Zitiert: *Verfasser*, in: Hoffmann-Riem/Vesting, Perspektiven der Informationsgesellschaft, S.
Holznagel, Bernd	Probleme der Rundfunkregulierung im Multimedia-Zeitalter, ZUM 1996, S. 16 ff.
ders.	Regulierungsprobleme bei Online-Diensten und im Internet, Tagungsbericht, ZUM 1996, S. 864 ff.
ders.	Multimedia zwischen Regulierung und Freiheit, ZUM 1999, S. 425 ff.
ders.	Konvergenz der Medien – Herausforderung an das Recht, NJW 2002, S. 2351 ff.
ders./ Kussel, Stephanie	Möglichkeiten und Risiken bei der Bekämpfung rechtsradikaler Inhalte im Internet, MMR 2001, S. 347 ff.
Hopf, Kristina	Jugendschutz im Rundfunk und das verfassungsrechtliche Zensurverbot des Art. 5 Abs. 1 Satz 3 GG, ZUM 2000, S. 739 ff.
Hufen, Friedhelm	Gegenwartsfragen des Kulturföderalismus, BayVBl. 1985, S. 1 ff.
Hund, Horst	Überwachungsstaat auf dem Vormarsch – Rechtsstaat auf dem Rückzug, NJW 1992, S. 2118 ff.
Isensee, Josef/Axer, Peter	Jugendschutz im Fernsehen, Schriftenreihe des Instituts für Rundfunkrecht an der Universität Köln, Band 72, München 1998.
Janik, Viktor	Der deutsche Rundfunkbegriff im Spiegel technischer Entwicklungen, AfP 2000, S. 7 ff.

Jarass, Hans D. — Rundfunkbegriffe im Zeitalter des Internet, AfP 1998, S. 133 ff.

ders./Pieroth, Boda — Grundgesetz für die Bundesrepublik Deutschland, Kommentar, 4. Auflage, München 1997. Zitiert: *Verfasser*, in: Jarass/Pieroth, GG, Art.

Jarren, Otfried — Medien- und Öffentlichkeitswandel im modernen Staat, Anmerkungen zum Öffentlichkeitsverständnis des Bundesverfassungsgerichts, AfP 1994, S. 191 ff.

Jochum, Heike — Richtungsweisende Entscheidung des BVerfG zur legislativen Kompetenzordnung des Grundgesetzes, NJW 2003, S. 28 ff.

Jutzi, Siegfried — Nochmal: Bundeskompetenz für direktstrahlende TV-Satelliten?, ZUM 1986, S. 21 ff.

Kibele, Babette — Multimedia im Fernsehen: Die gesetzlichen Grundlagen audiovisueller Informations- und Kommunikationsdienste, München 2001.

Kleine-Cosack, Michael — Vom Werbeverbot zum Werberecht des Arztes, NJW 2003, S. 868 ff.

Klöck, Oliver — Bundeskompetenz für ein Multimedia-Recht ?, CR 1999, S. 456 ff.

Kloepfer, Michael — Informationsrecht, München 2002.

ders. — Privatsphäre im Fadenkreuz staatlicher Überwachung ?, K&R 2001, 545 ff.

Knothe, Matthias — Neues Recht für Multi-Media-Dienste – Die Ländersicht, AfP 1997, S. 494 ff.

Koch, Alexander — Zur Einordnung von Internet-Suchmaschinen nach dem EGG, K&R 2002, S. 120 ff.

Koenig, Christian — Regulierungsoptionen für die Neuen Medien in Deutschland, MMR 1998 Beilage S. 1 ff.

ders.	Medienaufsicht in der Bundesrepublik Deutschland - Im Blickpunkt: Konvergenz der Kommunikationsbranche, K & R 2000, S. 1 ff.
ders./Loetz, Sascha	Sperrungsanordnung gegenüber Netzwerk- und Access-Providern, CR 1999, S. 438 ff.
ders./Röder, Ernst	Plädoyer zur Überwindung der zersplitterten Aufsicht über neue Informations- und Kommunikationsmedien, K & R 1998, S. 417 ff.
ders./Koch, Alexander/Braun, Jens-Daniel	Die Telekommunikationsüberwachungsverordnung: Neue Belastung für Internet Service Provider und Mobilfunknetzbetreiber ?, K&R 2002, S. 289 ff.
Köster, Oliver/v.Bonin, Andreas	Internet im Lichte neuer Gesetze, AfP 1997, S. 829 ff.
Kreile, Johannes	Medienbericht 1985, ZUM 1986, S. 589 ff.
ders./Detjen, Stephan	Rechtliche Vorgaben und Verfahren für die Kontrolle von Gewalt- und Sexdarstellungen im Rundfunk, ZUM 1994, S. 78 ff.
ders./Diesbach, Martin	Der neue Jugendmedienschutz-Staatsvertrag – was ändert sich für den Rundfunk?, ZUM 2002, S. 849 ff.
Kresse, Hermann/Heinze, Matthias	Rundfunk-Dynamik am Morgen des digitalen Zeitalters, AfP 1995, S. 574 ff.
Kröger, Detlef/Moos, Flemming	Regelungsansätze für Multimediadienste – Me diendienstestaatsvertrag und Teledienstegesetz, ZUM 1997, S. 462 ff.
dies.	Mediendienst oder Teledienst? – Zur Aufteilung der Gesetzgebungsmaterie Informations- und Kommunikationsdienste zwischen Bund und Länder, AfP 1997, S. 675 ff

Krotz, Friedrich — Elektronisch mediatisierte Kommunikation, Rundfunk und Fernsehen (RuF) 1995, S. 445 ff.

Kuch, Hansjörg — Der Staatsvertrag über Mediendienste, ZUM 1997, S.225 ff.

Kübler, Friedrich — Legitimationsfragen der Medienregulierung, AfP 2002, S. 277 ff.

Kull, Edgar — Auf dem Weg zum dualen Rundfunksystem – Das vierte Fernsehurteil des Bundesverfassungsgericht, AfP 1987, S 365 ff.

ders. — Realitätsferne und dogmatische Inkonsequenz – Bemerkungen zum fünften Rundfunkurteil des Bundesverfassungsgerichts, AfP 1987, S 568 ff.

Lachmann, Jens-Peter — Ausgewählte Probleme aus dem Recht des Bildschirmtextes, NJW 1984, S. 405 ff.

Ladeur, Karl-Heinz — Rundfunkaufsicht im Multimedia-Zeitalter zwischen Ordnungsrecht und regulierter Selbstregulierung, K&R 2000, S. 171 ff.

ders. — Was ist Pornographie heute ?, AfP 2001, S. 471 ff.

Landmann, Dieter — Die Ausstrahlung jugendgefährdender Fernsehsendungen – strafbar ?, NJW 1996, S. 3309 ff.

Lange, Knut Werner — Werbung mit gesellschaftskritischen Themen als Bestandteil der Meinungs- und Pressefreiheit, AfP 2002, S. 185 ff.

Libertus, Michael — Zur Notwendigkeit einer Neubestimmung des Verhältnisses von Rundfunk- und Telekommunikationsrecht am Beispiel der Frequenzordnung, ZUM 1997, S. 702 ff.

ders. — Medienrechtliche Einordnung von Business TV-Diensten, K&R 2000, S. 119 ff.

Liesching, Marc	Jugendmedienschutz in Deutschland und Europa, Die historische und gegenwärtige Entwicklung des gesetzlichen Jugendmedienschutzes in Deutschland mit rechtsvergleichendem Blick auf die Staaten der Europäischen Union sowie der Schweiz, Regensburg 2002.
ders.	Zur Gesetzgebungskompetenz der Bundesländer für den Bereich »Jugendschutz in Rundfunk und Telemedien«, ZUM 2002, S. 868 ff.
ders.	Das neue Jugendschutzgesetz, NJW 2002, S. 3281 ff.
Löffler, Martin	Presserecht, Kommentar zu den Landespressegesetzen der Bundesrepublik Deutschland, 4. Auflage, München 1997. Zitiert: *Verfasser*, in: Löffler, Presserecht
Lorz, Ralph Alexander	Die Erhöhung der verfassungsrechtlichen Kontrolldichte gegenüber berufsrechtlichen Einschränkungen der Berufsfreiheit, NJW 2002, S. 169 ff.
Mahle, Walter A. (Hrsg.),	Kultur in der Informationsgesellschaft, Schriftenreihe der Arbeitsgruppe Kommunikationsforschung München (AKM), Band 42, Konstanz 1998. Zitiert: *Verfasser*, in: Mahle, Kultur in der Informationsgesellschaft.
Maletzke, Gerhard (Hrsg.)	Psychologie der Massenkommunikation, Hamburg 1963.
Mann, Thomas/Müller, Rolf-Georg	Präventiver Lauschangriff via Telefon ?, ZRP 1995, S. 180 ff.

Manssen, Gerrit (Hrsg.)	Telekommunikations- und Multimediarecht, Kommentar zum TKG, TDG, ..., Stand: Juni 2002 Zitiert: *Verfasser*, in: Manssen, Telekommunikationsrecht
ders.	Berufsfreiheit bei der Berufsausübung ?, BayVBl. 2001, S. 641 ff.
v.Mangold, Herrmann/Klein, Friedrich/Starck, Christian	Das Bonner Grundgesetz, Kommentar, Band 2, München 2000. Zitiert: *Verfasser*, in: v.Mangold/Klein/Starck, GG, Art.
v.Mangold, Herrmann/Klein, Friedrich/Pestalozza, Christian	Das Bonner Grundgesetz, Kommentar, Band 8, 3. Aufl., München 1996. Zitiert: *Verfasser*, in: v.Mangold/Klein/Pestalozza, GG, Art.
Maunz, Theodor/Dürig, Günter	Grundgesetz, Loseblattkommentar, Stand: 38 Ergänzungslieferung, München 2001. Zitiert: *Verfasser*, in: Maunz/Dürig, GG, Art.
Mayer, Franz C.	Recht und Cyberspace, NJW 1996, S. 1782 ff.
Mecklenburg, Wilhelm	Internetfreiheit, ZUM 1997, S. 525 ff.
Merten, Detlef/Schmidt, Reiner/ Stettner, Rupert (Hrsg.)	Der Verwaltungsstaat im Wandel, Festschrift für Franz Knöpfle, München 1996. Zitiert: *Verfasser*, in: Merten/Schmidt/Stettner, FS Knöpfle, S.
Meyer-Hesemann, Wolfgang	Kompetenzprobleme beim Jugendschutz im Rundfunk, DVBl. 1986, S. 1181 ff.
Michel, Eva-Maria	Rundfunk und Internet – Die Zulässigkeit von Internet-Aktivitäten der öffentlich-rechtlichen Rundfunkanstalten, ZUM 1998, S. 350 ff.

Münch, Ingo v./Kunig, Philipp — Grundgesetz-Kommentar, Band 1 (Präambel bis Art. 20), 4. Auflage 1992, Band 3 (Art. 70 bis. Art. 146), 3. Auflage, München 1996
zitiert: *Verfasser*, in: v.Münch/Kunig, GG, Art.

Nawiasky, Hans/Schweiger, Karl/ Knöpfle, Franz (Hrsg.) — Die Verfassung des Freistaates Bayern, Loseblattkommentar, München, Stand: Juli 2000.
Zitiert: *Verfasser*, in: Nawiasky/Schweiger/ Knöpfle, Teil, Art.

Neft, Hans — Rundfunkwerbung und Rundfunkfreiheit, München 1993.

Niepalla, Peter — Rundfunkfreiheit für die Deutsche Welle ?, ZUM 1993, S. 109 ff.

Ory, Stephan — Internet-Radio: Lizenz für Private, Gebühr für Anstalten ?, AfP 1997, S. 845 ff.

ders. — http://www.medienpolizei.de?, AfP 1996, S. 105 ff.

ders. — Jugendschutz beim Rundfunk und beim Bildschirmtext, AfP 1990, S. 178 ff.

ders. — Gesetzliche Regelungen des Jugendschutzes beim Rundfunk, NJW 1987, S. 2967 ff.

ders. — Jugendschutz in Neuen Medien, ZUM 1986, S. 123 ff.

Palm, Franz/Roy, Rudolf — Mailboxen: Staatliche Eingriffe und andere rechtliche Aspekte, NJW 1996, S. 1791 ff.

Pappi, Urban — Teledienste, Mediendienste und Rundfunk, Baden-Baden 2000.

Paptistella, Gertrud — Zum Rundfunkbegriff des Grundgesetzes, DÖV 1978, S. 495 ff.

dies. — Medientechnische Neuentwicklung und Rundfunkbegriff, DÖV 1978, S. 750 ff.

Paulweber, Michael	Eine Super-Medienbehörde in Deutschland ?, AfP 1999, S. 439 ff.
Pestalozza, Christian	Der Schutz vor der Rundfunkfreiheit in der Bundesrepublik Deutschland, NJW 1981, S. 2158 ff.
Pieper, Antje Karin	Medienrecht im Spannungsfeld von „Broadcasting und Multimedia", ZUM 1995, S. 552 ff.
Pieper, Antje Karin/ Wiechmann, Peter	Der Rundfunkbegriff, ZUM 1995, S. 82 ff.
Plagemann, Jürgen	Zur verfassungsrechtlichen Lage bei der Einführung neuer Telekommunikationsdienste, ZUM 1986, S. 518 ff.
Prinz, Matthias/ Peters, Butz (Hrsg.)	Medienrecht im Wandel, Festschrift für Manfred Engelschall, Baden-Baden, 1996. Zitiert: *Verfasser*, in: Prinz/Peters, FS Engelschall, S.
Rath-Glawatz, Michael	Betätigung öffentlich-rechtlicher Körperschaften und Anstalten im Online-Bereich, AfP 1998, S. 261 ff.
Redeker, Helmut	Neue Informations- und Kommunikationstechnologien und bundesstaatliche Kompetenzordnung, München, 1988.
Redeker, Martin	Die grundrechtliche Verankerung der Rundfunkunternehmer-Freiheit, ZUM 1985, S. 544 ff.
Reinwald, Gerhard	Jugendschutz und neue Medien – Anwendbarkeit des Gesetzes über die Verbreitung jugendgefährdender Schriften (GjS) auf Internetangebot und Rundfunk auch unter Berücksichtigung der geplanten Änderung des Schriftenbegriffs in GjS und StGB, ZUM 1997, S. 450 ff.
Ricker, Reinhart	Rundfunkgebühren für Computer mit Internet-Zugang?, NJW 1997, S. 3199 ff.

ders.	Handbuch des Presserechts, 4. Auflage, München, 2000.
ders.	Die Nutzung des Internet als dritte Säule des öffentlich-rechtlichen Rundfunks, ZUM 2001, S. 28 ff.
Ricker, Reinhart/Schiwy, Peter	Rundfunkverfassungsrecht, München 1997.
Riegel, Reinhard	Der Quantensprung des Gesetzes zu Art. 10 GG (G 10), ZRP 1995, S. 176 ff.
ders.	Zur Suche nach Rechtsgrundlagen für die Fernmeldeaufklärung oder strategische Rasterfahndung durch den Bundesnachrichtendienst (BND), ZRP 1993, S. 468 ff.
Ring, Wolf-Dieter	Rundfunk im Umbruch: Anforderung an eine Neuordnung der elektronischen Medien im Medienmarkt der Zukunft, ZUM 1996, S. 448 ff.
ders.	Rundfunk und Internet, ZUM 1998, S. 358 ff.
ders.	Die Regulierung der elektronischen Medien im Zeitalter von Digitalisierung und Globalisierung, Wirtschaft und Verwaltung 1999, Heft 4 S. 191 ff.
Röger, Ralf	Internet und Verfassungsrecht, ZRP 1997, S. 203 ff.
Rossen-Stadtfeld, Helge	Medienaufsicht unter Konvergenzbedingungen, ZUM 2000, S. 36 ff.
ders./ Wieland, Joachim (Hrsg.)	Steuerung medienvermittelter Kommunikation, Baden-Baden, 2001. Zitiert: *Verfasser*, in: Rossen-Stadtfeld/Wieland, S.

Roßnagel, Alexander — Neues Recht für Multimediadienste, NVwZ 1998, S. 1 ff.

ders. — Recht der Multimediadienste, Loseblattkommentar zum IuKDG und MDStV, Stand November 2000, München.
Zitiert: *Verfasser*, in: Roßnagel, Recht der Multimediadienste.

ders./Hilger, Caroline — Offener Zugang zum digitalisierten Kabel – Realität oder Zielvorstellung ?, MMR 2002, S. 445 ff.

Sachs, Michael (Hrsg.) — Grundgesetz, Kommentar, München 1996
zitiert: *Verfasser*, in: Sachs, GG, Art.

Scherer, Joachim — Rechtsprobleme des Staatsvertrags über Bild schirmtext, NJW 1983, S. 1832 ff.

ders. — „Online“ zwischen Telekommunikations- und Medienrecht, AfP 1996, S. 213 ff.

ders. — Teletextsysteme und prozedurale Rundfunkfreiheit, Der Staat Bd. 22 (1983), S. 347 ff.

Schippan, Martin — Rechtsprobleme internationaler Datennetze, Tagungsbericht, ZUM 1996, S. 229 ff.

Schmidt, Walter — „Kultureller Auftrag“ und „kulturelle Verantwortung“ des Rundfunks, ZUM 1989, S. 263 ff.

Schmidt-Bleibtreu, Bruno/ Klein, Franz — Kommentar zum Grundgesetz, 8. Auflage, München 1995.
Zitiert: *Verfasser*, in: Schmidt-Bleibtreu/Klein, GG, Art.

Schoch, Friedrich — Betätigung öffentlich-rechtlicher Anstalten und Körperschaften im Online-Bereich, AfP 1998, S. 253 ff.

ders. — Die öffentlich-rechtlichen Rahmenbedingungen einer Informationsordnung, VVDStRL Band 57 (1998), S. 158 ff.

Scholz, Rupert — Zukunft von Rundfunk und Fernsehen: Freiheit der Nachfrage oder reglementiertes Angebot, AfP 1995, S. 357 ff.

ders. — Das Teilnehmerentgelt nach dem Bayerischen Rundfunkrecht, Rechtsgutachten (Typoskript), München 2002.

Schraut, Bernhard — Jugendschutz und Medien, Schriftenreihe des Archivs für Urheber-, Film-, Funk und Theaterrecht (UFITA), Band 113, Baden-Baden 1993.

Schroeder, Werner — Teleshopping und Rundfunkfreiheit, ZUM 1994, S. 471 ff.

Schulz, Wolfgang — Jenseits der „Meinungsrelevanz"- Verfassungsrechtliche Überlegungen zu Ausgestaltung und Gesetzgebungskompetenz bei neuen Kommunikationsformen, ZUM 1996, S. 487 ff.

ders. — Jugendschutz bei Tele- und Mediendiensten, MMR 1998, S. 182 ff.

ders. — Reformbedarf beim Telekommunikationsgesetz: Berührungsflächen der horizontalen Regulierung von Telekommunikation und Medien, Analysen der Friedrich-Eberth-Stiftung zur Informationsgesellschaft Nr. 8/2002.

ders./Held, Thorsten/Kops, Manfred — Perspektiven der Gewährleistungsfreiheit öffentlicher Kommunikation, ZUM Sonderheft 2001, S. 621 ff.

ders./Jürgens, Uwe — Die Regulierung von Inhaltediensten in Zeiten der Konvergenz, Schriftenreihe der Landesmedienanstalten, Band 23, Berlin 2002.

Schulze-Fielitz, Helmut — Betätigung öffentlich-rechtlicher Institutionen im Onlinebereich, AfP 1998, S. 447 ff.

Schuster, Fabian/Müller, Ulf/ Drewes, Stefan — Entwicklung des Internet- und Multimediarechts von April bis Dezember 2001, MMR 2002, Beilage zu Heft 3.

Seelmann-Eggebert, Sebastian — Die Dogmatik der Rundfunkfreiheit gem. Art. 5 Abs. 1 Satz 2 GG aus der Sicht des Bundesverfassungsgerichts, ZUM 1992, S. 79 ff.

Seifert, Karl-Heinz/Hömig, Dieter — Grundgesetz für die Bundesrepublik Deutschland, Taschenkommentar, 2. Aufl., Baden-Baden 1985.

Sevecke, Torsten — Die Benetton-Werbung als Problem der Kommunikationsfreiheiten, AfP 1994, S. 196 ff.

Siegert, Oliver F. — Jugendschutz im Fernsehen - Entgegnung zum Aufsatz von Castendyk in MDR 3/93, MDR 1993, S. 415 ff.

Stadler, Thomas — Sperrungsverfügung gegen Access-Provider, MMR 2002, S. 343 ff.

Stammler, Dieter — Paradigmenwechsel im Medienrecht, ZUM 1995, S. 104 ff.

ders. — Europäischer Rundfunkmarkt und innerstaatliche Rundfunkkompetenz, ZUM 1988, S. 274 ff.

Stettner, Rupert — Rundfunkstruktur im Wandel, München 1988. Zitiert: Rundfunkstruktur

ders. — Anmerkung zum Beschluss des Ersten Senats des Bundesverfassungsgerichts vom 20. Februar 1998, ZUM 1998, S. 312 ff.

ders. — Die Stellung der Bayerischen Landeszentrale für neue Medien im System nach dem Bayerischen Mediengesetz, BLM-Schriftenreihe Band 53, München 1999.

Stürner, Rolf — Medien zwischen Regulierung und Reglementierung – Sanktionen gegen Medien ?, AfP 2002, S. 283 ff.

Tettenborn, Alexander — Im Zeichen der Informationsgesellschaft, K&R 1998, S. 158 ff.

Tettinger, Peter — Neue Medien und Verfassungsrecht, München 1980.

ders. — Neuartige Massenkommunikationsmittel und verfassungsrechtliche Rahmenbedingungen, JZ 1984, S. 400 ff.

Trafkowski, Armin — Medienkartellrecht – Die Sicherung des Wettbewerbs auf den Märkten der elektronischen Medien, Schriftenreihe Information und Recht Band 31, München 2002.

ders. — Medienkartellrecht – Die Notwendigkeit der Harmonisierung zweier Rechtsgebiete, K&R 2002, S. 62 ff.

Tröndle, Herbert/Fischer, Thomas — Strafgesetzbuch und Nebengesetze, 50. Auflage, München, 2001.
Zitiert: Tröndle/Fischer, StGB, §

Trute, Armin — Die öffentlich-rechtlichen Rahmenbedingungen einer Informationsordnung, VVDStRL Band 57 (1998), S. 216 ff.

Vassilaki, Irini — Kommunikationsrechtliche , computer- und internetspezifische Entscheidungen der Strafgericht, MMR 1999, S. 525 ff.

Vesting, Thomas — Fortbestand des dualen Systems ?, K&R 2000, S. 161 ff.

Vielhaber, Sabine — Neuer Schutz vor neuen Gefahren? Jugendschutz im Internet, MMR 2001, Beilage zu Heft 9, S. 16 ff.

Vieweg, Hartwin — Rechtsprobleme des Bildschirmtextes, ZUM 1985, S. 420 ff.

Waldenberger, Arthur — Teledienste, Mediendienste und die „Verantwortlichkeit“ ihrer Anbieter, MMR 1998, S. 124 ff.

ders. — Darf's noch ein bisschen mehr sein ? Deutscher Jugendschutz in globalen Kommunikationsnetzen, MMR 2002, S. 413 f.

ders./Höß, Dieter — Das Recht der „elektronischen Presse“, AfP 2000, S. 237 ff.

Wallraff, Georg — Rechtsfragen beim Online-Betrieb, Tagungsbericht, AfP 1996, S. 260 ff.

Weides, Peter — Der Jugendmedienschutz im Filmbereich, NJW 1987, S. 224 ff.

Weigend, Thomas — Strafrechtliche Pornographieverbote in Europa, ZUM 1994, S. 133 ff.

Wilke, Jürgen/Imhoff, Christiane (Hrsg.) — Multimedia, Berlin 1996

Wimmer, Norbert — Die Verantwortlichkeit des Online-Providers nach dem Multimediarecht, ZUM 1999, S. 436 ff.

Wohlgemuth, Michael — Das Jahr 2000-Problem, MMR 1999, S. 59 ff.

Würkner, Joachim — Das Bundesverfassungsgericht und die Freiheit der Kunst, Studien zum öffentlichen Recht und zur Verwaltungslehre, Band 55, München 1995.

Otto Backes / Christoph Gusy

Wer kontrolliert die Telefonüberwachung?

Eine empirische Untersuchung zum Richtervorbehalt bei der Telefonüberwachung
Unter Mitarbeit von Maik Begemann, Siiri Doka und Anja Finke

Frankfurt am Main, Berlin, Bern, Bruxelles, New York, Oxford, Wien, 2003.
130 S., zahlr. Tab. u. Graf.
Bielefelder Rechtsstudien. Schriftenreihe für Gesetzgebungswissenschaft, Rechtstatsachenforschung und Rechtspolitik.
Verantwortlicher Herausgeber: Otto Backes. Bd. 17
ISBN 3-631-51279-1 · br. € 22.80 *

Polizei und Staatsanwaltschaft dürfen im Ermittlungsverfahren Methoden zur Gewinnung von Informationen über Tat und Täter einsetzen, die massiv in Rechte der Beschuldigten oder der mit ihnen in Verbindung gebrachten Personen eingreifen. Um diese frühzeitigen Eingriffe rechtsstaatlich abzusichern, ist ihre Anordnung grundsätzlich einem Richter vorbehalten. Die auf Aktenanalysen und Interviews beruhende empirische Studie geht der Frage nach, wie der gesetzlich vorgeschriebene Richtervorbehalt bei der Telefonüberwachung in der Praxis gehandhabt wird. Sie führt zu dem Befund, dass die Richter fast immer dem Überwachungsantrag stattgeben und der Richtervorbehalt eher selten auf einer, wie vom Verfassungsgericht gefordert, eigenständigen Entscheidung der Richter beruht.

Aus dem Inhalt: Ermittlungsmaßnahmen und Richtervorbehalt · Offizielle Statistiken und faktische Anzahl der Telefonüberwachungen · Ergebnisse der Untersuchung der gemeldeten Verfahren aus den Jahren 1996, 1997 und 1998 · Ausweitung der Interviews

Kolibri 360 GmbH
Ferdinand-Jühlke-Straße 7
99095 Erfurt, Deutschland
produktsicherheit@kolibri360.de

Druck:
CPI Druckdienstleistungen GmbH
im Auftrag der
Kolibri 360 GmbH
Ferdinand-Jühlke-Str. 7
99095 Erfurt